Heribert Lutz

Mein Hütheft

ROMAN

Nachdruck oder jede Art der Veröffentlichung, auch auszugsweise, nur mit ausdrücklicher Genehmigung und Quellenangabe.

Die Deutsche Bibliothek – CIP-Einheitsaufnahme – verzeichnet diese Publikation in der Deutschen Nationalbibliografie.
Im Internet abrufbar unter: http://dnb.ddb.de

Autor: Heribert Lutz
Cover: amicus

© amicus-Verlag
Alle Rechte vorbehalten.
1. Auflage 2015
www.amicus-verlag.de

Satz: www.*DTPMEDIA*.de Mathias Gawlich
Druck: TZ GmbH
Printed in Germany
ISBN 789-3-944039-61-9

MUTTERLAND

Es war einer der stillen Herbsttage, an denen das sanfte Licht der Sonne und die zur Ruhe gehende Natur ins Menschenherz eine Ahnung von Vergänglichkeit legt. Auch dem fünfzehnjährigen ‚Hütbub' Martin war so zumute, als er am Wochenende zum Hüthof im Nachbarort entlang eines leeren Kornfeldes ging, in dem ein Bauer bei der Ernte im Fallschirm einen toten feindlichen Soldaten entdeckte, der wahrscheinlich aus dem in der Nähe abgestürzten Bomberflugzeug sprang und fern der Heimat einsam starb. Die Leute im Dorf erzählen sich auch, dass unweit davon ein verletzter amerikanischer Fliegersoldat den zu Hilfe gekommenen Bauern mit Kreuzeszeichen um Hilfe anflehte. Und der Pfarrer vom Dorf mit einer Krankenschwester gleich gekommen seien; doch den toten George Broderik – der sein Namensschild mit gefalteten Händen umklammerte – nur noch mit einem Gebet würdigen konnten.

In dieser Zeit kriegerischen Tötens und einsamen Sterbens steht Martin – oft täglich – auf dem Dach der Lehrfirma in der Kreisstadt in einem Aussichtstürmchen, dessen Wetterfahne das Firmenzeichen *WB* ziert; das an klaren Tagen silbern blinkt. Wahrscheinlich war es erdacht als Werbesymbol für die hier gefertigten Werte aus edlen Metallen, vielleicht inspiriert vom Uhrtürmchen des nahen Heiligkreuzmünsters, das unterm Kreuz mit einem Glockenton und dem Ziffernblatt nach allen Himmelsrichtungen die Tageszeit zeigt.

Für den Kaufmannslehrling Martin ist der kleine Spitzturm auf dem Dach der Firma ein oberirdisches ‚Verlies', wo er bei Fliegersicht mit einem lautstarken Trillerpfeifsignal der Wache unter ihm im Saal vier Meldung machen muss: pro Bomberpulk ein Signal. Erst zeigt die Pausenglocke, vom Portier geschaltet, in schrillen Kurztönen den Voralarm an. Dies bedeutet für ihn, dass er zur Beobachtung des Geschehens am Himmel im Aufzug einer Wendeltreppe, der Leiter und einer Dachluke in den Wachturm muss. Sein erster Blick geht hinüber zur Sirene auf dem NSDAP-Amtsgebäude, das einst ein ehrwürdiges Frauenkloster war, dann eine Königlich Württemberger Infanterie Kaserne. Nun ist es die Residenz der NSDAP und des HJ-Bannführers. Martins Blick geht auch zur Altstadt, wo bei Voralarm Taubenschwärme über den Dächern kreisen, sich beruhigen, um beim Hauptalarm in neuer Panik zum Himmel zu streben; während unter ihnen die Menschen in die Keller gehen. Auch Lehrling Martin wird vom Wellenjaulen des Hauptalarms und der anfliegenden Gefahr unruhig. Doch er fühlt sich durch sein friedliches Zuhause und der Heimatverbundenheit, in der Alle für Alle da sind, nicht bedroht. Fünf Stockwerke tiefer werden bei Voralarm die Metalldruckmaschinen und ihr wuchtiges Dröhnen abgeschaltet; und rundum wird es gespenstisch still. Die Mitarbeiter, meist ältere Männer und Frauen, gehen in den Luftschutzkeller im Werk – mit ihnen dreißig Zwangsarbeiterinnen aus Russland, die in Sträflingskleidung gusseiserne Halteringe für Gewehrläufe von Schweißnähten säubern, und danach vom Kaufmannslehrling Martin auf die ordentliche Arbeit zu prüfen sind. Sie gehen dann mit den ebenfalls im Betrieb gefertigten Stahlhelm-Rohlingen zu einem Rüstungswerk in den Schwarzwald. Als weiteres Kriegsgut produziert die Edelmetallfabrik Teile für Kampfflugzeuge, die an den Bodensee geliefert werden.

SILBER wurde in der zweitgrößten Silberwarenfabrik des Landes über Generationen in Gebrauchsgut-Tafelsilber geformt. Für die feine Darbietung in Sterling Silber Hofmuster. Lehrling Martin kennt die Produkte aus dem Musterbuch des älteren Kabinettmeisters, der meistens in einem dem Arztgewand ähnlichen Mantel am Lichtpausengerät steht, wo es stets nach Salmiak riecht. Im Betrieb geht er – Hände auf dem Rücken und sanft geneigtem Haupt – besinnlich vor sich hin. Einmal durfte Martin mit ihm im

Hausdepot einige Originale sehen, die dort für Kunden in der Schweiz reserviert sind. Der Meister zog sich Handschuhe an, nahm einen siebenarmigen Hofmusterleuchter und strich zärtlich über den Sockel als wolle er Jemand in weiter Ferne grüßen. Die Bewahrung von Edlem für ein friedliches Land, die segnende Anmut des Leuchters und des Meisters Anerkennung werden für den Lehrling und Hütbub Martin für den Glauben an das Gute Vorbild sein.

Die deportierten Frauen aus der Ukraine sind in einer Jugendherberge kaserniert. Sie werden täglich von zwei älteren Zivilisten, bewaffnet mit Gewehr und drei Patronen, zum Betrieb hin und zurück begleitet. Bei der Arbeit singen sie schwermütige Lieder. Ein Mädchen mit seltsam schönen Augen schweigt dazu. Einmal geht sie zur Toilette, wo sie Martin zur Kontrolle begleitet. Auf dem Weg dorthin lächelt sie ihn so herzlich offen an als würden sie sich immer schon kennen. Für ihn war ein solcher Mädchenblick neu. Die Zwangsarbeiterinnen dürfen auch die Hygiene nutzen, und werden in der Kantine mit den Arbeitern verpflegt. Die Russinnen zeigten nie Zeichen der Feindschaft. Eine gemeinsame Unterhaltung war allerdings streng verboten.

Auf dem heutigen Weg zum Hütbauer bleiben seine Gedanken im Hochsitzverlies. Von dort geht sein Blick zum grünlich schimmernden Münster-Türmchen, aus dem eine einzelne Glocke abends zum Feierabendgebet oder Trauergottesdienst ruft. Der morgendliche Glockenruf gilt immer einem gefallenen Sohn der Stadt. Ihr Ton klingt dann als käme er von weit her, aus der Ewigkeit. Gestern drang ihr seufzender Klang bis in den Unterricht der Handelsschule. Der pensionierte Lateinlehrer und Kriegsveteran bemerkte dazu: „Dieser Trauerlaut ist eine Synthese urbaner Heimattradition und fremd gewordener Gläubigkeit und gilt einem Kollegen, der nicht mehr kommt". Er sprach von der Ahnung, die zu Wissen führt: Als spüre er das Kommen eines bösen Friedens – ‚vae victis!' (wehe den Besiegten) fügte er noch leise an.

Das Verlies erlaubte Martin auch den Blick zum Stadtrand Ost mit dem markanten Wachturm auf dem Zentralgebäude des 1909 erbauten Kasernengeländes. Dort musste sein Vater zu Beginn des 1939-er Krieges als 42-jähriger Schlossermeister zur Prüfung seiner Wehrtauglichkeit antreten, begleitet von ihm und der Mutter, die auf dem Heimweg bitter weinte. Doch der Vater kam bald wieder, denn er war krank und damit nur ‚AV' (Arbeitsverwendungsfähig). Er hat 1937 eine Schlosserei erworben und musste für deren Führung in der **NSDAP** (Nationalsozialistische Deutsche Arbeiterpartei) Mitglied werden, was den gottesfürchtigen Bauernsohn nicht davon abhielt, seinen Lebens- und Berufsstandpunkt offen zu zeigen: ‚Tue Recht und scheue niemand' oder ‚lieber ein kleiner Herr als ein großer Knecht'. Stets zog er vor christlichen Symbolen die Mütze und gab das Kreuzeszeichen zur Stirn, Mund und dem Herzen. Ungern hob er die Hand vor dem neuen Parteiabzeichen. Seines lag mit dem ‚Eisernen Kreuz', einer Auszeichnung für kriegerische Tapferkeit, und dem ‚Mutterkreuz', der Auszeichnung für Kinderreichtum, im Nachttisch des Elternschlafzimmers. An seiner Werkstatt hängt der Meisterbrief von 1926, ohne Adler und dem Hakenkreuz, doch mit einer Ermahnung des deutschen Handwerks: >Ehrt Eure deutschen Meister – dann bannt Ihr gute Geister<.

Eigentlich war Erstsohn Martin für das Schlosserhandwerk und als Nachfolger des Vaters im Familienbetrieb vorgesehen. Doch nach kurzer Basisarbeit unter Beobachtung des Vaters kam dieser zur Erkenntnis: „Martin, aus dir wird kein guter Handwerker. Du hast zuviel Angst vor Feuer und Eisen. Du fühlst dich bestimmt im ‚Kaufmannskittel' wohler. Zudem – fügte er noch an – glauben Bank- und Marktleute, dass mit Daumen und Zeigefinger ‚intelligent' gehandelt mehr bringt, als mit zwei Händen gearbeitet.

Oft sah Martin, wie mühsam sein Vater an der Schreibmaschine Kundenrechnungen tippte. Er selbst übte gerade die ersten Schreibstunden in der Handelsschule. Er bat Hildegard, die Tochter des Oberlehrers vom nachbarlichen Schulhaus um Nachhilfe einer kaufmännischen Lernhilfe für den Vater; und als kleine Entschuldigung für seine mangelhafte Befähigung für das Schlosserhandwerk. Hildegard lehrt am Gymnasium die ‚Feindsprache Englisch' und hilft an der Handelsschule im Lernstoff kaufmännischer Schriftverkehr aus. Gerne hörte sie während der Heimarbeit dann Musik aus dem neuen Volksempfängerradio. Bei einer Sondermeldung zur Einnahme von Paris, eingeleitet wie ein Donnerschlag mit dem *Präludium* von Franz Liszt und verkündet von einer markigen Männerstimme, meinte Martin einmal vorlaut, dass nach dem Sieg die heutige Lernstunde eigentlich überflüssig wäre. Hildegards Blick wurde ernst: „Lieber Martin, dies ist überhaupt kein Grund, auch nur eine einzige Minute mit Lernen aufzuhören. Es ist für das Gute der Welt besser, mit Anstand zu verlieren, als siegend zu verkommen ..."

Manchmal geht Martin zum Hütdienst entlang eines Wiesengeländes, auf dem vor dem Krieg ‚Wehrmachttage' stattfanden. Alle Waffenträger zeigten je nach Kriegsart mit Luft- und Erdgetöse vor weinenden Kindern und ihren staunenden Eltern ihre ‚Kampfkraft'.

Wenn es dann still wurde am umkämpften Wald, in den Wiesen und den Feldern, suchte die Dorfjugend nach den goldglänzenden Hülsen der Platzpatronen, die als Tausch für beliebte Hobbys wie Wehrmacht-Sammelbildchen oder anderes begehrt waren.

An einem strahlendsonnigen Tag ertönte wieder Fliegeralarm! Er trillert nach unten: Zehn Pulks ‚Fliegender Festungen' in geschlossener 14er-Formation in Richtung Südost. Man hört Schüsse eines Luftkampfes; und sieht nach Momenten des grandios-schrecklichen Anblicks nur noch Kondensstreifen, die sich über der gespenstisch stillen Stadt nach und nach ins Nichts auflösen – so, als würde die Natur selbst ihre Abgase aus der Mitverantwortung dessen ziehen, was durch ihre von Menschen missbrauchte Kraft an Unheil über die Schöpfung, die Unschuld und Verlust des Glaubens an das Gute entsteht.

Beim Anblick dieser kraftstrotzenden Bomber denkt Martin oft an eine Bemerkung des Vaters, der als Soldat des ersten Weltkrieges beim neuen Kriegseintritt der Amerikaner einmal zur Mutter sagte: „Die Amis setzen wie im ersten Krieg eine Vernichtungsmasse gegen uns ein, um angeblich

Frieden für uns zu bringen. Doch diese Tötungsmasse sorgt für ihre gesicherte Produktion neuer Ware, zur Erhaltung des Wohlstandes ihrer verwöhnten Bürger, der Industrie, der Millionäre. Wir werden diesen Krieg verlieren".

Martin brachte die Andeutung des Vaters auch in der Firma an. Bei einem Gespräch mit der netten Kollegin Carmen über das ‚Verlies und die Bomber', doch unvorsichtig in der Nähe der Zentral-Telefonistin, die in der Firma als ein fanatisches ‚Naziweib' gilt und nie mit freundlicher Miene im Betrieb gesehen wurde, aber immer mit dem goldenen NSDAP-Hakenkreuz auf ihrem wuchtigen Busen. Der Kabinettmeister mied ihre Nähe.

Sie fuhr mit dem Hörer in der Hand herum und herrschte Martin an: „Wo hast du das gehört"? Kommt von dir nicht sofort eine ehrliche Antwort, dann werde ich das melden"! Martin erschrak. Er dachte an seinen Vater, den er niemals verraten würde.

Soeben kommt Wilhelm, Urenkel mit Vornamen des Firmengründers in der Uniform der ‚NAPOLA', der Nationalpolitischen Akademie. Er fragt seine Freundin Carmen nach dem Grund der Verstimmung. Sie erklärt den Vorgang, worauf er Martin beruhigt: „Ich bringe es in Ordnung". Die NS-Genossin würdigte Lehrling Martin und auch Wilhelm bis zum Endsieg keines Blickes mehr. Sie dachte dann im Frauengefängnis in Ruhe über ‚alles' nach und tat später Buße bei den ‚Zeugen Jehovas'. Wilhelm absolvierte in München ein Medizinstudium. Carmen heiratete einen US-Offizier und ging mit ihm nach Amerika.

Heute läuft er auf dem Weg zum Hütbauer an einem reifen Kornfeld entlang. Die Ähren zittern leise in der herbstlichen Stille. Ein Falter tanzt um die Blühte der Kornblume, darin eine fleißige Biene. Ein Taubenschwarm ist emsig am Picken. Friede ringsum. Der Eifer der geliebten Tauben erinnert ihn an die Frauen und Kinder des Dorfes, die auf den abgeernteten Feldern Futterreste für ihr heimisches Federvieh ‚lesen'. Die Mutter ging lieber in den Wald, um in einer Kanne Wildbeeren zu sammeln, die dann in Einmachgläser mit Gummiringen, die man mitunter auch als Strumpfhalter bei den Jungen sah, eingeweckt wurden. Die Mutter kennt die besten Beerenplätze. Wenn sich im dortigen Umfeld Büsche bewegten oder menschliche Töne laut wurden, dann kam das Gerücht von Partisanen oder geflüchteten Gefangenen und die Angst auf. Doch es waren nur die Nachbarn, die im dörflichen Alltag ihre Beerenplätze meist geheim hielten.

Beim Weitergehen entdeckt er zwischen Kartoffelpflanzen ein Blatt Papier. Er hob es auf und liest in deutscher Sprache von einem General Eisenhower, dass er das deutsche Volk von der Hitler-Diktatur befreien will. Diese seltsame Botschaft wurde wahrscheinlich mit gefräßigen Kartoffelkäfern, die für die Dezimierung der Volksernährung sorgen sollen, von den USA-Flugzeugen abgeworfen. Kartoffelkäfer und Papiere wurden von den Schulkindern gesammelt und verbrannt, was manche der Kinder jauchzen ließ und manche Mitleidig stimmte.

„Käfer auf die Äcker – Bomben auf die Städter", stöhnt das Volk, das ‚der Führer' mit einem Endsieg vor dem ‚Geld- und Machtwahn von Imperialisten' bewahren will.

Martins Hütbauer ist im Teilort einer schwäbischen Gemeinde ein kleiner Bauernhof, der wie alle Höfe vom Ernährungsamt nach seinem Produktionsvermögen eingestuft ist. Fünf Kühe und andere registrierte Hoftiere dürfen im Besitz eines älteren Ehepaares gehalten werden. Martin darf als ‚Hütbub' die Kühe an den Herbst-Wochenenden bei der Freifeldfütterung lange schon draußen auf den hauseigenen Wiesen betreuen.

Jeder Hof im Ort hat einen Hausnamen. Sein Hüthof war ursprünglich der ‚Bachwirt'. 1872 dann wurde zu Ehren der Reichsgründung diese urbane Wirtsstube das ‚Deutsche Haus', wo zur Friedenszeit Freunde und Wanderer bei hausgemachter Landwurst, Landbrot und Apfelmost gerne einkehrten. Auch Martins Eltern fühlten sich wie daheim, während die Kinder am nahen Bach Forellen und allerlei Federvieh bestaunten. Der Wirt, Onkel Gustav, ist wegen seiner ‚knitzen Sprüche', wie man hierzulande Geistesblitze nennt, auch als der ‚Deutschhaus-Gustl' bekannt, und die Wirtin Ida, seine Frau, für ihre natürliche Freundlichkeit. Wenn es lustig zugeht im Deutschhaus, dann setzt sich Gustl manchmal an das derzeit verwaiste Klavier des Sohnes am geblümten Kachelofen und intoniert mit einem Finger ‚Hänschen klein geht allein' oder als den musischen Beitrag zur Heimat ‚droben stehet die Kapelle, schauet still ins Tal hinab' oder, wenn die beiden Dorfgendarmen bei ihrem spätabendlichen Rundgang die Heimkehr anmahnen, ‚guten Abend – gute Nacht'. Rudolf, Sohn des Hauses und allseits Rudi genannt, hat das Abitur gemacht und an der PH (Pädagogische Hochschule) ein Studium für den Beruf des Lehrers begonnen. Bei Kriegsbeginn wurde er zum Jagdflieger ausgebildet. Er ist derzeit in Afrika im fliegenden Fronteinsatz gegen England.

Sein Vater erzählt gerne mit leisem Stolz, dass ihr Rudi schon Oberleutnant ist und mit dem Eisernen Kreuz ausgezeichnet wurde; persönlich von Feldmarschall Rommel, der ja bekanntlich ein Ulmer sei. Er zeigt Rudis Feldpost mit dem Wunsch nach Heimaturlaub. Und, fügte die Mutter lächelnd an, er auch Sehnsucht nach seiner Verlobten Anneliese hat, Tochter des Nachbarn Kreutzbauer. Anneliese arbeitete vor dem Krieg als Krankenschwester im Hospital ‚Heiliggeist' in der Kreisstadt, musste dann nach Hause, um der Mutter und dem noch rüstigen Großvater im Hofanwesen zu helfen. Der Vater und Bauer wurde im zweiten Kriegsjahr zum Wehrdienst eingezogen. Anneliese ist im Dorf als Schwester Anne sehr beliebt. Sie hat damals auch den Pfarrer zum verletzten amerikanischen Soldaten begleitet. Der Hausname Kreuzbauer kommt von Vorfahren, die am Feldweg unter einer Eiche ein Kreuz mit dem Heiland setzten, dessen trauriges Haupt sich zur Erde neigt. Das Dach über dem toten Gottessohn ist ein vom Blitz gespaltener Ast. Im Herbst pilgert bei der jährlichen Öschprozession, der christlichen Feldbegehung, das ganze Dorf zum Kreuz und der Acker bekommt als Erntedank einen Blumenstrauß.

Wenn Martin beim Gang zu seinem Hütbauern in Sichtweite des Hofes kommt, hüpft ihm winselnd der silbergraue Wolfsspitz Wolfi des Deutschhaushofes entgegen. Bäuerin, Tante Ida, empfängt ihn auch immer freundlich lächelnd und bemerkte einmal, dass der Hund immer am gleichen Tag zur gleichen Stunde auf seine Ankunft warte und dieser ihn wohl möge. Der Bauer fügte in seiner philosophischen Art an: „Manche Tiere haben eben einen feinen Instinkt für liebe Menschen und ihr Zeitmaß".

„Heute, lieber Martin geht es zur Mühlwiese. Dort ist wieder frisches Gras gewachsen, worüber sich deine Kühe bestimmt freuen". Martin kennt diese Waldwiese aus seiner Schulzeit. Sie liegt zwischen einem munteren Bächlein und dem Buchenwald, in dem die Schulkinder jeden Herbst dreikantige Bucheckern sammeln, die dann zu Speiseöl verarbeitet werden.

Auch er war mit der Klasse am Sammeln und erinnert sich gerne an den Oberlehrer, Vater von Hildegard, der seit vielen Jahren die Kinder im Dorf unterrichtet. Er vermittelt seinen Schülern bei den heimatlichen Wanderungen stets Eigenarten der Natur oder vertieft diese mit poetischen Deutungen. Einmal stellte er sich während des Sammelns vor eine stattliche Buche, schaute in die Kinderrunde und sprach: „Ganz verborgen im Wald kenn' ich ein Plätzchen, da stehet eine Buche: man sieht schöner im Bilde sie nicht. Wer könnte dies gesagt haben"? Keine Antwort. „Noch vor einigen Monaten", fuhr er fort, „haben wir vernommen, dass der Frühling sein blaues Band flattern lässt. Wer nun"?

„Edurad Mörike", kam es leise.

„Danke, Erika", und zu den Buben gewandt: „Wenn ihr später einmal die blühende Heide besingt, dann werdet ihr an wen erinnert"?

„An die Erika", kam es fröhlich.

„Und an die schöne Buche von Mörike".

„Sehr gut, Martin, erkenne ihn als stillen Begleiter deiner Poesiegedanken, die in deinen Aufsätzen anklingen".

Er hat den Schülern im Wald an einem bemoosten Felsen auch eine leise plätschernde Quelle mit kristallklarem Wasser gezeigt. „Ihr dürft es auch trinken", machte er Mut. Sie formten die Hände zum Trichter oder legten sich einfach davor und schlürften diese natürliche Erfrischung. Martins Fantasie geht mit der als Bächlein fließenden Quelle in die Hirschmühle, wo es mit seiner Kraft das Mühlrad dreht, dann als Flüsschen durchs Remstal in den Neckar mit Marbach und Weinbergen, wo die Schillerweintraube wächst, dann in den Rhein und schließlich in den Ozean, aus dem sie als Regenwolke so kristallklar wie am Ursprung wiederkommt und Martins Fantasie beim Blick nach oben aufs Neue anregt. In welcher Wolke mag wohl seine Quelle sein?

Der Lehrer ist auch Organist in der Kirche und versucht im Unterricht mit der Musik die Herzensbildung der Schüler zu verfeinern. Er geht dann ans Harmonium und spielt eine stimmige Melodie zur Klassenarbeit. Bei der Heimatkunde ist es ein Volkslied. Oft singt er dazu und die Kinder summen zaghaft mit. Manchmal ist es ein Kirchenlied, denn das Fach Religion ist oben im Zeugnis, gleich unterm Reichsadler mit Hakenkreuz in Krallen. Unweit vom Kruzifix schauen Feldmarschall Hindenburg und der neue Führer Adolf Hitler herab. Das stört ihn nicht. Nie trug er ein Parteiabzeichen. Das Gekritzel auf der Schiefertafel, für die Sütterlinschrift wie ein Notenblatt liniert, stört ihn auch nicht. Die Schüler sind oft mehr am Hören als am Schreiben. Auch das stört ihn nicht. „Das Lernen der Worte hat Zeit, das Empfinden für Musik nur den Augenblick", sagt er zu dieser, seiner privaten Lehrart. Auch den Kanon „Froh zu sein bedarf es wenig" lehrte er, was einen Naziführer bei der Einweihung einer Hitlereiche ärgert, und Martin mit Freund Alois eine brutale Züchtigung einbringt, die bei den sechsjährigen Erstklässlern für immer tiefes Misstrauen zur NSDAP und schwarzbraunen Uniformen auslösen wird.

Martin geht zum Stall, nimmt als symbolisches Zuchtmittel den am Eingang lehnenden Stock zur Hand, treibt seine fünf Kühe vors Haus, bekommt von der Bäuerin als Wegzehrung ein Stück Bauernbrot und zwei Äpfel, was er zu seinem Notizheft in einen Sack steckt, den er bei Regenwetter über den Kopf stülpen kann. Die Leni, alle Kühe haben einen Rufnamen, sträubt sich zu folgen. Sie will bei ihrem Kalb bleiben. Kommt aber dann doch, nachdem sie von Wolfi ‚angemahnt' wurde. Er begleitet die Herde immer bis zum Ortsende, wo ihm Martin ein Zeichen zur Umkehr gibt. Wolfi schaut dann dem Tross nach, bis dieser in der Hohlgasse zur Mühlwiese verschwindet. Vor dem schmalen

Steg über den Bach drängeln sich die Kühe. Die betagte Leitkuh Lore umgeht ihn und springt mit einem vergnügt anmutenden Satz hinüber. Martin sucht sich am Waldrand eine Stelle, die ihm für Kühe, Bach, Wiese und zu den ‚Hütnachbarn' einen Überblick gibt. Für alle Feldhüter gilt das ungeschriebene ländliche Hütgesetz, dass ihre Tiere niemals auf der Wiese des Nachbarn grasen dürfen. Und wenn, dann wird dies rundum und unüberhörbar von den Hügeln des Tales als ‚Schadenhüten' beschrieen – und während der gesamten Hütsaison mit dörflicher Missachtung geahndet. Auch dürfen die Kühe vom Baum kein Obst naschen, denn sie könnten daran ersticken. Die Obstbäume am Bach sind bereits abgeerntet. Doch dort in den Ästen einer Eiche sieht er ein gelb glitzerndes Etwas. Als er danach greift, wird er durch dieses feindliche Tötungsutensil von Angst ergriffen: Es ist ein Gurt mit Bordmunition. Die Patronen sind fünfmal so groß wie die Manöverhülsen. Er rührt die gefährlichen Reste aus dem abgestürzten Bomber nicht an und geht zum Wald zurück, wo auf einem Busch mit Heckenröschen das nächste Feindsignal ist: wieder die ‚Feldpost' von General Eisenhower, die ihn trotz der Befreiungszusage beunruhigt. Er fühlt sich in der Waldeinsamkeit durch das Flugblatt beobachtet und wagt es, dieses frisch wirkende Papier nur vorsichtig anzufassen. Er liest darin Worte wie Unterdrückung, Diktatur, Demokratie; und versteht den Sinn nicht. Seit der Begegnung mit den Zetteln dieses amerikanischen Generals sinnt er darüber nach, wovon dieser uns befreien will. Vom Krieg? Martin sieht nur seine Bomber, fremde Mädchen, fremde Gefangene, hört täglich von toten Vätern, Söhnen, Brüdern und erlebt ringsum Traurigkeit. Er dachte an die Worte von Johannes, der bei Kriegsbeginn über Hitler sagte, dass er das deutsche Volk von einem Versailler Vertrag befreien will. Und später, beim Kriegseintritt der USA etwas ironisch: Sie werden Hitler und mit ihm ganz Deutschland von dieser Befreiungsabsicht befreien. Martin erschrak über seine gedankliche Einfalt dazu. Er griff zum mitgebrachten Buch, ein Geschenk der Mutter zum zehnten Geburtstag – der Titel: ‚Auch das nennt man Leben'. Es erzählt über Schicksale von Menschen. Eine Geschichte hat ihn sehr betrübt: In ihr tötet ein Mann im Schlachthaus von Chikago in Amerika jeden Tag Rinder mit Kopfschuss. Dahinter brüllen die Tiere in Todesangst. Auch fällt ihm seine ‚Wehrertüchtigung' als Pimpf auf der Alb ein, als ein HJ-Führer einen Hirschkäfer brutal zertrat. Oft denkt er beim Anblick der Bomberpulks an den ‚Schlächter von Chicago' und an den ekelhaften Todestritt des HJ-Führers. Er fragt sich dann in seiner Einfalt, was das für Menschen sind, die harmlose Tiere so brutal töten; wie gut haben es doch die still grasenden Kühe bei ihm …

Einmal hörte er von älteren Bürgern die Worte: „Wollen uns die Amis verändern? Die Eltern, die Verwandten, die Lehrer, die Religion? Die Heimat und Kultur. Den Glauben an das Gute. Oder das ganze deutsche Volk wegen der NSDAP-Auftritte?"

Seine jugendlichen Ideale, sein Alltags- und Zukunftsverhalten sind von der Erziehung der Eltern bestimmt, von der Achtung des Lehrers, des Pfarrers, der Vorgesetzten, der Ämter und dem aufrichtigen Bemühen, den Erwartungen des örtlichen Ansehens für die Familie gerecht zu sein. Auch begleitet die Erinnerung an die Kindheit ein markanter Eindruck an das Taufbecken in der Kirche, wo ein Pelikan mit dem Schnabel die Brust öffnet, um mit seinem Blut die Kleinen zu ernähren. Diese Szene ruht in ihm und steuert in seiner bisherigen Erkenntnis um Gutes unterbewusst sein Denken und sein Tun. Er glaubt aus der Erziehung und seinen Vorbildern, dass alle Menschen so sind wie er.

Martin liebt den Wald, ganz besonders an sonnenhellen Herbsttagen, wo das bunte Gebüsch am Waldesrand und die Lichtung dahinter zu träumen scheinen. Wenn seine Kühe den ersten Hunger gelassen stillen, kriecht er manchmal in den heimlichen Niederwald. In der abenteuerlichen Hoffnung, ein Rehkitz, einen Hasen oder ein Vogelnest mit Eiern aufzuspüren. Auch die Wipfel der Tannen verneigen sich leise im Wind. Bei Regen erwacht der Wald aus der verträumten Anmutung und beginnt zu leben. Die Natur scheint sich zu unterhalten. Die Forst- und Landwirte kennen diesen Naturdialog und beruhigen mit einer Rodung. Wenn dann die herbstliche Abendsonne in bedächtiger Windesstille bunte Blätter sanft zur Erde begleitet, dann ergreift ihn die Sehnsucht nach einer fernen Liebe, die ihn wie ein Heimweh immer wieder zur Mutter führt.

Letztes Jahr, an einem warmen Herbstsonntag, als Martin sich am flatternden Auf und Ab und Singspiel einer Lerche erfreute, kam die Mutter über den Steg am Mühlbach zu ihm. Der Vater genoss derweil beim Hütbauer ein Gläschen vom roten ‚Hamsterwein'.
Die Mutter setzt sich auf dem Mehlsack zu ihm und ergriff seine Hände. „Schau, Martin", sagt sie, „dort drüben auf dem Weg bin ich als Mädchen mit meiner Freundin Theresia jeden Werktag und bei jedem Wetter, Herbst und Winter, in der Nacht oft zwei Stunden und mehr zur Näharbeit in die Miederfabrik der Kleinstadt gegangen, auch 1928 als ich mit Papa schon verheiratet war und dich in mir trug. Du kamst dann 1929 daheim in einer kalten Februarnacht zur Welt. Ich ging danach weiter in die Arbeit, um in diesen bösen Jahren dem arbeitslosen Papa zu helfen, der oft ärgerlich fluchte und dann traurig betete. Täglich auf dem Weg zur Arbeit brachte ich dich frühmorgens selig schlafend in Windeln gepackt und einer ‚Buddelflasche Milch' zur Oma Katharina, wo ich dich nach zwölf Stunden Arbeit immer noch selig schlafend mit dem immer noch vollen Buddel wiedersah. Manchmal, so erzählte die Oma, habe sie nach dir geschaut, ob du noch lebst. Denn nichts war den ganzen Tag von dir zu hören. Doch wenn sie den Bub in seiner kindlichen Unschuld betrachtet habe, dann habe sie manchmal erlebt, wie er im Schlaf bitter weinte, so als hätte er etwas sehr Böses geträumt.
Warum erzähle ich dir dies an diesem schönen Herbstsonntag? Ja, weil du immer so still und in Gedanken weit fort bist, am liebsten mit dir allein. Papa und ich machen uns Sorgen. Ich habe ein unruhiges Gefühl. Warum, fragen deine Augen. Als ich dich nach der Hochzeit mit Papa in der Notzeit 1927–1928 in mir trug war ich oft sehr traurig. Ich habe viel geweint, und auch verzweifelt gebetet. Wenn ich dich als großen Sohn in deiner immer so ernsten Art erlebe,

dann bedrückt mich der Kummer, ob du meine Ängste mitgetragen hast und die Seele bei ihrer Lebensbegleitung mit leidet".

„Mama, ich bin nie einsam, doch gerne allein. Ich habe oft Heimweh und Sehnsucht nach allem, was ich mag: nach einem Buch nach der Mozartmusik, die Hildegard beim Schreibunterricht immer hörte. Ich würde selbst gerne spielen, viel lesen und alles aufschreiben, was mir einfällt und auffällt – schau, wie hier in diesem Heft. Sehr gerne höre ich auch den Unterhaltungen der Älteren zu. Die Mutter ist beruhigt. Sie empfindet ihn nun wieder so vertraut wie in der Kindheit. Seine Tagträume wird die Zukunft schon zurecht rücken, denkt sie im festen Glauben an das Gute in ihm, und geht zurück zum Vater und zu Gustl; wo sie gemeinsam Rudis verwaistes Klavier betrachten.

Martin erfasst nach Mutters Besuch in der besinnlichen Stille des Herbstabends die Erinnerung an die Säuglingszeit, wo er oft von Streit zwischen Papa und Mama träumte und darüber bitter weinen musste, was die Mutter vielleicht unbewusst beunruhigt.

Es beginnt zu regnen. Er formt den Mehlsack zu einer Kopfkapuze, sieht drüben auf der Kreuzbauerwiese Anne mit ihren acht Kühen und geht zu ihr. Sie begrüßt ihn fröhlich mit „Hallo Zwerg Nase" und greift nach silbern glänzenden Fäden. Wieder so ein Feindsignal?

„Diese Metallstreifen", sagt sie, „werden von feindlichen Flugzeugen zur Störung der deutschen Funk- und Radarabwehr ausgestreut. Pierre hat es mir gesagt".

„Warum ist Pierre nicht da?", fragt Martin.

„Er darf als Kriegsgefangener seit der Invasion der Amerikaner den Hof und abends die ‚Krone' nicht mehr verlassen", ihre Antwort.

Pierre ist französischer Leutnant und als Kriegsgefangener mit sechs Kameraden im Saal des ‚Traditionsgasthof Krone' hinter vergitterten Fenstern eingesperrt. Nachts werden die Gefangenen in einem Nebenraum von einem älteren ‚Volkssturmmann' bewacht, der die mit einem PW (Prisener of War) auf der Kleidung gezeichneten Zwangsarbeiter auch bei den Bauern draußen beobachtet. An beiderseits nationaler religiöser Feiertage sitzen sie oft mit am Tisch ihrer ‚verfeindeten Arbeitgeber'.

Pierre ist der Kreuzbauer-Familie zur Hofarbeit zugeordnet. Seine Heimat ist Metz. Der Vater ist Lehrer. Seine Mutter ist aus Colmar, sie hat Pierre schon von Kind auf die deutsche Sprache gelehrt. Er will auch Lehrer werden und hat vor dem Krieg bereits in Straßburg mit dem Studium der Germanistik begonnen, auf Wunsch der Eltern und der unauffälligen Empfehlung von Tante Helga, Schwester der Mutter und Gymnasiallehrerin in Breisach, noch im Frieden, beim Familientreffen seines Baccalaureat, mit Beatrice, seiner erste Liebe und Straßburger Kommilitonin aus Neubreisach im Elsass

Martin mag Pierre. Er fragte ihn einmal in seiner naiv-gutmütigen Art, warum er nicht flieht? Pierre lachte und nahm ihn in die Arme: „Warum soll ich fliehen? Mir geht es hier besser als im Schützengraben", und mit Blick zum Himmel: „Der Krieg dauert nicht mehr lange, dann gehe ich wieder heim. Manchmal", flüstert er wie abwesend, „bekomme ich über den Opa Kreuzbauer von der Tante Helga einen Brief aus Breisach. Sie ist die Schwester meiner Mutter. Mit ihr waren wir oft ‚am Rhi gsi' (am Rhein gewesen) fügte er in seiner alemannischen Heimatsprache an. Ihren vierzigsten Geburtstag haben wir mit ihrem Mann Eugen, ein Offizier, noch im Frühjahr 1939 bei der Familie von Beatrice in Neubreisach gefeiert". Pierre bekam Heimweh, doch Martin plapperte weiter: „Wer ist Beatrice", will er wissen. Pierre streicht seinem neun Jahre jüngeren ‚Hüttfreund' sanft übers Haar und flüstert ihm ins Ohr „mon chéri". Martin weiter: „Wer ist mon chéri und wo ist Neubreisach"? Pierre bedächtig: „Mon chéri ist mein Schatz und Neubreisach ihr Zuhause zwischen Breisach und Colmar, dem Rhein und der Jll, dem Schwarzwald und den Vogesen". Er durfte dem naiv-neugierigen Martin nichts davon sagen, dass er mit Hilfe von Annes Opa über seine Tante in Breisach, die leider im Polenkrieg ihren Mann verlor, auch mit Beatrice Kontakt hat. Niemand darf es wissen, nicht die gefangenen Kameraden, die Wirtsleute, der Bewacher. Denn das Elsass ist wieder einmal Deutsch. Die Kreuzbauers dürfen Pierre nach der Arbeit manchmal da behalten, wo über dies und das gesprochen wird. Einmal erzählte der Opa von einem Erlebnis im Krieg 1916, wo er als verwundeter Soldat in der Champagne im Lazarett lag. Dort sei eine nette französische Rotkreuzschwester gewesen, die ihm in einem ‚goldigen Deutsch' erzählt habe, dass ihre Ur-Großeltern aus der Pfalz in die Champagne gekommen seien und ihre Familie am Marnefluss einen Weingarten habe und er mit ihr einen Besuch im Dom in Reims gemacht hat. Opas Tochter Elsa, Annes Mutter, bemerkte vergnügt: „Ich erinnere mich wie die Oma selig erzählte, dass der Opa im Frankreichkrieg eine nette Französin gekannt habe, die später eine Ansichtskarte geschickt hat. Gerne würde ich sie Pierre zeigen, der uns sagen kann was Clos du Mesnil heißt. Pierre las: Garten von Mesnil, frankiert mit der Marke 1914-10c Ausgabe Handelskammer Valenciennes, die seinem Vater als Philatelist gefallen würde. Einmal hörte Martin, wie Opa und Vater über den Krieg und seine EK-Auszeichnung für einen erfolgreichen Spähtrupp in der Champagne, in der Nähe eines Gartens mit Weinstöcken, redeten.

Anneliese und Pierre sind fast gleichaltrig und mögen sich. Anne weiß um Beatrice, denn Martin hat sie einmal gefragt was mon chéri und Neubreisach bedeutet. Bei guter Stimmung ‚poussieren die kriegsbehindert' Verliebten in allen Ehren, indem sie sich ihr Denken und Fühlen anvertrauen: von der Tante in Breisach, von Pierres Elsässer Heimat, von Rudis Studium. Vom Krieg sprachen sie nicht. „Oh, wie selig und anständig ist doch der Jugend verliebtes Gemüt", meinte Hobbyphilosoph Gustl lächelnd.

Anne hat heute beim Hüten einen Feldpostbrief von Rudi dabei. Sie reicht daraus Martin eine Fingerspitze Wüstensand; begleitet mit einem Blick, der ihn an das russische Mädchen Tatjana in der Fabrik erinnert. Während Annes Kühe still vor sich hingrasen, setzt sich drüben die Leni in Trab, springt über den Bach und rennt ins Dorf. Martin will die Verfolgung aufnehmen, doch Anne hält ihn zurück „lass' sie laufen, sie hat Heimweh nach ihrem Kalb und findet den Weg in den Stall auch alleine".

Martins Kühe schienen satt zu sein, sie warten stehend auf den Heimtrieb. Er sprang über den Bach, schnappte sich am Strauch noch eine Himbeere und stellte dabei fest, dass er vergaß seine Wegzehrung zu essen. Er wird sie zusammen mit einer Flasche Milch, zwei oder drei Eiern, einem halben Laib Bauernbrot und einer Hausmacherwurst nach Hause mitnehmen. Dies als die übliche Anerkennung für ihn und seine Familie, korrekt abgezweigt vom NS-Zwangskontingent. Hallo Martin, ruft Anne noch nach: „Bringe die Findlinge Munition, Eisenhowerpost und Radarstreifen dem NS-Bäcker", der dann zum Zeichen strenger Verschwiegenheit den Finger auf den Mund legt.

Der NSDAP-Zellenleiter im Ort ist von Beruf Bäckermeister, bieder, rundlich und ohne jemals zu lachen. Er tut seine Pflicht am liebsten in der meisterlichen Berufskleidung. In der braunen NS-Uniform wirkt er wie ein Fass, das umspannt ist von einem schwarzen Gürtel mit einem Hakenkreuzverschluss auf seiner Bauchwölbung. Damit schreitet er im Dienst breitbeinig durchs Dorf. Meistens mit einer Botschaft der Trauer. Die Mutter, die Ehefrau, die Braut, sie sehen ihn kommen: am Fenster, im Garten, bei der Feldarbeit. Sie bitten, leise betend zu Gott, dass der uniformierte Todesbote, der ja auch das tägliche Brot backt, nicht zu ihr kommen möge. Doch er kommt – und mit ihm Leid und Tränen. Das Liebste ist tot oder wird vermisst. Er übergibt als letzten Gruß den Briefumschlag eines Kommandeurs und die Auszeichnungen, kondoliert mit der Ehrbezeugung ‚Für Führer Volk und Vaterland' – und geht zurück in die Backstube – seiner Lebensaufgabe ...

Ein Kirchweihsonntag. Der Tag, der seit alter Zeit als Erntedank gefeiert wird und das Ende der Hütsaison bedeutet. Martin ist zum Mittagessen eingeladen. An der Brücke begrüßt ihn Wolfi wie gewohnt. In der guten Stube wird er mit einem Urerlebnis begrüßt: Es gibt zur Feier des Tages eine Forelle, die von Pierre im nahen Bach mit den Händen heimlich geangelt wurde, gebraten nach Art der Bäuerin, und tranchiert nach Art des Elsass. Gastgeber Gustl hat im verwaisten Weinkeller noch eine Flasche Sylvanerwein entdeckt, die Jedem ein volles Glas beschert, auch Anne und Pierre, die mit ihrer Anwesenheit diesem Anlass die Friedensreferenz erweisen. Allen am Tisch ist trotz der nationalen Streitbelastung das Böse fremd. Erntedank ist auch für alle Hütbuben ein Festtag, denn sie erhalten zum üblichen Essbaren für Daheim auch einen Bargeldlohn aufs Sparbuch. „Vielleicht sind es dann eines Tages hundert Mark". Der Bauer: „Vielleicht auch Tausend und dann der Wert einer Brezel, wie in der letzten Inflation". Martin dachte nach. „Dreißig Pfennige kostete früher auf dem Kirchweihmarkt ein Türkenhonig. Es gibt ihn nicht mehr, weshalb die wertvolle Münze ein Weihnachtsgeschenk für die Mutter wurde. Anneliese und Pierre begeben sich mit dem seit Generationen üblichen Adieu zurück zum Kreuzbauerhof. Martin geht zu den Kühen, die heute in der Breitwiese das letzte Frischgras genießen werden, bei einer Marien-Wallfahrtskapelle unter alten Linden.

Kaum sind sie dort angekommen ertönt aus der Kreisstadt das widerwärtige Jaulen des Fliegeralarms. Ein Rabenpaar strebt in den Wald. Das verliebt gurrende Wildtauben-Paar im Lindenbaum der Kapelle fliegt erschreckt fort und ein Schwarm Zugvögel stürzt in Panik weg von der Hochspannungsleitung, unter der Martin manchmal ein seltsames Brummen vernimmt. Einmal fragte er Onkel Gustl, was das für ein Brummen ist? „Das ist der elektrische Strom, der darin kreuz und quer durchs ganze Land rast."

Martin erfasste einsame Angst; noch verlorener als in seinem Turmverlies, denn die Hütwiese gibt sich wehrlos offen. Was weiß er aus dem Trümmereinsatz in Stuttgart und seinem Spähposten davon, wohin die fliegenden Festungen ihre tödlichen Bomben abwerfen? Wenn hier, dann wäre dies für das Lebendige grausam tödlich.

Er geht in die Kapelle. Auf dem Altar sind zur Weihe des Erntedanktages Feldfrüchte ausgelegt. Dazwischen ein Ährenbusch in einem blauen Steinkrug, der bei der Ernte das Quellwasser im Bach der Mühlwiese kühl hält und die Helfer damit köstlich erfrischt.

Er schaut andächtig auf zur Madonna mit dem friedlich schlafenden Kind und seine Seele führt die Gedanken beruhigend zu seinen Großeltern auf dem Heimatfriedhof.

Als er den Raum wieder verlässt, hört er fern im Westen fremdartiges Donnern und sieht Feuerschein in den Wolken. Er ahnt: Stuttgart, die Landeshauptstadt und ‚Stadt der Auslandsdeutschen' wird wieder einmal bombardiert. Das Böse, das er noch vor einer Stunde für unmöglich hielt, war nahe. Nach langen Minuten kommt Entwarnung. Doch die Vögel des Himmels kommen nicht wieder.

Im Nachbardorf mahnt eine einsame Glocke zum Besuch der abendlichen Andacht des Feiertags. Eigentlich ist es erst fünf Uhr, doch die Zeit wurde im Krieg um zwei Stunden vorgestellt. Im Ort herrscht nach dem Angriff Unruhe. Auf dem Weg zum Stall begegnet Martin dem ehemaligen Schulkameraden Helmut, ein Bauernsohn, der im Unterricht zu Späßchen neigte. Manchmal mussten faule Hausaufgaben-Schüler wie Helmut dem Lehrer für die Bestrafung eine Rute mitbringen, die dieser vor dem Strafvollzug anschnitt und die Teile bei der ‚Handtatze' zum Spaß der Mitschüler durch die Klasse flogen. Wenn dann der Lehrer die Strafe mit einem Rohrstock auf Helmuts Hintern verlegte, klatschte es seltsam bei jedem Schlag. Der Lehrer zog ihm die Hose aus und entfernte die Zeitungen. Die nächsten Schläge dann taten sicher weh, doch Helmut ging vergnügt und burschikos lächelnd zur Sitzbank in die letzte Reihe.

Martin fragte ihn, ob er Lust hätte, mit ihm noch einen Abendspaziergang zu machen? „Gerne, wenn du mich in die Kirche in den Nachbarort begleiten willst".

„Doch", meinte er „ich bin, wie du weißt, evangelisch".

Martin überlegte, was wohl seine katholische Mutter zum Besuch eines protestantischen Gottesdienstes sagen würde, blickte in Helmuts spitzbübisch lächelndes Gesicht und trifft sich mit ihm nach der Versorgung der Tiere. Die beiden Jünglinge unterhalten sich auf dem Weg zur Kirche über den heutigen Fliegerangriff, der sie an ihren Trümmereinsatz mit vielen Toten in der bombardierten Landeshauptstadt erinnert, über Fußball, Kühe und Freunde. Sie kamen zu spät, die Andacht hatte bereits begonnen. „Das macht nichts, komm' ruhig mit herein". Der Kirchenraum, der Altar, der Pastor, die Anwesenden: Alles berührte Martin gesittet-vornehm. Die Gläubigen beten beliebig sitzend oder stehend. Zuhause im katholischen Gottesdienst muss Jung und Alt meistens demütig die Knie beugen. Hier reden die Menschen nach der Messe noch an der Kirche miteinander und der Pfarrer ist wie ein Kamerad in der einfachen Sonntagskleidung dabei. Martin empfand den Gottesdienst als harmonisches Familientreffen. Danach schaut er noch hoch zur Kirchturmspitze, mit Globuskugel und dem Hahn, der ihm vor Jahren bei einer ‚Jugend-Wehrertüchtigung' erstmals auffiel.

Er erzählte Helmut davon: „1936 wurde ich für acht Wochen in das Lager Kuhberg auf die Alb verschickt. Mein Vater fuhr mich mit seinem neuen Motorrad hin. Wir waren dort eine Gruppe vom HJ-Jungvolk aus dem Gau Schwaben. Befehle und Disziplin waren oberstes Gesetz. Um sechs Uhr Weckruf mit Fanfarenstoß zum Frühsport. Danach Fahnenappell und ‚Morgenbrot'. Dann Tagesbefehl des Lagerkommandanten, in Uniform mit EK1, das von den Jungs andächtig bewundert wurde. Danach Schulung mit Film-Vorführungen der Wehrmachtsmanöver und Siege über die Feinde des Deutschen Reiches. Essenfassen in Nummernfolge der kasernierten Unterkünfte und Säuberung des Essgeschirrs, das sporadisch auch vor Ort von BDM – (Bund Deutscher Mädchen) kontrolliert und ggf. anmahnend nachgebessert wurde. Eine Stunde Mittagsruhe mit Redeverbot.

Dann wetterfest antreten zum Felddienst. HJ-Jungzugführer, vorwiegend Studenten der LBA-(Lehrerbildungsanstalt) führten durchs Gelände. Sie machten uns mit Pflanzen und allerlei Getier vertraut. In besonderer Erinnerung sind mir die edlen Silberdisteln, die weit verstreuten Wacholderstauden, der traurig blickende Bernhardiner des Kommandanten und die scheuen Hirschkäfer. Einer bemühte sich einmal über einen Stein zu kommen. Ich wollte ihm helfen als der EK1-Kommandant dazu kam und das Tier zertrat.

Manchmal war der Felddienst die ‚Fehde', eine Wehrertüchtigung Mann gegen Mann, Grün gegen Rot. Die einen sind die Deutschen, die anderen die Feinde. Kenntlich gemacht mit Farbenfäden, die den verfeindeten Kämpfern von den Jungzugführern persönlich an das Handgelenk geschnürt wurden: Rot die Bösen, Grün die Guten.

Der Schlachtplan fürs Gelände und die Begegnung der Kampftruppen, wie auch die Bestimmung der Kundschafter wurde zuvor geheim von den Truppenführern vorbereitet, wobei dem Spähtrupp die Aufgabe zukam, den Feind zu orten, um die im Hintergrund lauernde ‚Infanterie' mit Handzeichen oder taktischen Gebüschbewegungen und ‚Hurragebrüll' auf Angriffsinitiativen einzustimmen. Der dann einsetzende Kampf mit brutalem und ängstlichem Geschrei hatte den Sinn, den Feind umgehend zu ‚töten', indem man ihm seinen ‚Lebensfaden vom Handgelenk reißt. Der Einsatz des neuen ‚germanischen Runendolchs', eine optische Uniformaufwertung, war streng verboten. Nach und nach wurden der Toten mehr; das Schlachtfeld stiller und der Kampf nach Landsknechtart mit dem Fanfarenstoß des Spielmannszug-Solisten abgeblasen.

Der oder die ‚Kämpfer' mit der höchsten Anzahl feindlicher Skalps bei unbeschädigter Erhaltung der eigenen Lebensschnur waren die Größten. Der Allergrößte war immer ein Grüner, meist ein bulliger Schlägertyp, so grimmig glotzend wie alle ‚Maskulinsieger' dieser Welt. Für ihn gab es beim Siegerappell vom EK1-Kommandanten ein Extralob; er wurde vor den besiegten Roten als Kämpfervorbild mit dem ‚Zweifachhurra' belohnt.

Eines Sonntags, in der Nacht, gab es ohne Vorwarnung ‚Fehdealarm'. Wir sieben- und achtjährigen Jungs wurden mit barschem Befehlston und widerlichen Fanfarenstößen aus Schlaf und Stockbetten zum Paradeplatz getrimmt. Die Roten um drei Uhr, die Grünen um halb vier. Nach der Bindung der Lebensfaden durch die ‚Kampfrichter' mussten sämtliche ‚Kämpfer in fünf Minuten in Uniform, streng getrennt, einsatzbereit sein. Parole und Losungswort des Einsatzes: für die Grünen Barbarossa, für die Roten Kommunist. Dann in schleichender Vorwärtsbewegung durch Feld und Wald, die einen im Süden die anderen im Norden, entlang des Berges, wo die Truppen dann bei aufgehender Sonne an einem Bergabhang ‚Feindberührung' hatten. Der ‚Ringkampf' fünfzig gegen fünfzig, auf Befehl der ‚Offiziere' die Bullen an der Angriffsspitze, wogte mit den bereits exerzierten Angriffs- und Rückzugsstrategien hin und her. Die ‚Hurra-Hurra-Schreie hallten am friedlichen Sonntagmorgen bis weit hinab ins Tal. Nach einer knappen Stunde endete die ‚Feldschlacht' wie geplant mit einem Sieg der ‚Grünen, entscheidend erkämpft von Kraftprotzen, die niemals in der ‚Roten Truppe' kämpfen. Diese werden bei der ‚Siegesfeier' vom EK1-Führer vor der gesamten strammstehenden Mannschaft und dem ‚Siegrunenwimpel' davor mit der HJ-Nahkampfmedaille ausgezeichnet. Ein Vorläufer der Nahkampfspange im Kriegsfall, einer Auszeichnung für tapferes Töten: Aug in Aug, Mann gegen Mann ‚Mensch gegen Mensch'.

Der gewohnte sonntägliche Frühgottesdienst zuhause wurde auf dem Schlachtfeld in eine ‚Fahnenweihe' umgewandelt. Mit einer Singstunde zur Einübung von HJ-Marsch- und Kampfliedern. Reisigholz aus dem Waldgebüsch versorgte das Lagerfeuer bei der Zubereitung frontgerechter Militärverpflegung, bestehend aus Kommisbrot und Wurst, dazu im Feldgeschirr frisches Quellwasser aus der nahen Moorheide.

Nach der Feldverpflegung befahl der schwarz uniformierte Lagerkommandant der HJ-Jungvolktruppe die Ausrichtung in Reih und Glied. Dann der Befehl: „Alles hört auf mein Kommando! – Still gestanden, Augen rechts, die Hände hoch zum Deutschen Gruß!", wobei er mit ebenfalls erhobenem Arm und dem Zeigefinger auf den am Horizont im morgendlichen Sonnenschein auftauchenden Berghügel des ‚Hohenstaufen' deutet. Dann der Befehl: „Die Augen links, rührt euch. Wie wird dieser stolze Berg dort auch genannt"?

„Kaiserberg", kam es aus der Runde.

„Hallo Pimpf Martin, wie hieß dieser Kaiser"?

Martin war in Gedanken in der Lourdesgrotte bei der Madonna, deren Blick auch zum Kaiserberg gerichtet ist. Er dachte an die Tränen seiner Mutter, die nun nicht mehr so viel weint, sondern gerne lacht, denn es geht inzwischen allen Menschen im Dorf gut. Der HJ-Oberführer wartete die Antwort des immer so abwesend blickenden Jungen nicht ab und wiederholte die Frage an den Burschen, der bei der Fehde Martin mit den gefürchteten Schwitzkastengriff umbrachte.

„Barbarossa", kam sein Ruf, wobei er die Hacken zackig zusammenschlug.

Dazu der Kommandant: „Ein Hurra auf die Intelligenz. Und Pimpf Martin, keine Träume mehr, sondern volle Konzentration in der Sache. Friedrich-Barbarossa", belehrte er danach mit markanter Führermiene, „war Kaiser des heiligen Römischen Reiches deutscher Nation, ein Riesenreich, das aus Gladiatoren und Germanen hervorging und die besten Krieger der Welt besaß".

Martin bemerkte zu seinem Begleiter: „Bei weiteren derartigen Wehrertüchtigungen gebe ich den Lebensfaden kampflos dem Gegner, der mich dann immer mitleidig anschaut". Er erzählt weiter. „Ich schaute manchmal hinab ins Tal zu einem Dörfchen mit Kapelle, dessen Zwiebelturmspitze, verankert in einer Globuskugel, ein goldener Hahn ziert.

Ich dachte bei diesem Anblick an die Kirche am Marktplatz der Kreisstadt, auf deren Turmspitze auf dem christlichen Kreuz ein Hahn steht, der seit alter Zeit bei jedem Wind und Wetter gelassen auf den baumlosen Marktplatz herabschaut auf den Marktbrunnen mit der Madonna und den Schwert schwingenden Engel auf dem Kriegerdenkmal. Beide schauen auf das Rathaus – die Jungfrau betend, der Engel trotzig. Seit kurzem geht der Blick des Hahnes auch auf die Parteiresidenz mit der schwarz-weiß-roten Hakenkreuz-Fahne, doch seinem religiösen Auftrag getreu auch zum Heiligkreuzmünster mit dem Uhrtürmchen und Dreifaltigkeitskreuz ohne Hahn. Martin fragt sich: „Was hat der Bauherr wohl gedacht, als er diesem ‚Finderlohn' einen Hahn aufs Kreuz setzte? Der Sage nach fand an dieser Stelle ein Jäger im Geweih seines erlegten Hirsches den verlorenen Ehering der Gattin eines Staufischen Kaisers. Der Dank dafür ist dieses Gotteshaus.

An einem Sonntag-Nachmittag kam der Vater mit dem Motorrad zu Besuch. Er brachte als Gruß von der Fahnenweihe des Gesangvereins Cäcilia eine Tafel Schokolade der Marke ‚Waldbauer' mit, bebildert mit einer Almlandschaft und die Lieblingsmarke der Mutter, die auf Befehl des Jungzugführers sofort auf die Kameraden aufgeteilt wurde.

Martin erzählt weiter. „Nachdem der Vater gegangen war, bekam ich Heimweh, das am Abendappell nachwirkte und vom Kommandanten bemerkt wurde. Er nannte mich, ohne den Grund meiner Gefühlsregung zu kennen, vor der Mannschaft einen ‚Feigling'. Und wiederholte aufs Neue, man werde mir die kindischen Träumereien noch austreiben."

Als er nach dem Feierabend-Ausflug etwas später als üblich nach Hause kam, fragte ihn die Mutter nach dem Grund.

„Ich war mit einem Schulfreund in der evangelischen Kirche."

„Und, hat es dir gefallen", meinte sie merkwürdig gelassen.

„Ja, man darf dort während der Messe sitzen und miteinander reden. Bei uns muss man immer die Knie beugen und still sein und heimlich allein beichten. Dort beichten die Kirchenbesucher während der Andacht gemeinsam und reden danach vor der Kirche noch miteinander – bei uns fast nie."

„Soso", erwiderte die Mutter, „man sagt ja, evangelisch sei gut leben und katholisch gut sterben. Martin hörte einmal Nachbar Johannes sagen: „Die Protestanten sehen in Gott einen freundlichen Bruder, die Katholiken in ihm einen strengen Vater. Die evangelischen Christen sind Prediger, die Katholiken Märtyrer. Diese Diesseits-Jenseits-Menschenahnung wird seine Glaubensgebete lebenslang fragwürdig begleiten."

Am Montagmorgen drückt Martin am Automaten der Firma Punkt sieben Uhr seine Ankunft ein. Die Zwangsarbeiter mussten zuvor auf Vollständigkeit abgezählt bereits um sechs Uhr an die Arbeitsplätze. Als er seinen ‚Kontrolldienst' bei den russischen Frauen antritt, wird er wie immer mit freundlichen Blicken bedacht. Das Mädchen Tanja, im gleichen Alter wie Martin, schenkt ihm oft ein Extralächeln. Er hat ihren Namen von einem Bewacher erfahren, der auch erwähnte, dass die nette Russin sehr gut deutsch spricht, manchmal auch dolmetscht, und noch mehr deutsch lernen möchte.

Am Dienstag zwang ihn der Voralarm bereits um zehn Uhr ins ‚Verlies'. Eine Minute später kam der grausame Ton des Hauptalarmes angejault. Das typische Geräusch fliegender Festungen war vom bewölkten nördlichen Horizont deutlich zu hören. Zu sehen war nichts. Es kam auch keine Entwarnung. Dagegen eine Steigerung der Angst, als in der Mittagszeit vor zwölf Uhr das typische Bombergeräusch im Süden zu hören war. Die ‚fliegenden Festungen' kommen vermutlich zurück vom Angriff auf München oder Augsburg und fliegen nun einen Scheinangriff auf Ulm. Martin denkt ans Münster mit dem höchsten Kirchturm der Welt und hört drüben vom Münstertürmchen, deutlich wie nie zuvor, die Totenglocke: Mit der Mahnung zum Gebet für einen Bürger, der irgendwo in einem ‚Feld der Ehre' starb.

Nach der Entwarnung gab ihm der leitende Ingenieur den Auftrag, morgen mit dem Frühzug in Stuttgart etwas zu holen. Er war pünktlich am Bahnhof, wo er frühere Volksschüler vom Gymnasium traf. Seit sie dort sind, reden sie mit vielen Fremdwörtern. Er hörte mehrmals ‚notabene'. Ein Wort, das auch Gustl oft lächelnd gebrauchte. Edmund, der bald Martins Schanzgenosse und Mitschläfer im freigemachten Mädchenbett ist, und später Priester und Missionar in Namibia, übersetzte ihm; es ist Latein, und heißt ‚merke wohl'. Die Freunde von der Volksschule und nunmehrigen Oberschüler geben gerne mit Fremdwörtern an. So fragen sie bei Begegnungen „quo vadis". Versteht man den Wortsinn nicht, dann lachen sie spöttisch. Ein wirklich Gebildeter sagte ihm: „Diese Angeberei der Oberschuljungs ist bei vielen die Entbindung in eine egoistische Verhaltenswillkür. Mancher wird mit der Reputation der Eltern sta(a)ttlich gefördert ein Advokat, Beamter, Offizier, Parteiboss oder Manager. Der einfache Arbeitermensch muss, während die

Ex-Freunde fröhlich studieren, seinen Lehrlingslohn wie ‚gottergeben' den Eltern bringen."

Die Gruppe fährt zur Trümmerräumung in die Landeshauptstadt. Angeführt von einem uniformierten Jungbannführer, bei dessen Anblick Martin tiefe Abneigung ergreift. Es ist der HJ-Oberführer, der ihn und seinen Kindheitsfreund Josef am 1. Mai 1935 – als Sechsjährige – auf dem Schulhof bei der Pflanzung einer Hitlereiche, im Angesicht der Eltern und Schulfreunde, brutal züchtigte. Der Grund war ein mit ‚Seppl' in der Nähe geübter Mundpfeifversuch einer melodischen Umwandlung des soeben gelernten Kanons „Froh zu sein bedarf es wenig…" Josef bat Martin einmal bei seiner Schreinerlehre, ihn nicht immer Seppl zu nennen, denn er möchte ein Zimmermann sein wie der hl. Josef.

Der ehrenamtliche HJ-Jungbannführer und studierte Volksschullehrer kommandierte die ahnungslosen Jungs zu sich. „Ein deutscher Junge pfeift nicht", schrie er, und schlug zu, jeden der Buben mehrmals links und rechts ins Gesicht. Die Mutter erzählte später, dass der Papa nach der am Wohnhaus erlebten Züchtigung seines Ältesten traurig unterm Kruzifix in der gewohnten Ecke am Küchentisch saß, und sie bekümmert mit den Worten um Entschuldigung bat: „Mama, ich konnte Martin nicht helfen, die elterliche Autorität und Erziehung wird von uniformierter Brutalität abgelöst."

Nachbar Johannes, der die Züchtigung der Kinder in seinem Hausgarten erlebte, sagte zu Martins Vater: „Wer Uniformen glorifiziert, wird bald selbst uniformiert sein – und geistig kaserniert. Wer Uniformen ablehnt, wird bald in einem KZ sein – und geistig kastriert. Wir werden eines Tages alle in Uniformen gesteckt und dann, wie soeben von der Jugend gehört, die neue Kampf- und Siegesparole musisch in die Welt tragen müssen: „Heute, da hört uns Deutschland – und morgen die ganze Welt. Wobei manch' übermütiger Hitlerchor" das Wort HÖRT in ‚GEHÖRT' umformuliert; was draußen in der Welt als Beweis deutscher Machtgier verstanden wird. Doch eigentlich", fügte er noch an, „will uns dieser Adolf Hitler von der grausamen

Versailler Schuldenlast des verlorenen Krieges befreien."

Johannes war bis zur Pensionierung Lehrer an der Fachhochschule für Edelmetall. Sein fachlich bewundertes Meisterstück, eine Brosche, erwarb ein Königshaus als ein Familiengeschenk. Vielleicht hat ihn die Hingabe an die Gestaltungskunst zu einem Rosenliebhaber und Philosophen gemacht. Er wirkt gebildet, spricht leise. Früher einmal war er parteifreier Gemeinderat im Ort, was ihn in der Hitlerzeit für eine weitere Wahl- und Amtszeit ideologisch ausschloss. Seine Frau Anna hat ein freies Zimmer zu einem Ladengeschäft für Kolonialwaren gemacht, das im Dorf der ‚Tante-Anna-Laden' wurde. Der Kunde wird beim Öffnen der Ladentür von einem Glockenspiel begrüßt und Kinder, die mit oder ohne Mama zum Einkaufen kommen, erhalten von ihr aus einem Ballonglas ein Bonbon. Martin darf sich als Stammkunde manchmal eine Rippe von der an der Theke liegenden Blockschokolade nehmen. Neben dem Hauseingang ist ein glänzendes Emailschild mit einer fröhlichen Jungfrau in einem sommerlich strahlend blauen Kleid, die ein Paket mit dem Namen PERSIL in den Himmel hält, was sich bei Martin als eine Marke feinster Reinheit einprägte, wie damals Vaters Besuchsgeschenk auf dem Kuchberg, eine Tafel WALDBAUER-Schokolade als das Feinste für Genuss.

Der Vater fügte im Gespräch mit Nachbar Johannes, den er sehr schätzte noch an: „Schon das kindlich lustige Pfeifen eines harmlosen Liedchens in freier Natur wird brutal bestraft. Hitler hat schon viele Anhänger; doch er schreit zuviel, was von manchen Nationen als aggressives Zeichen seines kriegerischen Willens bewertet wird."

Bei seinen Nachbarn und Freunden im Heimatort empfindet Martin bei ihrer Vorbild-Ausrichtung und Lebensweise den Standpunkt: die Eltern für die Erziehung, die Kirche für die Seele, die Schule für die Bildung, das Rathaus für die Ordnung. Zudem sind sie, so meint er, im Denken, Erziehen, Glauben, in Bildung und Ethik in die Familien-, Berufs- und Heimattreue eingebunden, die den Charakter stärkt – und gegen Böses vereint.

Die Geburts- und Taufnamen der Familien deuten auf

konstante Treue zur heimischen Art. Sie nennen sich, auch wenn sie nicht Verwandte sind, Tante oder Onkel. Der Vater und die Mutter sind für Kinder lebenslang Papa und Mama. Und wenn sie selbst Eltern sind Opa und Oma, benannt wie ihre Kinder. Johannes meinte bedächtig dazu: „Dieses von Religiosität, deutscher Treue und sozialem Wohlverhalten geformte Gemeinwesen ist für den Eigennutz von Diktatoren, Demagogen, Politiker, Parteien und Zeitungen mit machtstrotzendem Auftritt und Wohlstandsversprechungen leicht verführbar.

Die NSDAP empfinden viele Bürger als zu laut, zu zackig, zu radikal. Den Adolf Hitler mit seinen Zuwendungen und Sprüchen als machtsüchtigen ‚Gernegroß'. Der Vater sagt immer, wenn von ihm die Rede ist, „der Adolf", und die Mutter „warum schreit der Mann immer." Bei der Wahl von Marschall Hindenburg zum Reichspräsidenten gab es ihm zu Ehren eine Münze mit der Mahnung: >Für das Vaterland beide Hände, aber nichts für die Parteien<. Doch bald wird die ‚Landesrundschau' umgetitelt in die ‚Nationalsozialistische Tageszeitung' mit Reichsadler und Hakenkreuz. Sie fordert: „Juden raus" und „kauft nicht bei Juden" sowie „Die Juden sind unser Unglück".

Die Bürger nehmen in ihrer Gutgläubigkeit die Zeitungs- und Parteisprüche einfach hin. Sie sehen in der Begutachtung ehrbarer Dinge in den Juden lediglich geschäftstüchtige Menschen. Doch manchmal erinnert sich Martin an die Kindheit, wo der Pfarrer im Religionsunterricht von einem Judas erzählte, dessen Volk den Gottessohn Jesus gekreuzigt habe und das Christuskreuz zu einem Bittgebet um Vergebung der Schuld auffordere.

Im Kino gab es auch einen bösen Film über die Juden. Dazu sagte Nachbar Johannes, dass dieses Geschehen lange zurück liege und dass dies nicht wieder geschehe.

Doch es gibt Gerüchte, wonach jüdische Geschäftsleute die Stadt verlassen, weil sie von der Zeitung beleidigt und von den Nationalsozialisten beschimpft würden. Auch seien jüdische Kirchen zerstört worden und viele Juden sollen in ein KZ gekommen sein. Seit im Ort ein ‚Tunichtgut', der oft betrunken war und auf die Nazis schimpfte, ins KZ kam, hört man im Ort, dass in Konzentrationslager Menschen kämen, die für das Deutschtum ‚unwert wären'. Martin denkt dabei an die Rüge des HJ-Führers für seine mangelhafte ‚Konzentration', damals 1936 bei HJ-Jungvolk-Wehrertüchtigung auf dem Kuchberg.

Respektvoll angesehen sind die evangelischen Nachbarn. Man fühlt in ihrer Nähe, sagte die Mutter einmal, eine vornehme und gebildete Eigenart – vielleicht auch, weil sie sich in der Öffentlichkeit bescheiden geben, nicht mit der Religion protzen und zum Gottesdienst und Unterricht unbekümmert in den Nachbarort gehen, in das Dorf unweit der Breitwiese mit der Marienkapelle, wo Martin als Hütbub nach dem Bombenangriff auf Stuttgart an die einsame Glocke und den Spaziergang mit dem Kameraden erinnert wird.

Misstrauen galt seit jeher den Zigeunern, die inzwischen selten geworden sind. Sie tauchten immer mit bunt bemalten Wagen und kleinen Pferden an einer Bachwiese am Ortsrand auf. Sofort ging durchs Dorf die Kunde vom Dasein der seltsamen Gestalten aus fernen Landen. Ihr Besuchsavis waren Kindesraub und dubioser Handel. Die Türen wurden verschlossen, die Kinder bewacht. Doch nichts Böses geschah. Insgeheim beneidete Martin die Menschen um ihre Freiheit und die Wanderungen durchs Land.

Wie seit Wochen begibt er sich am Samstag wieder auf den Weg zum Hüthof. Vor dem Ort kommt ihm auf dem Fahrrad der Ortsgruppenleiter in Uniform entgegen. Martin umgeht den an Uniformierte befohlenen ‚Heil-Hitler-Gruß', indem er ihn übersieht. Wolfi wartet nicht wie sonst. Er liegt in der Wirtsstube auf dem Sofa zwischen Bauer und Bäuerin, die weinend ihre Hände ineinander gefaltet haben. Anne hat einen Arm um Rudis Mutter gelegt. Ihr gewinnendes Lächeln ist den Tränen gewichen. „Martin", sagt der Bauer leise, „Rudolf ist vermisst. Sage es daheim. Komme bitte morgen wieder."

Auf dem Weg zurück läuft er wie betäubt querfeldein.

Abseits der mit Silberstreifen und Amerikapost feindlich dekorierten Felder und Wiesen, weit ab von der Absturzstelle des Bombers, vorbei am Heimatort, auf die Anhöhe in den uralten Eichenhain, der seit 1889 in einer natürlichen Felsgrotte eine andächtig betende Lourdes-Madonna beherbergt, die im elfenbeinblauen Gewand mit sanften Augen auf die Berghügel der Alb mit dem am südwestlichen Horizont einsam anmutenden Kaiserberg Hohenstaufen schaut.

Seine traurigen Gedanken gehen weit zurück in die Zeit, als er mit drei Jahren täglich mit der Mutter den Berg hinauf ging – damals, als der arbeitslose Vater in der Gemeinde Wegedienst tat. In der Mittagszeit traf sich die dreiköpfige Familie nahe der Mariengrotte, auf einer Bank unter zwei ballonartigen Akazien zum Essen. Immer war es ein Eintopf aus der Milchkanne. Manchmal gab es auch eine Scheibe vom Brotlaib der Namens- Freundin Annabäurin vom Waldershof am Kirchenweg. Er erinnert sich auch, wie das Essen mit einem Messer-Gabel-Löffel-Besteck gelöffelt wurde, das der Vater vom Krieg in sein Elternhaus heimbrachte und dass die Eltern oft traurig miteinander redeten.

Danach, auf dem Rückweg ins Tal, ging seine Mutter oft mit ihm in die Grotte. Sie faltete die Hände wie die Madonna und die Kinder es tun, zusammengelegt und mit den Fingern zum Himmel deutend. Martin wunderte sich darüber, warum die Eltern beim Tischgebet und in der Kirche die Hände immer ineinander falten und die Finger nach unten zeigen. Manchmal sang die Mutter ein Lied, das er schon in der Kirche gehört hat, an einem Maientag ein sehr schönes, das er noch nicht kannte: „Maria Maienkönigin, dich soll der Mai begrüßen." Manchmal weinte die Mutter – und er mit ihr. Sie schimpfte ihn leise: „Du darfst nicht weinen." Martin weinte dann noch mehr, weil seine Mutter nicht merkte, dass er aus ängstlicher Liebe um sie weinte. Er wusste ja nicht, dass die Tränen im Angesicht der Madonna ihr Leid beklagen – um das Essen für den nächsten Tag, um die nun seit Monaten übernommene schlecht belohnte Heimarbeit für die Miederfabrik, um die Schulden beim Schuster und Krämer, dem Zins für das vor der Heirat örtlich standesgerecht erbaute Haus, wie viele Nachbarn, die derzeit ähnliche Sorgen haben, und an den sonntäglich Mai-Andachten immer sehr ernst blicken, obwohl sie ihn am Tag oft freundlich anlächeln. Gemeinsam sangen sie, andächtig zur Madonna blickend: „Oh, Maria hilf, du Mutter aller Gnaden, helfe uns aus dieser großen Not …"

Oft denkt Martin daran, wie er als Kind den Vater sehr traurig sah. Damals in den kalten Wintern, als dieser mit vielen arbeitslosen Männern im Bach für eine Brauerei Eisblöcke schlug und für diese krankmachende Arbeit von Sonnenauf- bis Sonnenuntergang, so erzählte die Mutter später oft, einen Tageslohn von drei Mark heimbrachte.

1932, an einem Frühlingsabend voller blühender Bäume und bunter Wiesen, besuchte die Mutter mit ihm die Grotte, grüßte wie immer mit dem Kreuzeszeichen zur andächtig betenden Madonna, blickte dann zu ihm und sagte geheimnisvoll: „Zu Weihnachten wirst du ein Geschwisterchen bekommen." Warum, denkt Martin, weiß dies die Mutter jetzt schon. Er schaut auf zur Madonna, die ihm aus dem Zauberlicht der goldenen Abendsonne zulächelt, und empfängt von ihr die kindlich einfältige Glaubensgewissheit: Sie wird der Mama das Geschwisterchen schenken, das dann im Januar 1933 als Brüderlein kam.

Am 30. dieses Monats wird ein ADOLF HITLER Führer der Deutschen. Mit ihm wird es, so berichten die Zeitungen in Großbuchstaben und der Rundfunk in markiger Tonart, in diesem Land gewaltig aufwärts gehen. Deutschland erwacht! Ein Hakenkreuz, so scheint es, wird zum Wahrzeichen nationaler Größe-Ehre-Arbeit-Wohlstand. Der in Not geratene treudeutsche Mensch steht auf, doch bald wird er „VOLK ans GEWEHR" singen müssen und bedingungslos besiegt werden! Adolf H. und seine Genossen sind weg: Das überlebende Volk wird zur Demokratie, blindem Konsum und einem zeitlebens bußbereiten TÄTERVOLK umerzogen …

Als er heute nach dem traurigen Ereignis von gestern wieder zum Hütdienst geht, denkt er zum Geschehen um Rudolf an Worte seines Vaters: „Rudolf kann auch in Gefangenschaft sein. Man darf die Hoffnung nicht aufgeben. Ich will bei Gelegenheit versuchen, den Eltern mit einem Erlebnis aus meiner Soldatenzeit Hoffnung zu geben."

Soll er diese Ahnung des Vaters dem Hütbauer sagen? Er traut sich nicht, denn der immer so gerne lächelnde Bauer schaut nun seltsam ernst.

Er erzählt es dann beim Hüten Anne, die still zuhört. Als er keine Worte mehr findet sie zu trösten, nimmt sie ihn wie eine Mutter in die Arme und bekennt traurig: „Seit Rudi vermisst ist, denke ich oft an den toten amerikanischen Flieger." Sie weinen danach gemeinsam inmitten einer von der heiligen Natur behüteten, unschuldigen Kreatur.

1944, im September, an einem Montag nach der Arbeit reicht ihm die Mutter einen amtlichen Brief aus der HJ-Residenz. Er wird darin aufgefordert, am Mittwoch um 7:00 Uhr früh in Uniform beim Hauptbannführer zu erscheinen.

Pünktlich steht er in seinem Büro, wird mit ‚Heil Hitler' begrüßt und per Handzeichen auf einen Stuhl beordert. Auf dem Tisch liegt eine aufgeschlagene Aktenmappe. Er sieht darin ein Schulzeugnis und den Briefkopf seiner Lehrfirma. Der Bannführer mustert ihn kühl und sagt im Befehlston: „Du sollst Führungsqualitäten besitzen. Es wurde mit Diensteignungsprüfungen und Gutachten entschieden, dich der Nationalpolitischen Führungsakademie (NAPOLA) zuzuordnen". Nach einem Blick auf Martins Uniform kam von ihm die Aufforderung: „Bring' die Uniform in Ordnung, die linke Brusttasche ist offen."

Martin greift zur Brusttasche mit der rot-weißen Jungzugführerschnur und spürt darin einen ungewohnten Gegenstand. Er nahm ihn heraus und hat einen *Rosenkranz* in der Hand. Der Bannführer schaute erst den Rosenkranz, dann sichtlich erschrocken ihn an, durchstrich mit verächtlicher Geste die Akten und befahl ohne ‚Heil Hitler' wegtreten.

Es war die Mutter, die den Brief las und ihm den christlichen Gebetsbegleiter in die Uniform gesteckt hat. Vielleicht, dachte Martin, mit einem Gebet in der Hoffnung, dass ihr Bub nicht so werde wie der Schulhofschläger, wie sie den HJ-Oberführer einmal nannte.

Einige Tage nach der NAPOLA Begutachtung unterhielten sich Martin und ein Freund unweit der NS-Residenz. „Wo bleibt der deutsche Gruß?!", kam ein barscher Ruf. Die Jungs hatten den Bannführer übersehen. „Du bist der Junge mit der ‚Gebetsschnur', herrschte er Martin an. „Meldet euch sofort bei eurem Ortsgruppenleiter."

Nach zwei Wochen kam für sie die Einberufung zu einem Schanzeinsatz an den Rhein.

Es war 1944, ein friedlicher Herbstmorgen, der nach langer nächtlicher Bahnfahrt ein ‚Fähnlein' junger Schwaben im Weinort Ihringen am Kaiserstuhl ankommen sah. Martin und Edmund, ein Neffe von Nachbar Johannes, wurden der Familie Küfer zugeteilt. Der Hausherr ist Kellermeister in der Winzerkellerei. Er lacht gerne etwas verschmitzt, wie auch seine zierliche Frau mit schönen blauen Augen. Ihre Sprache klingt wie das ‚Alemannendeutsch' von Pierre, was bei Martin ein Gefühl der Geborgenheit auslöste. Ein erster gemeinsamer Rundgang im Ort und der Umgebung erschloss sich für sie als eine Offenbarung fruchtbarer Vielfalt. Kirschbäume, Walnussbäume, Fruchthecken, Pfirsich-Gärten und die nun kahlen Weinberge sind für alle ein Urerlebnis, auch das warme Naturempfinden und die Nähe netter Menschen in Häusern mit Innenhöfen, wo unter Vordächern Maiskolben und Tabakblätter hängen, Weinstöcke und Rosenhecken ‚Grenzen' zum Nachbarn sind.

Schon am nächsten Tag wurde die jugendliche ‚Hilfstruppe der Heimatverteidigung' mit der Realität des Einsatzes vertraut gemacht: Sieben Uhr in Arbeitskleidung an der Kirche. Essenfassen aus der Gulaschkanone und Abmarsch Richtung Breisach. An der Weggabelung Richtung Weinort Achkarren werden aus einem Bunker Spaten und andere Schanzwerkzeug gefasst. Für die Bearbeitung ist der *Winklerberg* bestimmt. Die Kolonne wird in Gruppen aufgeteilt, die unter Anleitung von HJ-Scharführern die Arbeit im Weinberg aufnehmen. Martin und seine Gruppe sind gerade dabei, die ersten Weinstöcke samt Holzstaketen auszureißen, als in Breisach am Rhein die Sirenen ohne Vorwarnung Fliegeralarm auslösten, was den jungen Schanzern in dieser Art neu war und zu Verwirrung führte. „Hinlegen und Spaten auf den Kopf", kam ein Befehl. Erst hören sie das ferne Brummen nahender Flugzeuge, dann begann die Flak (Flugabwehrkanonen) am Rheinufer in Breisach das Feuer zu eröffnen, das die Jagdflugzeuge (Jabos) als Ziel anvisierte, und mit Sprengwölkchen umgab. Doch sie trafen nicht. Die Mustangs flogen eine Schleife und kamen im Tiefflug von hinten über dem Winklerberg. An den Tragflächen sah man deutlich das RAF-Hoheitszeichen und Mündungsfeuer der Bordkanonen. Die jungen Schanzer wähnten die Beschießung auf sich gerichtet, da ringsum ständig ‚summende' Granatsplitter der Flakgeschütze einschlugen. Todesangst ergriff sie. Doch der Angriff galt nicht ihnen, sondern der Flugabwehr am Rhein. Als die Sirenen Entwarnung gaben, wurde die Arbeit wieder aufgenommen. Es waren Lauf- bzw. Schützengräben für die Infanterie zur Abwehr feindlicher Angriffe auszuheben: 160 cm tief, unten 40, oben 60 cm breit. Dies hatte schleunigst zu geschehen, damit sofort Deckung vor den Jabos geboten war. Martin wurde erstmals in seinem Leben bewusst, dass nicht nur sonnige Tage mit all' den schönen Empfindungen befrieden, sondern auch trübe als natürlicher Schutz vor todbringenden Flugmaschinen.

Den Krieg in seiner teuflischen Grausamkeit erlebten sie einige Tage später bei der Begegnung zweier von ihren Machthabern zum Hass verfeindeter junger Europäer.

An einem sonnigen Tag lief frühmorgens wieder die übliche Kriegsmaschinerie an: Alarm, Jabos, Flakabwehr. Die Kolonne war zum Gerätefassen bereits am Bunker, der nachts von deutscher Infanterie bezogen wurde, als eine der RAF-Jagdmaschinen in Richtung auf den Bunker ausscherte und das Feuer eröffnete.

„Zu früh", bemerkte sarkastisch der Bunkeroffizier und befahl den Soldaten, „wenn er wieder kommt knallt ihn ab"! Er kam wieder und schoss vermeintlich wieder zu früh. Doch sein Angriff galt nicht dem Bunker, sondern den Schanzern, die in der Nähe auf freiem Gelände

MG-(Maschinengewehr)-Stellungen aushoben. „Wohl ein Anfänger" und gebt ihm Feuer", befahl der Offizier. Hunderte von Gewehrkugeln durchbohren den Jabo, der mit einer Rauchfahne hochzog. Martin lag während des Geschehens hinter einem Betonblock und sah einen Menschen am Fallschirm auf den Bunker zuschweben, der dahinter im Arbeitsgebiet der jungen Schanzer aus Pforzheim landete. Drei Soldaten, die zur Gefangennahme des Piloten befohlen wurden – Martin, Edmund und Kameraden – rannten hinüber. Sie hörten Hilfeschreie, sahen Tote liegen und erlebten unmittelbar wie ein Schanzerjunge den Fallschirm-Piloten mit dem Spaten erschlug. Wie ein Rasender schrie er bei jedem Hieb: „Für meinen Vater, für meine Mutter, für meine Schwester", brach in hemmungsloses Weinen aus und ließ sich widerstandslos abführen.

Sein Kamerad stammelte angesichts des erschlagenen Engländers: „Georg verlor bei einem Bomberangriff der Engländer seine Familie. Sie ist im Keller verbrannt. Er hörte noch ihre Hilfeschreie und konnte ihnen, selbst verletzt im Garten liegend, nicht helfen. Martin dachte in seiner Gutgläubigkeit lange nach, warum so etwas geschehen kann. Das Schreckliche am Tod eines Menschen hatte er bis dahin nicht erlebt. Seine Omas und Opas, so erinnerte er sich, hatten auf ihrem Totenbett friedliche Gesichter. Die Eltern und Verwandten sagten, sie seien heimgegangen.

Nachts, vor dem Einschlafen fragte er Edmund: „Warum lässt der liebe Gott dies zu?"

(Damals, und auch in ihrem Alter noch, nannte man den Schöpfer der Welt ‚lieber Gott'.)

Edmund, den Martin bei diesem mörderischen Geschehen zum ersten Mal mit einem traurigen Gesicht erlebte, sagte zunächst nichts, dann mit Bedacht: „Gott hat uns die zehn Gebote gegeben, die wir im Alltag und im vertrauenden Gebet für ein friedvolles Miteinander beachten müssen, alles andere überlassen wir getrost ihm." Und murmelnd fügte er noch an: „Beten wir für den Kameraden – mit einer Bitte um Vergebung."

An einem arbeitsfreien Sonntag lud Kellermeister Küfer

seine jungen Gäste zu einer Weinprobe in den imposanten Ihringer Winzerkeller ein. Für die Schwäblis, wie sie dort genannt werden, eine erste Begegnung mit echtem Wein. Erst gab es aus Holzfässern im Schein einer Kerze ein halbgefülltes Glas eines noch weißlich-trüben „Neuen".

Die beiden Jungs aus dem ‚Fallobstmostland' Ostschwaben tranken den süßen und sanft gärenden Inhalt mit einem gierigen Schluck, was den erfahrenen Kellermeister zu der Bemerkung veranlasste: „Ihr beiden netten Buben werdet die ‚süße Gefahr' des gärenden Weines, der bei uns ‚Sauser' heißt, im Laufe eures hoffentlich langen Lebens noch kennen lernen. Doch kommt mit in den Hauptkeller." Sie gehen über ausgetretene Steinstufen in einen tiefer liegenden, kühl anmutenden weitläufigen Keller, in dem große Holzfässer in Hülle und Fülle aufgereiht standen. Kellermeister Küfer erklärte seinen jungen Gästen wie bei einem Museums-Rundgang die Bedeutung der mit Kreide auf Täfelchen vermerkten Ziffern und Namen, an den von Meistern des Küferhandwerks erstellten Holzfässern, die seit Generationen jeden Weinjahrgang reifend bewahren.

Schaut, Kinder, hier in diesem Fass, bemerkte er lächelnd, „ruht ein 1929-er. Euer Jahrgang. Eine hochfeine Sylvaner-Spätlese, die auch unsere Freunde im Elsass im Vergleich zu ihrem Edelzwicker gerne trinken. Doch bald werden sie", fügte er leise an, „nicht mehr unsere freundlichen Nachbarn sein dürfen, sondern werden, wie von den Regierenden befohlen, wieder unsere Feinde sein müssen. Schaut, in diesem Fass ruht eine 1940-er Beerenauslese – ein feines Winklerberggewächs auf vulkanischem Boden, der die Weintrauben zusammen mit der badischen Sonne verwöhnt und von ehrlichen Winzern seit Generationen umsorgt, wundersam wachsen und reifen lässt.

Er zündet eine neue Kerze an, gibt jedem der Buben ein Probierglas, entnimmt eine Probe des ‚Vierzigers', hält das Gläschen über dem Kerzenschein in die Höhe und prüft mit dem Auge des Verehrers Farbe und Klarheit des Inhalts. Dann führt er das Glas bedächtig unter die Nase, lockert mit einer kreisenden Bewegung den Duft der Blume, führt das Glas zum Mund, der sich sanft wie zum Kuss öffnet, und nimmt einen winzigen Schluck, der alle Sinne ergreift: „Wunderschön" sein Urteil. Er füllt lächelnd das Glas der Buben und bittet seine jungen Gäste, seiner Art der Weinprobe zu folgen. Sie führen im Schein der Kerzen ihr Glas andächtig zu Nase und Mund und kosten den Wein – und empfangen den jungfräulichen Urgeschmack goldenen Weines.

Als sie aus den zauberhaften Kellern wieder in das herbstliche Sonnenlicht auftauchen, nimmt sie der Kellermeister wie ein großer Bruder an der Hand und übergibt die leicht schwankenden ‚Zecher' seiner herzlich lachenden Frau mit den Worten: „Die jungen Genießer durften heute den Aperitif – der erste Schwips – zu sich nehmen."

Martin und Edmund schlafen im Hause Küfer gemeinsam im Bett einer Tochter, wo man im schrägen Dach durch ein Klappfenster manchmal die Sterne sieht. Wenn die Jünglinge eine Notdurft drängt, dann müssen sie hinunter in den nächtlichen Innenhof, vorbei an Weinlaub, Tabakblättern, Maiskolben und allerlei Haustieren. Was bei Martin in den stillen Nächten der betörenden Fremde oft ein seltsam schön empfundenes Heimweh auslöste. „Den Sinn für Schönes kann man nicht lernen. Es ist eine Gabe der Seele, wie auch der Sinn für Musik; ihre Nahrung. Höre auf sie, sagte ihm einmal seine Mutter – und mehr. „Man darf Schönes, das zu Heimweh führt, verehren und sogar lieben, zu jeder Zeit und ein Leben lang. Doch man darf es nicht bezweifeln oder den Besitz erwarten. Man kann den Sternenhimmel und die Musik nicht besitzen, auch nicht die Menschen die man liebt: die Eltern, den Lebenspartner, die Kinder. Man kann Schönes für sie tun und sie als das Schönste empfinden. Doch wer sich die Gnade der Empfindung für Schönes in Natur Kultur und dem Menschen als sein Besitzrecht anmaßt wird dereinst mit einer trauernden Seele im wahrhaftig Schönen erscheinen."

Solche Worte sagt die Mutter auch bei der Hausarbeit, bedächtig wie zu sich selbst, manchmal auch mit einem besinnlichen Blick durchs offene Fenster. Der Alltagsdialekt geht dann über in ‚Schuldeutsch'. Sorglos glücklich, als wär's ein Lächeln des Herzens, in der Erinnerung an die Worte des Sohnes, damals bei ihrem Besuch in der Hütwiese. Immer wieder erzählt sie in der Familie von ihrer Zeit in einer Apotheke im Nachbarort, in der sie 1920 als Neunzehnjährige für ein Jahr als damals noch angesehene Kindsmagd Dienst tat. Dort stehe am Fachwerkgiebel ein Spruch, den sie sich fürs ganze Leben merke: Das Wahre suchen – Das Schöne lieben – Das Gute üben.

Martins Mutter ist eine einfache, tiefgläubige Frau. Ihr Vater war Goldschmied. Und wie viele Goldschmiede arbeitete er in der Oberamtstadt in einem familiären Kleinbetrieb. Der Lohn wurde immer am Samstag in der Tüte ausbezahlt und reichte für das meist kinderreiche Zuhause gerade zum Überleben. Die Väter erlaubten sich nach dem Empfang des Lohnes in der Stammwirtschaft ein Glas Wein oder Bier – zum Leidwesen der Mütter davon oft zuviel. Sie nannten das Bedürfnis der Männer einen ‚Kummertrunk', weil er den kargen Lohn für gute Arbeit etwas erträglicher machte. Manche Frauen, so wird erzählt, standen oft bei der Lohnauszahlung vor den Kontoren der Chefs, um die Männer vom Gang in die Kneipe abzuhalten. Die Prinzipals, nach und nach Unternehmer geworden, vermarkteten die feinen Kreationen ihrer Goldschmiede draußen in der Geldwelt: als Reisende mit Musterkoffer bei Schmuckwarengeschäften, bei Messen oder mit vornehm gestalteten Glanzprospekten. Der aufkommende Reichtum führte zur Erstellung repräsentativer Wohn- und Kontorbauten im Umfeld historischer Kirchen und den Amts-Häusern der Stadt. Auf den Hügeln platzierten sie, weithin sichtbar und dem Blick herab zur Stadt, feudale Villen und veredelten damit den Ort zu einer ‚Gold- und Silberstadt'. Das einfache Volk, im Alter meist arme Rentner, nennt sie ‚die Schmuckler'. Diese nennen sich im Alter ‚Privatier' – auch auf ihrem Grabmal. Für sie ist es der vornehmste Inbegriff rechtschaffenen Wohlstandes.

Zu gerne hätte die Mutter ihren Erstgeborenen im

Gewand des Priesters erlebt. Seine Zeugnisse vom konfessionellen Religionsunterricht und das mit Adler und Hakenkreuz autorisierte Entlassungszeugnis der Volksschule zeigten rundum die Note GUT. Doch dies bedeutet als Bildungswert, anerzogenem oder anvertrautem Glaubensgut nichts – zu wenig, um den Vorgaben der Diesseits-Jenseits-Wissenschaft, dem orthodoxen Anspruch des Klerus oder der Vision einer Mutter für eine autoritative Verkündung der christlichen Glaubenslehre würdig zu sein.

Martin wusste noch nicht, was aus ihm werden wird. Sein Tun als Kaufmannslehrling ist vom Krieg und NS-Zwang bestimmt. Seine Daseinspflichten sind Rüstungsarbeit, Alarmbereitschaft, HJ-Gehorsam und eine kriegsbedingt oberflächliche Berufsbildung, begleitet von fremd bestimmten Alltagsängsten und den lauteren Träumen eines Hütbuben.

Sein Fühlen und Denken ist beschwingt von Idealvorstellungen. Er glaubt, den Himmel schon auf Erden zu finden, und bleibt auf der Suche nach Wahrzeichen ein gutgläubiger Einzelgänger, der sich ständig beobachtet fühlt. Freund Edmund scheint mit Heimweh und Sehnsüchten realistischer umzugehen. Sein Wissen um Empfindung des Schönen ist die begnadete Verantwortung zur hilfreichen Bewahrung der Gebote Gottes. Bald wird ihn die Priesterweihe als Seelsorgendes Vorbild des christlichen Glaubens in eine Diaspora nach Afrika berufen, ein Leben lang. Ende November werden am Kaiserstuhl die Tage kürzer und meist trübe. Die feindlichen Flugzeuge bleiben unbehindert in der Pflichtvorgabe deutscher Befreiung. Die Schanzer haben, wie es IHRE Pflicht war, gute Arbeit geleistet. Der Weingarten Winklerberg, auf dessen Höhe an einer Felswand weithin sichtbar WEINGUT DÜILER FREIBURG steht, ist nahezu vollständig zu einer Abwehrstellung für die deutschen Soldaten umgegraben worden.

Drüben sah man jeden Tag den Dom in Breisach, der durch seine Staufische Zeit an die Heimat erinnert und in stillen Stunden Heimweh ans Elternhaus, an die stillen Wiesen und Wälder, an Anne und an seinen gefangenen französischen Freund Pierre auslöste. Wie gerne wäre er einmal nach Breisach gegangen, um irgendjemand nach einer Lehrerin mit dem Namen Helga zu fragen – oder jenseits des Rheins, drüben in Neubreisach, nach Beatrice, um einen Gruß zu bestellen, um einen Gruß zu bekommen. Es ist unmöglich! Freund und Feind würden ein derartiges Ansinnen nicht nur für dumm, sondern für verrückt oder Spionage erklären. Sein naiver Glaube an Gutes ohne das Böse bekommt zunehmende Zweifel. Die Gedanken verwirren sich in den Flugblättern des Generals Eisenhower, in todbringenden Bombern, der Feindschaft seelenverwandter Menschen, der Kassandra-Uniform des Heimat-Bäckermeisters. Und wie es sein Vater nennen würde: im Gebrüll einfacher Bürger in ideologisch verhetzte Parteigänger.

Aus der Ferne des Westens ist der Donner der Front zu hören. Der Landkrieg nähert sich dem Rhein. Nun ist für die jungen Schanzer aus dem Schwabenland der Zeitpunkt zum Heimgang und des Abschieds gekommen, von lieben Menschen aus dem, trotz Kriegsnähe, wundersamen Kaiserstuhl. Der Befehl zum Abrücken ist auf fünf Uhr früh festgelegt. Herr Küfer kam um vier Uhr ins Zimmer. Er hat für jeden der ‚Heimkehrer' eine historische Wanderkarte der Weinlandschaft Kaiserstuhl-Vogesen und, als Winzergruß zum Weihnachtsfest, für die Familie zwei Flaschen Wein dabei. Einen Friedenswein '38er Winklerberg Burgunder Spätlese und eine Sylvaner Kriegslese 1939. Seine Frau hatte, wie alle Tage zuvor, Kaffee gekocht und ein Glas Pfirsichkonfitüre aus dem Vorratskeller im Weinberg beigestellt. Wie schon beim ersten sonntäglichen Essen mit den hübschen Töchtern Gabi und Uschi sagte sie beim Abschiedsfrühstück mit Blick auf die Weinberge rundum lächelnd: „Ein Mahl ohne Wein ist wie ein Tanz ohne Musik."

Sie verabschieden sich mit dem fränkisch-alemannisch-schwäbischen Gruß *adieu*, der schon als Abschiedsgruß eine Einladung fürs Wiedersehen bedeutet.

Das ‚Fähnlein Hitlerjugend' setzte sich mit Tornister und Gulaschkanone in Marsch Richtung Südost. Keiner der jungen Schanzer wusste, wohin es geht.

Der Begleitoffizier, ein kriegsversehrter älterer Hauptmann, ließ auch nichts darüber verlauten. Hinter Ihringen passierten sie die Abzweigung zum Lilienhof, der Hofdomäne in den Weinbergen. Hier haben Edmund und Martin noch am letzten Sonntag die Kapelle besucht – und nach dem Grüß Gott einen Taubenturm entdeckt, an dem Martin seiner großen Kindheitsliebe begegnete: weißen Pfauentauben. Zuhause hat der Vater für sie eine Voliere im Garten errichtet, zusammen mit den Kings, einer schwerfälligen Flugrasse.

Auch später, wohin immer ihn sein Beruf draußen in der Wirtschaftswelt führte, suchte Martin, neben der positiven Bewältigung der Arbeit, die Nähe zur Heimat. Er fand sie in der Muttersprache, im Gotteshaus, der Liebe und den Tauben. Ihr Aussehen und Verhalten ist auf allen Straßen, Plätzen und Nischen dieser Welt gleich. Sie sind für ihn lebendige Symbole für Treue – Frieden – Heimat. Das Fähnlein marschierte durch Wasenweiler. Alles ringsum war still und ohne ein Licht aus Menschenhand. Die Wegweiser waren verdeckt. Die nächsten Orte Merdingen und Tingen waren einigen bekannt. Der Westwall ist nun hinter ihnen. An den Krieg erinnert ein Kradmelder, der wie ein Geisterfahrer aus dem Nichts kommt, und im Westen im Nichts wieder verschwand. Inzwischen ist es sieben Uhr. Die Kolonne wird in Gruppen aufgeteilt, die im Abstand von dreißig Metern gehen. Sie haben Freiburg im Südwesten umgangen. Umrisse des Schwarzwaldes, auf dessen Höhe sich bereits die Morgendämmerung zeigt, werden deutlich.

Es wird ein sonniger Tag werden, deshalb die Gruppenbildung. Mit der Sonne kommen auch die ‚Jabos'. Auf Sonnen- und Sonntage nimmt das Böse längst keine Rücksicht mehr. Ehrenstetten stand dann auf dem nächsten Ortsschild, dann Bolschweil – das Ziel und der erste Sonnenstrahl über den herbstlich leeren Hügeln der dortigen Weinberge. Die Gruppen werden aufgelöst, die Jungs auf Quartiere verteilt. Martin und Edmund blieben zusammen. Sie bezogen ein Dachzimmer in einem stattlichen Gasthaus mit einem hohen Westgiebel, der den Blick bis zum Freiburger Münster freigab. Niemand wusste etwas vom Einsatzgelände. Vielleicht ist es wieder ein Weinberg?

Nach der Frühverpflegung aus der Gulaschkanone spazierte Martin mit Kameraden in den nahen Weinberghügel, der durch eine Hohlgasse Schutz vor den ‚Jabos' bot. Monotones Brummen war auch schon zu hören. Doch der gewohnte Ton war es nicht. Sie sahen dann, hoch über Freiburg kreisend, ein Doppelrumpf-Flugzeug, von dem ein evakuierter Freund vom Ruhrgebiet sagte: „Dieser Doppelrumpftyp ‚Lightning' ist ein Vorbote des Todes. Er bestimmt den Ort, der zu sterben hat." Auch Herr Küfer sagte einmal: „Richtig bedenklich wird es, wenn in großer Höhe eine ‚Zweirumpfmaschine' auftaucht, die einen bestimmten Punkt fixiert. Sie bereitet einen Bomberangriff vor.

Am Spätnachmittag war eine Besprechung zwischen den Jungzugführern und dem Hauptmann. Danach lautete der Befehl: „Morgen früh zehn Uhr Verlassen der Quartiere und Treffpunkt am Rathaus. Dort Essenfassen und Ausgabe der Marschverpflegung. Dann in Gruppen Abmarsch nach Krotzingen. Dort Ankunft czirka 17:30 Uhr. Wir haben also Zeit, feindliche Störungen zu umgehen. Auf jeden Fall zusammen bleiben, was immer passiert." So streng haben die Jungs den Offizier noch nicht erlebt. Sie wussten ja nicht, dass mit einem Luftangriff auf Freiburg gerechnet wird, und der Offizier per Funk inzwischen den Befehl erhielt, die Schanzer sofort über Freiburg ins Heimatdomizil zurück zu führen. Mit einem Sonderzug, der um 18:30 Uhr in Krotzingen eintreffen wird. Martin empfand, wie immer bei unerwartet äußeren Veränderungen, das Bedürfnis nach Alleinsein. Draußen ist es dunkel geworden. Er ging in den Weinberg beim Quartier – nicht wie heute früh, vorsichtig durch die Hohlgasse, sondern freiweg bergauf. Er verspürte keine Angst, denn nachts sehen feindliche Jäger kein ‚Menschenwild' und er empfand einen Weinberg trotz befohlener Zerstörung nicht als Feind.

Auf dem Weg nach oben, wo erste Laubbäume die Weinstöcke ablösen, lag alles in natürlicher Stille. Es tat ihm gut. Auch wenn ein Rebhuhn am Weg ängstlich aufflog und am nahen Wald eine im ersten Schlaf gestörte Krähe verärgert schimpfte. Am Ende des Weinberges, er hatte unterwegs noch eine Traube erspäht, dreht er sich um, in der Hoffnung, irgendwo an diesem Samstagabend im Breisgau ein Licht zu erblicken.

Er sah am Abendhimmel einige Sterne aus der himmlischen Ewigkeit blinzeln – dann am westlichen irdischen Horizont das Leuchten des Bösen, nicht gleichmäßig still wie eines Sonnentages-Abendrot, sondern grell blitzend und verhängnisvoll drohend – der Kriegswahnsinn.

Sein Blick geht weg vom Bösen, hin zu einer Hecke, durch die Licht schimmert. Er geht auf das Gebüsch zu, und das Licht verschwindet. Einige Schritte weiter, hinter einem Hügel ist es wieder da. Es leuchtet am südlichen Horizont, wundersam anmutend, aus einer unheimlichen Nacht. Martin, in freier Natur seit Jahren irdischem Licht entwöhnt, erfasst Panik. Er will hinüber rufen: „Macht das Licht aus. sonst wird es euch töten!" Doch dann erkennt er, als sei's ein Traum: Dieses Licht kommt aus einer anderen Welt.

Ein Leuchten von Freiheit und Frieden

Wochenende in BASEL

Eine verloren geglaubte Friedensempfindung weckt in ihm auf dem Weinberghügel im nächtlichen Breisgau tiefe Wehmut mit Heimweh an eine Zeit jugendlicher Geborgenheit, an die Wiesen, Wälder, Tiere, an Zuhause, an die Schönheit der Heimat, an die edle Anmut des siebenarmigen Leuchters, an das seltsam schöne Lächeln des russischen Mädchens. Seine Gedanken irren suchend vom Kriegswahnsinn in den Vogesen über das Friedenslicht der Schweiz in die Unschuld seiner Kindheit und führen ihn in die Sehnsucht nach der Harmonie vom bisherigen in das weitere Leben im Kreis verehrter Menschen, die guten Willens sind.

Vom Ort dringen acht Glockentöne herauf. Es wurde kühl. Er ging querfeldein durch den Weinberg zurück ins Dorf. Alle Fenster verdunkelt. Nur ab und zu ein Schimmer aus einem Erdgeschoss. Die Stille war so bedrückend wie ein Schlaf böser Träume.

Weit und breit kein Mensch. Er ging zur Herberge und traf Edmund frische Luft schnappend auf der Bank am Haus. „Martin, komm mit in die Gaststube, es gibt dort noch eine Schorle.

„Was ist das?"

„Für uns: vier Fünftel Wasser und einen ‚Fingerhut' Wein", meinte er lächelnd. Sie setzten sich unauffällig an einen Nebentisch, abseits des wuchtigen Naturholztisches, dem Stammtisch, an dem drei betagte Herren saßen. Vor ihnen stand ein gusseiserner Ascher, darauf ein Nachtwächter, der in der linken Hand eine Laterne hält, und mit der Rechten hinauf zum Himmel zeigt. Jeder der Herren hat ein grünlich schimmerndes Glas vor sich stehen. Der Wirt fragt soeben: „Herr Hauptmann, darf ich noch einen Römer Sylvaner bringen"? Die beiden Schanzerbuben sehen ihren Offizier erstmals in Zivil, was ihnen ein heimatliches Gefühl gibt. Sie hören, wie er beim Danke für den Römer vom fränkischen Silvaner erzählt, mit dem er schon als Kind in Würzburg aufgewachsen sei. Lächelnd bemerkte er, dass er Lehrer ist und in seinem Pensionärszuhause Schwaben, die jungen ‚Endsiegsoldaten' bei ihrem Einsatz betreut.

Es war der 27. November 1944, als die ausgemusterten Schanzer gegen 18:30 Uhr am Bahnhof in Krotzingen ankamen. Da es neblig-trüb war, konnten die Buben den Sonderzug auf dem Bahnsteig erwarten. Sie setzen sich frierend auf ihre Tornister. Martin wagte seinen Tornister nicht abzunehmen, in der Angst, die Grüße für zu Hause mit den feinen Namen ‚Silvaner' und ‚Ruländer' könnten zerbrechen. Er schaute sich etwas um und las drüben ‚Hotel zum Badischen Hof' und er empfing aus dem vornehmen, noch nicht gehörten Gasthausnamen ein Gefühl der Zuversicht.

Es wurde 19:00 Uhr – kein Zug kam. Es wurde 19:30 Uhr. Der Hauptmann war seit einigen Minuten im Büro des Bahnhofgebäudes. Danach gab er den Befehl zum Fertigmachen. Gleichzeitig kam auf, dass der Zug von einem ‚Jabo' angegriffen wurde, der von einem schnellen, fremdartig anmutenden Flugzeug mit deutschem Hoheitszeichen blitzschnell abgeschossen wurde. „Es war ein Düsenjäger, das erste Flugzeug dieser Art", sagte dazu ein PH-Student und HJ-Schanzer aus Augsburg. Schließlich kündigte sich der Zug durch fernes Grollen an und fuhr total abgedunkelt ein. Auf dem Kohlewagen stand in bleicher Kreide: *„Räder* *müssen rollen für den Sieg.* " Die Waggons hatten keine Sitzbänke. Jeder suchte sich einen Platz auf dem schmutzigen Boden. Die Fenster waren mit grauer Farbe verdunkelt. Von oben spendete eine rot schimmernde Glühbirne gespenstisches Licht. Es war spät geworden. In einer halben Stunde werden sie in Freiburg sein. Der Zug setzte sich mit heftigen Dampfgeräuschen in Richtung Heimat in Bewegung. Der Lokführer des HJ-Geisterzuges wunderte sich schon seit einigen Kilometern über die Lichtfinger am nordwestlichen Horizont. Plötzlich sah er hinter Schallstadt Feuer und brachte den Zug sofort zum Stehen. Gleichzeitig setzte im Umfeld ein explosionsartiges Krachen ein. Die Jungs gerieten in Panik und wollten raus aus dem Zug. Doch die Türen waren verschlossen, die Fenster zugenagelt. Das Krachen ließ den Zug erzittern und viele Jungs in ihrer Angst verzweifelt weinen. Als es draußen für Sekunden still wurde, bat Edmund alle im Abteil, mit ihm ein Gebet zu sprechen. Und sie beteten gemeinsam, manche seit langer Zeit wieder, das aus ihrer Kindheit vertraut gebliebene Vaterunser. Martin dachte während des Gebetes an Edmunds Worte beim Besuch der Kapelle im Lilienhof – ich will versuchen, einmal ein guter Priester zu sein.

Dann ging die Waggontür auf und der Begleitoffizier stand auf dem Trittbrett. „Jungs, habt keine Angst. Was hier kracht, sind keine Bomben, sondern ist die Eisenbahnflak, die an einem Nebengleis auf die Bomber feuert. Bleibt ruhig, ich komme gleich wieder!"

Nach einer hoffnungslos langen halben Stunde ebbte der Kriegslärm ab. Im Sonderzug wurde es stiller. Die Gruppenführer holten die Jungs aus den Waggons auf eine Wiese, von wo sie im Westen am abendlichen Horizont ein Flammenmeer sahen.

Der in seinem Beruf als Lehrer und Pädagoge erfahrene, fast väterliche Offizier, ließ sie in enger Formation antreten und sprach seltsam ruhig die Worte: „Ein feindlicher Flieger, der starb, hat unser Leben gerettet. Wäre der Zug eine Viertelstunde früher dran gewesen, würden viele von uns nicht mehr leben. Der Hauptbahnhof in Freiburg ist kaputt. Vergesst nun eure Angst und esst in Ruhe die Marschverpflegung. Wir werden noch im Laufe des Abends weiterziehen. Und bleibt zusammen – das ist ein Befehl"!

Martin betrachtete seinen Tornister, wie einen vertrauten Gefährten, und stellte erfreut fest, dass die Weingrüße für seine Familie, die Hüthoffamilie und die Heimatkarte für Pierre noch unversehrt vorhanden sind.

Es war zirka 21:00 Uhr als der Offizier mit einem älteren Zivilisten wieder kam, um die Truppe auf wenig befahrenen Wegen an Freiburg vorbei zu führen. Einige Jungs waren eingeschlafen und wurden geweckt. Die Kolonne marschierte los, wieder in normal geschlossener Formation. Sie blieben meist auf Nebenstraßen und Feldwegen. Zur Linken sahen sie Feuerschein und atmeten den Rauch der Zerstörung.

„Wohin geht es?"

„Kirchzarten."

Auf der Straße stehen viele älteren Menschen und weinende Kinder. Sie schauen auf das riesige Feuer im Westen, das sie nicht zu begreifen scheinen.

Die Kolonne der HJ-Schanzer wird unfreundlich fixiert. Martin empfindet eine Atmosphäre der Feindseligkeit, die offensichtlich der Hitlerjugend wie den feindlichen Bombern, als Vasallen bösartiger Mächte, gleichermaßen gilt.

Nach der Begegnung mit der abweisenden Trauer unschuldiger Menschen erreichten sie nun den Anfang des Schwarzwaldes mit dem Gasthaus ‚Himmelreich' und einem Bahnhof des gleichen Namens, der Beginn des ‚Höllentals'. Sie umliefen auf einem Felsvorsprung den lebensgroßen Hirsch, der einst über die Schlucht auf die Gegenseite gesprungen ist, und passierten den Bahnhof ‚Hirschsprung', dann ein Bahnviadukt, getarnt mit netzbespannten Ballons. Darunter lag ein Schwarzwaldhof, der total weltfremd anmutete.

Es war weit nach Mitternacht, als sie am Ende des langen und dunklen Tales rechts abbogen und dem ersten Schnee des nahenden Winters begegneten. Hinter ihnen, aus dem Rheintal herüber, leuchtete immer noch das Feuer von Freiburg.

Hinterzarten – ein gespenstisch dunkler Ort, eingebettet

im zauberhaftes Weiß des Neuschnees. Ihr Nachtquartier ist das vornehme GRANDHOTEL ADLER, wo sich im noblen Restaurant jeder einen Platz suchte und so gut es ging einschlief.

Am anderen Morgen versorgt die Gulaschkanone das Essgeschirr mit einer kräftigen Brühe, in die wie üblich eine Scheibe ‚Kommissbrot' eingebrockt wird. Draußen fiel Schnee aus tief liegenden Wolken, die Schutz vor den ‚Jabos' boten. Wohin nun? Die Kolonne geht entlang eines Waldweges und hinterlässt im Neuschnee unnatürlichwiderliche Spuren. Es muss ein abenteuerlicher Anblick gewesen sein zu erleben, wie siebzig uniformierte Jünglinge an einem dämmernden Wintermorgen mit Gulaschkanone schweigend durch den Schwarzwald laufen, nach Neustadt.

Dort stand auch ein Zug für sie bereit. Nicht der verspätete Glückszug aus Lörrach, sondern ein richtiger Personenzug mit Sitzbank und Gepäcknetzen. Das kriegerische an ihm waren die zur Abwehr feindlicher Jagdflugzeuge am Anfang und am Ende extra montierten Vierlings-Flakgeschütze, besetzt mit HJ-Flakhelfern im ähnlichen Alter wie die heimkehrenden, knapp sechzehnjährigen Schanzer.

Das Wetter blieb diesig und versprach auf der Fahrt in die Heimat gute Tarnung.

Im Donautal kam nochmals kurz die Sonne durch und mit ihr wieder die Angst.

Doch alles ging gut – und die Heimat hatte ihre ‚Kinderkrieger' wieder.

Nach der herzlichen Begrüßung bei der überraschenden Ankunft, die Rückkehr war geheim gehalten worden, packte die Mutter als erstes den Tornister aus, um die Kleider zu ordnen. Sie gibt den Wein und die Karte Martin, der ihr den Wein als einen Gruß von seinen Quartierleuten erklärt, und bei der Landkarte für Pierre überlegt, ob er die Frage nach Rudolf stellen soll. Die Mutter schien seine Gedanken zu ahnen. Sie sagt wie selbstverständlich: „Der Papa hat mit seiner Vermutung, dass Rudolf in Gefangenschaft geraten ist, recht gehabt. Ein Kamerad hat den Eltern geschrieben, dass er sah, wie Rudolf mit seiner rauchenden ME 109 auf einem englischen Flugplatz notlandete", und sie fügte, wie immer aufrichtig lächelnd noch an: „Anne, Pierre und den Hütbauers geht es gut." Eine Nachricht von der Firma zur Fortführung seiner Lehre war auch da. Er stempelte gleich am nächsten Tag wieder früh um sieben Uhr seine Ankunft ein. Auch seine Ringkontrolle geht weiter. Tanja schaute ihn, als er die Arbeit kontrollierte, erstaunt errötend an – so, als wäre ihr verloren geglaubtes Glück nun wieder gekommen.

Im Verlies sitzt ein kriegsversehrter Silberschmied der Firma, der einmal ulkte: „Dort oben ohnmächtig zu sitzen, ist ja schlimmer als im Panzer anzugreifen."

Auch in Kriegszeiten öffnet die Weihnachtsbotschaft die Herzen der Menschen,
besonders empfindsam draußen im bäuerlichen Land, wo sich die Natur in ihrer
  stillen Anmut zur Geburt des Erlösers wundersam offenbart.

Martin geht an einem Adventssonntag am Nachmittag wieder zur Hütfamilie, entlang des vordem oft so bedrückenden Weges, dessen Umgebung er nun im friedlichen Weiß als ein vorweihnachtliches Geschenk empfindet – kein Feindsignal weit und breit.

Sein alter Freund Wolfi begrüßt ihn in der guten Stube, wobei er das Wiedersehen mit allen Mitteln treuer „Hundeart" bekundete. Die Bauersleute vermitteln die Sorge um Rudolf ruhig und zuversichtlich. Eine besondere Überraschung für sie ist die Flasche Kaiserstühler Wein, die Martin als Heimkehrgruß mitbringt.

Die Wanderkarte für Pierre als Gruß der Heimat löst den Besuch von Anne aus. Mit ihr kam wieder das bezaubernde Lächeln, das sie Gott sei Dank nicht verloren hat. Sie nimmt die Karte für den kranken Pierre entgegen – und Martin in die Arme wie einen Bruder, den sie für immer festhalten möchte. Ein extra ‚Christkind' von den Hütbauers darf Martin daheim berichten. Im Sommer schon haben sie in ihrem Wald einen Weihnachtsbaum ausgesucht, und diesen bis heute behütet. Wir sollen ihn am nächsten Sonntag begutachten und gleich mitnehmen. Bäuerin Ida begleitet das ‚Avis' mit einem seltsamen Blick zu Martin, so, als gäbe es mit dem Christbaum noch eine besondere Überraschung.

Zweimal sitzt Martin in dieser Woche im Keller der Firma in der Nähe der russischen Frauen. Sie müssten doch eigentlich spüren, dass die West-Verbündeten ihres Landes immer näher kommen. Warum sabotieren sie die Arbeit nicht. Warum zeigen sie keine Feindseligkeit? Manchmal hat Martin das Gefühl, dass viele der Frauen trotz des deutlich erkennbaren Heimwehs nicht ‚heim' wollen. Warum nur? Er traute sich nicht, öffentlich mit Tanja zu reden. Doch sie spricht ihn auf einem Gang zur Toilette an. „Ich habe heute Nacht von meiner Mutter geträumt. Sag' bitte, gibt es hier auch eine Kaserne?"
„Warum fragst du?"
„Gestern zur Nacht hat es irgendwo in der Nähe Krieg gegeben", sagt aufrichtig besorgt das Mädchen Tanja aus dem fernen Russland zu Martin aus dem für sie fremden Deutschland. Er antwortete dem Mädchen Tanja aus dem für ihn wildfremden Russland, so einfältig, wie es in böser Zeit nur kindliche Gemüter tun dürfen: „Es war nur ein Fliegerangriff auf die Stadt Ulm." Geträumt hat Tanja in dieser Nacht von daheim und der Wohnung in der Kaserne, wo ihre tote Mutter am Christbaum steht und lächelnd zu ihr sagt: „Du wirst nach Deutschland gehen und in einer Fabrikkaserne einen Jüngling lieben. Du wirst bei ihm in Deutschland bleiben."

Es war der 17. Dezember 1944 – eine Woche vor Weihnachten – als unter dem sternklaren Nachthimmel Martins Familie und die Nachbarn verängstigt vor dem Haus stehen. Sie schauen nach Südosten, wo sie seit einer halben Stunde hinter den Hügeln des Waldes Donner und Feuerschein vernehmen. Die ehrwürdige Reichs- und Donaustadt Ulm wird bombardiert. Tage zuvor schon schauten sie nach Nordwesten: Dort starb Heilbronn, die liebenswerte Kätchenstadt im Hagel alliierter Bomben.

Vater und Mutter freuen sich auf Hütbauers Christbaumgeschenk. Sie gehen mit Martin am dritten Adventsonntag zum Deutschhaus. Während sich die Frauen und der Opa bei selbst gemachten Springerle, selbst gepflückten Brätbirnen und aufgespartem Glühwein unterhalten, gehen Hütbauer Gustl und der Vater mit einer Handsäge zum Wald, um das jungfräuliche Bäumchen für sein Weihnachtsdasein vom jahrelangen Walddasein zu befreien. Anne und Martin gehen hinüber zum Kreuzbauerhof, wo ebenfalls aus alter Tradition Weihnachtsgebäck auf dem Tisch steht. Pierre sitzt nach seiner Stallarbeit gebeugt über Martins Landkarte. Er ist gerade gedankenverloren dabei, ein Springerle zu probieren. „Grüß Gott Martin, fast hätte ich dich mit bonjour begrüßt, denn ich habe durch dein Geschenk Heimweh bekommen." Er steht auf und küsst ihn in der Art seiner Heimat auf die Wangen und strahlt mit Blick auf die Heimatkarte Anne an:

„Wo ist Straßburg"? „Hier" zeigt Anne mit dem Finger auf die Karte.
„Wo ist Friederike – wo Goethe?" „Bei ihr", meint sie verhalten lächelnd,
doch ach, schon mit der Morgensonne verengt der Abschied mir das Herz –
In deinen Küssen welche Wonne in deinem Auge welcher Schmerz –

Anne fühlt sein Heimweh und die Sehnsucht nach Beatrice. Auch sie ist mit Goethes *Willkommen und Abschied* ganz bei ihrem Rudi. Pierre spürt das Fernweh seiner verehrten ‚Feindfreundin', lächelt in der feinen Elsass-Art, und bekennt sein Lebensziel, wie aus einer weiten Ferne: „Ich möchte in Sesenheim einmal ein guter Lehrer sein."

Martin denkt an die Worte von Edmund an der Kapelle im Lilienhof und es ergriff ihn Bewunderung für den Willen der Eigenbildung zur Weitergabe an die Mitmenschen.

Ihr habt einen schönen Christbaum, sagt Annes Mutter zu Martin als sie mit dem Opa von drüben zurückkommt. Auch ich möchte euch zu Weihnachten eine Freude machen, ging in den Keller und kam mit einem prall gefüllten Säckchen zurück. Nach dem allseits herzlichen Wunsch für eine ‚Frohe Weihnacht' tragen Martin und die Eltern jenseits des Krieges Mehl, Butter, Nüsse, Obst, eine Gänsebrust und den jungfräulichen Christbaum fast so geheimnisvoll und andächtig wie der Nikolaus die Geschenke für die Kinder, in freudig stiller Erwartung heimwärts. Die Mutter ergriff unterwegs für einen Augenblick eine Hand Martins, wie damals in der Breitwiese, und lächelte so seltsam wie schon Tante Ida bei der Christbaumgabe.

Die Stimmung in der Firma ist bedrückt. Auch die russischen Frauen sind unruhig. Auf demütigen Wunsch von Tanja hat die Frau des Wächters, der ihrem Vater ähnelt, in der Unterkunft einen Christbaum aufgestellt. Die in der Adventszeit im Betrieb zu hörenden russischen Heimatlieder werden zaghafter. Und die Bomber machen mit dem Töten der Weihnachtsunschuld vielleicht Schluss, dafür beten in dieser Zeit alle Menschen.

Auch im Bösen ist für die Familie und das Dorf wie alle Jahre der weihnachtliche Feiertagskirchgang Mittelpunkt des Glaubens. Die Dorfkirche, seit Menschengedenken angesiedelt zwischen Schulhaus, Rathaus und Wirtshaus, ist an seinem barocken Altar mit kleinen Tannen aus dem heimatlichen Wald bereichert. Die Ordensschwestern und die Kinder haben darin einen ländlichen Stall erbaut. Mit allerlei Getier, das staunend blickt. Darüber Engel in schneeweißen Gewändern mit Flügeln und kindlichen Gesichtern, und zwischen all diesen Wesen, in ein Tuch gehüllt in einer Krippe liegend, selig schlafend das Christkind, ehrfürchtig betend bewundert von Maria und Josef. Ein stattlicher Weihnachtsbaum, jedes Jahr neu von einer gläubigen Bauernfamilie aus ihrem Wald der Kirche verehrt, behütet mit dem wundersamen Zauber leuchtender Kerzen und dem über Generationen bewahrten Baumschmuck das göttliche Idyll der *Stillen Nacht*. Die Fenster und ihre Andachtsbilder sind mit Pappe verdunkelt, denn fremdartige Flugzeuge im ‚*Kainszeichen Krieg*' sind immer schießbereit in der Nähe.

Das *Hirtenamt*, die erste heilige Messe beginnt schon früh um sechs Uhr und geht über in das *Engelamt, dann* das feierliches *Hochamt*, in dem der feierliche Ton der Orgel und die leise zitternden Stimmen des Chores die Herzen der Gläubigen zum immer selig schlafenden Christkind in die Krippe führen. Der Priester, lange schon im Ruhestand, widmet das Evangelium den gefallenen und vermissten Vätern und Söhnen und spricht im Angesicht des Gottessohnes ein Gebet im Namen der Trauernden. Ungewohnt ernst schauen die Ministranten zu ihm auf und verschämt zur Erde. Leises Weinen durchdringt den Raum. Wie nur ertragen die Menschen in dieser hochheiligen Zeit den Abschiedsschmerz? Ist es der Glaube an einen allwissend gütigen Gott, der sie in Demut auf dem irdischen Weg zu ihm als ihren Schöpfer trägt? Sein Wille geschehe.

Die christliche Weihnachts-Botschaft bedeutet Friede auf Erden. Auch die Kriegsweihnacht steht mit dem Wissen um die Geburt des Erlösers über dem Bösen. Im ersten Krieg 1914 bis 1918, so erzählt der Vater oft, haben an Weihnachten die Waffen geschwiegen. In der Stille vernahm man von drüben Weihnachtslieder, die oft mit der Stillenacht-Melodie ausklangen und sie in den verfeindeten Schützengräben zu Heimweh führten – und die Soldaten waren für einen seligen Augenblick wieder *Kinder Gottes.*

Doch, so meinte der Vater und mit ihm viele Zeitzeugen: „Herrscher denken anders." Der gläubige Gleichklang der in Frontstellungen erwachten Sehnsucht veränderte sich wieder, als machtgierige Eroberer mit tötender Masse für massenhaft Tote einen Streit zwischen Nationen zum Weltkrieg machten.

Doch wie alle Kinder der christlichen Welt, dürfen Martin und seine Geschwister im neuen Weltkrieg den heiligen Abend als die schönste Empfindung wahrnehmen. Das tägliche Leben der Familie verlagert sich von der Alltagsküche in das, nur an besonderen Tagen genutzte Wohnzimmer, das schöne Zimmer, das für die Kinder, auch in einer Kriegsweihnacht, zum Märchenzimmer wird. Hütbauers Christbaum trägt Kugeln und Glöckchen, zu deren geheimnisvollem Dasein die Mutter jedes Jahr aus alter Zeit Wundersames erzählt und dabei der immer leise zitternde Storch mit seinem roten Schnabel zum Himmel deutet. Ringsum senden zwölf Kerzen die Andacht ihres Lichts durch seidenes Engelhaar, das wie ein feines Schneegestöber die Tannenzweige des Baumes bewegt, dessen stabiler Metallständer der Vater persönlich geschmiedet hatte.

Unter den Zweigen etwas versteckt eine Gebirgshöhle. Darin ein samtrot leuchtendes Lämpchen, dessen Licht die Heilige Familie umschmeichelt. Drum' herum Ochs und Esel und viele stehende, liegende oder schlummernden Schäfchen auf vergilbtem Moos, dazwischen ein Spiegel als illuminierter See, darauf ein weißer Schwan und Enten, deren flauschiges Gefieder vom vielen Anfassen etwas zerzaust ist. Auf der Spitze der Felsengrotte zeigt ein Komet den drei Weisen aus dem Morgenland, die, von einem Kamel begleitet bereits um die Ecke schauen, ihren biblischen Weg zum Neugeborenen. Die Krippe wurde unter behutsamer Anleitung der Mutter gemeinsam von den Kindern gestaltet. Als Martin im ersten Jahr seiner ‚Hützeit' darin ein Schäfchen hinstellte, fügte die Mutter den Hirten dazu, sah ihn lächelnd an und sagte: „Das bist Du." Auf dem Tisch mit der Weihnachtsdecke steht eine Kristallschale mit hausgemachten Springerle und Nüssen von Nachbar Kirchbauers Nussbaum mit dem kleinen Ambos. Und der vom Vater extra in der Kriegszeit hergestellte Sägemehlofen hält das Zimmer wohlig warm.

Wenn dann die Mutter mit dem Glöcklein aus dem Christbaum, das jedes Jahr das Gleiche ist, zur Bescherung ruft, dann erstrahlt der weihnachtliche Raum in seiner wie jedes Jahr einmalig verzauberten Schönheit in die Herzen der Kinder, die sich selbst, wenn sie schon etwas von der

Art der an der Krippe träumenden Geschenke wissen, bei der Bescherung einer Puppe, eines Malkastens oder eines Buches aufrichtig freuen.

Zuvor singt die Familie ein Weihnachtslied, das die Mutter anstimmt, und aus einer Tradition kommend jedes Jahr gleich erklingt: „Schlaf wohl, du Himmelsknabe du, schlaf wohl in süßer Ruh…" Sie steht, wie jedes Jahr, mit Blick zum Christbaum im Zimmer, der Vater sitzt, wie jedes Jahr, auf dem bordeauxroten Sofa, und die Kinder, zwei Buben und zwei Mädchen, sitzen, wie jedes Jahr, auf dem Boden. Die Stimme der Mutter klingt rein, die des Vaters brüchig leise, und die der Kinder wie ein verspätetes Echo. Alle Augen sind ehrfürchtig dem Baum zugewandt, dessen Lametta im Kerzenschein leise zittert, als wär's ein Gruß an die Andacht der Familie. Während die Kinder die Geschenke aus dem Vermögen der Kriegsweihnacht bestaunen, sitzen Vater und Mutter glücklich lächelnd auf dem Sofa und erklären da und dort Sinn und Eigenart der himmlischen Gaben.

Der Heiligabend klingt aus mit >Stille Nacht, Heilige Nacht<, dem schönsten deutschen JA zur Weihnachtsbotschaft. Die Mädchen nehmen ihre Puppen in den Arm und mit ins Bett. Toni ist eingeschlafen, und Martin blätterte noch etwas in Mutters Buchgeschenk „Heimweh des Herzens", das, wie es darin vorne steht, das alte deutsche Traumland und ihre Sehnsucht nach Italien erahnen lässt. Die Eltern werden den Sinn des *Heiligabends* gläubig bewahren. In der heiligen Nacht ist viel Schnee gefallen. In aller Frühe schon hört man das Scharren der Schneeschippe, mit der der Vater eine Gasse bahnt. Der Weg führt immer in die gleiche Richtung: zur Kirche, zur Schule, zu den Nachbarn, die heute auch das Hirten-Engel- und Hauptamt besuchen werden.

Nur die Mutter, die so gerne und voller Inbrunst singt, verzichtet schweren Herzens auf den feierlichen Haupt- und Singgottesdienst. Sie muss das besondere Weihnachtsessen vorbereiten, das wie immer an Sonn- und Feiertagen pünktlich um halb zwölf Uhr auf dem Tisch stehen wird.

Vater und die Kinder bringen vom Gottesdienst einen Hauch von Weihrauch und den Zauber des Wintermorgens. Die Andacht der *1944-Kriegsweihnacht* wurde am Tisch besonders gewürdigt. Der Vater nahm bei der Rückkehr des Ältesten vom Schanzeinsatz den Weingruß der Familie Kellermeister in seiner stillen Art mit den Worten an: „Ein *Silvaner*, etwas Feines. Wir werden ihn an Weihnachten genießen."

Nun ist es soweit. Es gibt als Kreuzbauers Geschenk einen ‚Kriegsgänsebraten'. Dazu böhmische Knödel und Bayrischkraut vom Hausgarten. Der Vater öffnet die Flasche Silvaner, eine Friedenslese 1938, als den zeitlos würdigen Begleiter dieses Tages. Ein volles Glas für ihn, die Mutter und dem großen Sohn, ein halbvolles für den jüngeren Bruder und für die kleinen Schwestern zur Feier des Tages einen kräftigen Schluck für das Ur-Erlebnis-Wein – serviert in edlen Kristallgläsern aus dem Schrank im Sonntagszimmer. Der Vater erhebt, zur Mutter und den Kindern gewandt, sein Glas und bringt jedes Einzelne mit einer Berührung zum Klingen. Sein Blick geht zur Krippe: „Danke für die schöne Weihnacht." Und zur Familie gewandt: „Uns allen ein friedliches Jahr 1945 ..."!

Als Martin an einem Tag im neuen Jahr von der Arbeit nach Hause kommt, gibt ihm die Mutter, seltsam lächelnd einen Zettel, auf dem in altdeutscher Schrift geschrieben steht: „Lieber Martin! Anbei ein klingender Silvestergruß als Dank für die jahrelange Hüthilfe. Eigentlich sollte es ein Christkind sein, doch wir mussten das gute Stück erst stimmen lassen, damit es dich und alle, die dich spielen hören, wohlklingend erfreut. Vielleicht wirst du uns an deinem Geburtstag schon etwas vorspielen! Wir wünschen dir und deiner Familie ein friedliches neues Jahr. Dazu Gustls ‚Sprüchebüchlein'. Und von seiner Hüt-Nachbarin Anne ein Tagebuch mit der ersten poetischen Einstimmung:

> ... *Schläft ein Lied in allen Dingen, die da träumen fort*
> *und „von",*
> *und die Welt hebt an zu singen, triffst du nur den „Zauber-*
> *Ton" ...*

Er fing sofort an, darin die bisher in ein Heft gekritzelten Gedanken und Eindrücke ab Seite -1- bis Seite -?- in eine Art Manuskript zu formulieren. Während er radierte und notierte, sagt die Mutter: „Auch die Mama hat zu ihrer Primiz eines bekommen. Mädchen nannten es Poesie-Album. In meinem steht als Leitspruch, geschrieben vom Religionslehrer: Möchtest du jemand sagen „ich liebe dich" und niemand ist da, dann gehe in die Kirche und sage es der Mutter Gottes, denn sie ist immer da." Sie gingen ins Sonntags-Zimmer mit dem immer noch geschmückten Weihnachtsbaum. Dort steht neben Vaters Schreibtisch das Klavier vom Deutschen Haus: zum Üben und Spielen, bis Rudi wieder kommt. Hobbypianist Martin erhält nun am Samstag nach der Arbeit im Kloster St. Loretto Unterricht von der Musiklehrerin Schwester Ludowika, die dort wegen ihres Talents und ihrer Liebe zur Musik – mit Seitenblick auf Ludwig von Beethoven – die Schwester Ludo genannt wird. Die Mutter gab ihm für die erste Stunde mit dem Honorar von zwei Mark ein Glas von Vaters Honig mit. Worauf Schwester Ludo ihm die zwei Mark in die Tasche schob und lächelnd bemerkte: „Honig ist gesegneter als Geld, bezahle mich immer mit Honig. Und grüße deine Mama von mir mit einem herzlichen ‚Vergelt's Gott'."

Anfang März 1945 kam für ihn die Einberufung zur Musterung seiner Wehrtauglichkeit. Danach erhielt er den Wehrpass mit dem Hinweis: zurückgestellt bis Juni 1945. Doch seine Hoffnung auf eine Befreiung von Wehrdienst und Kriegseinsatz wurde jäh zerstört, als nach einigen Tagen ein Befehl zur Werwolfausbildung kam. Auch Sigmund, Sohn von Johannes, und Albert, Sohn von Onkel Bernhard, erhielten den Befehl. Ein trüber Vorfrühlingsmorgen sah dann drei 1929-er Altersgenossen in der HJ-Uniform und einem Tornister zur Ausbildung in ein ehemaliges Reichs-Arbeitsdienst-Lager in der Kleinstadt nahe der Breitwiese und Wallfahrtskapelle marschieren. Auf dem Weg, den schon die Mutter mit Martin unter ihrem Herzen vor siebzehn Jahren und nachts zur selben Zeit zur Miederfabrik ging und nun beim Abschied sehr traurig war. „Bitte achte auf dich, damit du wieder gesund zu uns heim kommst. Der

Krieg kann nicht mehr lange dauern."

Am Eingang der Ersatzkaserne übernahm sie ein kriegsversehrter Unteroffizier. Er wies ihnen eine ‚Bude' zu und verpasste jedem einen Stahlhelm, wobei Martin vom Ausbilder einen aufgesetzt bekam, der bereits deutliche Kampfspuren aufwies. Bereits am Nachmittag fanden im nahen Bergwald Schießübungen statt, zunächst mit einem normalen Karabiner ohne Munition. Schaft und Lauf waren mit Halteringen aus seiner Fabrik geklammert, wobei seine Gedanken zu Tanja gehen. Feindziel war ein Baum. Andere Werwölfe ‚beschossen' mit Panzerfaust oder MG-Attrappen das Gebüsch.

Nach einigen Tagen dann mussten Martin und Nachbar Sigmund an das originale Maschinengewehr. Der mit einer Nahkampfspange ausgezeichnete Unteroffizier schaute die unter ihm im nassem Gras an der MG-Schnellfeuerwaffe liegenden Werwölfe kopfschüttelnd an und murmelte sichtlich resigniert: „Eigentlich sollte man euch nach Hause schicken, anstatt an die Front in den sicheren Tod."

Martin dachte bei seinen Worten an die Sorge der Mutter. Er beschloss, die Ausbildung vor dem Fronteinsatz zu verlassen. Bestärkt wurde die Absicht durch die Begegnung mit neu gekommenen Werwölfen, Jahrgang 1930, mit denen er hinter einer Baumgruppe einen „Jabo"-Angriff erlebte und sah, wie die Jungs bei diesem Tiefflieger-Angriff, hilflos am Boden liegend, bitter weinten – wie er und seine Kameraden vor einigen Wochen im Heimatzug, nahe beim bombardierten lichterloh brennenden Freiburg.

Vor sich sah er bei diesem Angriff Blumen, die aussahen wie Mutters Begonien, mit denen sie beim Gießen immer redet. „Mit Blumen muss man sprechen, dann lächeln sie einen an." Schon kam der nächste ‚Jabo'. Kopf nach unten und nur noch beten. „Hitlers Endsiegreserven" weinten bitterlich. Als er dann bei einem Spähtrupp-Einsatz den Anschluss an die Mannschaft verlor und mit dem Karabiner im Unterholz lag, überlegte er sein spurloses Verschwinden. Animiert auch von verstreuten Silberstreifen der feindlichen Radarstörung, die ihn hier, im Gegensatz zur Hütbegegnung bei Anne, an das Lametta am heimatlichen Christbaum erinnern, und keine Feindgefühle auslösten. Auch hat er in diesen Tagen Geburtstag, an dem er seinen Gästen als Dankeschön das ‚Notenblatt für Elise' vorspielen wollte, wobei sich der Bass, wie seine Lehrerin die linke Spielhand immer nennt, noch etwas schwer tut. Er dachte an Flucht. Doch wohin? Als Ziel bleibt nur das Zuhause. Die einsetzende Dunkelheit und der Regen ließen ihn zum Feigling werden. Er trabte mit der gleichgültigen Wut der kindhaften Jugend zurück ins Lager, ging direkt zum Kommandeur, ein einarmiger Hauptmann, und fragte ihn einfältig, ob er vor dem Fronteinsatz zu Hause noch einen Besuch machen dürfte. Der schwarz Uniformierte schaute ihn so verächtlich an wie der schwarz uniformierte Jungbannführer an der Hitlereiche, der schwarz uniformierte EKI-Kommandant bei seiner Kuhberg Heimwehschwäche, und der schwarz uniformierte Bannführer beim Anblick des Rosenkranzes nannte ihn einen Feigling und schrie ihn an „Wegtreten". Nach zwei Wochen kampfgerechter Ausbildung kam der Befehl zum Fronteinsatz. Martin sprach nun mit den beiden Freunden über seine Absicht, noch heute in der Nacht heim zu gehen. Sie erklärten sich bereit mitzukommen. Die Stahlhelme wurden in die Besenkammer gelegt. An einem Holzzaun hinter dem Lager mussten Staketen für einen Durchschlupf entfernt werden. Die nächtliche Heimkehr führte zurück auf dem ehemaligen Arbeitsweg von Martins Mutter. Entlang der Breitwiese, der Kapelle, der Mühlwiese. Ein kommendes Bauernfuhrwerk zwang sie, die verräterische HJ-Armbinde abzunehmen.

 Daheim dann waren die Weltkriegsväter sofort der Gefahr bewusst, in der sich ihre Söhne befanden. Sie entschieden, nach kurzer Beratung, deren sofortige Rückkehr zum ‚Wehrdienst'. Die ‚Quasideserteure' marschierten mitten in der Nacht wieder zurück, um beim Morgenappell anwesend zu sein. Sie waren fast schon am noch offenen Durchschlupf, als sie einem Bauernnachbarn begegnen, der frühmorgens vor seinem Kuhstall beschäftig war. Er sprach sie an: „Das war ein kurzer Heimaturlaub. Die HJ-Binde hättet ihr anlassen können. Kinder, geht in Gottes Namen wieder nach Hause. Die Kameraden sind vor einer halben Stunde zum Bahnhof in den Nachbarort marschiert. Es waren viel weniger als bei der Ausbildung. Noch was, wie mir meine Frau sagte, ihr Bruder war der Ausbildungs-Unteroffizier und als Kriegsversehrter freigestellt, sollen die „Werwölfe" im Allgäu gegen die Franzosen eingesetzt werden. Und noch was für alle Fälle: Ich habe euch nicht gesehen"!

Was nun? Die Strenge der Väter zwang sie trotz mütterlicher Sorge zu der Überlegung, der Kolonne rasch und ohne Stahlhelm zum Bahnhof zu folgen. Sie liefen, den Weg abkürzend, querfeldein, in der Hoffnung, den Sonderzug dort zu erreichen. Sie mussten ein Dorf umgehen, kamen aber trotzdem noch bei schützender Dunkelheit an. Doch im Umfeld des Bahnhofs war es totenstill. Niemand war weit und breit zusehen. Was nun? Sie beschlossen zu warten, setzten sich auf eine nasskalte Bank. Fast wären sie eingeschlafen, doch das Geräusch des nahenden Zuges machte sie wach. Sie sahen dann Lokomotivdampf, lasen auf dem Kohlewagen die Parole „Räder müssen rollen für den Sieg" und erleben, wie der ‚Werwolf-Einsatzzug' mit hoher Geschwindigkeit an ihnen vorbeidonnert. Nun stehen die Kriegsdienstverweigerer verloren da. Sigmund und Walter schauen Martin verunsichert an. Warum? Ihm haftet ein ‚Führersyndrom' an. Schon in seinem Zeugnis der ersten Klasse steht: Martin ist Klassenführer, später Jungzugführer, dann Ruf zur Napola und Mannschaftsführer der heimischen Fußballjugend – Merkmale, die er sich selbst nicht erklären kann, denn er nimmt lieber Anordnungen und Befehle an, als diese zu geben.

Es erfasste ihn als Initiator der nun wirklich ernst gewordenen Situation der Fahnenflucht-Angst, und schlechtes Gewissen. Nun bleibt ihnen nur noch der Weg nach Hause. Er empfiehlt nochmals zu den Baracken zu gehen, um dort mit etwas Glück – und für alle Fälle – ein glaubwürdiges Alibi wie Krankheit oder eine Schwäche zu hinterlassen. Sie verließen den Bahnhof und suchten entlang der Hauptstraße eine ungefährdete Wegdeckung. Kurz vor der zuvor umgangenen Ortschaft und dem Sonnenaufgang über den Albhügeln hört Martin den unangenehm vertrauten Ton eines ‚Jabos', der aus der Morgensonne kommend, auffallend tief anfliegt. Gleichzeitig sieht er auf der Straße den Kübelwagen des Lagers mit Fahrer und dem Offizier. Sigmund wollte mit Winken und Rufen die Insassen spontan warnen. Doch diese hatten die kommende Gefahr bereits erkannt, übersahen die drei Werwölfe, und verschwanden mit Vollgas hinter der Kurve.

Ein feindlicher Flieger hat den drei jungen Deutschen das Leben gerettet, wie damals vor Freiburg. Dieser fanatische Offizier hätte die Jünglinge in Uniform, mit der Identifikation von Martin, als Deserteure ohne Verfahren standrechtlich erschießen können.

Nach dieser Begegnung dachte er erschrocken an den Unteroffizier, der sie im Dienst zwar über die MG-Ausbildung hinaus fürsorglich behandelt hat, doch müsste er ihre Abwesenheit bemerkt haben. Sie können nun auf keinen Fall zu den Baracken. Wenn er sie sieht dann, wird er, entgegen des Gewissens, der soldatischen Pflicht folgend ‚nach oben' Meldung machen. Martin befiel in Gedanken daran ein schreckliches Gefühl: Nun geht die tödliche Gefahr für sie nicht nur wie bisher vom Feind aus, sondern auch von einem inzwischen vertrauten deutschen Soldaten. Er sagte den Kameraden nichts von seinem Kummer, hoffte jedoch, dass der Ausbilder im Sinne seiner bei der MG-Grundausbildung angedeuteten Bedenken ihr Fehlen bis zum Kriegsende für sich behält. Auch fiel ihm spontan die vorhin gemachte Aussage des Bauern ein, wonach vielleicht sein freigestellter Schwager ihr Ausbilder war – und stillhält. Der anfliegende ‚Mustang' hatte es auf eine Straßenbrücke im Dorf abgesehen. Er bombardierte diese und einige Nachbarwohnhäuser, die sofort lichterloh brannten. Der Spuk war in Sekunden vorüber. Der heranziehende Rauch hat den Brandgeruch der Freiburger Bombennacht. Martin und seine Freunde umgingen in Baumwiesen das Dorf und kamen in eine größere Tannengruppe, in der sich geflohene Frauen, Kinder und Greise in der Angst vor einem neuen Angriff versteckten. Ein zweiter ‚Jabo', der zuvor auch die drei Werwölfe in die Deckung zwang, hatte sie bei ihrer Flucht in den Wald beschossen. Nun haben die drei Freunde wirklich keine andere Wahl mehr als vorsichtig heim zu gehen. Sie mieden die Baracken und marschierten, nun bei Tageslicht, immer in der Nähe eines Waldes oder raschen Schrittes von Baum zu Baum in Richtung Heimat. Die Wallfahrtskapelle umgingen sie, wie auch die Nähe des Hütdorfes. Die vertraute Heimat-Umgebung wirkt angstmachend-unheimlich. Das Feldkreuz Kreuzbauer bedachten sie mit dem christlichen Glaubensgruß zur Stirn, dem Mund, zum Herzen, wie sie es ihnen von den Eltern und Lehrern lange vor dem Hitlergruß gelehrt wurde. Sie verzehrten im Wald hinter der Kreuzeiche die Abschiedsvesper von gestern und erfrischten sich mit Wasser aus der ihnen von der Schulzeit bekannten Quelle im Buchenwald, die Martin nun in Gedanken an den Lehrer, an Anne, die Tiere und die Hützeit seltsam befremdete. Danach sprechen sie noch ein schüchternes Gebet am Feldkreuz – in der Hoffnung, daheim mit Hilfe der Mütter Verständnis bei den Vätern zu finden. Sie blieben, um nicht aufzufallen, noch einige Stunden abseits des Dorfes bis zum Einbruch der Dunkelheit. Die Väter zeigten bei ihrem nächtlichen Auftauchen besorgte Nachsicht. Sie verordnen den Söhnen Hausarrest und der Familie Schweigepflicht bis zum Kriegsende. Martins Vater musste noch das Kommando eines Volkssturms älterer Männer übernehmen, die nach einem letzten Befehl Panzersperren und Sprengsätze an den Dorfbrücken anbringen sollten. Sie hatten jedoch begriffen, dass Widerstand gegen die Amerikaner nur Unglück brächte.

Sie bauten keine Sperren und keine Gegenwehr auf. Der an einer Brücke schon früher angebrachte Sprengsatz wurde vom Vater eines Nachts im Alleingang entschärft.

Als dann nach zwei Wochen die ersten Amerikaner über das einstige Wehrmachts-Manövergelände und ein Spähtrupp-Jeep im Ort auftauchen, war der Krieg für Martin, die Familie und das Heimatdorf beendet. Da und dort sah man an den Fenstern, als ein Zeichen äußerer Befreiungsbereitschaft weiße Tücher – auch von NSDAP-Genossen.

Bei der Durchfahrt eines „Spähjeeps" im Hütdorf stand Pierre in der Gefangenen-Kleidung und Anne als Rotkreuz-

schwester an der Straße. Pierre sprach die vier GI's in englischer Sprache auf die Friedfertigkeit der hiesigen Menschen an – und bat um die Abholung seiner Mitgefangenen, die dann als befreite Sieger die friedlich-bäuerliche Feindherrschaft verließen. Die Bauersleute Anne, ihre Mutter und der Opa sagen dann Pierre beim anschließenden Abschied „Adieu". Opa Kreuzbauer gibt ihm als Philatelie-Gruß für den Vater die Ansichtskarte vom Clos du Mesnil mit. Alle wünschen und erhoffen sich aufrichtig und aus ganzem Herzen ein baldiges Wiedersehen im Frieden.

* * *

Nr. 1 Freitag, 18. Mai 1945

MILITÄR-REGIERUNG DEUTSCHLAND
Kontroll-Gebiet des Obersten Befehlshabers
Proklamation Nr. 1
An das Deutsche Volk!

Ich, General Dwight D. Eisenhower, Oberster Befehlshaber der Alliierten Streitkräfte, gebe hiermit Folgendes bekannt:

I.

Die Alliierten Streitkräfte, die unter meinem Oberbefehl stehen, haben jetzt deutschen Boden betreten. Wir kommen als ein siegreiches Heer, jedoch nicht als Unterdrücker. In dem deutschen Gebiet, das von Streitkräften unter meinem Oberbefehl besetzt ist, werden wir den Nationalsozialismus und den deutschen Militarismus vernichten, die Herrschaft der Nationalsozialistischen Deutschen Arbeiterpartei beseitigen, die NSDAP, auflösen, sowie die grausamen, harten und ungerechten Rechtssätze und Einrichtungen, die von der NSDAP geschaffen worden sind, aufheben. Den deutschen Militarismus, der so oft den Frieden der Welt gestört hat, werden wir endgültig beseitigen. Führer der Wehrmacht und der NSDAP, Mitglieder der Geheimen Staatspolizei und andere Personen, die verdächtig sind, Verbrechen und Grausamkeiten begangen zu haben, werden gerichtlich angeklagt und, falls für schuldig befunden, ihrer gerechten Bestrafung zugeführt.

II.

Die höchste gesetzgebende, rechtssprechende und vollziehende Machtbefugnis und Gewalt in dem besetzten Gebiet ist in meiner Person als Oberster Befehlshaber der Alliierten Streitkräfte und als Militärgouverneur vereinigt. Die Militär-Regierung ist eingesetzt, um diese Gewalten unter meinem Befehl auszuüben. Alle Personen in dem besetzten Gebiet haben unverzüglich und widerspruchslos alle Befehle und Veröffentlichungen der Militär-Regierung zu befolgen. Gerichte der Militär-Regierung werden eingesetzt, um Rechtsbrecher zu verurteilen. Widerstand gegen die Alliierten Streitkräfte wird unnachsichtlich gebrochen. Andere schwere strafbare Handlungen werden schärfstens geahndet.

III.

Alle deutschen Gerichte, Unterrichts- und Erziehungsanstalten innerhalb des besetzten Gebiets werden bis auf weiteres geschlossen. Dem Volksgerichtshof, den Sondergerichten, den SS-Polizei-Gerichten und anderen außerordentlichen Gerichten wird überall im besetzten Gebiet die Gerichtsbarkeit entzogen. Die Wiederaufnahme der Tätigkeit der Straf- und Zivilgerichte und die Wiedereröffnung der Unterrichts- und Erziehungsanstalten wird genehmigt, sobald die Zustände es zulassen.

IV.

Alle Beamte sind verpflichtet, bis auf weiteres auf ihren Posten zu verbleiben und alle Befehle und Anordnungen der Militär-Regierung oder der Alliierten Behörden, die an die deutsche Regierung oder an das deutsche Volk gerichtet sind, zu befolgen und auszuführen. Dies gilt auch für die Beamten, Arbeiter und Angestellten sämtlicher öffentlichen und gemeinwirtschaftlichen Betriebe, sowie für sonstige Personen, die notwendige Tätigkeiten verrichten.

Dwight D. Eisenhower, General
Oberster Befehlshaber Alliierte Streitkräfte.

Die „Befreiungsfeldpost" des USA-Generals ging über in eine >Proklamation Nr.1<. Sofort setzte eine sogenannte Entnazifizierung ein. Jeder erwachsene Deutsche musste einen Fragebogen ausfüllen, den mancher den Beichtzettel nannte, wie die Kinder das gefürchtete Blatt ihrer ersten Gewissensoffenbarung. Danach mussten die PG, wie beim

Sündenablass, ein Bußgeld zahlen. Womit das einfache ‚Nazivolk' vom ‚Nazismus' befreit war. Der Vater wurde für seinen korrupten NS-Schlosserei-Erwerb als Mitläufer der untersten Nazischuld zu einer Bußgeldzahlung von 1000 Mark verurteilt. Die er bezahlte und von etwas befreit wurde, was er im Herzen nie war: ein ‚Nazi'.

„Geld also ist's, was bei den Amis zu Befreiung führt", meinte er, „und die Bußgelder sind wohl ein Honorar für Eisenhowers Befreiungstaten. Die Mutter fügte noch an: „Musste denn zuvor soviel kaputt gemacht werden"? Martins Eltern hofften, dass der HJ-Schläger auch büßt. Auf die Anzeige wurde aus Respekt zum Lehrerberuf verzichtet.

Martin sprach mit Josef. „Nicht anzeigen", meinte der streng gläubige Freund. „Aus dem Nazi Saulus wird irgendwann wieder der Lehrer Paulus." Zuhause verschwanden die Hakenkreuzfahne, Vaters Eisernes Kreuz, das NS-Mutterkreuz für Mamas viertes Kind, und Martins HJ-Utensilien spurlos. Somit, dachte Martin, sind die, wie man ständig hört, von Hitler und dem Volk weltweiten Verbrechen Vergangenheit, doch auch für die Befreier?

Nachbar Johannes wurde vom neu geschaffenen Besatzungs-Oberamt zum Schultheiß bestimmt. Er hat sich trotz seiner Pension in Schulungen und Seminaren weitergebildet. Tante Anna hat noch den Kolonialwarenladen, steht weiter an der Theke und schnipselt weiterhin für den Warenerwerb Abschnitte der neuen Lebensmittelkarten für Bezugscheine, die im Rathaus zum Erwerb des weiterhin spärlichen Warenangebots erteilt werden. Bonbongeschenke, wie früher für die Kinder, gibt es nur noch selten ...

Martins Lehrbetrieb steht still. Doch Neugier führt ihn einmal dort hin. Der alte Portier saß wie eh und je mürrisch im Glaskontor am Hauptportal. Er erlaubte ihm, jovial nickend das ‚Exverlies' aufzusuchen. Der Aufstieg zu Fuß war lang und sehr still. Der Blick über die Stadt blieb derselbe. Nichts ist zerstört, auch die Sirene nicht. Die Schwarz-Weiß-Rote ‚Sturmaufmarschmarschfahne', in Elf statt Tausend Jahren Synonym deutscher Kraft, ist ersetzt von seriösem Schwarz-Rot-Gold. Daneben höher postiert ein Banner mit vielen Sternen, Synonym der Geldmacht. Bei politischer Klima- und Kriegsstille rundum hängen diese kriegerischen ‚Galeonen' schlapp herunter.

Soeben baut ein TAUBENPÄRCHEN in der warmen Frühlingssonne unter dem Spitzdach und der blinkenden Wetterfahne ein Brutnest.

Nach dem Einmarsch in die Kreisstadt haben US-Soldaten das Heimatdorf besetzt. Sie biwakierten unter blühenden Kastanien im Wirtshausgarten bei der Kirche. Sie saßen meist schmatzend und rauchend auf ihren Militärfahrzeugen. Wenn die dunkel- und hellhäutigen Befreier in ihrer Langeweile Frauen oder Mädchen sahen, dann wurden sie lebhaft, palaverten grinsend und warfen ihnen Kaugummi, Schokolade oder Zigaretten zu. Sie gaben nicht – sie warfen. Oft waren es auch kleine Päckchen, die sie, extra grinsend, den Frauen zuwarfen. Oft bliesen sie diese zuvor zu länglichen Ballons auf und lachten lüstern. Dazu wurde von älteren Jungs den Buben gesagt: Dies seien ‚Pariser' oder ‚Verhüterli', wobei die Buben mit den Begriffen nichts anfangen konnten. Allen Jungen schnipsten sie halbgerauchte Zigaretten zu. Wenn dann einer den brennenden Stummel weiterrauchte, lachten sie wie bei den Ballons. Die Schokolade in einer Silberfolie mit der Aufschrift Cadbury zeigten sie in vollen Kartons, den sie dann zusammen mit neuartigem Weißbrot auf die Erde schütteten, Benzin darüber gossen, und das Ganze vor unseren hungrigen Augen anzündeten und lachten, wie bei den Kippen. Vergnügliche Schießübungen waren für sie das PERSIL-Schild am Haus von Tante Anna, wo sie mehrmals das ‚Persil' weg und der Dame in den Bauch schossen. Mit der Zeit lernten wir englisch betteln. „Häw ju käwinggum, häw ju sigarets, häw ju schokolat." Aufgeschnappt von den Mädchen, die es leichter hatten, an diese Dinge zu kommen. Sie wurden von uns beneidet, doch auch geächtet. Manche hatten einen ‚Amifreund'. Wenn man sie dann im Dorf sah, machte der Spruch die Runde: „Schau ein Reh – was für ein Reh – ein' Hure." Martin wusste, dass dies ein böses Wort ist. Sein

Gefühl für die Menschen im Dorf veränderte sich durch die Ersteindrücke der befreienden Besatzer. Die Angst vor deren kriegerischer Macht verging. Sie sind ja nun friedlich am Boden. Doch ihr offener Überfluss und ihr verschwenderisches Verhalten scheint den Menschen in der Heimat zu gefallen, was Martin als zur Sparsamkeit erzogenem Jüngling irritierte.

An einem warmen Frühlingsabend sitzen die Eltern und die Kinder in der Küche am offenen Fenster beim Familienspiel „Mensch ärgere dich nicht". Früher saßen sie bei schönem Wetter oft noch in der Dämmerung zusammen mit Nachbarn auf der Bank vor dem Haus. Doch die Besatzer haben Sperrstunde verordnet, was bedeutet, dass sich die Bürger nach 20:00 Uhr nicht mehr im ‚Freien der befreiten Heimat' aufhalten dürfen.

Die Familie sah im Abendlicht einen Jeep mit Volllicht und zwei US-Soldaten aufs Haus zufahren. Sie hielten unter dem Fenster an, stiegen aus und liefen zur Haustüre, die, wie seit Kriegsende befohlen, unverschlossen sein musste. Die Sieger kamen über den Hintereingang die Treppe hoch und gingen durch den Hausflur in die Küche – der eine groß mit dunklen Augen, der andere klein und dunkelhäutig mit kindlichem Gesicht. Sie wollten Brandy und demonstrieren den Begriff mit Handbewegungen zum Mund. Der Vater verstand und meinte lächelnd: „Schnaps".

„Yes yes", kam es nun etwas schüchtern.

Doch er hatte keinen Schnaps. Er konnte ihnen nur Apfelmost anbieten. Er schaffte es mit allerlei Gesten, die Befreier über die Hintertreppe, vorbei an schimpfenden Hühnern, in den Keller zu führen. Martin lief hinterher und erlebte wie zwei uniformierte Menschen in einem muffigen Keller bei fahlem Licht entsetzt auf ein Fass schauten, aus dem der Vater einen Krug mit Most füllte, und den Amis zum Trunk darbot. Diese waren vom Geschmack dieses ‚Brandy' so konsterniert, dass sie Vater und Sohn nach oben diktierten. Es schien kritisch zu werden. Der Vater bat Martin, die Hildegard vom Schulhaus zu holen. Er ging hinaus in die dämmernde Nacht, die ihn nicht sehen durfte.

Vorbei am Jeep, dessen volle Lichter des Kirchbauers

Nussbaum und den Ambos bestrahlen, auf dem der Bauer in der Erntezeit schon frühmorgens seine Sensen schärft und nun Augen einer von der Sperrzeit befreiten Katze die Lichter spiegeln. Vorbei an der ‚Hitlereiche', dem Bach, der Kirche. Alles wirkt auf ihn böse. Sein Heimatgarten ist feindlich geworden. Zuhause sind zwei wildfremde Soldaten mit Schnapsgelüsten oder mehr. Der Große schaut die Mutter immer so merkwürdig an.

Er geht durch das unverschlossene Haupttor der alten Schule zwei Treppen hoch zur Wohnung des Oberlehrers, Vater von Hildegard. Er klopft an die Wohnungstür, nichts regt sich. Er klopfte nochmals, doch niemand kommt. Er wagt aus Respekt vor seinem früheren Lehrer die Tür nicht zu öffnen, geht eine Treppe höher, wo der Bruder von Hildegard sein Zimmer hat, und klopft bei ihm. Alles bleibt still. Er ist dem Weinen nahe. Doch dann, eine Treppe höher steht Hildegard und fragt: „Martin, was ist"?

„Bitte, komm, wir haben zwei amerikanische Soldaten im Haus."

„Ich bin gleich bei euch."

Martin geht zurück, vorbei an der Kirche, der Eiche, dem Bach, dem immer noch grell beleuchteten Jeep. Die Katzenaugen sind weg. Alles wirkt nicht mehr so feindlich, denn es gibt Hilfe. Er lief über die Hintertreppe in die Küche, in der die Uniformierten auf dem Boden sitzen. Auf dem Tisch der Mostkrug und drei halb gefüllte Gläser. Warum schaut der eine seine Mutter wieder so seltsam an und der andere versonnen auf das Kreuz hinter dem Vater. Er verstand es nicht, ging ins Zimmer der Schwestern, die ängstlich zitternd hinter der Tür standen, und ging mit ihnen in die Küche. Als die USA-Soldaten die Mädchen im Nachthemd kommen sahen, wurden sie verlegen und standen auf. Ihre seltsamen Blicke, die zuvor den Eltern galten, gingen nun zu den Mädchen und Martin sieht, wie sich das vermeintlich Böse von einem schüchternen Lächeln abgelöst wird. Als dann Hildegard kam, die zu Ehren ihres als Militärpfarrer gefallenen Bruders Trauer trug, und die Soldaten mit den Namen an ihrer Uniform ansprach, hörte man Worte wie ‚kurchgoing' und ‚applewain'. Und die Familie erlebte, wie die Besucher mit einem freundlichen good-bye zum Jeep gingen und in ihr Quartier Bismarck-Kaserne fuhren, wo nun auch Zwangsarbeiter einquartiert sind. Hildegards versöhnliche Worte zu dem Geschehen: „Sie waren auf Streifendienst, wollten in die Kirche, die zugeschlossen war. Sie sahen euer Licht, und haben als Besuchsavis den, wie sie glaubten, weltweit verständlichen Begriff „Brandy" gewählt, wovon sie selbst genug haben. Nichts an ihnen ist bösartig. Sie sind kriegsmüde und haben Heimweh."

Am nächsten Tag, einem Sonntag, unterhalten sich nachmittags die Familie und auch Hildegard an der Bank am Haus. Da kam ein Jeep mit zwei Uniformierten angefahren, vorbei an der Kirche, dem Schulhaus, der Hitlereiche, dem Bach, und hielt vor ihnen an. Ein Kleiner gibt dem Vater drei Stangen Zigaretten, eine Flasche, mit einem großartigen Whisky-Etikett, und der Hildegard ein Buch mit dem Titel 'Gone with the wind'. Darauf verführerisch lachend ein Mannesgesicht mit strahlendem Gebiss und Lippenbärtchen; und den Kindern gab er noch einen Karton mit Kaugummi. Der Große mit den dunklen Augen stieg aus und gab der Mutter einen vollen Karton Schokolade – zusammen ein kleines Vermögen! Die langen Zigaretten der Marke 'Pall Mall', die wie alle 'Ami Aktiven' auch ungeraucht verführerisch riechen, bringen pro Stück am Schwarzmarkt fünf Reichsmark oder bei einem Bauern Butter, Mehl und Eier. Der Vater konnte mit zwei oder drei Packungen und dem 'Whisky' Material für die Werkstatt beschaffen, die Mutter mit der Schokolade dringende Sachen für den Alltag, und die Kinder konnten mit Kaugummi, ihrem ersten Friedenserlebnis Amerika, wohlfeil angeben. Martin wird durch den kleinen dunkelhäutigen Soldaten an das Afrikakind auf den früheren Diaspora-Bildchen erinnert. Hildegard ging mit ihnen zur Kirche, während Nachbars Katze den Jeep beschnupperte.

Einige Tage nach diesem Heimwehbesuch fährt Martin nach der Handelsschulprüfung mit dem Fahrrad entlang der Kaserne. Plötzlich stellten sich ihm drei frühere Fremdarbeiter in den Weg, zwangen ihn zum Absteigen, rissen ihm die Uhr, das Traditions-Geschenk zur Erstkommunion, vom Arm, und wollten mit Rad und Uhr verschwinden. In diesem Moment kommt in ziviler Kleidung Tanja hinzu, und herrscht die jungen Männer mit dem Blick zum nahenden Jeep der US-Militärpolizei energisch an, diese Dinge sofort zurück zu geben. Der Eine warf das Rad weg, der Andere die Uhr zu Tanja und der Dritte beeilte sich zu verschwinden. Tanja gab Martin die Uhr und sagte in seltsam weichen deutsch: „Martin, sei über ihr Verhalten nicht böse. Es ging den polnischen Zwangsarbeitern, die auch hier einquartiert sind, bei ihrer Arbeit nicht gut."

„Woher kennst du meinen Namen"?

Sie lächelte ihn so offen an wie die ganze Zeit in der Fabrik: „Ich fragte einen Schutzmann. Der sagte, du bist der Martin Ullrich. Er sagte mir auch, wie diese Stadt hier heißt: Remsheim. Hast du zwei Namen"?

„Ja, doch Ullrich ist mein Familienname. Schau, dort in Kirchdorf neben der Kirche bin ich daheim. Sag mir, Tanja, wo hast du so gut deutsch gelernt"?

Sie antwortet zögernd:

„Ich heiße Tatjana und bin im Jänner 1928 in Czernowicz in Rumänien geboren. Mein Vater war Soldat und Adjutant bei einem Oberst, wo die Vorfahren von Deutschland nach Rumänien gingen. Meine Mutter ist von der Ukraine. Mein Vater hat sie nach dem ersten Krieg kennen gelernt, und sie haben in seiner Heimat Bukowina geheiratet. Wir wohnten in der Kaserne. Zuhause sprachen wir oft russisch. Die Mutter gab mir meinen Namen, was in Russisch ‚Gottes Gnade' heißt. Sie hat im Haus von Vaters Offizier auch Dienst getan. Dort wurde immer rumänisch und deutsch gesprochen. Ich durfte oft mitgehen und habe die Tochter Elisabeth mit dem Kosenamen Lissi gerne gemocht. Sie war ein Jahr älter als ich und nannte mich Tanja. Wir redeten in der deutschen Sprache miteinander. Damit du es lernst, hat sie wie einen Befehl gesagt. Nach dem Polenkrieg wurde der Oberst deutscher Offizier und ging mit der Familie, wie der Vater sagte, „Heim ins Reich." Lissi hat mir beim Abschied ein Buch zum Deutschlernen gegeben und einen Roman, wo sich eine reiche Prinzessin und ein armer Kunstmaler nicht lieben dürfen. Es heißt „Die Heilige und ihr Narr". Ich habe das Buch oft gelesen und habe manchmal wegen der unglücklichen Liebe weinen müssen.

Als der Oberst und seine Familie weg waren, haben wir von früheren Nachbarn der Mutter eine Einladung zum Besuch ihres Heimatortes bekommen. Wir fuhren hin. Nach zwei Tagen kamen Russen in Zivil und verhafteten meinen Vater. Jemand erzählte dann der Mutter, dass wir hergelockt wurden, um den Vater als Spion des rumänischen Obersten, der nach Deutschland ging, zu verhaften, und sagte auch, dass er nicht zurückkommen wird. Alle rumänischen Papiere wurden uns weggenommen. Wir erhielten russische Ausweise. Meine Mutter war immer sehr traurig. Sie wurde krank und ist gestorben. Sie gab mir noch ein Bild von der Hochzeit mit Papa." Sie zeigte Martin leise weinend das zerknitterte Bildchen und erzählt stockend weiter: „Ich musste dann in einer ukrainischen Stadt in der Fabrik arbeiten. Als es Krieg gab mit Deutschland kamen deutsche Soldaten in die Fabrik. Ich kam mit allen Mädchen ins Lager, wo ich versucht habe einen Soldaten um Hilfe zu bitten. Er hörte mir zu, aber es geschah nichts. Nach zwei Wochen wurde ich mit den anderen Mädchen und Frauen aus der Stadt zu einem Güterzug gebracht, der uns nach Deutschland transportiert hat. Oft wurde gehalten, um Mädchen und Frauen auszuladen. Ich kam zuletzt mit fünfzig russischen Mädchen hier an und war glücklich, weil ich hoffte Lissi zu finden. Einer der Wachmänner sieht meinem Vater ähnlich. Ich sagte ihm heimlich meine Sorgen. Er schaute mich freundlich an und sagte: „Du bist eine russische Zwangsarbeiterin. Es ist besser, nicht zu fragen. Es könnte Spionage sein und dem Offizier und dir schaden." Die deutsche Sprache habe ich hier im Lager weiter gelernt. Dort gab es auch alte Bücher. Der Wachmann erlaubte mir, darin zu lesen. Manchmal erhielt ich von ihm auch Zeitungsausschnitte mit privaten Dingen der Stadt. Sprechen durfte er mit mir nicht; das war für alle verboten. Den Russinnen war mein Lesen egal. Manche können etwas deutsch sprechen; lesen können sie es nicht. Bitte Martin helfe mir. hier zu bleiben. Ich würde alles tun, was von mir verlangt wird", fügte sie leise weinend hinzu.

Tanjas Tränen erinnern ihn an Annes Traurigkeit um Rudolf und an die Einsamkeit seiner Mutter beim damaligen Abschied vom Vater – in nebenstehender Kaserne.

Er spricht über Tanjas Schicksal und ihrer Bitte mit den Eltern, die soeben eine Frau und zwei Kinder, Junge und Mädchen, als ‚Ungarnflüchtlinge' zugewiesen bekamen. Während er den Kummer des fremden Mädchens, das gut deutsch spricht – wie er extra sagte – schüchtern vorträgt, spürt er im Blick seiner Mutter eine seltsame Rührung. Sie scheint zu ahnen, dass ihr Bub nun ein Mann wird, um dann bald einer anderen Frau zu gehören. Doch sie ist es, die fern dieser Ahnung an Jetzt und Heute denkt, an die Sorge ihres verliebten Sohnes um ein russisches Mädchen mit dem hübschen Namen Tanja.

Sie spricht darüber mit der neuen ungarischen Hausbewohnerin, Frau Horvath, die, wie sie schon erfuhr, Lehrerin ist, und vor den russischen Besatzern wegen ihres Berufes mit ihren Kindern und den deutschstämmigen Ungarn hierher geflohen ist. Die Mutter hat die hübsche junge Frau, als sie mit Anwalt Johannes ankam und sich in deutscher Sprache vorstellte, sofort in ihr Herz geschlossen: „Ich heiße Evelyn, bin neunundzwanzig Jahre alt, eine Lehrerin für die deutsche Sprache und der Musik. Meine Kinder sind die Sophia und der Stefan, sieben und sechs Jahre alt. Sie dürfen mich auch Eva nennen."

„Gerne", sagte die Mutter. „Und mich nennt man allgemein die Tante Anna. Unsere Kinder sind der Martin, sechzehn, Anton (Toni) dreizehn, Irene neun, und Doris, acht Jahre. Meinen Mann und Vater nennt man allgemein auch den „Onkel Gregor".

Die Mutter glaubt aus ihrem Geographieverständnis, dass Frau Horvath sicher in der Nähe von Tanjas Heimat gelebt hat, und als gebildete Frau Rat weiß.

„Ich bin unweit der Grenze zu Rumänien beheimatet, und kenne das Problem Bukowina", nimmt Frau Horvath die Bitte der Mutter auf. „Wie ich erfahren habe, wird in den nächsten Tagen ein neuer Transport von Heimatvertriebenen kommen. Wir müssen versuchen, das rumänisch-russische Mädchen den ankommenden Flüchtlingen einzugliedern, was bei dem Ankunftsdurcheinander kein Problem ist. Ich bin dann gerne bereit, Tanja auch ohne Ausweispapiere, unsere Ausweise sind oft nur die Nachbarn, als meine Verwandte zu begrüßen. Ich sage Ihnen, wann und wo der Transport eintrifft und was dann zu tun ist."

Martin hatte mit Tanja in der Nähe der Kaserne ein Wiedersehen vereinbart und ihr die frohe Botschaft überbracht. Sie wird in ihrer jungfräulichen Reaktion spontan von Tränen überwältigt, nimmt Martin in die Arme und küsst ihn innig auf den Mund, was seinem noch naiven Zärtlichkeitsempfinden ein völlig neues Gefühl gibt: die Geschlechtsliebe.

Nach einem zufälligen Gespräch mit Nachbar Johannes informierte Eva die Familie, dass übermorgen im Laufe des Nachmittages am Bahnhof der Stadt ein Sonderzug mit Ungarnflüchtlingen ankommt. Sie hofft auch so innig, wie bei jedem Flüchtlingstransport, dass ihr vermisster Gatte Stefan und Vater der Kinder dabei sein wird.

„Martin, komme bitte mit Tanja nach zwölf Uhr zum Bahnhof. Ich werde in der Nähe sein, damit ich sie später erkenne. Sie soll sich mit einem Koffer möglichst unauffällig in eine Gruppe begeben. Ich spreche etwas russisch und werde sie in deutsch und in russisch – sage es ihr, bitte – wie eine Bekannte begrüßen. Dann sehen wir weiter. Deine Eltern habe ich über ihr Kommen informiert. Sie nehmen Tanja gerne auf.

Er geht am nächsten Tag zum vereinbarten Treffpunkt. Tanja ist nicht da. Er wartet einige Zeit; Tanja kommt nicht. Er geht vorsichtig zum Kasernenblock der Fremdarbeiter – und erfährt von einem deutschen Army-Angestellten lakonisch, dass die ‚Russinnen' schon in der Nacht mit LKW's in Richtung Osten abtransportiert wurden.

Sein Heimweg war so einsam verloren wie damals 1939 mit der Mutter, als das vaterländisch BÖSE mit dem Krieg und der Trennung Liebender begann ...

Als seine Mutter ihn danach im ersten Liebeskummer am Klavier sitzen sah, strich sie ihm leise übers Haar: „Nicht traurig sein, Martin, irgendwo wartet bestimmt schon eine

Tanja auf dich. Frau Horvath, in der Familie nun die Eva, nimmt ihn zärtlich in die Arme. Er verlässt verwirrt den Raum, während die Mutter wie zu sich selbst noch bemerkt: „Ich wünsche ihm für die erste körperliche Liebesvereinigung eine mütterlich zärtlichen Frau, die des Jünglings intimes Partnerverhalten für sein ganzes Leben prägt."

Martin konnte die Lehre nach drei Jahren mit einem zeitgerechten Firmenzeugnis und einem Fachschuldokument abschließen. Die Produktion der Firma wurde mit den alten Silberformen auf einfache Gebrauchsgegenstände aus Normalmetall umgestellt: „Kochtöpfe statt Stahlhelme, Serviettenringe statt Gewehrringe, Aschenbecher statt Bomberteile", nannte der weise Kabinettmeister diese sittsam-friedfertige Umstellung.

Schon im ersten Friedensjahr melden sich wieder Altkunden aus den Besatzerzonen. Auch Kunden aus der Schweiz fragen mit der Souveränität des guten Gewissens wieder nach Hofmusterkreationen. Dort ist, wie zu aller Zeit, das Besondere begehrt; während das befreite Deutschland in Trümmerbergen, dem Schwarzmarkt, mit Ramsch und Resten bemüht ist bald wieder zivilisiert zu leben. Die Heimat blieb von Bomben verschont.

Inzwischen ist der Prokurist, Namensträger und Urenkel des Firmengründers, aus der englischen Kriegsgefangenschaft gekommen und hat den bisher leitenden Rüstungs-Ingenieur abgelöst. Auch hat er schon wieder internationale Kontakte aufgenommen. Eines Tages Anfang, 1946, stand am Hauptportal ein Auto in der Größe der Straßenkreuzer Marke USA. Martin, dessen Vorstellung amerikanischer Materialwucht von den fliegende Festungen und Panzern geprägt ist, stand nun vor einem ebenso wuchtigen Automobil einer Marke Buick mit dem Nummernschild Genf und CH. Der Prokurist, der auch nachdenklich dabei stand, bat Martin ins Musterzimmer. Das vom greisen Kabinett-Meister bereits mit traditionellen Vorkriegsreferenzen und den neuen – einfachen – Waren-Mustern ausgestaltet wurde. Als er ins Zimmer kam, vernahm er, wie sein Vorgesetzter dem

Besucherehepaar in französischer Sprache etwas Ernstes zu erklären schien, das wohl der Art harmonischer Geschäftsverbindung in der Friedenszeit oder auch der Bösartigkeit des Krieges galt. „Grüezi wohl", begrüßt die vornehme ältere Dame den jungen Kaufmannsgehilfen wie einen alten Bekannten.

Auf dem Tisch stehen edle Kristallkelche mit feinem Silberrand, vornehm halbgefüllt mit fein perlendem Champagner. Daneben ein massiv-silbernes Zigarettenetui, das auf goldenem Boden eine noble Marke anbietet, und apartes Parfüm umschmeichelt Sinne und Dialog der Geschäftspartner.

Der Prokurist gab Martin einen Koffer mit der Bitte, den Inhalt zu wiegen. Er ging ins Büro zur Metallwaage und öffnete ihn – bestückt mit Silbermünzen aus aller Welt. Er muss dies des Öfteren tun, denn die Wünsche der Kunden können nur erfüllt werden, wenn sie für die verfügbare Ware neben Geld auch Silber mitbringen. Manchmal beträgt das zu wiegende Gewicht etwas mehr, worin er ein kleines ‚Münzgeschenk' für sich sieht. Er geht zurück ins Musterzimmer. Wieder empfindet er die feine Atmosphäre von Parfüm-Wein-Tabak und die vornehme Art des gebildeten Alters. Doch die Stimmung hatte sich verändert. Die liebenswerte Dame blickte traurig. Ihr Mann hält ihre Hand in der seinen, wie Hüthofbauer Gustl bei seiner Frau nach der Vermisstennachricht ihres Sohnes.

Die Besucher betrachten sichtlich befremdet den siebenarmigen Leuchter, die Menora jüdischer Liturgie, den der Grandseigneur vor ein paar Minuten brachte.

Die Geschäftsfreunde aus Genf konnten mit den Silbermünzen und Schweizerfranken aus dem Reserve-Depot zwei komplette Hofmuster-Kaffeeservice erwerben und gleich mitnehmen. Sie spendierten fürs Büro noch einen Karton *Lindt*-Schokolade und eine Stange Zigaretten, um sich dann herzlich mit ihrem bewunderten Auto zu verabschieden.

Martin entdeckte auf seinem kleinen Schreibtisch zwei Tafeln Schokolade und eine Packung *Camel* von seinem

Chef – für daheim. Er wollte sich bei ihm dafür bedanken, als er zufällig vor dessen Bürotür die Worte des Kabinettmeisters vernahm: „Sie waren erstaunt, als ich den Leuchter ins Zimmer brachte und diesen den Schweizer Geschäfts-Partnern bei der Verabschiedung gab. Das schon im vorigen Jahrhundert in der Firma gestaltete Symbol jüdischen Glaubens wurde uns 1939 – Sie waren schon im Krieg – von Verwandten der heutigen Besucher, die nach Amerika emigrieren wollten, zum Kauf angeboten. Wie Sie wissen, waren Vorfahren meiner verstorbenen Frau österreichische Juden. Ich konnte den Leuchter erwerben und habe ihn im Safe der Firma aufbewahrt. Was die Besucher so traurig stimmte, waren die Monogramme im Sockel: Es sind die Namen ihrer Verwandten, denen die Emigration nach Amerika nicht gelang. Sie wurden in Auschwitz getötet. Ich konnte ihnen nicht helfen." Sein Vorbild weinte: „Ich bitte Sie um Verständnis dafür, dass ich unserem ersten Auslandskunden des Neubeginns dieses Glaubensgut mit der Bitte um Verzeihung für das Böse an ihren Angehörigen mitgab." Martin fragt sich in seiner anerzogenen Gutgläubigkeit immer wieder und heute noch: Waren es Bannführer, Hitlerjugend, Napola, SA, NSDAP, BDM, Hausfrauen, die Frontsoldaten, die Offiziere, die Propaganda, Geschäftsleute, Bäcker, Arbeiter? Waren sie alle wirklich die Mörder der jüdischen Menschen? Und warum denn nur?

VATERLAND

Im Lehrbetrieb häuften sich die Gerüchte, die Firma sei verkauft und würde demnächst abgerissen. Er machte sich Gedanken über seine berufliche Zukunft und hatte Glück.

Nachbar und Anwalt Johannes deutete beim Vater an, dass für die Ortsverwaltung eine Verwaltungskraft gesucht würde und Sohn Martin beim Gemeinderat im Gespräch sei. Er nahm das Angebot an und arbeitete dort bis 1948.

Nach der Währungsreform und dem Wirtschaftswunder ging er in den Außendienst, als erstes in einen familiären regionalen Süßwarengroßhandel.

In dieser Zeit Heirat.

Danach Bezirksreisender für eine Markenartikelfirma der Genussmittelbranche und Umzug nach Ulm. Dort Vater von drei Töchtern. Bezirk Oberschwaben-Allgäu.

Dann eine berufliche Veränderung zum Verkaufsleiter – Außendienst bei einem bedeutenden Unternehmen der Branche, Umzug nach München. Bezirk Bayern.

Zwischendurch Wechsel in die gleiche Position bei einem dänischen Unternehmen. Zentrale in Berlin. Wohnung bleibt in München. Bezirk Bayern – Baden-Württemberg.

Dies sind Notizen, die so für eine spätere Aufwertung in Hütbauers Neujahrs-Tagebuch stehen. Diese wurden nach und nach aus der Erinnerung verfeinert – begonnen in einem Freiluft-Verlies der DDR – bewacht von der Volkspolizei, auch bekannt als ‚Vopo'.

*

Es ist die Osterzeit
Es gibt zwei Deutschland

Die West-Deutschen nennen ihr gewesenes Vaterland
Bundesrepublik Deutschland
amerikanisiert – BRD –

Die Ost-Deutschen bezeichnen ihr neues Vaterland
Deutsche Demokratische Republik
sowjetisiert – DDR –

Die DDR ist im Amerikanisch-Bonner Wertmaß die Lava eines Sowjetvulkans, der momentan ruht.

Die BRD ist nach Sowjet-Pankower Dialektik ein USA-gesteuerter Gangsterstaat, der um Krieg buhlt.

In beiden Ländern leben dieselben Menschen, die seit Generationen großartig sind.

Sie dürfen sich auch im Umfeld ihrer Heimat – DEUTSCHE – nennen.

*

An einem schönen Frühlingstag war ein Außendienstkaufmann der BRD mit dem Mercedes-Dienstauto auf der DDR-Autobahn von Berlin nach Hamburg unterwegs.

Martin Ullrich, Deutschland-Direktor und Prokurist eines bekannten Champagnerhauses, hatte eine geschäftlich erfolgreiche Woche in Berlin. Er durfte am Wochenende wieder das Ambiente des Hotel Kempinski genießen und viele Eindrücke der geteilten Stadt aufnehmen. In besinnlichen Momenten bedrückte ihn das fremdartig laute Berlin, deren Bürger ihre urbane Ethik seit Generationen aus der Muße empfangen. Das Touristengewimmel in ihrer Großstadtheimat wirkt auf sie wie das Dasein eines Waisenkindes, das den Besuchern eine tiefe Sehnsucht nach Liebe,

Anerkennung und Freiheit ahnen lässt. Immerzu geistert ein Wetterleuchten durch die Winkel dieser Stadt: Blitze ohne Donner, Schüsse ohne Knall. Doch hinter Trümmerresten des Endsiegs und einer Mauer sieht man von Aussichtsstufen hinüber in die **D**eutsche **D**emokratische **R**epublik: Dort gewittern sozialistische Angstblitze, dort fallen Schüsse auf Freiheit suchende Bürger.

Einst waren es ‚USA-Rosinenbomber', die mit der einfliegenden Ernährung und dem politischen Fehlverhalten des neuen Feindbildes UdSSR-Kommunismus die Gelegenheit nutzten, vor aller Welt humanitäre USA-Demokratie zu demonstrieren. Schon sind die Menschen, die zuvor von Flugzeugen desselben Hoheitszeichens zu Tausenden in die Verlorenheit und den Tod gebombt wurden – eine verschwiegene Vergangenheit.

Nun sind es Neugier- und Sex-Touristen aus dem Westen des geteilten Deutschlands, die auf Aussichtsplatten über die Mauer noch Osten starren, um beim Anblick schwer bewaffneter Uniformen, Stacheldraht und Ruinen einen prickelnden Reiz zu spüren, danach an der Gedächtniskirche Multi-Kulti-Demos gegen ‚Alles oder Nichts' bestaunen und schließlich die knisternden Sex-Animationen am Kurfürstendamm umschleichen, um diese danach in feinen Hotelbetten ehelich zu vollziehen – oder zu moralisieren.

Der Berliner selbst bleibt in stillem Trotz und seiner angeborenen Toleranz allein mit der Angst in Erwartung einer Antwort, die ihm diese schuldlose Angst nimmt.

An diesem vorösterlichen Tag auf der Fahrt nach Hamburg begegnet Martin wieder dem trostlosen DDR-Umfeld, das ihn auf den Transit-Straßen durch dieses Land traurig stimmt. Seit einigen Minuten sind die ‚Trabis', die hinter Berlin auf der nun löchrigen Autobahn noch einige Zeit lustig hüpfend um ihn waren, spurlos verschwunden. Er nähert sich dem ‚Sperrgebiet' zwischen Deutschland und Deutschland, wo an Mienen, Stacheldraht und Wachtürmen die bürgerliche DDR-Freiheit zur Westwelt endet.

Es war kurz vor zehn Uhr am Vormittag, als er wenige Kilometer vor der DDR-Grenze einen Parkplatz an der

Autobahn ansteuerte, um den mit seinem Münchner Büro zeitgleich abgestimmten Anruf zu erwarten. Er schaltete sein Autotelefon auf Empfang und schaute sich die Umgebung etwas an. Der Parkplatz ist vom letzten Regen noch übersät mit öligen Pfützen, die offensichtlich von der Sonne und der DDR-Biologie nicht angenommen werden, wie auch der schweflige Horizont, der sich nach und nach im DDR-Hoheitsgebiet in einen gelben Dunstschleier verwandelt, der die in der Ferne links und rechts der Autobahn einsam aufragenden Schlote des Arbeiter- und Bauernstaates gespenstisch umschmeichelt und auch an Sonnentagen seltsam trostlos anmuten.

Eigentlich sollte er um diese Zeit bereits auf westdeutschem Boden sein. Doch er hat sich bei der Ausreise von Berlin mit der DDR-Grenzpolizistin einen Flirt erlaubt, der die Weiterfahrt verzögerte. Soeben hat sie seinen Pass vom Förderband erhalten, diesen geprüft, und Martin kühl aufgefordert die Brille abzunehmen. Er tat dies wie befohlen. Betrachtete die uniformierte Frau etwas bewusster – und schaute in ein hübsches Gesicht.

„Sie haben schöne Augen", entfuhr es ihm spontan. Worauf sie erschrocken reagierte, um dann für einen Augenblick zu strahlen wie ein überraschend beschenktes Kind.

Er hat in der kalten Uniformsphäre der hübschen jungen Frau ihre Fraulichkeit spüren lassen, wofür sie ihm bei der Rückgabe des Passes „eine gute Weiterfahrt und frohe Ostern" wünschte. An ihrer Uniform zittert ein Orden mit Hammer und Sichel. Neben der Kabine stand ein Kollege, dem die Sympathiekundgebung dieses Augenblicks nicht gefiel. Er fragte barsch. „Sind Sie allein?"

„Das sehen sie doch."

„Ich will von ihnen nicht wissen, was ich sehe. Ich will wissen, ob Sie alleine sind."

An der Scheibe vergnügt sich eine Fliege. Soll ich ihm sagen, dass er ihr zur ‚Republik-Flucht' verhelfen wird? Fast hätte er es getan, doch der Blick der netten Frau war nun wieder amtlich, und band seine Ironie. „Ja, ich bin allein."

„Nu, warum nicht gleich so. Fahren Sie rechts ran und öffnen Sie den Kofferraum."

Er tat wie ihm befohlen. Nur einige Flaschen Champagner waren präsent. Der Volkspolizist hopste auf den Rücksitz und niemand gab laut. Schließlich hielt er noch einen Spiegel unter das Auto; kein Mensch war zu sehen. Er gab auf. Martin stellte eine Flasche des edlen Champagnerweines auf das rostige Passförderband, empfahl dem „NU", diesen mit der netten Kollegin an Ostern zu genießen, begrüßte den ‚blinden Passagier', und legte den Gang ein für den Weg nach Westen. Er musste weiterhin auf die StvO der DDR achten, denn die Missachtung des ständig beschilderten Tempo-Limits hätte Folgen. An der Autobahn lauern an Brücken und hinter Hecken Vopos, die die Deutschen aus West und Ost bei der kleinsten Verfehlung ‚knipsen' und hundert Meter dahinter zur ‚Barzahlung' auffordern.

Das Klingeln des Telefons holte ihn zum Geschäftsauftrag Hamburg zurück. Sein Münchner Büro bestätigte die Termine 13:00 Uhr im Büro der Vertretung und 15:00 Uhr beim Kunden. Dazu ein extra Guten Morgen zum Wochenbeginn: Der Kunde hat, wenn die Konditionen stimmen, bereits einen größeren Auftrag avisiert.

Es war kurz vor 10:00 Uhr, zeitlich nach Hamburg kein Problem. Wenn das Gespräch mit dem Großkunden gut verläuft, wird das Mittagessen als Danke an den Hamburger Generalvertreter und einer Referenz seines Champagner-Hauses an das renommierte ‚Hotel Vierjahreszeiten' am Abend im Hausrestaurant Alsterstuben nachgeholt. Er legte den Hörer auf, den Gang ein – und vergaß in seiner gehobenen Stimmung, das Telefon abzuschalten. Er fuhr gut gelaunt unter das Dach des Grenzgebäudes, öffnete das Seitenfenster, griff zum Pass auf dem Nebensitz und versuchte spontan das nun unterm Dachschatten aufleuchtende Telefondisplay abzuschalten: zu spät!

„Bitte Ihren Pass, KfZ-Schein, Führerschein und Telefonfreigabe." Der Volkspolizist prüfte mit betont amtlichem Blick seinen Pass, sein Gesicht, die Telefon-Freigabe, für die er bei der Einreise 15,– Mark bezahlt hat, und herrschte

ihn in barschem Befehlston an:

„Sie haben das Telefon eingeschaltet! Abnehmen, übergeben und hinter die Sperre!"

Nun stand er total isoliert hinter einem schmutzigen, schwarz-rot-gold gestrichenen, in Betonklötzen verankerten Schlagbaum von der Wucht einer Bahnschranke. Pass und Telefon weg. Vielleicht auch der PKW mit der Zulassung „WI" für Wiesbaden, die für die DDR-Grenzer ein assoziatives Gefahrenindiz von Nato und BKA bedeuten könnte. Er hat nicht die geringste Chance, sich in Richtung Freiheit bemerkbar zu machen.

Nach einer Stunde, um 11:00 Uhr, kam ein Vopo:

„Haben Sie telefoniert?" „Ja, in Berlin." „Westberlin, korrekt bleiben!"

*

Martin nahm sein bereits mit allerlei Notizen bekritzeltes 1945er ‚Hütbauer-Tagebuch' zur Hand und begann nun seine damaligen DDR-Notizen und all die anderen nach und nach zu verdeutlichen. Die dabei aufkommenden Erinnerungen veränderten manche Notiz zu Geschichten. Und er las: In diesem DDR-Freiluftverlies befällt mich die Erinnerung an die in der Kindheit gefürchteten Schwarzuniformierten, eine Ahnung an die Angst seiner Tochter Eva, als sie im Alter von zwölf Jahren bei der ersten Begegnung mit den DDR-Uniformen eine leichtsinnige Bemerkung ihres Vaters verkraften musste. Dieser wurde als Verkaufsleiter Außendienst von der Geschäftsleitung seines dänischen Unternehmens mit der Familie nach Berlin eingeladen; ein Geschenk zur Silberhochzeit. Wobei es schon ein Geschenk ist, für diese Firma tätig zu sein. Jeder Tag bei den Mitarbeitern in Berlin oder im Stammhaus Aalborg-Koppenhagen ist wie ein Sonntag. Seine Frau und die Töchter hatten bei der Fahrt von München bis zum DDR-Grenzübergang Hirschberg viel Spaß mit dem Ratespielchen: Erkennung der typischen Eigenart der an BAB Ausfahrten bezeichneten Städtenamen. Erste Ausfahrt Landshut: „Ich weiß etwas, was du nicht weißt!" Antwort: Fürsten-Hochzeit.

Regensburg: Römer, Domspatzen, Walhalla. Nürnberg: Meistersinger Dürer Lebkuchen" (alle lachten). Bayreuth: „Ich weiß etwas, was du nicht weißt." Die Antwort: „Wagner-Festspiele." Einige Kilometer weiter Wunsiedel: „Die Erinnerung ist das einzige Paradies, woraus wir nicht vertrieben werden können", wer nun? Dazu Evi, die jüngste Tochter: „Jean Paul, den hatten wir soeben in der Schule."

„Lehrer sind scheußlich, ich werde Schauspielerin, gell Mama."

„Ja mein Schatz, doch mache erst das Abitur."

Das ‚Gell Mama' war bei den drei Töchtern im heranwachsenden Alter eine vertraute Erwartung von Anerkennung oder Absolution. Wenn von der Mutter die Antwort kam „Ja, mein Schatz", meist begleitet von einem machbaren Lernziel, dann war die emotionale Kinderwelt beruhigt – und für jung und alt alles in Ordnung.

Hinter Hof dann die Abfahrt Hirschberg: „Ich sehe etwas, was du nicht ..." Was sie sahen, verschlug ihnen die Sprache; etwas total Unnatürliches: massenhaft leuchtende Masten bei hellem Tageslicht und ein Massengewimmel von uniformierten Menschen: das Tor zur DDR – der **D**eutschen **D**emokratischen **R**epublik.

Er durchfuhr problemlos die westdeutsche Grenzkontrolle und bewegte sich, wie auf monströsen Schildern vorgeschrieben, über die Brücke der Saale mit 10 Km/h im DDR-Hoheitsgebiet auf den Volkspolizisten zu, der auf der linken Straßenseite im schwarz-rot-gold angestrichenen Wachhäuschen stand. „Ihren Pass bitte und den Ihrer Mitfahrer." „Fahren Sie einen LKW?"

Martin reagierte irritiert und meinte: „Sie sehen doch, was ich fahre."

„Ich will nicht wissen was ich sehe, ich will wissen ob Sie einen LKW fahren."

„Bitte, Papa, sag ihm, was du fährst", meinte die älteste Tochter und angehende Pädagogin.

„Ich fahre einen PKW."

„Nu, warum nicht gleich so."

„Ich wollte Ihnen entgegen zu kommen."

„Sie haben mir nicht entgegenzukommen, sondern Sie

haben sich an die Straßenverkehrsordnung der Deutschen Demokratischen Republik zu halten."

Die Pässe sind weg. Sie befinden sich auf dem Weg zur nächsten Kontrollkabine hinter total verschmutztem Glas. Martin umfährt verrostete Höcker; die Vopos schauen als wären sie Feinde. Er wollte mit einer humorig gedachten Bemerkung die Atmosphäre entspannen: „Nun müssen wir aufpassen, dass wir nicht in Sibirien statt in Berlin landen." Die Jüngste weinte bitterlich. Die Älteren sind irritiert, denn sie wissen aus den Gesprächen in der Familie um das Schicksal der Mutter, die im gleichen Alter wie Eva ihre Heimat Bukovina verließ und ihre Eltern in der Ukraine verlor. Sie blieb nach Kriegsende unweit von hier, in Plauen im Vogtland, nur durch eine glückliche Fügung vom Zurück-Transport nach ‚Russland Nirgendwohin' verschont. Hier nun wird sie an einer deutsch-deutschen Grenze, wieder mit russisch anmutenden DDR-Uniformen, konfrontiert. Sie empfindet die tiefe Angst der jüngsten Tochter mit, schaut erschrocken den Vater an und nennt ihn statt dem in der Familie üblichen Begriff Papa, erstmals im Beisein der Kinder, bei seinem Vornamen: „Martin, das war nicht gut." Er schämte sich damals wie nie zuvor in seinem Leben.

Anfang 1946, während eines sonntäglichen Mittagessens, bat ihn sein Vater zu einem Gespräch in den Garten am Bienenstand, wo derzeit seine Lieblinge noch Winterschlaf halten. In den kommenden warmen Tagen wird er wieder manche Stunde die fleißigen Selbstversorger besinnlich bestaunen – mitten unter ihnen, ohne gestochen zu werden. Manchmal, wenn die eine oder andere an einem kühlen Abend zu spät die Blühte verließ und unweit ihres Horstes müde auf einem Blatt sitzt, hat sie der Vater angehaucht, um ihr mit der Wärme die Kraft zum Heimflug zu geben. Wenn sie es nicht tat, setzte er sie auf den Finger und trug sie zum warmen Stockeingang, wo sie als eine Fremde manchmal von den Artgenossen abgelehnt wurde, bis der Vater mit ihr den Stock fand, an dem sie freudig begrüßt wurde. Gleich nebenan, unten in der alten Werkstatt, ist der Hühnerstall.

Der Auslauf für die weiter als Selbstversorger registrierten Eierleger ist ein Fenster zum Hof, darüber eine Voliere, in der sich Martins Lieblinge, die Tauben, tummeln, die kürzlich vom Amt und der ‚Heimatzeitung' als ‚Ratten der Luft' bezeichnet wurden. Unten in der alten Werkstatt begrüßen sich bei Tagesanbruch Tauben, Hahn und Hennen gurrend, gackernd und krähend. Oft nahm Martin den natürlich-friedlichen Weckruf mit zur Arbeit, wo ihn danach oft der unnatürlich-böse Sirenenruf in sein Dachstock-Verlies befahl.

Zu den vom Vater selbst gezüchteten edlen Farbentauben, Schwalben und Lerchen, gesellte sich nun noch ein Pärchen weiße Pfauentauben – ein Geschenk vom Vater zu Martins siebzehntem Geburtstag. Die Idee dazu kam ihm am Weihnachtstisch 1944 beim Ihringer Winklerberg Ruländer, als Martin vom Besuch mit Edmund im Lilienhof und der Begegnung mit Pfauentauben erzählte. Der Vater erwarb diese von seinem Sohn seit der Kindheit durch ein Bild in der ‚Taubenrevue' beliebten Tiere von einem Züchter im bekannten ‚Lichtmess-Krämermarkt' einer nahen Garnisons- und Domstadt, auf deren Anhöhe ein imposanter Wallfahrtsdom mit zwei prächtigen Türmen mit dem Titel *Schöner Berg* thront, weithin grüßend über Schwaben-, Hohenloher- und Frankenland.

Martin dachte am Schlagbaum des ‚DDR-Verlieses' an die Exerzitien, die ihn 1946 in einer Winternacht der Weihnachtszeit zwangen, aus Heimweh das ‚Gebetshaus der Stille' zu verlassen: Er beschrieb seine Erinnerungen im ‚Hüthuch'.

Vorbei an der übergroßen Madonna oberhalb der goldenen Uhr, einst Sonnenuhr, die mit Andachtsblick hinüber zur Wallfahrtskirche des Rechbergs schaut. Zur ‚Heiligen Frau', deren Blick in einer ebenso ernster Andacht zu ihr über das weite Land geht. Er bittet sie. hochblickend zu ihr, um Verzeihung, um dann in dunkler Nacht zwischen vierzehn zu Demut mahnenden Kreuzwegstationen und dem leise rieselndem Schnee zum Bahnhof der Pilger- und Krämerstadt zu laufen – vorbei an einer gebeugten alten Frau, die so früh schon vor dem Haus Schnee kehrte und des fliehenden Jünglings Heimweh nach der Nähe eines geliebten Mädchens nicht ahnt. Er erinnert sich auch daran, wie wundersam der damalige Weg nach Hause noch verlief.

Zunächst nun dachte er wieder an den Vater, der mit einer Amizigarette zum Bienenstand kam. Er rauchte nur, wenn er gut aufgelegt war. Er bot auch Martin eine ‚Aktive' an. Nicht um ihn zum Rauchen zu animieren, Martin rauchte nicht, sondern um dem Siebzehnjährigen nun mit dieser Geste ein Wertzeichen seiner erwachenden Männlichkeit zu zeigen. Martin verstand diese Aufmerksamkeit so, wie sie gemeint war, und empfand sie in der Erinnerung an die familiär belastete ‚Werwolfzeit' erlösend. Auch hat Bruder Toni inzwischen eine Lehre in Vaters Werkstatt begonnen und ihm bereits sein Talent für diese Arbeit vermittelt. Der Vater schien von einer Last befreit, er begegnete auch Martin vertrauter. „Sag', Martin, wie geht es in der Firma?", begann der Vater gutgelaunt das Gespräch.

„Gut", sagte Martin.

„Gefällt dir die Arbeit?"

Martin wollte gerade ja sagen, als Johannes, nun neuer Bürgermeister des Ortes, hinzukommt und den Vater mit den Worten begrüßt: „Gregor, was meint dein ‚Sohnemann' zum Angebot Rathaus"?

Der Vater musste, als er das irritierte Gesicht seines Sohnes sah, herzlich lachen. „Hans", sagte er in kollegialem Ton zum neuen Ortsvorstand: „Wir waren eben dabei, darüber zu sprechen."

„Nun kannst du höchst persönlich und sozusagen hauptamtlich dein Anliegen vorbringen."

„Lieber Martin", begann Anwalt Johannes, Vater des früheren Werwolf MG-Assistenten Sigmund, betont sachlich: „Du hast die kaufmännische Lehre und die Handelsschule erfolgreich abgeschlossen. Du kannst dich nun Bürokaufmann nennen, was der Aufgabe eines Verwaltungsangestellten durchaus gerecht wird. Wir brauchen im Rathaus eine verantwortliche Hilfe für die Bearbeitung der Vorgänge und Anliegen der Flüchtlinge und Kriegsheimkehrer, zudem für die Altersüberwachung von Säugling, Kleinstkind, Kind und Erwachsenen in der Zuteilung von Lebensmittelkarten und deren Einzug im Todesfall, die Rückforderung der Lebensmittel- und Raucherkarten bei Spitalaufenthalt des weiteren sorgfältige Überwachung der bäuerlichen Selbstversorger und ihrer erlaubten Eigennutzung sowie Überwachung der registrierten Tierhaltung und temporäre Bestandsprüfung, Bearbeitung der Schlachtscheine mit Veranlassung der Kontrolle von Schwarzschlachtungen durch die Gemeindepolizei. Bei Alt- und Neubürgern sind nach der Gesetzesvorgabe die Bezugscheinansprüche auf die Familienstruktur und deren Bedürftigkeit zu prüfen und gegebenenfalls sachgerecht zur übergeordneten Entscheidung vorzulegen."

Ortsvorsteher Johannes hat, wie er dem Vater später einmal sagte, die Aufgabe extra hochgespielt, in der Absicht Martins Reaktion für die komplizierte Aufgabe sowie seine Belastbarbereitschaft zu testen. Sollte er nach Auflistung dieser gestellten Aufgaben JA sagen, dann bedeutet dies entweder eine unbedachte Vorstellung vom Arbeitsprofil oder aber Mut zum Risiko, mit Verantwortungs- und Lernwillen. Die Merkmale können in der Probezeit von den altbewährten weiblichen Angestellten beobachtet und bei mir als dem Verantwortlichen angemahnt oder bei ihm als positiv erkannt und damit sachgerecht und zuverlässig für die Ortsverwaltung eingebracht werden.

„Kurzum", sagte er zu Martin verbindlich, „die Gemeinderäte und ich meinen, dass du der Richtige wärst, auch weil du aus gutem Hause kommst", fügte er mit Blick zum Vater lächelnd an. „Und noch was, die Arbeitszeit im Rathaus droben in der Hauptgemeinde Kirchberg geht von Montag bis Freitag von 8:00 Uhr früh mit einer Stunde Mittagspause – bis 18:00 Uhr und Samstag von 8:00 bis 12:00 Uhr. Das Anfangsgehalt beträgt 80 Mark im Monat. Derzeit verdienst du als Kaufmannsgehilfe 60 Mark. Kündigen solltest du der Lehrfirma schriftlich sechs Wochen zum Quartal, also am 15. Februar 1946 zum 31. März. Dann könntest du Anfang April 1946 die Stelle im Gemeindeamt antreten. Bitte sage uns möglichst bald, ob du aufs Rathaus kommen wirst."

Martin war überrascht. Zum ersten Mal in seinem Leben lag eine Entscheidung, die ihn betrifft, allein bei ihm. Der ‚Ernst des Lebens' klopft an. Soll er Herein sagen? Und, als wär's eine Eingebung, sagt er innerlich ja, im Glauben daran, dass ihm in seiner Heimat ein so angesehener Arbeitsplatz nur Gutes bringen wird. Er blickt zu seinem Vater, der vertrauend nickt. Während die Väter weiter über dies und das reden, wendet er sich den Tauben in der Voliere zu. Dort bemüht sich ein Kingtäuber gurrend tanzend um die Gunst einer Pfauentaube, während ihre Partner die Bruteier besitzen. Dieses Poussieren seiner Lieblinge irritiert ihn. Doch bald wird ihm dieses Triebverhalten auch bei menschlichen Hin- und Her-Liebhabern als importiertes ‚Loverlive' begegnen.

Die beiden Nachbarn reden weiter über alltägliche Dinge. Sein Vater erzählt von seinem Stammtisch in der Stadt. Zufällig hört Martin den Namen seiner Lehrfirma und eine seltsame Geschichte von dort, die er Johannes erzählte: „Ein leitender Meister der Silberwarenfabrik ist manchmal auch Gast am Stammtisch. Einmal brachte er glänzende US-Geschenke aus einem Carepaket mit und berichtete nebenbei von der Absicht der Firmenchefs, die Fabrik zu verkaufen. Ein Verwandter, ein Sohn von dem alten Krämerladen in der Fuchsgasse, sei schon in den zwanziger Jahren nach Amerika gegangen und dort als Kaufhausbesitzer Millionär geworden. Er soll bei einem Besuch ein Angebot zum Kauf des Fabrikgebäudes gemacht haben. Er soll gesagt haben, dass er das Gebäude abreißen würde, um an dieser Citylage ein Supermarkt- und Spaßcenter zu managen. Diese Begriffe seien hier noch unbekannt, doch bald würden sie auch in Germany zum ‚Business' gehören, habe er gemeint. Und noch was habe er gesagt: Die Menschen bräuchten fürs Glück keine Silberwaren, sondern Konsum, Vergnügen, Autos, und Jobs, die schnelle Moneten bringen. Der Stammtischler habe ihn dann nach der Zukunft der Meister gefragt, worauf der Amerikaner geantwortet habe, dass man in Amerika auch ohne einen Meisterbrief Millionär werden könne." Der Vater fügte sehr nachdenklich hinzu: „Wer soll Meister sein? Der was ersann. Wer soll Geselle sein? Der was kann. Wer soll Lehrling sein? Jedermann, auch die Amerikaner." Und Johannes zitierte Alexander von Humboldt: „Überall geht ein frühes Ahnen dem späteren Wissen voraus."

Martin empfindet Dank und Anerkennung für dieses Stellen-Angebot. Ohne die Stammtisch-Andeutungen dieses Meisters zu begreifen, spürt er seit einiger Zeit ein Unbehagen gegenüber den Besatzern. Nach den Bomberängsten und Fantasien im Dachverlies, den Botschaften des Generals, den Kartoffelkäfern, den Trümmern, den Toten und der um Vermisste Trauernden wirkt das Friedensverhalten der Besatzer auf sein junges Gemüt irritierend. Gleichzeitig allerdings faszinieren ihn die heroischen Filmauftritte militärischer USA-Siege in der ganzen Welt. Hütbauer Gustl würde allerdings leicht spöttisch anfügen. „Und was ist mit dem ‚Wildwestgemetzel' im selbst ernanntem Gottes eigenem Land?"

Martin gefallen amerikanische Liebesfilme, doch nicht so die Sektensongs, der Jazz als Volks- und Pop als Kirchenmusik, die dicken Autos und praller Lebensgenuss: alles verführerisch etikettiert. Warum zeigen sie diesen Hang zum Massenkonsum und der Verschwendung, warum das hier bisher unbekannte zerstörerische Umweltverhalten? „Ist all' dies und die Entwürdigung des Deutschen der Inhalt und Sinn der Befreiung von Hitler", fragte später einmal resigniert Johannes. Und dieselbe Zeitung, die noch vor Monaten ketzerisch „Juden raus" schrieb, schreibt jetzt, alle Bürger anklagend, von KZ-Vergasungen zur Ausrottung des Judentums. Wird aus dem verbrecherischen Verhalten eines Einzelnen, seiner Vasallen und Anhänger eine ganze Nation von Gutgläubigen samt Nachkommen einfach schuldig gemacht? Von älteren Parteibürgern und Krieg verneinenden Menschen hört man oft, dass die Sieger eine Umerziehung der über Jahrhunderte gewachsenen deutschen Art vornehmen wollen. „Wofür wohl", demonstrierte Hütbauer Gustl mit der Geldgeste Unterfläche Daumen reibt Unterfläche Zeigefinger, „herrschen die Kapitalisten und Zocker?"

Martin denkt an die veränderte Stimmung in der Firma, an die eigenartige, für ihn nicht erklärliche Unruhe im Verhalten von Prokurist und seines Vorbilds Kabinettmeister. Auch der immer mürrisch anmutende Altbuchhalter kritisiert bei Martins jetziger Büroarbeit nach Beendigung der Rüstungskontrolle ständig die Stenographie, die Martin nicht mag, und auch nicht ernst nimmt. Er ersetzte diese beim Diktat des nuschelnden Buchhalters mit Schnellschrift und falsch in die Schreibmaschine, seinem Lieblingsgerät.

Dann, bei der Vorlage zur Unterschrift, entdeckt der Buchhalter, sein Chef, die Fehler und ruft aus dem gläsernen Kontor, für alle im Großraumbüro unüberhörbar *M a r t i n,* den er wegen seiner, wie er meint gleichgültigen sachlichen Auffassung zur Buchhaltung nicht mag. Er gibt ihm, stets begleitet von einem abwertenden Nicken, das nun von ihm handschriftlich korrigierte Diktat wieder, dessen winzigen Worte Martin nicht lesen kann. Sie werden dann von der immer hilfsbereiten Kollegin Carmen übersetzt und neu in die Maschine getippt, danach von Martin mit einem leisen „bitte um Verzeihung" dem Buchhalter gebracht, der ihn stets mit einer flüchtigen Handbewegung aus dem Büro weist.

Während Martin den Tauben und Hühnern den von Bauern erbettelten Unkrautsamen zum Picken hinwarf, unterhielten sich Vater und Johannes über den Ortsgruppenleiter, der vor einigen Tagen von einem US-Army-Fahrzeug an seiner Bäckerei angefahren und tödlich verletzt wurde. Die Mutter, die soeben dazu kommt, bemerkt: „Die Leute erzählen sich, dass der Bäckermeister in letzter Zeit schwermütig gewesen ist. Es ist verständlich, denn sein Sohn und Nachfolger kam nur mit einem gesunden Bein vom Krieg heim. Er sei einfach wie ein Selbstmörder in das Amiauto hineingelaufen. Doch die Trauer über seinen Tod sei nicht groß. Manche Hinterbliebenen von gefallenen Angehörigen meinen, dass dies eine Strafe für seine Naziarbeit sei. Johannes bemerkte: „Wir sollten ihn nicht verurteilen, denn er hat nur das getan, was ihm befohlen wurde, und sein Sohn", fügte er an, „hat mehr verloren als er. Es „menschelt" halt immer im Schatten von Schuld."

Der Vater bat die Mutter zum Schluss des Gartengesprächs noch, die ausfliegende Bienen-Altkönigin zu beobachten und festzustellen, wo sie mit ihrem Schwarm den „Alterswohnsitz" anfliegt. Bitte informiere mich dann in der Werkstatt, damit ich das Völkchen samt Königin einfangen und in einem leeren Stock im Bienenstand wieder unterbringen kann. Anwalt Johannes meinte dazu im Gehen: „So ist der Lauf der Welt. Wir Alten weichen den Jungen. Grüßt die Eltern mit ‚Adieu' und Martin mit ‚Glück auf'."

Ein Vopo mit zwei Sternen auf den Schulterklappen holte ihn zurück in die Gegenwart.
„Haben Sie telefoniert?" – „Nein"
Inzwischen ist es 12:00 Uhr
Martin verdrängte seinen Hunger mit dem Rauch seiner letzten Zigarette. Links von ihm floss der Verkehr weiterhin Richtung West. Manche blickten herüber und sahen ihn an wie einen ‚Schuldigen' – verständlich, denn er ist ja in der Gewalt der Polizei. Und dies ist auf der ganzen Welt verdächtig. Ein Fahrer mit dem Kfz-Kennzeichen „WI" grüßte ihn mit erhobenem Daumen der rechten Hand, dem Zeichen für einen sportlichen Sieg. Dieser sympathische ‚Westgruß' richtet Martin auf. Er denkt an seine Familie. Wieder an damals – an die DDR-Begegnung in Hirschberg.

Das ‚LKW-Vergehen' war an der Endkontrolle zur Weiterfahrt durch die DDR kein Hindernis mehr. Die Pässe wurden nach nochmaliger Gesichtsbegutachtung übergeben. Weiter ging es in Richtung Berlin auf der einstigen ‚Hitlerautobahn', die inzwischen zu einem breiten Feldweg mit Kfz-Springbockgefahr verkommen ist, und ständig begleitet wird von markierten 10- und 20-Km/h-Limittafeln. Die familiäre Stimmung war nach dem Grenzerlebnis gedrückt. Eine Fortsetzung des beliebten Städteratens würde noch mehr deprimieren: Detailhinweise auf Dresden, Karl-Marx-Stadt oder Transit VR-Polen, danach Leipzig, Halle oder Wittenberg, würden die Kinder ohne elterliche Erklärung nicht verstehen. Auch die Eltern, die als ‚weiße Jahrgänge' das Vaterland noch ‚Großdeutsch' erlebten, kennen Dresden, Frauenkirche, Elbe, Leipzig mit Johann Sebastian Bach und Völkerschlacht, Halle mit der Saale hellem Strande und Wittenberg mit Martin Luther nur noch als eine von Siegern und Besiegten kümmerlich verformte Legende.

Martin ahnt: Deutschland ist durch die Teilung seiner Identität beraubt. Das Westvolk wird ethisch und ökonomisch in die Leistungsmaximen Pentagon-Washington, Job-Konsum, New York Wallstreet, Jazz-Wildwest umerzogen, synchron zum *American Traum* vom schnellen Reichtum. Den westdeutschen Menschen reizt nach und nach nur noch die USA-Moneymaker-Lebensauffassung: Wer zuerst zieht, siegt. Deutschlands Jugend betet die ‚geile' Geld- und Genusswelt USA an wie ein irdisches Paradies.

Die Familie hat Hunger. Es gibt Raststätten an der DDR-Autobahn. Diese Schattenbaracken sind meist zu. Haben sie offen, kann man nur ungern etwas bekommen.

Die VEB – **V**olks-**E**igenen-**B**etriebbediener stehen nur herum und warten, bis der Gast geht. Im Sozialismus scheint eine Entlohnung mit der ‚Ostmark' keine nützliche Leistung zu motivieren. Seltsamerweise erinnert das profane Rasthaus-Ambiente an die ‚Highways' in den USA, wo man allerdings in den Donalds und Howards, optisch werbegeil etikettiert, umgehend zum SB- oder bedientem Konsum gedrängt wird. An den DDR-Transitwegen gibt es auch Intershops: Wellblechbuden, in denen alles zu bekommen ist, was das ‚demokratisierte' Herz begehrt – und billig, da steuerfrei. Man muss nur einen Pass vorlegen und mit Dollars oder ‚Westmark' bezahlen. Die Genossen im Arbeiter- und Bauernstaat haben im volkseigenen Land keine Chance, an eine Flasche Cognac, Whisky, Champagner, Westwelt-Zigaretten, Schokolade oder Bananen zu kommen – selbst wenn sie Dollar oder D-Mark besitzen. Sie haben den falschen Pass und damit Hausverbot. Der Vater besorgte zum Mittagessen einige preiswerte und appetitlich belegte Wurst- und Käsebrötchen, dazu zwei Stangen Ami-zigaretten und auf besonderen Wunsch der Töchter Coca-Cola, den Vorläufer der US-Moneymaker-Konnexion.

Sie genossen die bescheidene Sozialistenmahlzeit auf dem sehr schmutzigen Intershop-Parkplatz und betrachteten nachdenklich das verloren anmutende Leben ringsum. DDR-Bürger in ihrer Nähe scheinen den heutigen Sonntag für den ‚Trabitrip' zu nutzen. Sie beäugten mit gleichgültiger Miene die BRD-Familie und deren Mercedesauto.

Diese merkwürdig befremdende Atmosphäre bei der Begegnung mit DDR-Bürgern hat Martin mehrmals erlebt, damals als er mit seinen Vertretern aus Hof, Regensburg und Passau nach einem Vorstellungsgespräch bei der Berliner Firma auf der Rückfahrt in die Heimatdomizile war. Seine Generalvertreter und er als ihr ‚Feld-Verkaufsleiter' waren nach der harmonischen Berliner Tagung gerade dabei, an der Autobahn hinter Leipzig auf einem Steintisch ein Paket mit guten Sachen zu zerlegen, als ein Trabiauto munter hüpfend durch die öligen Pfützen einfuhr und mit dampfendem Motor zum Stehen kam. Ein bärtiger junger Mann stieg aus und schob sofort die Motorhaube hoch: Das optische Markenzeichen aller mobilen Parkplatz-Trabis. Eine junge Frau beförderte zwei kleine Mädchen vom Rücksitz ins Freie. Der Fahrer ging zur Notdurft ins Gebüsch. Vor den Westherren lag ein appetitlich ausgebreitetes Pausenbrot, zubereitet nach bester Berliner Art: frische Wurst, frische Brötchen, Butter und Käse. Für die Herren Vertreter als Beifahrer in der Kühltasche den Haustrunk Malteser und kühles Bier. Eine Sonderportion erlesener Früchte und einige Tafeln feiner Schokolade rundeten alles ab. Die kleinen Mädchen schauten die für sie fremden Herrlichkeiten mit der stillen Neugier an, die nur Kindern eigen ist. Sie ergriffen einen Rockzipfel der Mutter und musterten die fremden Herren kindlich-treuherzig. Martin spürte ihr heimliches Verlangen, das er ja auch bei seinen Kindern erlebte. Er fragte die Frau, ob er den Mädchen etwas schenken dürfe. Die Mutter blickte auf das Gebüsch und meinte: „Ich weiß nicht, ob mein Mann damit einverstanden ist. Er hat als Beamter einen eigenwilligen Stolz auf unsere DDR."

Martin schob die Früchte samt Schokolade in eine Tragetasche und legte sie in den Kofferraum ihres Trabiautos. Die Frau betrachtete ihn lächelnd und meinte verlegen:

„Wir waren in den Ferien auf der Insel Rügen, es war sehr schön." Martin fragte sie nach ihrem Zuhause. „Wir wohnen in Plauen, im Vogtland. Kennen Sie die Stadt"? Welch eine Frage, dachte er. Sachsen ist Ausland für uns. Doch Plauen hat aus der unmittelbaren Nachkriegszeit eine besondere Bedeutung für seine Familie.

Ehe er näher darauf eingehen konnte, sagte sein Vertreter für Oberfranken: „Ich wohne nicht weit von Ihnen, in Hof. Als Kinder sind wir oft im sächsischen Vogtland gewandert."

Ihre Antwort blieb aus, denn soeben kommt der Mann zurück. Er hörte wohl Hof, spürt die Nähe der Begegnung und sieht seine Frau fragend an. „Die Herren sind aus Hof in der BRD", sagte sie. „Wo ist Hof, wo ist die Be Er De? Wir fahren sofort weiter"!

Die Außendienst-Repräsentanten, die noch vor Minuten in der Nähe Leipzigs fröhlich den Tag und in Gedanken eine gute gemeinsame Arbeitszukunft empfanden, aßen still vor sich hin. Auf der Weiterfahrt sprachen sie über die Begegnung mit der freundlichen Frau, den lieben Mädchen und dem fanatischen Mann, dessen Welt nur aus seinen Gutmenschen der ‚**S**ozialistischen **E**inheitspartei **D**eutschland' zu bestehen scheint.

Martin erzählte seinen Vertretern während der Fahrt von der gemeinsamen Arbeit mit dem pensionierten Kollegen im Bezirk Hof-Oberfranken, wie sie Ende der fünfziger Jahre manchmal an der Grenze zum DDR-Vogtland ein ländliches Gasthaus besuchten, um neben der Verkaufsarbeit eine original fränkische Brotzeit zu genießen.

Das Gasthaus und die Grenze zur DDR trennten nur ein schmaler Gehweg und ein Holzgatter. Zwei uniformierten DDR-Nachbarn kamen oft wie selbstverständlich herüber an den netten BRD-Biertisch. Sie sprachen sächsisch und wenig, hörten gerne zu.

Später kamen sie nicht mehr. Aus dem offenen Holzzaun wurde ein geschlossener Drahtzaun, an dem sie weiterhin entlang gingen, um nach Westen, nach dem Drüben, und einer Packung Zigaretten Ausschau zu halten, die Wanderer den sympathischen Grenzern ab und zu durch den Draht hinüber steckten. Der Zaun wurde dann ein Vorhang aus Stahl. Dahinter mussten die DDR-Grenzsoldaten Minen legen. Man sah sie nur noch mit dem Fernglas. Und das ‚Wirtshaus der Begegnung' geriet auch in Vergessenheit. Er erzählt weiter: „In der Zeit des kalten Krieges zwischen Kommunisten und Kapitalisten fuhr ich einmal zum Grenzdorf Mödlareuth. Den Ortsnamen erwähnt meine Frau immer, wenn sie von der Flucht vor den Russen als den Besatzern Sachsens und dem dabei benutzten Schleichweg von Plauen nach Hof erzählt.

Einmal lief ich auf der Suche nach einer Denkspur ihres Schicksals auf der damaligen Fluchttrasse in Richtung Osten und stand plötzlich mutterseelenallein vor einem BRD-Adlerschild. Ich erblickte drüben an hohen Stacheldrahtzäunen ein DDR-Hammer-Sichelschild. Es erfasste mich unwillkürlich die Angst, die ich im Krieg in freier Natur als einsamer Hütbub bei den Begegnungen mit der Befreiungsfeldpost des USA-General Eisenhower empfand. Heute nun, wie wir wissen, spazieren in Mödlareuth die Tiere im Dorfbach durch Höcker von Deutschland nach Deutschland, beliebig hin und zurück. Vom Weg aus ging der Blick ins ‚Feindesland', auch zu gespenstischen Wachtürmen, bei dessen Anblick man sich ständig mit Feldstechern beobachtet fühlte."

Nachdenklich sprach er weiter: „Bei der Heimkehr in unsere Konsum- und Spaßwelt bedrängte mich, im Wissen um das Gestern, der Hoffnung im Heute und einer Ahnung für Morgen, die Frage nach dem besseren Deutschland. Ich frage euch politisch wertfrei: Ist in der DDR das angeblich Primitive nur ein materieller Mangel und das Deutschtum ohne Schaden? Ist in der Bundesrepublik das Deutsche geschadigt, da das Wesen in der Moneymaker und Konsumdekadenz vegetiert? Die Geschichte lehrt: Die Fahne folgt dem Handel. Die ökonomischen Verführer des US-Amerikanismus wirken bereits überdeutlich. Werden wir eines Tages als vereinigtes Volk eine Massenkonsum- und Wegwerfgesellschaft sein, wie die in der USA-Etikettenkultur, und dann ein Gebrauchssternchen in einem Banner Machtbesessener Dollarsterne?"

Besondere Sympathie empfindet Martin für seinen Vertreter im Bezirk Regensburg, 1934 im Sudetenland geboren. Er fragte ihn aus dem Eindruck der Parkplatzbegegnung, ob es denn eine Versöhnung mit der ČSSR geben könnte und ob eventuell persönliche Kontakte zu seiner Geburtsheimat nützlich wären? Seine Antwort war: „Dorthin gehe ich nur mit der Waffe in der Hand"! Sein Kollege aus Passau, der seinen Nachbarvertreter lange schon als anständigen Menschen und vorbildlichen Familienvater kennt, übernahm die Erklärung für diesen harten Kommentar: „Sie müssen wissen, Herr Ullrich, dass seine Eltern von den Tschechen vor seinen kindlichen Augen umgebracht wurden, weil sie ihre geliebte und uralte Heimat nicht verlassen wollten. Leidensgenossen nahmen den elfjährigen Vollwaisen dann mit in seine neue Heimat Bayern."

Martins Gedanken gingen unwillkürlich zurück zum Tod des jungen englischen Piloten im Westwall: Wie würden die Eltern in England über uns Deutsche denken, wenn sie wüssten, wie ihr Sohn starb.

„Haben Sie telefoniert?", fragte ihn ein Vopo mit drei Sternen.
„Nein", erwiderte Martin. – Inzwischen ist es 12:30 Uhr

Seine Gedanken gingen wieder zurück zur Familie. Seine vier Frauen und er verließen den Intershop-Parkplatz in Richtung Berlin. Die ‚Stimme der DDR' intonierte ‚Eine kleine Mittagsmusik' mit Mozarts C-Dur-Konzert KV 467, entstanden 1785 in Wien. Martin und Tanja lächeln. „Wie in Wiblingen vor zehn Jahren", sagt Vera, „schön war's." Und Anna blinzelt zu Evi, „nun sing mal schön." An einer Autobahnbrücke die Werbeschrift >Messe Leipzig<, die ihm schon früher als Werbung gefiel. Für einen Augenblick überkam ihn die Sympathie-Empfindung wie bei Waldbauer-Alpen-Schokolade, Persil-Dame, Jena-Glas.

Eigentlich nützte er bei seinen Transitfahrten durch die DDR gerne das Musikangebot im Radio, wo, respektvoll kommentiert, noch deutsche Klassik und Volksmusik geboten wird, und in der BRD – mit Ausnahme im Süden – gleich nach Kriegsende, von Schräg- und Schreimusik genannt, Schlager oder Jazz ersetzt wurde.

Kürzlich las er in einer literarischen Betrachtung Asiens von der Tradition chinesischer Überzeugung: Es besteht eine Verbindung zwischen Musik und der Art von Regierung die ein Volk hat. Im DDR-Rundfunk – empfindet er – wird offen, selbstbewusst und kritisch über die deutsche Geschichte der Vor- und Nachkriegszeit geredet. Soeben meldet sich ein Runder Tisch zu Wort. Der alliierte Angriff auf Dresden ist das Thema. Ein Zeitzeuge der Runde beschreibt seine Traumvision bei diesem Geschehen: „In dieser Nacht der fliegenden Mörder sah ich im Traum am Abendhimmel in friedlicher Stille eine weite Brücke wundersamer Lichter stehen, die Namen trugen": *Bach-Beethoven-Mozart-Wagner-Liszt-Strauß-Schumann-Lortzing-Brahms-Bruckner-Mendelsohn-Weber-Offenbach-Händel-Gluck-Schubert-Haydn-Händel-Silcher *Goethe-Luther-Schiller-Wieland-Eichendorff-Hegel-Kant-Heine-Mörike-Büchner-Hesse-Lessing-Claudius-Uhland-Grimm-Novalis-JanPaul-Hauff-Arnim-Arndt-Kleist-Rilke-Storm-Fallersleben-Brentano-Rückert-Liebig-Schopenhauer-Stifter-Keller-Hofmansthal-Lenau-Nietzsche-Fontane-Humboldt-Hölderlin-Klopstock-Morgenstern-Lichtenberg-Ringelnatz-Lavater. *Semper-Parler *Kopernikus-Kepler *und viele der Namen mehr.
***diese wundersame Sternenwelt war geborgen in wunderschöner Musik.

Plötzlich schob sich in diese Stille eine riesige Bombe – darauf die Worte Fidelio-Zauberflöte Parsifal Neunte, darüber ein Banner blutroter Sterne, aus denen grelle Blitze in die Lichtnamen stießen, die am dunkel gewordenen Himmel kometenhaft erloschen. Ich empfand im Traum unsägliche Trauer beim Erlöschen des Lichts. Dieses Monster stieß dann herab auf die ahnungslos-erhabene Frauenkirche, in der betende Menschen voller Angst um ihr Leben Schutz suchten und ich hörte – weinend im Traum – das Wimmern sterbender Kinder in den Armen ihrer toten Mütter ..."

Zögernd kamen Lichter sternengleich
wieder aus der menschlichen Feuerhölle
es wurden mehr und mehr
und sie vereinigten sich wieder
hoch am hellen Himmel
von Horizont zu Horizont
zu einer Brücke von Licht.
Und alle Namen strahlten:
Wie zu aller Zeit.

Er sprach weiter: „Erlaubt mir zur Zerstörung Dresdens eine Frage. Wer oder was musste vor dem nahen Kriegsende noch sterben: Deutsche Menschen? Kulturwerte?

Wurde mit dieser Apokalypse der schuldig gewordene deutsche Mensch ein Märtyrer oder die siegreichen Zerstörer die zukünftigen Vertreter des Bösen?

Hört mich an, was Gerhard Hauptmann als Zeitzeuge dieses Geschehens empfand: Wer das Weinen verlernt hat, der lernte es wieder beim Untergang Dresdens."

Hinter Leipzig überholte sie ein DDR-Polizeifahrzeug und forderte mit der weltweit einheitlichen Polizeikelle zum Halt auf. Ein älterer Polizist mit mehreren Sternen und sein junger Kollege kamen aus dem auf der Autobahn stehenden Fahrzeug, der ältere verlangte die Pässe. „Sie sind nicht angeschnallt", seine Feststellung.

„Ich bin angeschnallt."

„Ich meine nicht Sie, sondern die Frau", die nach der Mittagspause vergaß, sich anzuschnallen, was in der BRD nicht Vorschrift ist.

„Ihren Führerschein bitte."

„Darf ich aussteigen und ihn holen?"

„Wohin aussteigen, wo holen."

„Im Kofferraum."

Er durfte. Martin entnahm der Jacke den Führerschein und reichte ihn dem Polizisten, der sich das Papier ansah und mit Blick in den Kofferraum höflich bemerkte: „Eigentlich müsste ich von Ihnen 30 Mark verlangen, doch mit 10 Mark ist es in Ordnung. Demnächst wird wohl auch die

BRD Anschnallen zur Pflicht machen, meinte er mit jovialem Unterton. Martin gab ihm zehn Mark und erhielt eine Quittung. Der DDR-Verkehrshüter betrachtete die Marlboros, dann ihn: „Wir sind im selben Alter"?

„Ja", sagte Martin und gab ihm eine Stange, die der Ost-Gesetzeshüter mit dem Wunsch für eine gute Weiterfahrt durch die DDR lächelnd annahm.

Die Altersgenossen werden sich wieder sehen – er dann in Zivil.

Am Abend war die Familie auf Einladung der Firma im „Theater des Westens". Auf dem Rückweg ins Hotel überholte die Jüngste die Eltern mit den Worten „die beiden ärgern mich" und ging schnurstracks, vorbei am Türsteher mit Zylinder, durch die Kempinski-Drehtür zur Rezeption. „Bitte Bristolsuite." Der Chefportier, ein Münchner und 1860-Freund wie Martin, schaute verdutzt auf die forsche Zwölfjährige, sah dann den Stammgast mit Frau kommen, gab ihr den Schlüssel, und sagte respektvoll: „Gerne, gnädiges Fräulein." Nun schaute Evi verdutzt und war froh, dass die Eltern auftauchten. Der Vater nimmt an der Hotelbar noch einen Schlaftrunk, den Absacker, wie die Berliner den letzten Schluck des Tages ausloben. Seine Gedanken gehen weit zurück – in die Nachkriegszeit.

Es war im April 1946, ein Montag, als er um 8:00 Uhr früh auf dem Rathaus seiner Heimatgemeinde die Stelle eines Mitarbeiters der Verwaltung antrat. Nachbar Johannes ist nun nicht mehr der ‚familiäre Nachbaronkel', sondern sein Chef und Vorbild.

Der Arbeitsplatz ist im Sitzungszimmer. Zwischen zwei altbewährten Mitarbeiterinnen. Christine, die Tochter des Messners der katholischen Kirche im Ort, als Christa geläufig, wirkte auf ihn mit ihrem liebenswerten Begrüßungslächeln spontan sympathisch, was ihn sofort an Tanja erinnerte. Ihre ältere Kollegin Mathilde, im Ort die Hilde, schaute ihn als Frau vom Amtsdiener etwas zurückhaltender an. Ihr Mann verkündet lautstark und Tag für Tag in breitem Dialekt mit der wie Munitionshülsen golden schimmernden Hand-Glocke zur Rechten, den Lesezettel zur Linken und der Brille im amtlichen Gesicht, auf den Dorfplätzen und in den Gassen der Gesamtgemeinde die behördlichen Erlasse und örtlichen Anlässe wie Hochzeiten, Sterbefälle oder schulische sowie kirchliche Vorgänge, die dann in den Stuben, Wirtshäusern, Bauernhöfen und auf den Äckern kopfschüttelnd oder mit dem Kopf nickend diskutiert werden. Auch gibt es zwei Polizisten, die in grüner Dienstkleidung Tag für Tag bis in die Nacht hinein in der Gemeinde patrouillieren, um die Befolgung der dörflichen Ordnung zu überwachen. Schon nach wenigen Tagen seines Amtsantritts fiel Martin ihnen auf, als er um 23:30 Uhr im Vereinsheim noch mit Kameraden zusammen saß. Ein Älterer unter ihnen, seit Rückkehr aus dem Krieg Trainer der Mannschaft, erzählte soeben eine Geschichte, die bis heute im ‚Dorftratsch' belächelt wird: „Weißt du noch, Martin, als wir vor dem Krieg an einem Sonntagvormittag nach dem Kirchgang wie jeden Sonntag vor dem üblichen Zwölfuhr-Sonntagsessen mit deinem Vater noch um ein Uhr da saßen und du plötzlich mit Bruder Toni und einer vollen Suppenschüssel auftauchtest, diese auf den Stammtisch stelltest und Bruder Toni mit seinen sechs Jahren noch einige Löffel dazu legte und dabei stotternd sagte: „Von der Mama für den Papa als Gruß und Ersatz des kalt gewordenen Sonntagsbratens."

Die Ordnungshüter, die soeben zum Nachtdienst kamen, unterbrachen das Gelächter und verwiesen mit Amtsmiene darauf, dass die Polizeistunde von 23:00 Uhr überzogen sei. Martin wurde später von ihnen bei einem privaten Gespräch gut meinend beraten, im Hinblick auf seine Stellung und wegen des Respekts, Übertretungen dieser Art zu vermeiden, was ihn an die ‚Nazi-Telefonistin' in der Lehrfirma erinnerte.

Die Einarbeitung in die verwaltenden Aufgaben durch die zeitlich verzögerte Heimkehr der meist abgemagerten Soldaten, die er oft nur aus der Kindheit kannte und die Bewältigung der Flüchtlings- und Altbürgerprobleme erfolgte relativ zügig.

Die Flüchtlinge, wie die aus ihrer Heimat geflüchteten oder vertriebenen Menschen genannt wurden, kamen vorwiegend aus Osteuropa. Sie trugen altdeutsche Familien- und Vornamen, was die menschliche Annäherung zu den Einheimischen erleichterte. Der Sudetendeutsche Sprachklang wirkte vornehm, der Ungarndeutsche melodisch-weich. Die ungarischen Frauen trugen ähnliche Kopftücher wie die hiesigen Landfrauen und waren auch unterm Kinn geknöpft. Die Mütter waren von immer lächelnden Kindern begleitet. Alle Familien brachten mit ihrer bäuerlich-sympathischen Art und dem dürftigen Fluchtgepäck vielerlei Ackersamen mit. Den sie zur Sä-Zeit umgehend in ungenutzte Böden legten. Auch sind sie gläubige Christen, die mit ihrem selbstverständlichen Besuch der Gottesdienste den neuen Nachbarn vertraut näher kamen.

Ihr Paprika war für die Altbürger ein Ur-Erlebnis, das durch die ‚Ungarnflüchtlinge' zu beliebten heimischen Gemüse wurde. Glasperlen zur Gestaltung von Schmuck brachten die Sudetendeutschen mit. Die Flüchtlinge aus Schlesien und Ostpreußen schien ein besonders tiefes Heimweh zu begleiten. Bei allen Vertriebenen und Geflüchteten spürte Martin in seinem jugendlichen Mitgefühl eine für ihn neue, weil einsame Verlorenheit. Amtlich waren sie ‚Umsiedler'. Später dann in der Wirtschaftswunderzeit wurden sie für ihr glaubwürdiges ethnisches Deutschtum zu ‚Neubürgern' umbenannt.

Martin bekam zunächst die Bearbeitung des Lebensmittel- und Bezugsscheinwesens der Gemischtwaren-, Bäcker-, Metzgergeschäfte und der Gasthäuser übertragen.

Im Einzelnen bedeutete dies, dass die, meist mit Mehlpapp auf Zeitungen geklebten Brot-, Fleisch-, Milch-, Butter-, Zucker- und Rauchermarken auf ihre periodische Korrektheit und den sachlichen Anspruch geprüft werden mussten. Danach wurden Bezugsscheine erstellt, vom Anwalt unterzeichnet und vom Amtsdiener oder Martin den Geschäften zu deren Beschaffung der mit den Bezugscheinen legitimierten Warenmengen gebracht.

Eine weitere Aufgabe war die Überwachung landwirtschaftlicher Abgaben, der in der Menge und dem Termin vorgeschriebenen Ablieferung von Milch, Eiern, Mehl und Obst an die örtlichen Sammelstellen und der von dort sachgerechten Eingangsbestätigung zu ihm ins Rathaus. Eine schwierige und psychisch belastende Aufgabe der Landwirtschaft war die Überwachung der Schlachtscheine und die meldepflichtige Einhaltung des natürlich wachsenden und der Ernährung dienenden Tiervolumens.

An einem Sonntag wurde er beim Besuch eines örtlichen Fußballspieles von einem Zuschauer gefragt, ob der Bauer Sowieso für die Schlachtung von Schwein und Kalb, die morgens an der Stalltür hingen, einen Schlachtschein gehabt habe; und bemerkte noch, dass dort die Ortspolizisten gerne aus- und eingingen, während sein Sohn gerade ein Eigentor macht, schreit er ihn von draußen an: „Denke, eh' du schießt!"

Nach dem Spiel traf er zufällig auch den Ausbilder der Werwolfzeit, der ihn freundlich mit den Worten begrüßte: „Vor dem Krieg habe ich hier einmal gegen die hiesige Mannschaft um die HJ-Gaumeisterschaft gespielt. Mein Gegenspieler war Othmar, Sigmunds Cousin, der wie ich als Gefreiter in meiner Kompanie war, und in Russland als guter Kamerad fiel. Ich dachte an ihn, als ich nach dem Abmarsch der Werwölfe eure Stahlhelme fand ...

Martin prüfte die Aussage vom Sportplatz und stellte fest, dass diesem Bauern nur die Schlachtung eines Schweins genehmigt war. Das Kalb wurde also mitgeschlachtet. Er informierte Anwalt Johannes, der schmunzelnd meinte, dass vielleicht die Leute nicht ganz Unrecht haben, die meinen, dass von den Bauern und Metzgern so manches Kalb dem Schweineschlachtschein ‚angehängt' wird. „Doch", fügte er an, „wir müssen den Vorgang auf Grund der Aussage des Nachbarn als eine Anzeige betrachten und dem Ernährungsamt zur Kenntnis bringen." Wobei er noch darauf verwies, die Polizisten in dieses Vergehen nur rechtsbedingt einzubeziehen. Anwalt Johannes sprach noch mit der betroffenen Bauernfamilie. Die sich nicht verständlich zeigte, sondern auf ‚eine gute Nachbarschaft' verwies, auf den Hütbub Martin, der immer mit den Kühen über den Hof gegangen sei, und mit dem Sohn auch einen Besuch in der Kirche gemacht habe, und kürzlich der Deutschhausbauer auch geschlachtet habe, wo sicher etwas für den Hütbub abgefallen sei, was sie gerne auch seiner Familie zukommen ließen.

Johannes meldete den Vorfall dem Ernährungsamt, das eine gerichtliche Verhandlung veranlasste und Martin als Zeugen benannte. Er bat Martin auch um die Prüfung der Korrektheit der Schlachtung des Deutschhausbauern. Martin stellte die amtlich korrekte Berechtigung des Schlachtvorganges fest und informierte Anwalt Johannes.

Beim Gerichtsauftritt waren im hohen Gericht vier Personen anwesend: der Richter im strengen Gewand, das beschuldigte Landwirtsehepaar und Martin, der als erstes den sachlichen Hintergrund der Anzeige erklären musste, ohne auf den Informanten und die Ordnungshüter näher einzugehen zu müssen. Der Richter nahm dann Bezug auf die Anzeige, ohne Namen zu benennen, streifte das Gespräch zwischen Anwalt Johannes und den Eheleuten und bat die beschuldigten Bauersleute ums Wort: Sie schwiegen. Der Richter stand auf, bat die Gerichtsneulinge ebenfalls aufzustehen, und sprach das Urteil: Karitative Geldbuße von 100 Reichsmark und Belastung des Schlachtkontingents um ein Kalb; das Martin dann in den Rathausakten des ‚bestraften' Landwirts festhielt.

Er versuchte, das Ehepaar beim Heimgang um Verständnis für seine amtlich bedingte Haltung zu bitten und wurde kalt abgewiesen, auch von deren Verwandtschaft gemieden. Bürgermeister Johannes meinte zu Martins Betrübnis: „Verzweifle nicht am Tun anderer, nimm es hin und tue das Deine." Der Sohn, Begleiter zur evangelischen Kirche, zeigte erst wieder eine freundliche Geste, als er ihn in der Sparkasse, wo er eine Lehre gemacht hatte, aufsuchte, um ein Konto zu eröffnen. Zur Freude vieler Ehefrauen wurde die übliche Lohnauszahlung in Tüten in eine Überweisung aufs Bankkonto umgestellt.

Einige Tage nach der Gerichtsverhandlung ging Martin auf dem Heimweg vom Dienst zum Hüthof, um Rudolf zu begrüßen der aus englischer Kriegsgefangenschaft kam. Auch könnte ihm Anne die ‚Neuigkeit' der Rathausbesucher bestätigen, wonach sie bald Hebamme sei und Rudi weiter studiere. Gerne hätte er mit ihr auch wieder das Grab von Opa Kreuzbauer besucht, der im Herbst friedlich verschied.

Am Tisch neben dem Kachelofen, wo früher das Klavier stand, saß die nun wieder vollständige Hütbauerfamilie beim abendlichen Vesperbrot. Als Martin hereinkam, sprang ihn Wolfi aus der gewohnten Ecke bellend an, als wolle er sagen, „wo warst du denn die ganze Zeit." Die Bäuerin stand auf und nahm ihn in die Arme – und der Bauer hatte einen philosophischen Spruch parat: „Ein alter Grieche sagte einmal, das Amt zeigt den Mann. Martin, ich gratuliere dir zum Aufstieg vom Kaufmannsgesellen zum Amtsgehilfen; doch hüte deine verträumten Hütbubideale vor dem ‚Amtsschimmel'." Rudi stand auf und gab ihm mit den Worten „Grüß dich, Martin" fast kameradschaftlich die Hand. Anne kommt von drüben und küsst ihn auf die Wangen, wie damals Pierre beim Studium des Elsass-Westwallgrußes. „Und, ganz wichtig", sagte sie mit ihrem schönsten Lächeln, „ich soll dir von Pierre über die Tante aus Breisach Grüße bestellen. Er studiert weiterhin in Straßburg. Es geht allen gut, seinen Eltern, Beatrice und auch der Trümmerfrau Helga, die sich dafür einsetzt, dass die zerstörte Stadt Breisach die erste EUROPASTADT Deutschlands wird. Pierre wünscht sich mit uns allen ein baldiges Wiedersehen – egal in welchem Land."

„Martin, setz' dich und iss, was dir schmeckt. Du musst in deinem Alter schon einiges verkraften. Nimm die Schwarzschlachtgeschichte nicht allzu tragisch. Wenn dieser Friede ein Guter ist, wird alles bald wieder freundlicher sein", sagte der Bauer. „Nimm für daheim eine ‚Metzelsuppe' mit", sagte die Bäuerin und steckte ihm ein Päckchen zu. „Und kommt bitte wieder einmal wie beim Kondolenzbesuch vom Opa. Noch was", sagte der Hütbauer mit Blick auf Oberleutnant außer Dienst Sohn Rudi, „er wird dieses Jahr in den Semesterferien dein ‚Hütbub-Nachfolger' sein. Und Anne wird ihm, vielleicht schon als Hebamme, von der geliebten Mühlwiese, von Kriegsängsten und der Sehnsucht, von Pierres bäuerlich-ländlicher Gefangenschaft, seiner Hilfe, seiner fernen Liebe und den französisch-deutschen

‚Opa-Kontakten' im alten und im neuen Krieg, erzählen."

Der Vater sprach später einmal in der ‚guten Stube' des Deutschen Hauses bei einergemütlichen Sitzung mit Anwalt Johannes und den Wirtsleuten über den mysteriösen Vorgang Marktplatz-Kriegerdenkmal. Als dieses in der Befürchtung von Pöbel oder den Feinden zerstört zu werden, eines Tages weg war. Es war der Handwerker-Stammtisch, der diese 1914–1918-Gedenksäule für die Gefallenen der Stadt entfernte und sie dann, als den Westsiegern aus den Ostsiegern ein neues Feindbild erwuchs, eines Nachts mit dem Zusatz des Gedenkens an die 1939 bis 1945 gefallenen Söhne der Stadt, neu erstellte.

Dazu Johannes: „Wer weiß, wann wir auf Befehl der Westbefreier ihre Alliierten werden." Nebenbei meinte der Vater: „Für die Metzgermeister ist Schwarzschlachtung ein Kavaliersdelikt zum Wohle der Familie, von Verwandten und nutzbringender Freunde. Gustl dazu: „Machtsucht, Vetternwirtschaft und ‚Fuggerischer Geldegoismus' siegender Weltmächte werden in der Zukunft die Ursache humanitär fragwürdiger Kriege sein."

Martin erbat von Mario noch ein Pils und ging gedanklich zurück ins Rathaus. Bei seiner Verwaltungsarbeit empfand er zwischen den Bürgern immer wieder kleine Reibereien: aus Not, aus Neid, aus Missgunst ... Bei öffentlichen Feiern wie Hochzeiten, Vereins- oder Feiertagsanlässen benötigte man für die Verpflegung außer Haus neben Geld auch Lebensmittelmarken, die oft nicht einmal für die Verpflegung im häuslichen Alltag reichten. Meist blieben die Bürger beim Feiern nüchtern. Martins Familie wurde bei diesen Anlässen in ihrem Essverhalten ständig beäugt. Mitunter hörten sie in ihrer Tischnähe, je nach Gemütszustand der Neugierigen, gelassen-leutselig oder abwertend-neidisch beim Verzehr einer Bratwurst die Bemerkung: „Die können sich's leisten, der Sohn sitzt ja im Rathaus", was oft im Ort auch hinterher noch ein Gesprächsstoff blieb.

Gerne erinnert er sich an die Vorkriegszeit, als die Kinder im Dorf am Vorabend einer Hochzeit ans Haus des Brautpaares zum so genannten Auffangen kamen. Für jedes Kind gab es vom Brautpaar, je nach familiärer oder persönlicher Nähe, eine Münze über fünf, zehn oder mehr Pfennige. Fünfzig Pfennig war ein kindlicher Reichtum: die Gabe einer Mark erfuhr danach das ganze Dorf.

Bei der Hochzeit im Wirtshaus dann gingen die ‚Auffangmünzen' der Kinder von deren Eltern hundertfach zum Brautpaar zurück – mit einem ‚Wünsch' Glück im Ehestand und dem traditionellen Geldschein-Händedruck, der als eine erste Hilfe zur Begleichung von Schulden, materieller Samen für das Haus oder fürs Sparschwein des Kinderwagens verwendet wurde.

Nahezu jeden Abend nach Dienstschluss warteten unten am Kirchenweg Frauen oder Mütter, denen der Weg zum Rathaus für ihr Anliegen zu beschwerlich war. Martin hörte sich unter freiem Himmel die Sorgen an und versprach die Prüfung der Alltagsanliegen. Bei der Begutachtung besorgter Wünsche und der anschließenden Bewertung des Einzelfalles lernte er vom Ratgeber Johannes und dem Erfahrungswissen von Christa und Hilde sehr bald Ambition und Not zu unterscheiden und sachlich korrekt zu bearbeiten. Oft waren es nicht die Armen der Gemeinde, die sich dominant bedürftig gaben, sondern die Arrivierten, die die Konsumverführung der neuen Machthaber auch in der allgemeinen Notlage am schnellsten begriffen und egoistisch nutzten.

Ein bedrückendes Erlebnis für Martin war die Reaktion einer Frau aus Ungarn, die bei ihrer Ankunft das Aufnahmeformular mit Kreuzchen unterschrieb. Nach einigen Wochen bat sie ihn um Schuhbezugsscheine für ihre drei Kinder. Martin prüfte ihre Bitte und musste ablehnen, da sie bereits bedarfsgerecht versorgt war. Sie ging weinend aus dem Zimmer. Nach zwei Minuten kam Anwalt Johannes aus seinem Zimmer und fragte ihn nach einer Möglichkeit für den Bezugsschein. Er sah die Unterlagen selbst ein und ging zurück zu ihr. Unmittelbar danach kam er sehr erregt wieder und bat Christa einen Arzt mit Krankenwagen zum Rathaus zu rufen. Die Flüchtlingsfrau sei aus dem Fenster gesprungen, nachdem er ihre Bitte abgelehnt habe. Bitte, Martin, komme mit mir vors Haus, vielleicht können wir ihr, bis der Arzt kommt, helfen. Doch sie hatte sich, wie durch ein Wunder, bei dem Verzweiflungssprung aus dem ersten Stock nur leicht verletzt.

Der Vorfall löste auf Initiative von Johannes spontane Hilfe im Ort aus. Er ließ, wie früher das deutsche WHW (Winter-Hilfs-Werk) vom Amtsdiener die Forderung nach Kleiderspenden ausrufen, die im Lagerhaus der Darlehenskasse täglich anzuliefern sind – wie einst im Krieg die Kohlen für den Winter und Samen im Frühling für den Hausgarten. An den Sonntagen nach dem Kirchgang können Bedürftige Kleider unter Aufsicht für Groß und Klein abgeholt oder getauscht werden. Der Ansturm der Mütter und Kinder, kaum dass der Pfarrer den Segen gegeben hatte, war so brüderlich wie einst im Krieg ... Martin greift zum ‚Hütbuch' und notiert: In der Zeit seiner Kindheit, als er mit den Eltern auf einer Bank unter Akazien am Weg zu Vaters Arbeitsstelle aus der Kanne aß und die Mutter in der Mariengrotte weinte, und der Vater im Dorfbach Eis schlug, empfing er trotz materieller Not viel Gutes, auch noch Jahre danach. Bis eine lautstarke Partei und der Krieg das dörfliche Leben veränderte. Trotzdem spürte man in dieser schweren Zeit die mitfühlende Solidarität unter Nachbarn; sie alle hatten die gleichen Sorgen. Einige ‚NAZI' oder auch ‚Bonzen', wie diese im Dorf äußerlich bedacht und innerlich benannt wurden, nahm man hin. Die Heimat war in Not; man kannte sich und hielt zusammen. Einmal hörte er von Älteren sagen: „Doch jetzt wird vor der Kulisse faszinierender Konsumoptik von fremden Existenzen manipuliert, die mit verführerischen Animationen und Ego-Ambitionen das frühere Miteinander nach und nach raffiniert intelligent auflösen

Mit dem Frieden kamen aus der Westwelt massenhaft fremdartige Befreier, gleichzeitig aus der Ostwelt Millionen deutschblütiger Flüchtlinge und Vertriebene.
*Die **Ersteren** brachten als Glücksmaxime eine ‚konsumierende Etikettenkultur' die **Anderen** als ihr deutsches Schicksal Trauer um die verlorene Heimat, und die **Reichsdeutschen** räumten den **Ersteren** bei der Räumung der Trümmer das Recht ein, alle Deutschen für alle Zeit zu*

*einem Tätervolk zu stigmatisieren > und gaben gleichzeitig den **Anderen** eine neue Heimat.*

Könnte es sein, dachte er beim letzten Schluck, dass die Politik der Sieger mit der Vertreibung der Deutschen und der ständigen Nazibeschuldigung die in der Weltgeschichte vom deutschen Geist geformten kulturellen Werte und Visionen ins Gegenteil, in eine Dekadenz unseres Wesens führt? Sein loyales Vaterlandsverständnis geriet auf der Überlegung nach einer Mitschuld der Eltern, seiner Frau, seiner Kinder, seiner selbst, in ein nebulöses Labyrinth der von Mängeln behafteten ‚Demokratievorbilde'".

Seine Frau war noch wach als er vom ‚abs' kam. Sie lachte verschmitzt und öffnete leise die Tür zum Nebenraum: „Schau sie dir an." Im breiten Doppelbett zur Linken die große Tochter und ‚scheußliche' Lehrerin in spe. Zur Rechten die jüngere ‚zukünftige' Politologin in spe, und dazwischen die ‚trotzige' Schauspielerin in spe selig schlafend.

– Wie auch die Eltern in ihrer silbernen Hochzeitsnacht –.

„Haben Sie telefoniert?", wieder der Vopo mit drei Sternen. „Nein." – Inzwischen ist es 13:00 Uhr.

Am Wiesenrain des DDR-Verlieses grüßt ein frühreifes Heckenröschen – ein Kind der Rose, der Lieblingsblume seiner Frau. Entlang der Grenze fliegt mit tiefrot leuchtendem Sowjetstern eine MIG-Maschine. Ein solcher Typ hat über dem Kyffhäuser eine englische Passagiermaschine in der von den Ostsiegern, dem jetzigen Westfeind, erlaubten Höhe einige Zeit begleitet. Nur Flieger der Westsieger dürfen den Zonenhimmel des Ostsiegers befliegen. Der englische Pilot bemerkte nebenbei zum Barbarossa-Denkmal: „Hier sitzt Kaiser mit Big Bart bis Fuß." Oben über Martins Heimatort, in Langenheide, üben derzeit ‚Jabos mit Balkenkreuz' Angriffe auf die US-Raketenbasis. Sie kommen tief anfliegend aus Richtung Ost, entlang des Hohenstaufen, der Wiege des Kaisers mit ‚Big Bart'. Man sagt, sie prüfen die US-Radar-Abwehrschirme. Gibt es bald wieder

Krieg? Ihm fiel eine Flugzeug-Begegnung aus der Jugendzeit ein: Es war einer der ersten Düsenjäger, der rasend schnell über die Anhöhe kommend eine US-Mustang verfolgte und kurzerhand abschoss. Man hörte danach von der ‚Wunderwaffe' Hitlers. Auf der Heide hat nun eine Protestgemeinschaft aus Politikern, Künstlern und der Presse, initiiert von einer Friedens- und Protestpartei in Einem, in einer ‚Friedenshütte' Quartier bezogen, um sich gegebenenfalls dem Transport von US Pershing-Atomraketen in den Weg zu legen. Die Protestierenden werden ständig von Polizisten weggeschafft und von der Regierung für ihr Tun bestraft.

Er denkt zurück an die Zeit 1952, wo er als Jungreisender beim Kundenbesuch einer Großhandlung in Oberschwaben hinterm Schreibtisch des älteren Inhabers aus Dresden eine BILD'er Zeitung sah, auf der in Großbuchstaben von Konrad Adenauer, dem ersten deutschen Nachkriegs-Bundeskanzler stehend beschworen der Spruch zu lesen war: „NIEMALS wieder wird ein DEUTSCHER MANN eine WAFFE IN DIE HAND nehmen."

Der Kunde folgte Martins Blick und bemerkte: „Wenn der Herr Bundeskanzler meine Sachsen auch als DEUTSCHE versteht, dann ist sein Schwur bereits ein Falscheid."

Martin hat die Probezeit im Rathaus bestanden. Er ist nun Verwaltungsangestellter in seiner Heimatgemeinde. An einem Spätsommertag des Jahres 1946, in der Mittagszeit, klopft es zaghaft an die Tür. Da er gerade in der Nähe zu tun hatte, rief er nicht wie üblich Herein, sondern öffnet die Tür – und vor ihm stand Tanja! Sie schaut ihn einfach so offen lächelnd an, wie bei den Ringkontrollen. Er brachte kein Wort hervor, doch die im Herzen bewahrte Liebe leuchtete auf – und löschte die vielen unruhigen Gedanken seit der Enttäuschung über die Trennung: *Sie ist da – und alles wird gut.*

Kollegin Christa hat Martins Reaktion und das offensichtlich verliebte Lächeln dieses hübschen Mädchens beobachtet. Sie spürt, dass hier etwas Besonderes geschieht, und nimmt der Stille die Verwirrung, indem sie Tanja ins Zimmer bittet und fragt Martin nach einem kurzen Augenblick, ob er mit dieser netten jungen Dame ins Trauungszimmer gehen möchte. Martin stellte seinen Besuch vor: „Es ist Tanja, wir kennen uns seit der Lehrzeit", womit er den wirklichen Hintergrund umging."

„Grüß Gott Tanja, ich bin die Christa."

„Ich weiß", sagt Tanja in ihrem sanften deutsch. „Ich habe nach der Ankunft unten am Bahnhof und der Auskunft des Beamten drüben an der Kirche einen netten älteren Herrn nach dem Rathaus und nach Martin Ullrich gefragt. Er sagte, der arbeitet im Rathaus bei meiner Tochter Christa."

Während dieses Zwiegesprächs fiel Martin bei Tanja und Christa die Ähnlichkeit der sanften Augen und das bezaubernde Lächeln auf. Er wird an die spontane Sympathie für Christa beim Amtsantritt erinnert, die ihn wie eine Ahnung seitdem immer begleitet. Martin ging mit Tanja ins Hochzeitszimmer. Sie setzten sich auf die Stühle der Trauzeugen. Martin wollte Tanja gerade fragen, woher sie denn kommt, als Christa ein Tablett belegter Brötchen und einige Äpfel bringt. „Ein Gruß meines Vaters für das nette Mädchen aus Bayern. Er habe sie gefragt, von wo sie so alleine herkomme, worauf sie geantwortet habe: aus Bayern. Und ob sie auch zu Mittag gegessen hat; worauf sie ganz lieb den Kopf geschüttelt habe."

Das nette Mädchen aus Bayern steht auf und küsst Christa eine Hand, wie es daheim für Kinder als Dank für etwas Gutes der Brauch ist. Martin nimmt ein Butterbrot, schält einen Apfel und gibt ihr beides. Ihr trauerndes Heimweh an die Eltern, die einsame Sehnsucht an Martin und die Ängste eines heimatlosen Daseins gehen von ihr.

„Ich bin bei ihm – und alles ist gut"

Während Tanja eines der Brötchen vom Teller nimmt, holt Martin auf dem Flur den nach Flüchtlingsart geschnürten Koffer. Die Wanduhr im Büro zeigt 14:00 Uhr. Er bittet Christa um Verständnis dafür, dass er heute etwas früher geht. Er möchte Tanja zu ihrer Tante, Frau Horvath, bringen, die, wie sie ja wisse, als ungarische Flüchtlingsfrau mit den zwei Kindern in seinem Elternhaus wohnt. Christa, seit Monaten wieder verliebt, schaut ihn mit dem wissenden Lächeln um die Sehnsüchte und Ängste der Liebe an und nickt verständnisinnig. Ihre erste Liebe, ein Nachbarsohn, der zusammen mit ‚Kreuzbauers Rudi' studiert hat, ist gefallen. Mit den Flüchtlingen ist auch die Liebe wieder gekommen: mit dem gleichaltrigen ‚Joschka', Sohn eines Großbauern aus Ungarn, der den Krieg überstand, mit seinen Eltern und Geschwistern hier eine Heimat fand; und in tiefer Verehrung für seine geliebte Christa eine bäuerliche Existenz aufbaut.

Indessen brachte Tanja das leer gegessene Tablett herüber und bedankte sich bei ihr mit einem Gruß für ihren Tata und erschrak, denn sie hat das Heimatwort für Vater gebraucht. Doch Christa verstand, denn sie hat in letzter Zeit diesen Namen öfters von Flüchtlingen und Vertriebenen aus dem Osten gehört. Zudem hat ihr Schwester Anne erzählt, dass Martin gerne ein russisches Mädchen aus der Zwangsarbeit hier behalten hätte; und ganz bestimmt ist es diese hübsche liebenswerte Tanja.

„Komm, Tanja, wir gehen nach Hause", sagt Martin. Tanja wurde traurig, denn die gleichen Worte hat sie von der Mutter gehört, als die Eltern vor sieben Jahren von der Offiziersfamilie gingen, die zur Umsiedlung aus der rumänischen Bukovina in den schlesischen Warthegau aufbrachen; komm wir gehen nach Hause. Für die Offiziersfamilie fügte die Mutter noch hinzu: Vielleicht sehen wir uns in einer anderen Heimat wieder. Christa nimmt die weinende Tanja in die Arme und streicht ihr sanft übers Haar. „Martin, bring deine Tanja zu ihrer Tante, und bestelle auch deiner Mutter liebe Grüße von mir."

Draußen wartet die Sonne an einem verträumt warmen Spätsommertag. Sie gehen über die Treppe des Rathauses vorbei an ‚Harro, dem Kämpfer', der historisch bebildert mit Schwert-Lanze-Helm und dem Hohenstaufen im Hintergrund mit „Siegerblick" in die weite Ferne schaut, dann wie zwei Kinder, die sich mögen, am Grenzstein des Limes in den Kirchenweg. Martin hält den Koffer, Tanja seine freie Hand. Als sie über dem Tal bei der Bank mit den zwei Akazien ankommen, setzen sie sich.

„*Haben Sie telefoniert?*" *unterbrach der Volkspolizist mit vier Sternen seine Gedanken an die Nachkriegszeit.*
„*Nein*", *sagt Martin und sprach die Bitte aus, auf die Toilette gehen zu dürfen.*
„*Für Zivilisten verboten*", *antwortet der Vopo und ging.*

Er konnte doch nicht einfach in die Hose machen ... Also stieg er aus – selbst auf die Gefahr, gerüffelt zu werden. Momentan war keine Grenzabfertigung. Der Vopo in der Kabine sah ihn kommen, schob das Fenster hoch und rief: „Bleiben Sie in Ihrem Fahrzeug."
„Wenn Sie mich jetzt nicht auf die Toilette lassen, mache ich in die Hose; aber nicht aus Angst vor Ihnen", fügte er hinzu. Der DDR-Grenzer lachte spontan über den einfältigen Mercedes-Kapitalisten und begleitete ihn auf die Toilette. Danach meinte er: „Nu, geht's wieder besser, ist wohl die Prostata ha-ha."
Die Berliner Fliege hat die Gelegenheit benutzt, ihre naturgegebene Freiheit in der DDR wahrzunehmen. Ein Veilchen am Wiesenrain hat ihre Blühte, wie zu aller Zeit hin zur Frühlingssonne geöffnet. Der Zeitzeiger am Cockpit zeigt 14:00 Uhr.
Martin schließt die Augen und geht in Gedanken wieder zurück zur Bank bei den Akazien. Er erinnert sich an sein damaliges Empfinden und insbesondere an Tanjas äußerer Veränderung zur Frau. Die seelische Eingabe ihres spontanen Kusses, damals an der Kaserne, vertieft sich in sinnliches Verlangen.
„Es ist die Erotik", hörte er einmal draußen in der Geschäftswelt einen älteren Kollegen sagen: „Eine Gnade der Schöpfung für die Hingabe liebender Menschen." Ihm wurde sie von einer reifen Frau an einem jungfräulich-schönen Frühlingstag offenbart und nichts trübte sein Gewissen.
Er verließ diese Stimmung und fragte Tanja, woher sie denn aus Bayern komme? Sie lächelte versonnen: „Bamberg in Bayern war die Tür für mich hierher. Begonnen hat der verschlossen geglaubte Weg zu dir in Plauen. Sie erzählt ihm von der Kaserne und dem Rücktransport. Zunächst mit dem leisen Schreck in den Augen, wie damals, als sie mit

ihm an der Kaserne über ihr Heimatschicksal sprach. Sie sieht Martins trauriges Gesicht und lächelt wieder: „Du erinnerst dich an die drei Polen, die dich an der Kaserne so bedrängt haben, und ich dazu kam? Einer davon wollte mich anzeigen, weil ich dich, den Deutschen, wie er beobachtet hatte, mehrmals traf. Er bot mir an, mich nicht zu melden wenn ich mit ihm ‚Liebe' mache, was ich ablehnte. Einen Tag später bekam ich dann Ausgangsverbot. Eine Russin, die sich mit einem Soldaten angefreundet hatte, erzählte uns, dass die Frauen in den nächsten Tagen mit Lastwagen nach Russland gebracht würden. Ich wollte die Kaserne verlassen und zu dir nach Kirchdorf laufen. Doch man ließ mich nicht mehr aus den Augen und aus dem Zimmer. Auch in der Nacht versuchte ich aus dem Lastwagen zu fliehen. Doch es war unmöglich, da dieser immer schnell fuhr und erst nach Stunden an einer US-Raststätte in einem Wald für die Notdurft hielt. Wir wurden danach wie bei der Wegfahrt abgezählt, eng zusammengesetzt und weiter transportiert. Es war sehr schlimm. Einige Mädchen sagten, sie würden sich umbringen. Nach ungefähr zehn Stunden Nachtfahrt kamen wir in einer zerstörten Stadt an, wo ich am Vorbeifahren den Namen Plauen gelesen habe. Wir wurden in eine Schule gebracht, wo wir am nächsten Tag keinen amerikanischen Soldaten und kein US-Fahrzeug mehr sahen. Wir waren auch ohne Aufsicht, bis ein ziviler Mann mit einem russischen Soldaten kam, der uns mitteilte, dass wir in den nächsten Tagen weiter gefahren werden. Einige Mädchen verschwanden irgendwo in den Trümmern, was nicht bemerkt wurde. Ich schaute mich vor der Schule etwas um und ging zur Kirche. Dort standen an der Eingangstür Namen mit Zeichen. Und rundum waren viele Zettel mit Familien- und Ortsnamen befestigt. Alle in der deutschen Sprache. Während ich die Namen der Personen und die der meistens bayrischen Orte für die Familienfindung las, und gerade überlegte, wohin ich fliehen könnte, sagte neben mir eine Stimme leise: ‚Buna Ziua Tatjana' (sei gegrüßt Tatjana). Es war Elisabeth, die Tochter von Vaters Oberst. Ich wollte sie spontan umarmen; sie hielt mich zurück. ‚Bitte nicht Tanja, ich bin geheim hier. Komm, wir gehen in die

Kirche, dort können wir reden. Wir gingen in die Kirche, knieten in einer der vorderen Bänke, falteten die Hände wie zum Gebet und schauten geradeaus zum Altar. Lissi erzählte in rumänischer Sprache: ‚Ich bin mit den Eltern, meiner Schwester Lydia mit ihrem kleinen Sohn Bernd und Anita, der Frau meines Bruders Ernst und deren kleiner Tochter Sieglinde hier. Wir flohen aus dem Warthegau hierher. Mein Vater kam noch in Uniform an. Wir erlebten gemeinsam die Eroberung Plauens durch die Amerikaner und ihren Weiterzug nach Osten, das Kriegsende dann bei Tante Martha auf ihrem Bauernhof. Jetzt wohnen wir heimlich bei der Tante Bertha, Mutter von Anita, die vor zwei Jahren hier meinen Bruder geheiratet hat. Bei der Hochzeit, wo ihr Vater noch glücklich tanzte – und später leider an der Ostfront fiel – wurde mit der Familie und den Verwandten abgesprochen, dass wir uns nach dem Krieg HIER treffen. Und für den Fall einer Notlage als Flucht- und Orientierungshilfe an der Kirche, am Haus von Anitas Mutter und dem Bauernhof ihrer Schwester Martha Zettel mit dem familiären Zielzeichen *dragahobay* (Liebe-Hof-Bayern) anbringen werden. Es fehlen mein Bruder, der noch studiert und an die Front musste, und Simon, der Mann meiner Schwester, der an der Ostfront war. Als wir uns soeben trafen, habe ich gerade das verschlüsselte Erkennungszeichen an der Kirchentüre angebracht. Doch sag, Tanja, seit wann bist du hier?' ‚Seit gestern Abend, mit anderen Frauen aus der Ukraine. Wir waren Zwangsarbeiterinnen in einer Fabrik in Deutschland, in der Nähe einer Stadt mit dem Namen Ulm. Wir werden jetzt nach Russland transportiert. Als einziges Hab und Gut blieb mir der Koffer von der früheren Heimat.' Ich sagte ihr, dass ich nicht mehr zurückgehen werde, weil die Russen meinen Vater umgebracht haben und die Mutter sehr krank wurde und bald starb. Martin du weißt, dass Lissi mich deutsch lehrte. Mit dieser Sprache kam in der Fabrik deine Liebe zu mir.

Ich blickte in der Kirche zum Marienaltar: Ein Traum meiner Mutter berührte mich und ich empfing deine Liebe. Ich erzählte Lissy von diesem Traum und meiner Liebe zu dir. Elisabeth spürte meine Not und bot mir Hilfe an.

‚Tanja', sagte sie, ‚hole unauffällig deinen Koffer. Wenn dies nicht geht, entnehme die persönlichen Dinge und lasse ihn zurück. Was du brauchst, bekommst du von mir. Du darfst im Weggehen mit dem Koffer nicht gesehen werden. Ich werde diesen dann übernehmen und bitte dich, mir im Gehen durch die Trümmer im Abstand von einigen Metern bis zum Schild Zwickau zu folgen. Dort gehen wir zu meinen Angehörigen ins Haus von Anitas Mutter. So geschah es. Wir kamen mit Koffer an. Zur Überraschung des Oberst und seiner ‚Heim ins Reich-Familie' aus der rumänischen Bukowina. Lissi erklärte ihrem Vater meine Situation, der dann entschied: ‚Wir werden Vollwaise Tanja als Mitglied der Familie annehmen und mitnehmen in den neuen Heimatort der Eltern von Lydias Mann, bei Augsburg. Dies wird schon morgen früh sein. Soweit ich informiert bin, wird Sachsen russische Besatzungszone. Dies bedeutet, dass die Russen nach dem raschen Abgang der Amerikaner bald hier sein werden. Wir können deshalb leider die Ankunft unserer noch fehlenden Angehörigen nicht abwarten. Soeben war die Schwester Martha von Tante Berta mit dem Vorschlag da, uns morgen früh mit Traktor und Anhänger auf Schleichwegen zur Stadt Hof in Bayern zu fahren. Bitte bereitet umgehend den Wegzug vor; auch für Sieglinde und Bernd. Lissi, bringe bitte an den vorgesehenen Stellen am Haus das Losungswort an. Schwester Martha wird bei Tagesanbruch hier sein. Sie wird dann von Hof wieder zurück fahren, um das verlassene Haus von Tante Berta zu betreuen, und auf die Ankunft der noch fehlenden Familienmitglieder zu warten – im Gottvertrauen auch auf ihren Mann, unseren Josef, der vermisst gemeldet ist'."

„Haben Sie telefoniert?" –
„Nein."
Es herrscht wenig Verkehr; ein Grenzwächter schaut mit dem Fernglas ‚gelangweilt' in Richtung West.

Martin erinnert sich in seinem DDR-Verlies, wie feinfühlend Tanja manchmal sprach. „Ich habe Vaters Oberst nur in der Uniform erlebt. Oft denke ich an meinen Vater, der als einfacher Bauernsohn dem Oberst treu ergeben war: Mein Oberst, sagte er einmal der Mutter, ist ein Vorbild für den Soldaten und den Leutnant. Er bestrafte den einfachen Soldaten manchmal mit einem verdienten Stockhieb; die Herren Leutnant aber, wenn sie mit dem Weinglas in der Hand mehr stramm stehen als im Dienst, gab er den Befehl: Fünf Uhr früh in kompletter Marschausrüstung zum Appell antreten. Die Leutnants nannten ihn einen ‚Preußischen Rumänen'. Es war eine schwere Nacht des Abschieds. Tante Bertha und Tochter Anita blieben die ganze Zeit wach, um ihr beschädigtes Haus in gutem Zustand zu verlassen. Der Abschied von der Heimatstadt fiel ihnen sehr schwer. Doch Anita hat ihrem Mann bei der Einberufung versprochen, im Falle russischer Besatzung Sachsens in den Westen zu folgen und die Kriegerwitwe, Mutter Bertha, kommt mit. Sie gehen in der Hoffnung, ihr Zuhause im Vogtland nicht zu verlieren, um – und sei es als Besucher – ab und zu wieder einmal DAHEIM zu sein. Schwester Martha kam kurz vor Sonnenaufgang mit dem Traktor, dem Anhänger und Sohn Thomas angefahren. Sie hat vom letzten parteiamtlichen Erntekontingent Kraftstoff „gehamstert", der auch für Fahrten in den nahen Westen reicht. Sogar ein kräftiges Esspaket und eine Thermosflasche mit Milch für die Kinder hat sie mitgebracht. Wir standen bereits abfahrbereit vor der Tür. Anita hält ihre weinende Mutter im Arm. Die Kleinkinder Sieglinde und Bernd schlafen noch selig in ihren Körbchen. Nachdem einige Kartons und Koffer mit etwas Hausrat und karger Kleidung verladen waren und sich jeder einen Sitzplatz auf dem Anhänger zurecht gemacht hatte, fuhr Tante Bertha langsam durch die Trümmer auf ländlichen Schleichwegen in Richtung Westen. Hinter uns ging die Sonne auf und sandte die ersten Licht- und Wärmeboten auf das frühsommerliche Land. Der Weg führte entlang eines Flüsschens. Lissi und ich saßen auf dem Anhänger beisammen und schauten in stiller Vertrautheit auf das im erwachenden Morgenlicht ruhig dahin fließende Wasser. Nach einer Weile fragte ich Lissi: ‚Weißt du wie das Flüsschen heißt?' ‚Ja, es hat den Vogelnamen Weiße Elster.' ‚Und,' fragte ich weiter, ‚ist es dann nach dem dort auf der Wiese stehenden Vogel benannt?' Lissi folgte meinem Blick und lachte schallend, worauf die ganze Gruppe irritiert blickte und die Kleinkinder erwachten. ‚Tanja', sagt sie, ‚die Elster ist ein taubengroßer schwarzweißer Vogel, der alles nascht, was glänzt. Der große dort ist ein Reiher, der Fische angelt.'

Ich hörte *Reiher*, und meine Erinnerung ging hin zur ersten Liebe der Prinzessin Gisela und Künstler Michael. Ich nahm Lissis treu bewahrtes Buchgeschenk „Die Heilige und ihr Narr" vom Koffer, öffnete die Seite mit der *Reiherhalde,* und las daraus: *‚An einem sonnigen Frühlingsmorgen sehnt sich Prinzessin Gisela nach einem Spaziergang im anmutigen Tal unterhalb des Schlosses am romantischen Flüsschen und der Reiherhalde. Es wurde ihr erlaubt, und Hofkurier Albert mit dem Einspänner gerufen. Sie zog das lindgrüne Kleid mit dem rosé-goldenen Schleier an, den ihre Mutter Sophia von der Hofschneiderin in den Farben des Fürstenhauses zum achtzehnten Geburtstag und als besonderes Geschenk für das Diplom des Familieninternats in London anfertigen ließ. Der Vater, Fürst Konrad zu Frankenburg, wünschte ihr für den Spaziergang „viel Freude, mein Seelchen", Giselas Kosename aus der Kindheit, der ihr für immer im Haus und im Umfeld der Frankenburg blieb.*

Als die Kutsche an der Halde mit den wie erstarrt dastehenden Reihern entlang fuhr, sah sie drüben am Bach einen Maler an einer Staffelei. Sie fragte den älteren Albert, ob er diesen Maler kenne. Ja. Es ist der Kunstmaler Michael, der kürzlich mit einer älteren Dame in das Ferienschloss Schweigen einzog und dort ein Atelier hat. Manche im Dorf meinen, es sind Verwandte oder Nachkommen der alten Besitzer.

Die Prinzessin ging auf der kleinen Brücke über das Bächlein entlang voll samt-weißer Weidenblüten. Der Maler hatte das Gespann bemerkt und auch die Dame, die nun lächelnd vor seiner Staffelei stand. Es erfasste ihn bei ihrem Anblick urplötzlich tiefe Zuneigung: Vor ihm stand das im Studium in Wien so oft bestaunte Porträt seines Vorbildes Gustav K, das ihm auch im Stammbaum in der Hauskapelle Schweigen schon auffiel: „Der Schleier der Gisela." Im seidenfeinen lindgrünen Kleid mit rosé-goldenem Schleier und geheimnisvoll zartem Lächeln der Unschuld, unberührbar und verführerisch zugleich. Es erfasst ihn wie bei der Andacht seiner Kunst eine Sehnsucht nach Hingabe.

Die Prinzessin spürt in seinen Augen erstmals die glückhafte Anmutung eines Mannes, sah darin ihres Vaters vertrauten Blick und das Herz des schöpferischen Menschen. Sie spürte eine wundersame Sehnsucht nach männlicher Zärtlichkeit: Die erste Liebe.'

„Soviel Liebesmärchen", unterbrach Lissi meine Andacht, „ist in unserer Situation für eine Offizierstochter nur schwer zu empfinden"; sie übernahm die weitere Vorlesung:

‚*Nach dieser traumhaften Begegnung porträtierte Michael die Prinzessin auf Schloss Schweigen, wo Michaels Mutter Marika Prinzessin Gisela freundlich willkommen hieß.*

Drüben in der Frankenburg erfuhr man von der vertrauten Begegnung und empfand diese als ihrer Tochter nicht würdig. Fürst Konrad veranlasste ihre Rückkehr nach England, um diesen Narren, wie er den Künstler amüsiert nennt, von seiner Tochter fern zu halten. Seelchen gehorchte und nahm das Porträt mit. Ein Kunstfreund aus der englischen Verwandtschaft sah es zufällig bei seiner ‚German Cousine'. Er fragte sie, ob er es in einen Rahmen fassen und in der Londoner Kunstausstellung zeigen dürfte. Sie sagt zu, in der heimlichen Hoffnung, dass Michael davon erfährt. Doch es war der Vater,' meinte Lissi schmunzelnd, *‚dem im Journal eines Kunstverlages das Bild und die Ähnlichkeit mit seinem Seelchen auffiel. Er ließ nachforschen. Es wurde ihm berichtet, dass dieses Bild nicht signiert sei, doch eine schöne Dame zeige, die geheimnisvoll lächelnd ihren Zeigefinger auf den Mund hält und einen seltsamen Schleier trägt.*

Nun wollte er in einer aufkommenden Ahnung genauer wissen, was es mit dem Maler in der Burg Schweigen auf sich hat, dort, wo über dem Burgtor ein kleiner Gnom mit dem Finger auf dem Mund Stille anmahnt und deren Burgherren in alter Zeit auch im Stammbaum der Frankenburg-Dynastie mit einer Ahnfrau namens Gisela präsent sind, die als Halstuch einen Schleier in den Hausfarben der Frankenburg trägt.

Die Schweigener, so hört man seit alters her, verhalten sich wie ‚Hinterwäldler'. Die Legende berichtet vom heimlichen Streit der Adelsfamilien wegen eines einst versetzten Landschaftsgrenzstein.

Die heutige Burgherrin Marika, eine vornehme Frau mit ungarischem Charme, kommt aus dem kleinen Adel des k. & k. Balaton. Zur Seite steht ihr Ferenc, Cousin und junger Rittmeister aus dem Familiengestüt der Puszta. Marikas Ehemann, letzter Adelsspross auf Schweigen ist ein Sonderling mit Offizierspatent, der sich viel in der kriegerischen Fremde aufhält und von dort immer hohen ‚Sold' mitbringt. Als er wieder einmal heim kommt, war soeben sein Sohn Michael geboren. Diesmal brachte er mit dem Sold auch eine ansteckende Krankheit mit, an der er starb.

Marika und Säugling Michael waren zuvor schon im Haus des Pastoren-Ehepaars der Ortschaft Schweigen versorgt worden. Ferenc erledigt in aller Stille die nötigen Dinge auf der Burg. Die Fürstin entschloss sich, nach der Trauerzeit mit ihrem Sohn nach Ungarn zu gehen, um etwas Ruhe zu finden.

Ferenc fuhr sie entlang der Donau mit der Hauskarosse nach Wien, wo sie von Angehörigen zur Weiterfahrt in die alte Heimat erwartet wurden. Cousin Ferenc kehrte zur Burg zurück. Er übernahm dort die Aufsicht und Betreuung. Burgfrau Marika hat die sinnvolle Nutzung des Anwesens Burg Schweigen bis zur eventuellen Rückkehr dem Cousin und der Schweiger Pfarrgemeinde anvertraut.

Nach sechsundzwanzig Jahren und dem anerkannten Kunststudium Michaels kamen sie wieder zurück zur Burg, die inzwischen durch Ferenc und der Gemeinde ein Ort der Muse mit weitem Ansehen wurde. Sie bezogen die obere Etage. Michael richtete unterm Dach ein Atelier ein, das mit seinen Turmfenstern gutes Licht, den Blick zur Reiherhalde und am Horizont die Wetterfahne der Frankenburg mit dem standfesten Löwen zeigt. Ferenc pflegt mit der Kirchengemeinde die schon Tradition gewordenen Besuche von Touristen, die sich in andächtiger Gesellschaft der stillen Natur hingeben. Nachdem Fürst Konrad die Odyssee des Hauses Schweigen archivarisch überprüft hat, berief er den

Familienrat der Frankenburg ein. Dieser empfahl, Prinzessin Gisela in die Heimat zurück zu holen. Auch wurde angeregt den Liebenden eine Verlobung zu empfehlen, die glücklich angenommen wurde. Nach der Verlobung, die sie in der erhabenen Stille der Hohenloher Natur und natürlichen Zärtlichkeiten im vertrauten Atelier gesittet genossen, erhielten sie vom Schweiger Pastor in der Schlosskapelle Frankenburg den ehelichen Segen. Prinzessin Gisela trug den für den Ehrentag extra in Böhmen geklöppelten golden-rosé Schleier und Michael das Gewand der Wiener Akademie. Trauzeugen waren Cousin William aus London mit Seelchens Porträt als Brautgabe und Rittmeister Ferenc mit dem allwissenden, doch schweigsamen Gnom der Burg Schweigen.

Die Ferenc-Familie hat eine ungarische Volkstanzgruppe mitgebracht, die Lords einen Dudelsack-Pfeifer, die der Bürgerschaft Hohenlohe wie auch für den ‚Adel von Themse und Donau' im Schlosshof der Frankenburg, Folklore aus der Heimat boten.

Die Kinder erhielten Wibele, ein herrlich knuspriges Gebäck in der Gestalt vergoldeter Erdnüsse – einst erdacht vom Hofkonditor Wibel – und nun von Fürstin Sophia jedem Kind in einer Dose, die edel bemalt ist mit Schloss und Rosengarten, persönlich überreicht wird. Dereinst werden Enkel in ihr allerlei Utensilien und Erinnerungen aufbewahren.

Die Hochzeitsreise wurde von einem mobilen Kurier vorbereitet. Sie führte mit der Frankenburg-Zweispännerkarosse entlang der k. & k. Burgenroute für einige Tage und Nächte nach Wien, danach durchs Burgenland in die stille Puszta, ständig betreut und beschützt von den Burgwächtern Albert und Ferenc. Das allseits verehrte und allzeit verliebte Künstlerehepaar, und nach und nach ihre vier Kinder, blieben im Mythos der schleierhaften Ahnengalerie und vieler Augenblicke zur Reiherhalde stets glücklich.'

Lissi gab mir das Buch, so schien es mir, nachdenklich zurück, und sagte: ‚Wie ich als junges Mädchen diesen Roman las, musste ich an die Begegnung meiner Eltern denken. Sie lernten sich im 1914er-Krieg in einem Feldlazarett in den Tiroler Dolomiten kennen. Die Mutter, eine Krankenschwester aus Wien, der Vater ein verwundeter Leutnant aus dem k. & k. Kronland Bukowina. Sie waren verliebt – und gaben sich jenseits des Bösen in einer Kriegstrauung das Ja-Wort. Zwei Offiziere mussten eine Bürgschaft für die Mutter übernehmen, damit sie als Krankenschwester die Ehefrau eines Offiziers werden durfte. Dies ist in ‚zweifacher Hinsicht' kein Märchen, liebe Tanja. doch auch wunderbar'."

Tanja erzählte weiter: „Unser Gespann verließ den Schleichweg und erreichte um die Mittagszeit eine Landstraße am bayrischen Grenzort Mödlareuth. Dort stand ein Hinweisschild zum Aufnahmelager Hof. Tante Martha folgte dem Weg dorthin und war nach einigen Minuten an einer Turnhalle mit einem Sportplatz, auf dem sich fröhlich spielende Kinder vergnügten – für mich die erste Freiheitsempfindung in Deutschland. Ich erinnere mich auch, wie Lissis Vater im Anhänger aufstand und in soldatischer Haltung mit beiden Händen darauf wies: ‚Diese fröhliche Kinderschar ist ein gutes Omen für uns, auf dem Weg in eine neue Heimat.' Vor dem Lager standen mit Kühen bespannte Fahrzeuge aller Art, dazwischen auch Handwagen mit Gepäck. Lissis Vater bat Martha und ihren Sohn Thomas, mit mir und den Kindern im Wagen zu bleiben. Am Eingang saßen an einem Gartentisch zwei Frauen in klösterlicher Kleidung.

Ich hörte wie sie den Oberst fragten, von woher sie kämen und wohin sie wollen, und dass sie bitte ihren Pass zeigen sollen. Nun wusste ich, warum mich Sissis Vater noch im Wagen zurückhielt, denn ich hatte keinen Pass. Nur einen US Army-Zettel mit meinem Gesicht darauf. Sissis Vater kam nach kurzer Zeit wieder und sagte, dass alles in Ordnung ist. Wir könnten im Lager bleiben und eventuell mit einem Sonderzug, der in den nächsten Tagen in Richtung Nürnberg–Augsburg eintreffen wird, weiterfahren. Der Oberst entschied, bis Bamberg mitzufahren. Die Lagerfrauen werden korrekte Unterlagen vorbereiten und die Anschrift des Bamberger Durchgangslagers beilegen. Er bat uns dann, mit in die Turnhalle zu kommen, um etwas zu essen. Dort sah ich, wie er für das Essen Geld gab, das erste deutsche Geld, das ich sah. Die Ordensschwestern nahmen es als Spende an. Während wir zu unserem Brot eine kräftige Suppe und die beiden Kleinkinder frische Milch von Tante Martha tranken, gab ihr der Oberst den Auftrag, nach der Rückfahrt die Losungen mit dem Buchstaben *Ba* für Bamberg zu erweitern. Er informierte auch die Schwestern in Hof mit den Namen der fehlenden Angehörigen. Tante Martha durfte die Kühe eines freundlichen Bauern aus der sächsischen Grenznähe melken, gab die Milch Lissi für die Thermosflasche und fuhr mit Fuhrwerk und Thomas auf dem Schleichweg nach Plauen.

Ein Schulmädchen führte uns an einen Platz mit Feldbetten. In der Nähe saßen ältere Männer, Frauen und Kinder, die traurig anmuteten. Sie erzählten, sie seien aus Schlesien und hätten in Dresden nach Verwandten gesucht doch nur aufgehäufte Leichen gesehen. Sie seien dann weiter nach Westen bis hierher gekommen, wo sie jetzt auf den Weitertransport warten würden. Während die Mutter erzählte, weinten die Kinder als hätten sie in letzter Zeit sehr viel geweint. Beim Gespräch stellte sich auch heraus, dass sie nicht weit von der Warthegau-Heimat der Oberstfamilie wohnten. Lissis Eltern waren sehr still. Vielleicht dachten sie daran, wie sie vor Jahren von der Bukowina in gläubiger Zuversicht dem großdeutschen Ruf ‚Heim ins Reich' nach Schlesien folgten, und nun Flüchtlinge auf dem Weg in eine neue Heimat sind – irgendwo in der Nähe der Vorfahren.

Martin empfindet für Tanja bei ihrer empfindsamen deutschen Sprachart ein Gefühl der Bewunderung, die ihn etwas beschämte und lebenslang unterbewusst begleitet.

Sie erzählte weiter: „Lissis Mutter Helene nahm die Hand ihres Mannes Robert und bat ihn zu erzählen wie er über Bamberg nach Plauen gekommen ist. Er erzählte: ‚Ich bekam Mitte April als Inspekteur der Wehrbezirksämter Württemberg den Befehl, alle Amtsleiter anzuweisen, die amtlichen Unterlagen umgehend in meiner Anwesenheit zu vernichten. Ich besuchte als letztes das Bezirksamt Ulm, wo ich den Amtsleiter Otto W., Hauptmann der Reserve und Oberamtsrat der Stadt Bamberg, antraf. Wir kannten uns bereits aus früheren Begegnungen, waren gleichaltrig und verstanden uns trotz der gegebenen Umstände gut. Es stellte sich heraus, dass wir als Jurastudenten über die Nationalitäten Bayern und k. & k. Österreich hinaus derselben Verbindung angehören. Auch waren wir der Überzeugung, dass wir dem Vaterland mehr nützen können, wenn wir die Möglichkeit des Überlebens ergreifen, statt eine Festnahme durch den Feind zu riskieren. Die örtlichen Nazigrößen der Stadt, Geburtsheimat von Marschall Rommel, sind irgendwo untergetaucht. Die Alliierten nähern sich unaufhaltsam aus Südwest. Ich informierte nebenbei den Hauptmann über meine familiären Absprachen für Plauen im Vogtland. Nach Erledigung des Geheimauftrags und der Änderung des Tagesbefehls auf Plauen entschlossen wir uns zur Nachtfahrt Richtung Bamberg. Mein Dienstwagen und der zuverlässig-loyale Fahrer Heinz, Feldwebel und Frontsoldat von 1914, von Beruf Kfz-Meister und unweit von Plauen beheimatet, stand mir ja weiter zur Verfügung.

Oberamtsrat Otto telefonierte kurz mit seiner Frau, während ich die beiden Mitarbeiter mit der Anweisung absoluter Geheimhaltung bis Kriegsende freistellte. Dann fuhren wir mit verdeckten Schlitzscheinwerfern in Richtung Bamberg in Oberfranken los.

Fahrer Heinz vermied nach Möglichkeit Ortsdurchfahrten. Hinter Nürnberg, wo wir seltsamerweise nicht kontrolliert wurden, besprachen wir unser weiteres Vorgehen. Ich hatte vor, dem Bamberger Wehrbezirksamt einen dienstlichen Besuch abzustatten. Nicht zuletzt auch in Wahrung meines Treue-Eides, der im möglichen Kreis von Offiziers-Kollegen helfen wurde, die Kapitulation, mit oder ohne Gefangennahme, zu bestehen. Wir kamen ohne Probleme am frühen Morgen an Ottos Wohnhaus in Bamberg an, wo wir bereits von seiner Frau freundlich besorgt erwartet wurden'." Tanja erzählte weiter: „Lissis Vater trank einen Schluck Mineralwasser und setzte seinen Bericht fort: ‚Nachdem wir uns etwas erfrischt und beim häuslichen Frühstück eine Atmosphäre von Frieden spürten, der Oberst ergriff die Hand seiner Frau Helene, fuhren wir zum Wehrbezirksamt ins Rathaus. Dort war der verantwortliche

Hauptmann gerade dabei, die amtlichen Unterlagen eigenverantwortlich zu vernichten. Otto traf im Rathaus nur eine Sekretärin an und schlug vor, wieder zurück zum Haus zu fahren. Dort versuchte er telefonisch mit dem Amt Kontakt aufzunehmen, doch niemand meldete sich. Danach Telefonanruf im Bistum, wo ihm gesagt wurde, dass keine Verbindung mehr mit Rottenburg in Württemberg, Fulda und Würzburg zustande kommt. Daraufhin schaute mich Oberamtsrat Otto sehr ernst an und gab mir mit dem studentischernsten ‚Hab Acht' den Rat, möglichst rasch nach Plauen weiter zu fahren. Mein Fahrer Heinz, der bei dem Gespräch nun fast schon als ein Kamerad mit anwesend war, empfahl, dies in der Nacht zu tun, auf Umgehungsstraßen, die er kenne; womit ich einverstanden war. Ich versuchte dann nochmals mit der Zentrale bei Stuttgart per Funk Kontakt zu bekommen, doch alles blieb still. Otto bot uns an mit unseren Familien zu telefonieren. Was Fahrer Heinz auf meinen Rat hin mit kurzen namenslosen Worten tat: ‚Ich komme im Laufe der Nacht zu euch und muss in der Werkstatt etwas erledigen, macht dort bitte Platz. Ich vermied bewusst den Kontakt mit euch.' Wir blieben in Uniform und legten unsere Wehrpässe griffbereit. Auch der Dienststander blieb am Fahrzeug. Ich setzte mich dienstgerecht in den Fond des Wagens. Otto und seine Gattin wünschten uns eine Gute Fahrt und gaben mir für alle Fälle ihre Telefonnummer und die vom Bamberger Rathaus.

Bei Einbruch der Dunkelheit fuhren wir los. Es war eine Vollmondnacht, die uns bei der Fahrt mit getrübten Scheinwerfern von Nutzen war. Fahrer Heinz gelang tatsächlich die Umgehung der Städte Bayreuth und Hof sowie auch die unauffällige Umfahrung der Dörfer. Manchmal begegneten uns Menschen auf ihrem Weg nach dem Westen, die bei unserem Auftauchen spontan von der Straße flohen.

Der Oberst sagte auch, wie froh und dankbar er bei dieser Fahrt über seine damalige Entscheidung sei, den Feldwebel Heinz aus Oelsnitz bei Plauen als seinen Fahrer zu bestimmen; mit dem er nun auf dem Weg zu seiner Familie ist. Sie erreichten ohne Störung am frühen Morgen sein Haus am Ortsrand, wo aus der Tür mit der Reifenwerbung Licht schimmerte. Aus der Haustüre von nebenan kamen dann eine Frau und ein älterer Herr, die beide etwas verunsichert auf meine Anwesenheit reagierten. Heinz stellte mich korrekt vor und nahm seine Frau und den Vater herzlich in die Arme. Ich gab ihnen den ‚Guten-Morgen-Gruß', den sie freundlich, doch auch etwas besorgt damit erwiderten, dass Plauen in den letzten Tagen mehrmals bombardiert worden sei und ich auch gerne bei ihnen bleiben könnte. Ich erinnerte mich an Tante Marthas Bauernhof und bat Heinz, mich dort hin zu fahren. Wenn Sie mich abgesetzt haben, dann fahren Sie den Wagen in Ihre Werkstatt. Nehmen Sie die Hoheitszeichen unauffällig erst nach Ankunft der Gegner ab. Ich überlasse es Ihnen, was mit dem Fahrzeug dann geschieht'."

Tanja schaut mich an und erzählt weiter: „In meiner Zeit in Bamberg habe ich auch gearbeitet und dafür mein allererstes Geld bekommen. Ich habe es dabei."

Er küsst sie mit dem Respekt des abwartend verliebten Jünglings; sie erwidert seine Sehnsucht in stiller Zärtlichkeit.

Auf dem Weg hinab ins Tal zeigt er ihr sein Elternhaus, das Schulhaus und die Kirche. Tanja fragt: „Bist du katholisch?"

„Ja."

„Ich auch", sagt sie lächelnd und drückt seine Hand.

Zuhause werden sie schon erwartet. Der Bahnhofsvorsteher hatte der Mutter erzählt, dass aus dem ‚bayerischen Zug', der vor dem Krieg täglich und jetzt nur noch einmal in der Woche kommen würde, ein fremdes Mädchen mit „wunderschönen Augen" und dem Koffer ausgestiegen sei und ihn nach Martin Ullrich gefragt habe. Er habe ihr gesagt, dass sie hinauf gehen muss zum Rathaus, wo er arbeiten würde.

Die Mutter hat sich gleich mit Eva beraten, wie man Tanja für die erste Zeit versorgen könnte. Der Vater habe ja vor kurzem auf der Bühne ein zweites Zimmer eingerichtet. Eva schlug vor, Tanja bei Sophia und Bruder Stefan bei ihr unterzubringen.

Martin empfindet für die Begegnung mit daheim etwas Unruhe. Er ist ja ein Jüngling von knapp achtzehn Jahren und kommt nun mit einem fremden Mädchen an. Wird für Tanja sein Zuhause die Heimat werden, und wird sie diese als solche auch empfinden? Oder wird ihr sein Zuhause fremd bleiben oder sich in Heimweh verwandeln? Seine sensible Unruhe erweist sich als unnötig.

Die Mutter empfängt Tanja in ihrer herzlichen Art mit: „Grüß Gott, Tanja." Eva, die hinzukam, nahm sie wie ihre Schwester in die Arme und nickt Martin zu – im Wissen um den tief greifenden Wert liebender Hingabe. Am Abend gibt es mit den Alt- und Neubürgern im „schönen Zimmer" ein Kaffeekränzchen, wo die Kinder die Tanja, weil sie immer so lieb lächelt und deutsch spricht, mit offenem Mund und großen Augen bestaunen.

Die Mutter hatte einen Kuchen gebacken, dazu gab es von Vaters Stammtisch Ami-Kaffee. Eva versorgte Tanja und ihren Koffer bei Tochter Sophia. Als sie wiederkamen und alle Gäste das erste Gedeck zu sich genommen hatten, geschah etwas Wunderbares: Tanja schaut am Klavier aufs Notenblatt, die mit der ‚Träumerei' von Robert Schumann, an der Martin derzeit übt, setzt sich, blickt in die Runde, und beginnt mit zartem Tonanschlag zu spielen. Martin wird in seiner Empfindsamkeit für das Schöne spontan von glückhaftem Heimweh ergriffen und geht in sein Zimmer. Als der letzte Ton erklingt, gibt es Beifall von Groß und Klein. Tanja verneigt sich so graziös wie eine Pianistin – und vermisst Martin. Die Mutter deutet auf die Tür. Tanja geht zu ihm und erlebt ihn weinend auf dem Bett sitzend. Sie setzt sich zu ihm: „Martin, bitte sei nicht traurig, sei glücklich. Ich habe in Bamberg Klavierspielen gelernt und es für dich als Geschenk mitgebracht. Es ist dort sehr vieles geschehen, ich werde dir alles erzählen; ich hab' dich lieb." Sie gingen zurück; und Tanja küsst Martin zärtlich in der Familienrunde, wofür es von den Erwachsenen verständlichen und von den Kindern lautstarken Beifall gibt. Sophia geht zum Klavier. Sie schaut zur Mutter und Tante Anna, die beide nicken. Dann erklingt „Guten Abend, Gute Nacht". Dies ist, denkt der Vater in der Erinnerung an den

Schützengraben Weihnachten 1917, eine der Melodien wie „Stille Nacht, Heilige Nacht", die den Menschen, die guten Willens sind, für ihr einsam gewordenes Herz tröstendes Heimweh schenkt.

„Es war ein schöner Abend", sagt die Mutter. „Doch morgen ist ein neuer Tag; sechs Uhr wecken, danach Schule für Eva und die Kinder. Kommt, wir gehen nun schlafen."

Während Toni, Irene und Doris, Sophia mit Knicks und Stefan mit Verbeugung eine Gute Nacht wünschen und Onkel Gregor auch „Gutnacht" sagt, bittet Martin die Mutter, ihn zu wecken, damit er frühzeitig mit Tanja zum Rathaus gehen kann, um sie dann korrekt als Flüchtling anzumelden. Er begleitete sie nach oben zu Sophia und sagte ihr nach dem Gute-Nacht-Kuss: „Ich schlafe unter dir, in dem Bett, wo ich vorhin weinte. Ich war nicht traurig, sondern sehr glücklich. Ich wollte es nur nicht zeigen. Ich hab' dich sehr lieb."

Als er nach unten ging, kam ihm Eva entgegen. Sie ergriff seine Hände: „Tanja ist ein großartiges Mädchen. Sei lieb zu ihr, und sie wird dich glücklich machen." Wieder küsst sie ihn auf die Stirn, wie vor einem Jahr in der Nähe der Mutter, nun noch zärtlicher.

Sie ging hinauf in Sophias Zimmer und erlebt die ‚Pianistinnen' selig schlafend Arm in Arm. Auch Stefan, nun neben ihrem Bett ruhend, war bereits eingeschlafen.

Sie legt wie jeden Abend vor der Bettruhe das Bild ihres Mannes in beide Hände, wie in eine Krippe, und betet den Gute-Nacht-Gruß, den sie sich bei seinem Abschied nach Berlin versprachen. Der heutige Abend weckt bei ihr tiefes Heimweh und Sehnsucht nach Zärtlichkeit – wie im Mai, als ihr Herz bei einem Frühlingsspaziergang zum Rathaus voller Sehnsucht in die Heimat ging, zu ihrem Mann Stephan, wie sie beide während des Studiums hundertmal küssend durch die Puszta spazierten und ihre Körper sich in der Studentenbude in verliebter Leidenschaft immer wieder fanden. Schließlich machte sich dann Sophia bemerkbar und sie unterbrach ihr Studium. Stephan absolvierte sein

Sprach-Studium deutsch-russisch und nahm die Aufgabe eines Gymnasiallehrers an. Nach der Geburt des Sohnes wurde geheiratet. Sie nahm ihr Germanistikstudium auch wieder auf.

Mit Ausbruch des Russlandkrieges wurde ihr Mann, ein Bürger des Waffenbruders Ungarn, vom Kriegsministerium als Hauptmann in eine Geheimdienstaufgabe berufen und für besondere Leistungen in ‚Russisch' mit dem ‚Deutschen Kreuz in Gold' geehrt, wie auf dem Foto zu sehen ist. Ende 1944 kam mit dem Bild und Grüßen aus Prag sein letztes Lebenszeichen und danach, im Februar 1945, unter dem Geheimcode ein anonymer Anruf seines Vermistseins und der dringende Rat, Ungarn sofort über Österreich in Richtung Bayern zu verlassen; was sie mit dem ersten Flüchtlingszug tat. Nun wird sie in diesem einsamen Bett, wie so oft, an ihre wunderschöne erste Liebe erinnert.

Vor einigen Wochen, bei einem Maienspaziergang voller Blühten, überkam sie eine tiefe sinnliche Sehnsucht nach männlicher Nähe. Der Weg führte sie durch ein Wäldchen mit sonniger Lichtung, auf der sie spontan versucht war, ihr Kleid abzustreifen, um wie früher in der Puszta mit Stephan ein Sonnenbad zu nehmen. Eigentlich hatte sie auch vor, Martin im Rathaus vor Dienstschluss mit einem Besuch zu überraschen. Sie pflückte für dort als Frühlingsgruß einige Schlüsselblumen, wofür sich Christa dann herzlich bedankte, in eine Vase stellte und feinsinnig lächelnd bemerkte: „Man nennt diese Blumen bei uns ‚Heiratsschlüssel', weil es während ihrer Blühte immer viele Hochzeiten gibt."

Martin freute sich über Evas Besuch, obwohl sie sich nahezu täglich im Wohnumfeld begegnen. Eva hat inzwischen einen Unterrichtsauftrag an der Volksschule in Deutsch erhalten. Manchmal erzählt sie vergnügt, wie herrlich naiv die Schwaben- und Ungarn-Kinder ihre Heimatsprachen ‚verdolmetschen'. Martin empfindet die um Jahre ältere Eva als Respektsperson, doch mit ihren hübschen Augen und der anmutigen Figur auch als schöne Frau, was bei ihm in ihrer Nähe ein neuartiges körperliches Verlangen auslöst.

Sie gingen auf Evas Herweg zurück. Eva fragte ihn

nebenbei, ob er noch an Tanja denke, und manchmal Sehnsucht nach ihr habe. Er nickte. Und ob er sie oder eine andere Frau schon geküsst habe. Er schüttelte lächelnd den Kopf. Als sie am Wäldchen mit der immer noch sonnenwarmen Lichtung ankommen schlägt Eva vor, eine Pause zu machen, um als Gruß für die Mutter ein Sträußchen Maiglöckchen zu pflücken.

Sie setzten sich. Eva legt sich zurück und schließt die Augen. Die Frühlingssonne berührt ihr feines Kleid, das ihren Körper sanft umschmeichelt. Sie fühlt Martins erotische Nähe, denkt an die Worte seiner Mutter von damals am Klavier, und verhält sich still. Sie will ihn mit keinerlei Animation befremden. Sein erstes körperliches Intimerlebnis mit der Frau soll er als ein Geschenk der Liebe empfinden. Wie eine Sinfonie, die erstmals die lauschende Seele berührt, und sie ein Leben lang immer wieder neu beglückt. Martin nahm ihr die Bedenken, indem er ihre Hand suchte, und sie festhält. Seine schüchterne Zärtlichkeit weckt bei ihr die Sehnsucht nach Hingabe, in der Gewissheit, Martin nun als einen Liebe wünschenden und Liebe gebenden Mann empfangen zu dürfen.

Sie öffnet die Augen, sieht seinen erwartenden Blick – und zieht ihn zärtlich auf sich. Sie spürt seine Erregung, und hilft ihm in ihren Körper zu kommen. Martin blieb still: Er dachte an den Traum mit Eva, wo es ihm ‚kam', wie ein Freund dieses für Martin neue Gefühl wie etwas Sündhaftes nannte. Er empfing ein sanftes Streicheln in ihr, das ihn in eine wunderschön-ohnmächtige Hingabe trägt. Eva spürte seine leidenschaftlich starke Kraft in ihrem Schoß und küsste ihn mit der Inbrunst der Liebe gebenden Frau. Sie waren für einen Augenblick in einem der schönsten Geheimnisse des Daseins, vielleicht in der engelsgleichen Welt der Liebe. Doch Martin weint. Eva erschrak, denn seine Tränen erinnerten sie an ihre erste körperliche Vereinigung mit Stephan, den damals älteren Studenten und geliebten Ehemann, der nach seiner Hingabe in ihr auch geweint hat, und später dazu sagte, dass er in diesem Moment in einem Gefühl von Gehen und Bleiben gefangen war. Eva küsste Martin auf die Stirn. „Sei nicht traurig. Du bist nun ein Mann, der eine Frau behutsam und zärtlich glücklich machen kann. Deine zukünftige Frau wird dich lieben, und sie darf stolz auf dich sein. Doch sag', warum weintest du?"

„Ich hatte das Gefühl, etwas zu verlieren, um etwas zu bekommen, das mir nicht gehört. Bitte, Eva, erzähle meiner Mutter nichts davon." Sie nickt und nimmt ihn im glücklichen Bewusstsein ihrer mütterlich-zarten Art bei Martins erster Hingabe nochmals in die Arme. Sie lächelt in sich als die eheliche Geliebte einer verlorenen Unschuld. „Die Maiglöckchen, geliebter Martin, werden deiner Mama alles erzählen."

Es klopfte an der Autoscheibe; er war in der Erinnerung eingeschlafen.
„Haben Sie telefoniert"? – „Nein." Inzwischen ist es 14:30 Uhr.

Es war der Volkspolizist, der ihn vorhin auf die Toilette begleitet hat. Er lächelte sogar. Martin hatte Durst und Hunger. Er fragte ihn, ob es hier etwas zu trinken und zu essen gäbe? Das Lächeln veränderte sich zu einem leicht-spöttischen Grinsen. „Wir sind hier kein Rasthaus. Entbehrungen sind wohl nicht die Stärke des Kapitalismus"? Martin nahm die Bemerkung nicht ernst und bot ihm einen Tausch an: „Eine Flasche Champagner für ein Brötchen und etwas Wasser." Der Vopo ging.

Martins Gedanken gingen ins Hütbuch und danach wieder zurück ins Elternhaus. Er schlief in dieser ersten Nacht nach Tanjas Ankunft unruhig. Er hatte sich, als die Mutter kam, bereits frisch gemacht und angezogen. „Tanja sitzt schon am Frühstückstisch mit dem Kuchenrest von gestern Abend."

Als er zu ihr kam, stand sie lächelnd auf und gab ihm einen herzhaften ‚Guten-Morgen-Kuss'. Martin ist verwirrt von dieser Art der Tageseröffnung vor Beginn der Arbeit, doch sie wirkt spontan erfrischend und zuversichtlich. Auf dem Tisch stand die edle Meissner-Geburtstagsvase aus dem Schrank vom schönen Zimmer, mit einer Rose. „Sie ist von Tanja", sagt die Mutter, „die mich gefragt hat, ob sie die Rose, die sie gestern bei eurer Ankunft im Garten sah, holen und zum Frühstück aufstellen darf; was mich freute." „Vielleicht", sagte die Mutter, am frühen Morgen schon bedächtig lächelnd, „ist sie des Sommers letzte Rose und ein welkender Vorbote des Herbstes, den ich so wertvoll finde wie den Frühling und Weihnachten so glaubensnah' wie Ostern."

Tanja fühlte sich für einen Augenblick in der Nähe der Eltern in den „russischen Ostern" und empfing für Martins Mutter aufrichtigen Respekt und Zuneigung, wie auch für ihre ‚Neue Welt', von der sie so lange schon träumt und sich in Bamberg als erstes vertiefte.

Sie marschierten los, auf dem Weg, auf dem sie gestern kamen: über den Dorfbach, wo sich Enten vergnügten, vorbei an der zum normalen Baum gewordenen ehemaligen ‚Hitlereiche'. Diese Eiche, wie Martin von Nachbar Johannes sagen hörte, habe die ‚Entnazifizierung' völlig gleichgültig überstanden und wird als missbrauchtes Naturgeschöpf beruhigt weiter wachsen. Weiter geht der Weg, vorbei am noch stillen Schulhaus, der Kirche mit der soeben beginnenden Frühmesse, am bäuerlichen Geburtshaus seines Vaters, dem Bahnhof mit den ersten Frühpendlern und der offenen Bahnschranke, weiter auf Martins täglichem Weg zum Rathaus.

Am Ortsende ergriff Tanja seine Hand und setzte den gestrigen Bericht über die fünfzehn Monate Vergangenheit fort: „Im Lager Hof kamen viele Flüchtlinge an, auch zwei junge Männer ohne Gepäck, die ein Schulmädchen in unsere Nähe brachte. Sie grüßten freundlich. Der Oberst schaute nachdenklich auf die Schuhe des Einen und sagte dann zu ihm: ‚Wir sind eine Familie aus Plauen und wollen nach Süddeutschland. Ich war Offizier und sehe an ihren Stiefeln, dass Sie in der Wehrmacht waren. Darf ich euch fragen, was passiert ist?' ‚Selbstverständlich', sagte der etwas Ältere mit Namen Peter, wobei auch der Begleiter Paul aufmerksam wurde. ‚Wir gerieten beim Spähtruppeinsatz bei Chemnitz hinter die russische Front. Ich bin Musiklehrer, war Leutnant der Reserve und bin in Bamberg beheimatet. Paul ist aus Eger. Er wurde wie alle deutschstämmigen gebildeten und wehrtauglichen Männer nach der Eingliederung des deutschen Ostens zur SS-Fronttruppe bestimmt. Das Kriegsende erlebten wir in Annaburg bei einem Kameraden, dessen Frau unsere Uniform veränderte. Dann gingen wir in der Nacht durch das Erzgebirge unauffällig in Pauls Heimatort nach Eger. Was auch gut ging, bis auf die Feststellung bei unserer Ankunft, dass Pauls Angehörige nicht mehr da waren. Ein Nachbar und Studienfreund von Paul sah das Licht unserer Stablampe und kam ins Haus. Er rief dann Gott sei Dank Pauls Namen, denn wir hatten bereits unseren Armee-Revolver schussbereit gemacht. Er hörte nun Pauls Stimme und sagte, dass seine Braut und die Eltern schon vor Tagen irgendwohin nach Bayern geflüchtet sind. Er legte uns wegen des Hasses mancher Einwohner nahe, in der Nacht noch weiterzugehen, am besten in die Grenznähe bei Hof. Solange ihr noch vorhandene Kleider wechselt, hole ich etwas zum Essen. Wir haben uns, so gut es ging, gewaschen und umgezogen. Pauls zivile Schuhe waren mir zu klein', sagte Peter lächelnd. ‚Als der tschechische Nachbar und Freund mit einem Esspaket kam, gingen wir hinaus in die Nacht, in der er uns bis zum Stadtrand begleitete, wo auf der Ortstafel der Name Eger gestrichen war und Cheb darüber stand. Einen Tag mussten wir noch im Wald verbringen. Dann kamen wir über Asch nach Bayern – und nun sind wir hier'." Tanja drückte zärtlich Martins Hand und erzählte weiter: „Als der Oberst die Schuhe von Peter erwähnte, schaute ich auf die seinen; es waren auch Marschstiefel. Er trug am liebsten immer Reitstiefel. Beides hat der Vater in einem Extraraum für hohe Offiziere in der Kaserne gesäubert, oft zusammen mit der Mutter, die die Hauswäsche betreute. Danach wurden die Dinge mit dem Handwagen ins Haus des Obersts gefahren.

In Hof kam dann eine Lagerschwester und sagte uns dass übermorgen früh ein Flüchtlingszug von Leipzig kommt und Richtung Nürnberg weiterfährt. Es würden hier noch Wagen angekoppelt. Wer mitfährt, soll bitte die Begleitpapiere und ein Esspaket holen und das Gepäck ordnen. Ein Bauer wird es übermorgen – um 10 Uhr morgens – mit einem Fuhrwerk zum Bahnhof bringen.

In den Tagen bis zur Weiterfahrt unterhielten wir uns mit Peter und Paul über ihr Zuhause. Peter ist von Beruf Musiklehrer an einem Gymnasium in Bamberg. Er ist verheiratet und wohnt in der Nähe Bambergs. Dort ist sein Vater evangelischer Pastor. Er betreut mehrere Gemeinden in der katholischen Umgebung. Als Lissi – wie immer etwas Vorlaut – Peter auf Oberamtsrat Otto W., den Dienstfreund ihres Vaters ansprach, erfasst diesen spontan das Staunen. Er kennt den Amtsrat, denn sein Vater saß vor dem Krieg oft mit ihm im romantischen Gasthof ‚Fränkische Schweiz' am Stammtisch. Paul", erzählt Tanja weiter, „hörte immer still zu. Er wirkte sehr niedergeschlagen und sprach dann wie abwesend über das Musikstudium in Prag, von seinen Eltern, die in Eger einen Kolonialwarenladen hatten, auch zögernd von seiner Verlobten Clara, die in Eger an der Volksschule Deutschlehrerin war". Tanjas Blick ging zu Martin und sie sagte dann etwas unschlüssig: „Paul schaute mich an, als würde er bei mir Hilfe suchen. Sein Blick zeigte Heimweh und Sehnsucht zugleich.

Das Bauernfuhrwerk kam dann pünktlich. Peter und Paul, die auf Einladung vom Oberst gerne in unserer Nähe blieben, stellten das Gepäck auf den Wagen und halfen auch der Flüchtlingsfamilie aus Schlesien. Als wir nach kurzer Fahrt am Bahnhof ankamen, waren bereits Flüchtlinge aus Thüringen da und Soldaten in Uniform ohne Kennzeichen, die im Flüchtlingslager Hof vor der russischen Gefangennahme sicher sind.

Dort habe ich etwas sehr Schreckliches erlebt: Plötzlich kamen US-Militärpolizisten im Jeep angefahren. Paul ging, als er dies sah, sofort in die Toilette des Bahnhofs. Die US-Soldaten befahlen den Männern, sich oben freizumachen und die Arme hoch zu nehmen, wo sie dann etwas suchten. Ein Mann mit einer Augenklappe wurde sofort abgeführt. Seine Frau und ihre zwei kleinen Mädchen liefen weinend hinterher und wurden von den Soldaten mit Stöcken vertrieben. Während dies geschah, schaute ich zum Oberst; seine Hände zitterten. Als Paul wiederkam, nahm er ihn in die Arme."

In der Ahnung um sein SS-Merkmal, im Wissen, dass

auch sein Sohn, wie viele Studenten des deutschen Ostens, als eine Elite zur Waffen-SS rekrutiert wurden, und sichtbar, wie die Rancherpferde in den USA, mit dem Brandmal versehen wurden: gegeben als eine besondere Ehrbezeugung, die als Befehl dann schrecklich zum Holocaust missbraucht die Deutschen zu einem Tätervolk gemacht hat.

In der Stille des Augenblicks dachte Martin an das „vea victis" des verehrten Latein-Aushilfsprofessor an der beruflichen Handelsfachschule.

Die Verliebten waren nun an der Bank unter den Akazien angekommen und setzten sich. Sie hatten ja noch eine Stunde Zeit bis zu Martins Dienstbeginn.

Tanja erzählte weiter: „Sissis Mutter bemühte sich um die weinende Frau und ihre zwei Kinder, die auch bitter weinten; ihr Papa ist ihnen von fremden Männern in Uniform weggenommen worden. Der Zug kam und wurde um einige Wagen erweitert. Ein Schaffner rief zwischendurch die nächsten Haltestellen von Bamberg bis Ulm auf und wies die Flüchtlinge an ihren Ziel-Platz ein. Im Wagen Bamberg nahmen wir mit Peter, Paul und der Frau mit den zwei Mädchen Platz. Unterwegs sprach die Frau von ihrem verhafteten Mann. ‚Er ist von Beruf Regierungsrat und wurde im Polenkrieg zum SS-Offizier ernannt und an einem Auge schwer verwundet. Danach hat man ihn in die Administration des Ressort KZ versetzt. Mein Mann', sagte sie dem Oberst, ‚war die ganze Zeit sehr bedrückt, denn er war kein Nazi. Er hat – ich kann es beschwören – eine jüdische Arztfamilie vor dem KZ bewahrt. Wir sind aus Rudolstadt und wollen zu seinem Bruder mit Familie nach Eichstätt. Er ist dort Arzt im Spital. Wir sind wahrscheinlich nach dem Weggang von Rudolstadt denunziert worden. Ich bete nun in der Bischofsstadt Eichstätt für uns alle in der Hoffnung auf eine gerechte Behandlung meines Mannes und darum, dass wir bald wieder alle zusammen sind'.

Um die Mittagszeit kamen wir in Bamberg an. Am Bahnhof gab es die Möglichkeit, ein telefonisches Ortsgespräch zu führen. Der Oberst rief Otto W. an. Peter besprach mit Paul den Fußmarsch zu seinen Angehörigen.

Bereits nach einigen Minuten kam Otto auf dem Fahrrad angefahren. Er begrüßte, vermutlich mit Rücksicht auf die Anwesenden, Lissis Vater mit „Grüßgott, Herr Oberst", was bei den zwei versprengten Soldaten sichtlichen Respekt auslöste und zur allgemeinen Freude erweiterte, als Oberamtrat Otto den Peter sah. Er reichte allen die Hand, bat sie in den Warteraum des Bahnhofs und ließ sich, nun wieder als Robert statt Oberst, seine Familie vorstellen. Er fragte ihn dann, ob sie in Bamberg bleiben wollen? Worauf Robert sagte, dass sie hier auf den Sohn und den Schwiegersohn warten, die hoffentlich bald und gesund ankommen werden. Otto schlug vor, den Aufenthalt vorerst im kleinen Sitzungssaal des Rathauses zu verbringen, der von der Stadt dafür freigestellt wurde. Peter und Paul zogen es vor, die fünf Kilometer bis zu Peters Heimatort zu Fuß zu gehen.

Sie würden sich dann in den nächsten Tagen wieder im Rathaus melden. Paul schaute mich an, als würde er mich am liebsten mitnehmen oder in meiner Nähe bleiben. Wir gingen zum Rathaus, vorne der Oberst mit Dienstkamerad Otto, dann die Mütter Lydia und Anita mit den Kindern im Arm und dahinter die Großmütter Helene und Berta. Der Sitzungssaal im Rathaus zu Bamberg, lieber Martin, war ein Wunder für mich: die Decke mit fein gewölbten Rändern, dazwischen Engel in weißen Gewändern unter samtblauem Himmel, mit Posaunen und Harfen an Gottes Thron schwebend, andächtig musizierend. Darunter ringsum an der Wand Gemälde von Gelehrten mit staunendem Blick, geistliche Würdenträger und Fürsten in prächtiger Kleidung, manche mit abwesender Miene, der Fußboden aus geformten Hölzern, darauf schwere Tische aus Eiche, die umstellt sind mit Stühlen mit rotem Samt. Und in jeder Ecke standen, wie aus einer fremden Welt, primitive Feldbetten. An einer der vielen Türen klebte ein Zettel „Waschraum und WC." Wenn ich im Feldbett nach oben blickte, musste ich an Vater und Mutter denken und daran, ob sie nun dort oben sind?" Sie ergriff Martins Hand, entdeckte seine Konfirmationsuhr und schaut lächelnd hoch zu ihm: „Weißt du noch, damals an der Kaserne... Martin, trotz allem freue ich mich, dass es in dieser böse gewordenen Welt noch Schönes wie Bamberg gibt: Denkst du auch so?"

Er nickte, sah rundum niemand und küsst sie innig. Die Morgensonne war strahlender Zeuge.

Er kam im Rathaus mit Tanja pünktlich an, begrüßte Christa und Hilde, ging zum Schreibtisch, und bat Tanja auf einem Stuhl Platz zu nehmen. Das Aufnahmeformular mit dem Antrag für den Personalausweis hatte Christa schon vorbereitet. Martin fragte Tanja, wie allgemein üblich, nach ihren Personalien: „Tatjana Vera Swoboda, am 27. Jänner 1928 geboren in Chernowicz Rumänien. Tanja, was heißt Jänner?"

„Das Wort hat Lissis Mutter immer benutzt, wenn der Monat Januar gemeint war."

Alle weiteren Formularfragen waren Routine, beim Wort Beruf dachte er an Zwangsarbeit und strich das Wort. Tanja fragte, ob sie im Dorf etwas spazieren gehen dürfe.

„Wenn du möchtest, Tanja, dann besuche auf dem Friedhof meine Ullrich Großeltern, gleich rechts am Eingang."

„Und daneben kannst du", fügte Christa an, „ein kleines ‚Ewigruhgebet' bei den Messners, meinen Großeltern, anbringen."

„Um zehn Uhr", sagt Christa, „kommt Anne. Sie darf eine Überraschung empfangen. Vorgestern wurde dem Rathaus ihre Berufung zur Hebamme ins städtische Hospital und für unsere Gemeinde amtlich bestätigt. Johannes hat mich gebeten, eine Abschrift des Schreibens zu erstellen und draußen im amtlichen Mitteilungskasten anzubringen. Er hat Anne auch für zehn Uhr zu einem Besuch eingeladen und vorgeschlagen, eine Flasche Wein mit Gläsern bereitzustellen. Wir werden Anne herzlich begrüßen und dann mit Bürgermeister Johannes in die Remise gehen. Hilde wird ihren Mann holen und ich die Gläser mit Wein bereitstellen."

Johannes wies dann auf ein zugedecktes ‚Etwas' hin und bat Martin, das Tuch zu entfernen; was er behutsam tat: Vor ihnen stand ein Nachkriegswunder – ein neues Damenfahrrad. Anne kam pünktlich zu Fuß an.

Johannes berührte die Weingläser und sprach: „Liebe Anne, herzlichen Glückwunsch zu deiner helfenden Berufung beim irdischen Kommen des Menschen. Dieses Fahrzeug ist eine mobile Unterstützung für eine rasche Hilfe. Für den Behandlungskoffer ist vorn dran ein Korb. Das Rad ist ein Geschenk deiner Heimatgemeinde."

Anne dankte ihm sichtlich gerührt und erbat, wie immer charmant lächelnd, für ihre Aufgabe viele Liebesbeweise von ‚Guter Hoffnung'. Hilde flüsterte ihrem Mann und Gemeindesprecher etwas zu, im Wissen, dass dieser die kleine Rathausfeier und deren Hintergrund draußen im Ort bei Männlein und Weiblein aufmunternd anbringen wird.

Als oben ein Telefon wieder zum Dienst ruft, fragt Anne Martin nach Tanja, die sie ja noch nicht kennt und sich auf sie nach den Worten von Martins Mutter neugierig freut. „Sie geht etwas spazieren."

Anne: „Ich habe auf dem Weg hierher deiner Mutter einen Vorschlag für Tanjas berufliche Zukunft gemacht. Sie wird am Mittag mit euch darüber sprechen. Wir könnten uns dann nach Dienstschluss zuhause bei mir treffen." Sie setzt sich auf ihr neues „Dienstfahrzeug" und radelt fröhlich durchs Dorf, ihrem Arbeitsplatz für himmlische Wesen, die vom Diesseits im Ehebett erwartet werden.

Als Martin zur Mittagspause aus dem Rathaus geht, steht Tanja lesend am amtlichen Aushang. Als er zu ihr tritt, nimmt sie seine Hände in die ihren, schaut ihn wie bei der letzten Begegnung an der Kaserne traurig-hoffnungsvoll an: „Schau, Martin, eine Frau mit dem Namen Anne ist Hebamme geworden. Sie war zuvor Krankenschwester. Ich habe oft am Bett meiner kranken Mutter gesessen und möchte auch eine Krankenschwester sein."

Martin spürt ihre aufkommende Traurigkeit und versucht sie mit einem zärtlichen Händedruck und den Worten „komm' Tanja, wir gehen heim zu uns" zu trösten.

„Haben Sie telefoniert?" „Nein." – Der Zeitmesser vor ihm zeigt auf 15:00 Uhr

Es ist der Volkspolizist, den er zuvor nach Brot und Wasser gefragt hat. Dieser trug einen Beutel und reichte Martin daraus verdeckt eine Flasche Mineralwasser und ein mit Thüringer Bratwurst belegtes Brötchen „ein Gruß von der Frau." Martin ging zum Kofferraum, um ihm das

Tauschangebot Champagner in einer KaDeWe-Tragetasche zu geben. „Als einen Gruß für die Frau". „Bitte nicht da hinein, wehrt er erschrocken ab, sonst wird sie mich unter Umständen bei Wasser und Brot im Knast besuchen müssen. „So wie ich sie hier", meinte er mit Blick auf seinen mehrfach gebrauchten „Ostbeutel". Martin dachte, wenn diese Art Vopo-Humor „Schule" macht, dann sind die Grenzer bald arbeitslos. Er erlaubte sich zu fragen, wann es denn für ihn „weitergehe". Der Polizist blickte ihn an, schien nachzudenken, öffnete leicht den Mund, schwieg dann und ging achselzuckend zurück auf seinen Wachposten. Martin blickte auf die Blümchen am Rain und verzehrte etwas zuversichtlicher das geheime DDR-Menü.

Seine Gedanken gehen wieder zurück zu Tanja und auf den Weg ins Tal. Er erzählte ihr von der Hebamme Anne und der Hützeit mit ihr im Krieg. Sie hört aufmerksam zu. Als sie daheim ankamen, hatte die Mutter für das verliebte Paar bereits Pfannkuchen mit Waldbeeren gemacht, die sie ihnen zeitbedingt direkt von der heißen Herdplatte auf den Teller legt. Nebenbei sagte sie, dass Anne da war und wir am Samstag nach dem Dienst zu einem Gespräch in den Kreuzhof eingeladen sind. Martin soll bitte nach dem Dienst auch kommen. „Tanja und ich werden einen kleinen Umweg zu den Waldbeeren machen".

Als er wieder zurück zum Dienst ging, begegnete er dem Bruder von Hildegard, der vor einigen Tagen aus der Gefangenschaft kam, und sich nun im Rathaus anmeldet. Er spricht ihn nicht an, denn er hatte ihn zuletzt vor drei Jahren während seines Heimat-Urlaubs gesehen. Auch schien er in Gedanken weit weg zu sein. Im Rathaus begrüßten sie sich dann als Nachbarn. Martin hat die Lebensmittelkarten, die Bezugsscheine für Kleidung, das Begrüßungsgeld und die neuen Verhaltensregeln bereits vorbereitet, die Christa dann dem Nachbarn und Architekten Stefan mit einem herzlichen „Willkommen Zuhause" übergab. Hilde fragte ihn nebenbei, aus welcher Gefangenschaft er komme. „Aus Russland", sagte er – und schwieg. Martin bemerkte bei ihm, wie bei allen kommenden Soldaten, dass sie die Frage nach

Krieg und Gefangenschaft nur ungern beantworten.

Mutter und Tanja begeben sich auf den Weg zu Anne ins Nachbardorf. Die Mutter trägt eine Milchkanne, die schon in der Notzeit der Dreißigerjahre das Mittagessen zur Bank mit den Akazien transportierte. „Tanja", sagte sie, „wir werden unterwegs im Wald Beeren sammeln. Dort, wo Martin und ich im Krieg zum Beerensuchen gingen. Oft, wenn's im Gebüsch raschelte, kam die Angst vor fremden Gestalten. Doch immer waren es Nachbarn, die mit dem Gepflückten ebenfalls für Vorrat sorgten, der dann, wie heute erlebt, aus dem „Eindünstglas" Pfannkuchen versüßt. Als sie am Beerenplatz ankommen, erwartet sie ein herbstlich buntes Gesträuch voller Herbsthimbeeren und Brombeeren. „Schau, Tanja, diese Früchte sind schon überreif, auch Johannisbeeren gibt es noch!"

„Ribisel", sagt Tanja. „Wie nennst du sie?", fragt die Mutter. Und Tanja erzählt: „Im Garten des Offiziers meines Vaters gab es auch Johannisbeeren. Die Familie sagte immer ‚Ribisel' dazu, weil diese, als die Bukowina noch bei Österreich, war so genannt wurden."

Die Mutter war verwirrt, denn für sie war Tanja ja aus Russland. „Sag', Tanja, bist du aus Rumänien"?

„Ja, mein Vater war Adjutant von einem rumänischen Oberst, der nach dem Polenkrieg ein deutscher Offizier wurde und mit der Familie nach Deutschland ging. Ich habe von seiner Tochter Elisabeth deutsch gelernt. Meine Mutter ist aus der Ukraine. Vater, Mutter und ich wurden nach dem Polenkrieg in Mutters Heimat Ukraine gelockt. Dort wurde mein Vater wegen des Diensts beim Oberst von den Russen als Spion verhaftet und umgebracht. Meine Mutter wurde sehr krank und ist bald gestorben. Sie gab mir noch ihr Hochzeitsbild, das sie immer bei sich trug." Tanja weinte leise und zeigte ihr das zerknitterte Bildchen. „Ich bekam einen russischen Ausweis und habe mit russischen Frauen in einer Fabrik gearbeitet. Ich hatte immer Heimweh. Als es Krieg gab mit den Russen, kamen deutsche Soldaten und Männer mit Hakenkreuzmützen, die uns nach Deutschland brachten."

Sie schaut – schon wieder lächelnd – zur Mutter, die andächtig zugehört hat, und greift respektvoll nach ihrer Hand: „Ich liebe Martin, seit ich ihn in der Fabrik zum ersten Mal sah. In der Nacht vor Weihnachten, wo dort – sie zeigte auf den Wald am Horizont – Feuer und Donner war, träumte ich von daheim. Meine Mutter sagte mir in unserer Wohnung in der Kaserne vom Oberst, du wirst nach Deutschland gehen und an einer Kaserne die Liebe finden: einen Jüngling, der dich innig liebt, wie du ihn, seit du in Deutschland bist. Ich habe mit Martin bei der befohlenen Begleitung auf die Toilette heimlich geredet, über das Feuer, die Bomben und den Traum meiner Mutter. Er schaute mich an wie ein Kind, das zum ersten Mal im Leben die Sehnsucht nach etwas Wunderbarem ahnt", sagte sie lächelnd, „ich fühlte, wie meine Liebe zu ihm ging."

Die Mutter stellte die mit Beeren gefüllte Kanne auf die Erde und nimmt sie in die Arme: "Sei nicht traurig, Tanja, ich bin nun deine Mama. Ich möchte auch eine Mutter sein, die schöne Träume schenkt, wie deine Mama aus der Ewigkeit."

Der Umweg über den Beerenwald führte sie zur Mühlwiese, wo Tanja vergnügt über die Brücke hüpft. Soeben noch hat sie geweint, schon ist sie wieder fröhlich, dachte die Mutter – auch an den eigenen Kummer, als sie über diese Brücke zu Martin ging. Freude und Trauer sind wie kindlich verliebte Geschwister und nahe Verwandte der Seele.

Sie wünscht sich in der Erinnerung an ihren damals beglückenden Hütbesuch, dass die Jungverliebten bei ihrer gutgläubig-sensiblen Art ohne einen Kummer bleiben, vor allem für Tanja in dem fremden und zerstörten Land. Sie wird die Sehnsucht an ihre Kindheit im Vergessen des kriegerisch Bösen bewahren. Möge ihr in der Heimat ihres geliebten Martin – nun auch ihre Heimat – bitteres Heimweh erspart bleiben.

Als sie im Kreuzbauerhof ankamen, unterhielten sich Anne, ihre Eltern und Martin gerade in Opas Zimmer. Vater Kreuzbauer wollte Tanja aus Sympathie einige russischen Worte aus seiner Gefangenschaft anbringen, wovon ihn Anne im Wissen um Tanjas Schicksal abgeraten hat. Sie empfingen die Beiden mit dem altdeutschen ‚Grüß Gott', wobei Anne und Tanja sich erstmals sehen; sich sofort mögen und herzlich umarmen.

Zuvor hatte Anne, nach der Visite bei einer Wöchnerin, Martin besucht, um mit ihm auf dem Weg nach Hause über die gemeinsame Hilfe für Tanjas Zukunft zu reden. Anne wusste von Martins Mutter, dass die bald achtzehnjährige Tanja seit 1942, also mit vierzehn Jahren, als russische Zwangsarbeiterin in Martins Lehrbetrieb kam und ihre Eltern nicht mehr leben. „Welche Schule hat sie besucht? Wie und wann hat sie die deutsche Sprache gelernt? Hat sie schon von einem Arbeitswunsch gesprochen? Was können wir tun, um sie als Waisenkind glücklich zu machen, mit dir, mit uns – für immer."

Martin informierte Anne eingehend über die vielen Gespräche mit Tanja. Er erwähnte dabei besonders ihre Bemerkung, als sie am Rathaus die Ernennung zur Hebamme las: Gerne würde sie Krankenschwester werden. Auch erzählte er von ihrem Aufenthalt in Bamberg, wo sie bis jetzt in der Nähe der Oberstfamilie war, die auf die Ankunft ihrer noch fehlenden Kriegsheimkehrer warteten. Sie wohnte in einem Gasthof im Nachbarort, wo sie in der Wirtsstube und bei der Hofarbeit mithalf. Er erzählte Anne auch von Tanjas erlerntem Klavierspiel durch Paul, Front-Flüchtling aus Eger und Musikstudent in Prag. Wofür bald einmal seine in gläubiger Verehrung ruhende Liebe für Tanja auf Verständnis geprüft wird, wie bei vielen Menschen, die derzeit auf der Flucht unsagbar einsam sind und ohne die helfende Zuversicht von Zuneigung, Trost, Gebet, Hoffnung und liebesbereiter Hingabe, im Glauben an Gott, dem Schöpfer ihres Daseins, verzweifeln wurden.

Anne nahm Tanja an der Hand und führte sie zum Fenster. Mit dem Blick auf den Hausgarten mit Brünnlein und Linde schaut sie sie lächelnd an und sagt: „Ist das nicht ein wunderschöner Anblick? Und schau, dort oben die Wallfahrtskapelle mit Zwiebelturm."

Tanja ahnt den Grund für Annes anmutigen Ausblick. Sie schaut zu Mutter Anna, die soeben Annes Mutter Elsa die volle Beerenkanne mit den Worten reicht: „Elsa, dünste sie zum Winter für Tanja ein."

„Gerne", erwiderte sie, „mein Mann und ich würden uns freuen, wenn Tanja in Opas Zimmer käme."

„Ich auch", fügte Anne hinzu. „Da du, liebe Tanja, wie mir Martin sagte, gerne Krankenschwester werden möchtest, kann ich dir bei der Lehre im Spital Tag und Nacht beistehen."

Tanja sprang ihr spontan um den Hals und danach Martin, worauf sie von dessen altem Freund Wolfi knurrend betrachtet wird. Alle lachten. Gustl hat die Kreuzbauers und Gäste nach der „Konferenz", wie er den Besuch nannte, zu einem Vesperbrot eingeladen. Er hatte auch eine Flasche Weiswein Jahrgang '45 ergattert. Und ein Klavier stand am Kachelofen, das der Hüthofbauer für ein Stück Anrainer-Ackerland von einem Nachbarn erstand. Rudi spielt selten darauf; er hat nach der Heimkehr ein Notenblatt aufgelegt, auf dem sein Vater, der Noten nicht lesen konnte, manchmal den Namen Joseph Haydn ehrfürchtig betrachtet.

Die „Wirtsbäuerin" Ida hat Gutes aus dem Schlachtkontingent genascht. Tanja sah und aß erstmals Blut- und Leberwurst mit selbstgebackenem Bauernbrot. Die Stimmung im Raum empfand Gustl ähnlich wie die am Erntedank-Sonntag 1944; mit Forelle, die gefangen wurde von einem gefangenen französischen Offizier, der noch oft und gern über Grüße aus Breisach an ‚seine deutsche Zeit' denkt. Nun ist es ein rumänisch-russisches Mädchen, das nach dem Verlust von Heimat, Eltern, und der unwürdigen Zwangsarbeit, durch eine glückliche Fügung Liebe und eine neue Heimat fand. Inzwischen kommt Rudi, der sich für ein Studium der Zukunft – Anglistik – an einer Universität bewerben möchte.

„Ehe ein würziger Hauskäse den Magen schließt", erhebt Hobbyphilosoph Gustl sein Glas, und stößt mit allen am Tisch leise an, „trinken wir darauf, dass es weiter ‚seinen g'weisten Weg' geht, so, wie dieser allen irdischen Wesen vom Schöpfer zugewiesen ist. In diesem Sinne für uns, für all' die Anderen und für die Zukunft ‚Frieden auf Erden!' Doch urplötzlich überkam ihn Unruhe. Die Heimatzeitung schreibt täglich über Verbrechen von uns Deutschen. Vor kurzem noch lobte sie die NSDAP. Auch das Radio war zuvor noch voller Sondermeldungen von Hitlers stolzen Siegen. Nun liest und hört man nur noch von bestialischen Verbrechen der Deutschen und ihrer Nazis; er wirkte traurig.

Tanja spürte seinen Kummer. Sie geht in der Absicht einer Erheiterung ans Klavier, sieht ein Notenblatt mit einer Komposition von Joseph Haydn, setzt sich, und intoniert unbewusst die deutsche Nationalhymne. Die Tischrunde ergreift bei diesem hundert-jährigen Vaterlandbekenntnis eine neue, eine bekümmerte Andacht. Anne erschrickt, als Rudi nach draußen geht. Sie folgt ihm und erlebt, wie Rudi mit Tränen in den Augen in Richtung Ulm blickt. Als beide wiederkommen, bemerkt der Vater zu seinem besiegten Fliegeroffizier: „Du dachtest bei dieser Melodie an das Schicksal deines Feldmarschall Erwin Rommel – und bist traurig geworden."

Martin geht zu Tanja ans Klavier und nimmt sie in die Arme: „Weißt du, wie diese Melodie heißt?" Tanja blickt auf das Notenblatt: „Joseph Haydn 1797 – Kaiserlied".

„Es ist die deutsche Nationalhymne", sagt Martin, worauf bei Tanja der erschreckte Blick aufleuchtet, der bei ihr immer dann kommt, wenn sie sich in ihrer Handlung oder in Worten gerügt fühlt. Dies ist Martin schon in der Fabrik bei ihrer Arbeit als Zwangsarbeiterin aufgefallen, als er an einem geschweißten Gewehrhaltering einen Fehler sah und sie darauf hinwies. Ihre bezaubernd lächelnden Augen, die Martin damals schon so sehr an ihr liebte, wirkten urplötzlich erschrocken. Er hat den Ring dann zur Masse geworfen und ihr Lächeln kam zurück. Heute nun gibt er ihr ein Versprechen: „Das Kaiserlied wird für unsere Zukunft das Lied der Heimat und des Vaterlandes sein"; und ihr wunderschönes Lächeln war augenblicklich wieder da.

Während die Älteren und Martin über manche Nachkriegssorgen und vom Rathaus reden und Rudi sein Wunschstudium Anglistik an der Universität Ulm anspricht, gehen Anne und Tanja hinüber zum Kreuzbauerhof. Unterwegs fragt Anne Tanja, ob sie Klavierspielen in der Schule gelernt hat? „Nein, erst seit einem Jahr in Bamberg, von Peter, der dort Musiklehrer ist und jede freie Minute mit seinem Kriegskameraden Paul aus der Tschechei, der in Prag Musik studiert hat. Ich bin mit dem Oberst meines Vaters und seiner Familie von Plauen nach Bamberg mitgegangen. Der Peter war von dort und Paul ist mit ihm vor den Russen aus dem Sudetenland geflüchtet. Ich wurde in der Nähe von Bamberg, im Heimatort von Peters Familie, der Vater ist dort Pastor, in das Gasthaus ‚Fränkischer Hof' einquartiert. Dort habe ich von Paul, der bei Peter wohnte, auf dem Klavier in der Wirtsstube Klavierspielen gelernt, und auch in der Haus- und Hofarbeit mitgeholfen. Anne, ich möchte deinen Rat zu etwas, was dort passiert ist, und mir in meiner Liebe zu Martin Kummer macht".

Anne ahnte was es sein könnte, denn Tanja nannte den Namen Paul seltsam befangen. „Gerne", sagte sie lächelnd.

Nach einer guten Stunde kommen sie wieder zurück in die Wirtsstube. Eine der Beiden ist wie neu gekleidet zu einer bildhübschen Dame, die sichtlich strahlt.

„Die Tanja", sagt Anne, „passt in meine Kleidung vom Schuh bis zum Halstuch. Sie hat sich auch in der Toilette erfrischt und danach Opas Bett fröhlich hüpfend eingeweiht. Sie wird bei uns wohnen. Lieber Martin, du wirst Tanjas Gute-Nacht-Kuss nun im Umfeld deiner geliebten Tiere und unserem manchmal in Angst vor Feinden erlebten Hütdienst empfangen. Den Arbeitstag mit Tanjas Lehre und meiner Geburtshilfe im Spital und der Gemeinde werden wir täglich von hier aus angehen. Tanja wird ab und zu in der Landwirtschaft helfen oder in der gemütlichen Deutschhaus-Wirtsstube Gäste bedienen; und diese manchmal auf dem Klavier mit Volksliedern, und auch der Hymne, erfreuen." So wie jetzt als Feierabend- und Gute-Nacht-Gruß ‚am Brunnen vor dem Tore', die Hausherr Gustl wie früher mit dem Zeigefinger anstimmt, danach Tanja den Platz anbietet und die ganze Runde Text und Melodie kräftig, doch bedächtig mitsingt und Gustl danach, wieder mit dem Zeigefinger, die alt-deutsche Heimatmelodie ‚… hab' oft im Kreise der Lieben …' antippt.

Langsam neigt sich der Tag dem Abend zu. Die Senioren gingen wie jeden Tag in den Stall, um die Kühe zu melken und den unvermeidlichen Dreckanfall ‚auf die Miste' vor dem Haus zu häufen. Wie sagt doch Gustl manchmal dazu: „Den reichsten Bauern am Ort erkennt man an der Größe seines Misthaufens". Rudi ging zum Schreibtisch, Tante Anna und Anne in Opas Zimmer im Kreuzbauerhof, um es Tanja für die Nacht zu richten.

Martin geht mit Tanja zur Wallfahrtskapelle, die wie alle Wohnungen nach wie vor offen sein muss. Sie bedachten ein stilles und aus ihrer Herkunft und Erziehung gewohntes Gebet. Tanja schaut zum Marienaltar mit Votivbildchen und wird an die Heimatkapelle der Mutter und an die Kindheit erinnert, sie weint; wie bei der Kaserne, als sie in dem – im Herzen vertraut gewordenen Feindesland Deutschland – die Trennung von Martin ahnte.

Martin ergreift, wie immer wenn er bei Tanja Angst und Trauer spürt, ihre Hände und küsst sie im Angesicht der Madonna mit Christuskind, die er, gläubig betend damals beim Luftangriff auf Stuttgart für sich und seine Tiere um Schutz bat. Er erzählte Gustl danach von seinen damaligen Ängsten, worauf dieser bemerkte: „Warum mussten so viele junge Menschen soviel Böses schuldlos ertragen? Nur weil sie Deutsche sind"?

Auf dem Weg nach Hause erzählt er der Mutter von Tanjas Tränen in der Kapelle. Die Mutter fand wie immer ein tröstendes Wort: „Martin", sagte sie, „Tanja wurde in ihrer Begegnung mit den überall gleichen christlichen Zeichen an ihre Kindheit erinnert – und bekam Heimweh. Sie ist sehr feinfühlig in Glück und Trauer, lacht und weint in einem. Doch in den Tränen, lieber Martin, schlummert auch – so und so – viel Liebe".

„Haben sie telefoniert?"
„Nein". Es ist 16:00 Uhr
Der Vopo steht im Nieselregen. Er lacht spöttisch und schüttelt unwirsch den Kopf. Das Lachen hört Martin nicht, denn er betrachtet lächelnd das Röschen am Rain, in dessen Blühte ein Regentropfen wie ein Diamant glänzt.

Auch begleitet sein Lächeln das Gedicht ‚sah ein Knab' ein Röslein stehn'. Goethe hat doch hier irgendwo gewohnt? In Weimar, in Thüringen? Besteht denn die DDR nur aus Sachsen? Alle hier reden sächsch', wie die Vopos, auch die Trabi-Parkplatznachbarn.

In seinem ‚Behütbuch' steht folgendes: Das Röslein erinnert an Tanjas Rose bei ihrem ersten Frühstück in seinem Elternhaus, wie auch die Röslein im Umfeld beim Empfang seiner ersten Liebeslust: mit Eva, die er nach wie vor als Mentorin tief verehrt. Auch denkt er an die damals ängstliche Sehnsucht nach einer Hingabe an Tanja, die ja nicht mehr bei ihm daheim, sondern in die Nähe von Martins Hütbubentraum und Angstregion zog. Tanja, die ihn vor zwei Jahren noch als ‚Feind' in der Zwangsbaracke mit der Sehnsucht nach seiner Nähe in den Schlaf mitnahm – und jetzt nun in friedlicher Wirklichkeit in Opa Kreuzbauers Bett. Anne wollte ihr zuvor noch Gute Nacht sagen und über ihr Anliegen plaudern, doch als sie zu ihr ins Zimmer ging, war sie bereits selig eingeschlafen.

Früh am Morgen, es war ein Sonntag, kam Anne mit Handtuch und Seife ins Zimmer, und sah Tanja im Nachthemd am Fenster mit Blick zur Wallfahrtskapelle und der dahinter ankommenden Sonne. Sie begrüßt Anne mit einem herzhaften „Guten Morgen", den Anne in gleicher Weise erfreut erwidert. Erfreut besonders deshalb, weil diese positive Art des frühen Wachseins für die Arbeit einer Krankenschwester wichtig und wertvoll ist.

Anne bot Tanja nach der Morgentoilette, die wie üblich auf dem Bauernhof unten in der Nähe der Stallung stattfindet, einen Spaziergang zur Kapelle an, der dann entlang am Bach der Mühlwiese sanft nach oben führte. Anne begann das Gespräch mit der Frage: „Wie war die erste Nacht in Opas Bett"?

„Ich habe von Bamberg geträumt und von Weihnachten. Der Traum war schön, doch auch etwas bedrückend wie eine Unschuldsbeichte als Kind. Anne, kennst du diese Art von Beichten"?

„Oh ja, schlimm", sagte Anne lächelnd. „Vor allem

der Beichtzettel vor der ersten Kommunion, wo man mit der Mama über Sünden nicht mehr sprechen darf; und so manche Sünde als eine Beichtschuld selbst erfinden muss." Anne ahnte, was Tanja bedrückt. „Erzähle mir vertrauensvoll, was du in Bamberg an Weihnachten und ohne Beichtzettel im Traum erlebt hast." Tanja blieb stehen und blickte Anne bekümmert an: „Du weist, dass ich mit der Familie des Obersts nach dort kam und Paul mir Klavierunterricht gab. Er hat immer gehofft, seine Verlobte, die er sehr liebte, wieder zu sehen. Den Heiligabend feierten wir alle gemeinsam im Gasthof, wo ich wohnte. Es war wunderschön; doch alle hatten wir Heimweh – besonders Paul, der mit Peter Weihnachtslieder spielte und mich immer wieder traurig ansah. Er sehnte sich nach Zärtlichkeit; die ich ihm in der Weihnachtsnacht gab. Meine Gedanken waren bei Martin in der Ungewissheit, ob sich meine tiefe Liebe für ihn erfüllen wird. Ich bin keine Jungfrau mehr, habe auch kein schlechtes Gewissen, doch ich weiß nicht, wie ich es Martin „beichten" soll." Anne hängte sich bei Tanja unter. „Du hast nichts zu beichten, Tanja, du warst in dieser Nacht nicht Pauls Geliebte, und Paul wollte mit dir keinen Geschlechtsverkehr; das ergab sich. Er sehnte sich nach Geborgenheit, die er bei dir als Mutter suchte. Er befand sich im Zustand des neugeborenen Kindes, das nach der Geburt zur Brust der Mutter strebt." Tanja erzählte Anne etwas verschämt, wie Paul in dieser Nacht immer wieder ihre Brüste zärtlich liebkoste und dass sie dies als sehr schön empfand.

„Wie wir Frauen alle", fügte Anne lächelnd an. „Gehen wir nun zur Jungfrau Maria, die von den gläubigen Christen als Gottesmutter verehrt wird, und beten um Beistand für die Einsamen und Heimatvertriebenen. Tanja, wenn du es erlaubst werde ich mit Martin über deine „Beichte" reden." Tanja nickte.

„Haben Sie telefoniert?"
„Nein."
Es war der Polizist, der ihm in der Mittagszeit Brötchen und Wasser gab. Er zeigte sich ungewohnt freundlich, bot ihm eine Zigarette an, und fragte ihn nach seinem „Not-

durft-Befinden". Martin war überrascht von dieser Anteilnahme und sagte ihm – alles sei okay. Er bot ihm eine halbe Flasche Champagner für ein Päckchen Zigaretten an. Der Vopo ging kurz weg und kam mit zwei Packungen der Ostmarke ‚Duett' wieder, gab sie ihm, steckte die Flasche Champagner in seine Uniformhose und grüßte beim Weggehen mit einer Handbewegung zur Uniformschildmütze. Inzwischen ist es 17:00 Uhr.

Martin steckte sich die letzte Zigarette an, betrachtete die nach Westen gehende Sonne und einen verfrühten Nachtfalter, der auf der kleinen Röschenhecke an seinem DDR-Verlies einen Landeplatz suchte. Er überlegte, ob er die offensichtliche konziliante Haltung des Grenzwächters nicht annehmen und die Telefon-Wahrheit nun gestehen soll. Dazu fiel ihm der Alptraum aus der ‚Silber-Hochzeitsnacht' ein, wo er einen ganzen Tag bei Blitz und Donner, umschwärmt von Vopos in Uniform und grellroten Telefonen ständig angeschrieen wurde: „Haben Sie telefoniert, haben Sie telefoniert?" „Nein, Nein", hörte ihn seine Frau damals traumatisch jammern und beruhigte ihn: „Hab' keine Angst, mein Schatz, es ist ja nur ein kleines Gewitter."

Seine Gedanken gehen zu Anne, die ihm nach ihrem Kapellenbesuch mit Tanja von einem Gespräch mit ihr berichtete, das zufällig im Buchenwald stattfand, der im Krieg den Schülern Bucheckern für die Ernährung und etwas Poesie vom Lehrer bescherte. „Die Tanja", sagt sie, „erzählte mir von ihrer Zeit in Bamberg, von der Mithilfe in der Land- und Gastwirtschaft, vom Klavierunterricht mit Peter und Paul, von den Tanzübungen, und von ihrer Liebesnacht mit Paul. Anne spürte Martins Verwirrung; er hat sich wahrscheinlich über die Jungfräulichkeit Tanjas nie Gedanken gemacht. Sie bat ihn um Verständnis für Tanja. Anne erzählte weiter von Tanjas Abschied aus dem schönen Bamberg, das sie durch die Musik besonders lieb gewonnen hat. Die jungen Musiker wollen ein Symphonieorchester gründen; Tanja ist zum ersten Konzert eingeladen. Nebenbei bemerkte Anne auch, dass die Braut von Paul gekommen ist. Die Tanja dann bei Pauls Vorstellung herzlich umarmte, in der Art aller Heimatvertriebenen, bei denen es ja ohne intime Animositäten solidarisch um die vaterländische Zukunft geht. Am 27. Januar, ihrem Geburtstag, kam um die Mittagszeit Lissi.

Sie gratulierte ihr stürmisch und berichtete von der Ankunft ihres Bruders Ernst, der nach einer abenteuerlichen Flucht durch Schlesien und Ostdeutschland, wie bei seiner Hochzeit festgelegt, in Plauen eintraf, und von dort in den Kleidern von Marthas Mann Josef, der noch vermisst ist, ein Stück weit in Marthas Fuhrwerk, später dann zu Fuß durch den Wald die Zonengrenze bei Hof passierte, wo er nach Auskunft des Aufnahmelagers mit dem Zug in Bamberg eintraf. Lissi gab Tanja mit dem Wunsch der Erfüllung ihrer Liebesträume den Kosenamen „Seelchen" und zusätzlichen das reale Geschenk: Wir werden nach der hoffentlich baldigen Ankunft von Simon, dem Mann meiner Schwester Lydia mit dir ins Schwabenland ziehen. Dies geschah dann im Juni, als von Simon die Nachricht kam, dass er auf dem Fluchtweg von Dänemark nicht durch die Russenzone nach Plauen ging, sondern zu seiner Mutter und Schwester, in das von ihnen bei der Umsiedlung aus der Bukowina gewählten Wohndomizil von Verwandten zwischen Augsburg und Ulm. Die Oberstfamilie verließ danach Bamberg mit Tanja, die sich am Umsteigebahnhof nach Kirchdorf mit einem herzlichen „Auf Wiedersehen" von ihnen verabschiedete, um mit dem ‚Münchner Zug' zu dir zu fahren. Und jetzt Martin", fügte Anne lächelnd an, „ist sie dein ‚Seelchen': liebe sie als Mädchen – nicht als Engel."

Dies geschah dann im Herbst nach der Hochzeitsfeier von Eva und Stefan, die sich in Stefans Zuhause, Evas Schule, näher kamen. Ihre neu erwachte Liebe für Stefan wurde erst möglich durch die eidesstattliche Erklärung eines ehemaligen Offizierskollegen vom Tod ihres geliebten Mannes. Auch hat Architekt Stefan von der Stadt Ulm ein Angebot für den Wiederaufbau bekommen, das er gerne annimmt. Eva erhielt die Zusage für die Stelle der Hauslehrerin im Kloster Wiblingen an der oberschwäbischen Barockstraße.

Während der Papa, heute Evas Trauzeuge, mit Tanja einen

Walzer tanzt, gespielt auf dem Klavier als der Hochzeitskapelle von einem pensionierten Kollegen Evas, erzählt die Mutter bei einem Glas Wein ihrem Sohn vertraulich: „Die heute so glückliche Eva war deine erste Frau."

„Wie kommst du darauf?", reagiert Martin überrascht. „Eine Frau, lieber Martin, erkennt den Liebesakt einer ihr vertrauten Frau an ihren Augen – so bei Eva, als ihr vom Spaziergang heimkamt. Und bei dir, mein geliebter Martin, empfing ich als du mir das liebe Sträußchen gabst den überglücklichen Gefühlsausdruck des Mannes nach der zärtlichen Hingabe der Frau.

„Schau, wie glücklich der Papa heute aussieht, auch seit dein Bruder in der Werkstatt Lehrling geworden ist. Und schau, wie fröhlich Tanja uns, der Anne und Rudi zuwinkt. Du wirst Tanja zusammen mit ihnen heim begleiten", und in Gedanken an ihre eigene Brautzeit: dein Bett daheim wird heute leer bleiben. „Tanja sehnt sich nach Zärtlichkeit. Sei lieb zu ihr, wie einst als Säugling zu mir, denn die erste gemeinsame Liebesnacht ist eine Verlobung. Suche ihre Seele nicht nur über den Körper – erkenne diese auch fern vom Bett."

Woher hat die Mama all' dies Nachdenkliche bekommen, sinniert Martin.

Das Hochzeitsfest im neu gerichteten Gefangenenquartier in der ‚Krone' nähert sich der Mitternacht, was durch die Lockerung der Sperrstunde und des Versammlungsverbots erlaubt ist. Doch Punkt Zwölf Uhr stehen die beiden Ordnungshüter am Saaleingang, wo jeder vom Wirt zum Festschluss und Glücksgruß ein Stamperl mit Schnaps bekommt, mit dem sie in dienstlicher Haltung dem Brautpaar zuprosten, was traditionell „Wünsch' Glück im Ehestand" heißen soll. Während die Gäste mit Beifall danken, geht Tanja zum Kapellmeister ans Klavier. Als dieser nickt, erklingt von ihr „Guten Abend, gute Nacht". Und die Gäste dann, erst zögernd dann andächtig, mit „nun schlaft selig und süß, schaut im Traum s' Paradies" die Hochzeitsnacht einsingen. Wofür es für Martins ‚russischem Mädchen' Beifall gibt – im Alltag ihrer neuen Heimat ein Augenblick von Wertschätzung. Auf dem kurzen Weg zum Kreuzbauerhof war Anne fröhlich wie ein junges Mädchen. Sie flüsterte Martin verschmitzt ins Ohr: „Frage Tanja heute Nacht nicht nach Bamberg, sei lieb zu ihr, du kannst es ja sein."

Martin erschrak. Wer weiß denn sonst noch von Eva und mir, dachte er, während Anne nun Rudi umarmt und stürmisch küsst. Tanja lächelt Martin aufmunternd zu; er verstand. Am Kreuzbauerhof sagten sich die Liebespaare „Gute Nacht". Rudi lud die Jungverliebten noch zum Frühstück ein und verschwand mit Anne fröhlich winkend im „Deutschen Haus". Martin erlebte Rudi zum ersten Mal so ausgelassen fröhlich. Tanja nahm ihn bei der Hand und führte ihn über die leise knarrende Stiege nach oben in ihr Zimmer. Da standen sie nun im verträumten Licht des Mondes und dem einsamsten JA der jungen Liebe: der ersten körperlichen Hingabe an den Anderen, den geliebten Menschen.

Niemand, nicht der Vater, nicht die Mutter, steht ihnen bei. In Tanjas Bett liegen zwei Kopfkissen, die Decke ist zurückgelegt, eine einladende Botschaft von Anne. Hütbauer Gustl dazu: „Die Hebamme hat nicht nur für die lebensfähige Ankunft des Menschleins zu sorgen, sondern auch für eine geziemende Lust der Eltern für das Empfangen." Tanja zieht sich im Schutz ihres zarten Lächelns aus, auch Martin, der nur ihre Augen sieht – auch dann noch, als Tanja sich nackt aufs Bett legt und ihn leise bittet: „Komm zu mir, Martin, ich muss dir etwas sagen."

Er legt sich zu ihr, sieht in ihren Augen wieder diese leise Angst, ahnt, was sie ‚beichten' will, streichelt über ihren leicht geöffneten Mund, küsst ihn innig und sagt in der ersten Herausforderung seiner Liebestoleranz „bitte ein andermal." Tatjana schließt die Augen. Sie ahnt, dass Martin ihren Kummer durch Anne kennt, und hält still. Martins „ein andermal" waren die einzigen Worte dieser Nacht. In der sie ein Liebespaar wurden, das ihnen in Treue und ohne Beichte für das bleibende JA zur Hingabe für immer eine natürliche Lust schenkte. Die Weihnacht von Bamberg wird „ein andermal", vielleicht bei einem Konzert der Bamberger Symphoniker, zur Andacht.

In der Woche vor Weihnachten bat ihn die Mutter, den Sohn Josef von der Bäuerin am Kirchenweg, die ihr oft Brot und Milch gibt, zu einer Woche Exerzitien zum Schönen Berg zu begleiten, dorthin, wo er damals nach drei Tagen Beichte, Beten und Schweigen Heimweh bekam, aber der Bahnhof noch zu und es bitter kalt war, und er überlegte, ob er nicht wieder zurückgehen sollte – auch weil er sich vom schlafenden Josef nicht verabschiedet hat. Da kam eine Pferdekutsche und hielt neben ihm an. Ein älterer Mann fragte: „Auf wen wartest du?"

„Auf den Zug nach Remsheim."

Der vermummte Kutscher blickte ihn irritiert an und bemerkte: „Der erste Zug nach dort kommt in zwei Stunden. Ich nehme dich gerne ein Stück weit mit, denn nach dort sind es ein gutes Dutzend Kilometer, die du bei diesem Wetter höchstens bis zum Nachmittag schaffst, wenn überhaupt", fügte er an und machte Platz. Martin stieg hinauf zu ihm. Als sie dann auf die Landstraße einbogen, die, mit Schnee bedeckt, nahtlos der Umgebung glich, erkannte Martin die Gefahren seines Vorhabens. Der Fuhrmann fragte ihn nach dem Grund der winterlich-nächtlich-alleinigen Wanderung. Er stellte sich vor und erzählte ihm von seinen Exerzitien und seinem Heimweh. Der Mann seufzte: „oh Gott".

Den wahren Grund, die Sehnsucht nach Tanja, erwähnte er nicht. Sie wird an Weihnachten bei der traditionellen Theateraufführung des Gesangvereins in dem Drama „Der Glockenguss zu Dresden" die Rolle eines unglücklich verliebten Mädchens spielen.

Hinter sich hört er aus dem Dunkel das Gurren einer Taube, was ihm in der kalten Nacht ein Glücksgefühl vermittelt. Er fragte den Mann nach der Rasse der Taube.

„Es sind zwei, ein Pärchen Pfauentauben, die ein Junge von den Eltern als ‚Christkind' bekommt. Kennst du dich aus mit Tauben?"

„Etwas, ich bekam von meinem Vater im Februar zum Geburtstag ein Pärchen weiße Pfauentauben, die er auf dem Lichtmessmarkt gekauft hat."

„Wo wohnst du?"

„In Kirchdorf."

„Dann bin ich der Züchter dieser „Pfauen" und dein Vater ist der Schlossermeister Ullrich, der diese für eine Stange

Amizigaretten von mir bekam." Der nette Landwirt und Taubenzüchter war trotz des aufkommenden Schneegestöbers sichtlich erfreut: „Die Empfänger meiner Weihnachts-Pfauen wohnen unweit von Kirchdorf, in Zimmern. Ich werde dich bis dort hinfahren. Sag' deinem Papa von mir viele Grüße."

„Gerne, und noch etwas", sagt Martin: „Ihr Pfauenpaar hat zwei Junge, die bei der Jungtierschau im Herbst einen ersten Preis bekamen." Der Züchter klopfte ihm auf die Schulter: „Wenn du sie einem Pfauenliebhaber anbieten willst, dann komm' mit ihnen zum Lichtmess-Krämermarkt im Februar. Ich werde sie für eine ordentliche Portion Brot, Butter, Milch und Eier einem mir bekannten Pfauenfreund deines Alters schenken."

Die Klosterleitung vom Schönen Berg hat von Josef den Weggang Martins erfahren, und das Pfarrhaus informiert. Da der Pfarrer in der Kirche war, sagte es die Haushälterin Martins Mutter, die soeben beim Teigkneten für Lebkuchen mit Honig von Vaters Bienen war, und bei seiner Ankunft von ihm den Grund für die vorzeitige Rückkehr erfuhr. „Der Pfarrer wird schimpfen. Hast du auch die Nacht mit Tanja gebeichtet."

Martin nickte. „Habe deshalb kein schlechtes Gewissen. Es war die uns von Gott gegebene Liebe. Die Beichte ist ein Reue- und Sühnegebot für die Seele. Diese ist es, die unser Denken und Tun ein Leben lang wahrnimmt und in die Ewigkeit bringt." Solche Gedanken könnten ein Evangelium sein. Er machte im Hütbuch eine Notiz. Blieb den ganzen Tag zuhause. Fütterte noch die geliebten Tauben. Und schlief dann – im Bett seiner Kindheit – selig ein.

Am ersten Weihnachtstag, nach dem besinnlichen Heiligabend mit Tanja, die am Klavier die ‚Stille Nacht, heilige Nacht' für die andächtig mitsingende Familie spielte, gingen sie gemeinsam zur Theater-Aufführung und nahmen Platz in der ersten Reihe, der von der Regisseurin Eva für sie reserviert wurde. Tanja und Martin gingen hinter die Kulisse mit dem Bild der ‚Dresdner Frauenkirche' – daneben der Kessel für den Glockenguss in einer ähnlichen Gestalt wie die Predigt-Kanzel in der Heimatkirche.

♦

Es ist ein tragisches Theaterstück um zwei liebende junge Menschen, die sich nicht gehören dürfen: der Sohn des Glockengießers und die Hausmagd Louisa, ein arme Waise. Diese Liebe darf für die geldgierigen Eltern nicht sein. Der Sohn wird in die Fremdenlegion verbannt, wo er vermisst ist. Die schwangere Luise stürzt sich in den glühenden Glockenguss. Als dies geschieht, begleitet mit Evas trauerndem Violinespiel, erlebt Martin bei Tanja wieder den erschreckten Blick, der ihr schönes Lächeln abrupt erlöscht; was ihn traurig stimmt. Woran hat sie bei der Sterbeszene gedacht? An die Eltern, die Heimat? Im Ort erzählte man sich lange noch, dass bei dieser Szene viele weinten. Auch wurde in Gesprächen besonders bemerkt, dass zwei Flüchtlinge mitgespielt haben.

An einem kalten Januartag 1947 – in aller Früh – stellte sich Tanja, begleitet von Anne und der Mutter, im Heiliggeistspital der Kreisstadt zur Ausbildung christlicher Betreuung bedürftiger Menschen vor: im Orden der Barmherzigen Schwestern mit Hauben, die in ihrer sakralen Anmutung dem Torbogen beim Altar der Marienkapelle ähnlich sind.

Oberschwester Luise begrüßte sie, besonders freundlich Martins Mutter, deren Schwester Benedikta dort bis zu ihrem Tod an der Front eine beliebte Ordensschwester war. Auch die Nähe von Anne ehrt Tanja, die mit ihrem feinen Lächeln den Schwestern sofort gefiel. Sie durfte auch zu Hause wohnen bleiben. Den täglichen Weg zur Erfüllung ihrer Pflicht gingen Tanja und Anne gemeinsam mit dem Zug oder bei Schönwetter auf Annes Dienstfahrrad, entlang der Landstraße. Am Abend, wenn Anne Nachtdienst hatte oder im Dorf noch Besuche machte, ging Tanja Martin nach Dienstschluss auf dem Kirchenweg entgegen, wo beide dann querfeldein ins Tal nach Hause spazierten. Einmal, an einem Frühlingsabend, setzten sie sich unter einen Kirschbaum voller Blühten und küssten sich nach Herzenslust, als sie unvermittelt ein älterer Herr ansprach: „Grüß Gott, ihr Glückskinder. Als ich so alt war wie ihr, habe ich an gleicher Stelle meine geliebte Doris ebenso innig geküsst; nun ruht sie nach einer schweren Krankheit im Friedhof. Martin, bestelle meiner Nichte Christa im Rathaus einen Gruß vom Onkel Ferdinand."

„Gerne", sagte er und dachte daran, wie nahe sich die Lust der Liebe und die Gedanken an den Tod sind. Tanja nahm ihn bei der Hand und erzählte ihm, nun auf dem Weg zur Wallfahrtskapelle vom ersten Sterbefall, den sie gemeinsam mit einer Schwester erlebte. In der Kapelle dann fiel Martin bei den Votivbildern ein zerknittertes Bildchen auf. Tanja folgte seinem Blick: „Es sind meine Eltern, an die ich beim Sterben des Patienten dachte, und für sie betete. Das Hochzeitsbild habe ich als Dank für Mutters Zukunftstraum angebracht."

Die Erinnerung lässt beide spüren wie nahe sich Liebe und Tod sind; Tanja summte dann, was sie immer wieder gerne tut, auf dem Weg zu ihrem Zimmer eine Melodie von Mozart. Es war noch heller Tag als sie in Opas Sterbebett in sich gingen; alles Vergängliche vergessend.

„Haben Sie telefoniert?"
Martin schwieg. „Mit Ehrlichkeit kommt man am weitesten, wir kennen Ihre Telefonwahrheit." Es war der Grenzsoldat mit dem DDR-Menü. Sein Ton war konziliant.
Martin: „Ja, ich bin angerufen worden."
„Danke für Ihre Einsicht. Dies wird Ihnen in Richtung „Sonnenuntergang" weiterhelfen." Es war 18:00 Uhr.

Donnerwetter, dachte Martin, der Mann hat Humor. Anders als sein LKW-Kollege in Hirschberg. Dieser Vergleich drängte seine Gedanken spontan in den NS-Verhaltens-Unterschied des HJ-Bannführers und seines Freundes Wilhelm von der Napola: Er fühlte Zuversicht und mit ihr die Poesie: „Die Abendsonne dort im Westen küsst den Wald, der Strauch mit Knospen hier im Osten träumt – ich blühe bald." Er schlägt sein „Behütbuch" auf und geht in der Erinnerung zurück in die friedliche Nachkriegsheimat. Man fügte sich dem Befehl der Besatzung. Das Leben normalisierte sich. Allerdings deutlich hin zu der in Generationen gewachsenen deutschen Eigenart. Da und dort gab es

Neid unter den Bürgern. In der Stadt zu jungen ‚Schmucklern' – auch von Beruf „Söhne" genannt – durch deren Edelmetall-Tauschhandel mit Ami-Zigaretten-Schokolade-Whisky, was dann als animierendes Entree den ‚willigen Damen' zugute kam.

Auch blühte unweit der einstigen Nazi-Residenz Schwarzhandel mit allem, was wertvoll aussah. Dukaten-Notgroschen der Oma oder Eheringe toter Partner wurden den fremdartig aussehenden Lust- und Not-Befriedigern angeboten. Hütbauer Gustl sagte dazu: „Das Vorspiel des Kapitalismus." Bei den Bewohnern auf dem Land blieb das Neidverhalten ähnlich der Kriegszeit, doch jetzt ungestraft offen, meist ausgerichtet auf eine bäuerlich-spendable Verwandtschaft, einer weiblichen Nähe zum Metzger oder der Beziehung zum Rathaus, manchmal auch bösartig wegen ‚unmoralischer' Liebe zu einem oft dunkelhäutigen GI mit Heimweh. Für die ‚Reichsmark' gab es das Allernötigste nur mit Bezugschein oder für fünf Mark eine ‚aktive' Amizigarette. Der Vater sagte einmal in Gedanken an die zwanziger Jahre: „Kinder, wenn die Brezel dreißig Pfennig kostet, geht das Geld kaputt." Martin dachte vor dem schwarz-rot-goldenen Grenzbalken darüber nach, wie gelassen die Neubürger die örtlichen Streitereien verkrafteten. Sie arbeiteten rundum nach ihrem Wissen und Können und verwendeten die staatliche Wiedergutmachung zur familiären Nutzung – in der Hoffnung örtlicher Anerkennung – oft auch als hilfreiche Unterstützung einheimischer Bürger, die ihnen familiär vertrauter geworden sind. Die Jugend verstand sich problemlos. Die Jünglinge des Dorfes hatten bei den anfänglich etwas fremd anmutenden hübschen Mädchen alle Chancen, denn diese glaubten, sprachen, sangen, benahmen sich wie in ihrer alten Heimat – deutsch.

Dies ist ihm schon bei der Ankunft in ihrer Sprachart Landessprache und deutsche Sprache aufgefallen, was ihnen offenbar als ein Kulturbeweis, christlicher Glaube und der Herkunft als ihre Muttersprache blieb und eine neue Heimat gab, im Vaterland.

Nach und nach wurde für die Bürger der Gemeinde der Lebensalltag trotz der inneren Umstellung wieder normaler Arbeitstag. Tanja servierte an freien Wochenenden gerne in Hütbauers ‚Deutschem Haus', das Gustl in eine Schwabenstube umgetauft hat. Sie freute sich über jeden Pfennig Trinkgeld, den sie Martin vergnügt fürs Sparbuch anbot. Onkel Gustl sagte zu dieser Art: „Tanja passt in jedes Geschirr." Martin ist dort auch ab und zu Gast und hört gerne den Stammtisch-Gesprächen der Älteren zu. Es sind oft auch gebildete Gäste aus der Stadt da, die Gustl bei Abwesenheit vor den Dorfgästen manchmal ‚Akademiker' nannte, wofür ihn seine Frau, mit Hinweis auf ihren Studenten Rudi immer verschämt schimpfte. Gustl dann, in schwäbisch seit der Schwabenstube: „au Gschtudierte Leit' hent Humor." Wieder so eine Weisheit aus dem Sprüchebuch mit dem Namen Aphorismus, darunter Lebensweisheiten, das Martin an Rudis Klavier sah. Er hat darin auch einmal geblättert und ist auf das Wort Bildung gestoßen. Dort meint der Mann Heinrich Heine: „So ein bisschen Bildung ziert den ganzen Menschen." Diese Weisheit hat sicher auch Hütbauer Gustl aufgenommen.

Kürzlich hörte er bei einer ernsthaften Unterhaltung gebildeter Gäste: „Die Zukunft heißt Pflicht. Dazu mit Verlaub ein Aphorismus von Goethe: ‚Was aber ist deine Pflicht? Die Forderung des Tages'. Nicht wie gehabt mit Zwang zu ideologischem Denken, Gehabe, Siegen, Töten!"

„Die angestrebte Demokratie der Besatzer entbehrt politischer Ideologie. Diese wird nun verführerisch umgewandelt, zur Bewusstmachung subjektiven Nutzens eingesetzt, für Arbeitgeber und Banken als Anreiz cleverer Geldbeschaffung, für Arbeitnehmer – ob Mann oder Frau – zu ehrgeizigem und schnellem Geldverdienen und der sofortigen Ausgabe in Konsum." Bei diesen Worten fiel Martin die Aussage des Verwandten aus Amerika ein, der den gleichen Standpunkt für eine bessere Money-Zukunft durch den Abriss der Lehrfirma äußerte. „Doch bitte erst", meinte wichtigtuerisch sein Kirchenbegleiter aus der Schwarzschlacht-Familie, nun junger Sparkassenberater und Verehrer Tanjas, „wenn das Geld einen Nutzen hat." Dazu der Hinweis eines gebildeten, älteren Seniors: „Dafür braucht man nur ein neues Geld – und die Währungsreform."

Martin las in seinem Hütbuch zur aufkommenden Zuversicht seiner Freigabe aus dem DDR-Verlies eine akute Besinnung an die späten Vierziger-, Anfang Fünfzigerjahre – für ihn der Beginn einer neuen beruflichen und familiären Existenz. Hütbauer Gustl würde dazu sagen: „Alles geht seinen ‚g'weisten' vom Gott gewiesenen Weg."

Er sprach mit Bürgermeister Johannes über seine Zukunft. Dessen Standpunkt: „Alles ist von Pflichten bestimmt, deren Erfüllung im Alltag durch Verantwortung in Gelassenheit führt, die befriedigt und sogar beglückt. Die unschuldige Nähe zu einem geliebten Menschen ist nun nicht mehr allein das körperliche Verlangen, sondern im Zwange vielfältiger sozialer Aufgaben und Forderungen vom Verstand mitbestimmt, der das Denken, Handeln und Verhalten diszipliniert."

Martin erkennt erfreut, wie glücklich Tanja ihre Aufgabe erlebt; nun schon ein Jahr. Sie erleben beide frohe Stunden in der Familie und mit Freunden. Ein Erlebnis hat Tanja mit besonderem Stolz erfüllt: die berufliche Ehrerbietung durch Anne. Eines Nachts klopfte es an Martins Fenster und die Magd der Bäckerei bittet ihn inständig, die Hebamme Anne zu holen, weil die Bäckersfrau ein Kind bekommt und ihr Mann wegen dem steifen Fuß, und weil er in die Backstube muss, sie nicht holen kann. Er rennt los und weckt Anne an ihrem Fenster. Sie meldet sich sofort, geht zu Tanja und weckt auch sie. Alle drei gehen in einer Vollmondnachtacht auf Martins ‚Hütbubweg' zur Geburt des Sohnes und Enkels des früheren NSDAP-Zellenleiters. Es war Tanjas zweites Schlüsselerlebnis in ihrer Ausbildung; wahrgenommen bei Annes Geburtshilfe in das irdische Sein.

Martin ist zufrieden im Rathaus, doch glücklich fühlt er sich nicht. Seine Sehnsucht in die weite Welt strebt in der zur reinen Verwaltung werdenden Rathausarbeit immer mehr in ein Fernweh. Auch hat Johannes bei der Neuwahl des örtlichen Bürgermeisters nicht mehr kandidiert. Es kam ein Fachmann, der sächsisch sprach, ein starker Raucher war und Martin ständig um ‚eine vernünftige Zigarette' bat, von Martin heimlich mit dem Raucherabschnitt eines Spitalkranken in ‚Bertas Spezerei' für 10 Stück der Marke

Typ 4 – 16 Pfennig, ergo für 1 Mark 60 besorgt; die er von ihm nicht ersetzt bekam.

Zudem war kürzlich der oberste Chef vom Ernährungsamt da, der zum Bürgermeister in Anwesenheit von Christa kritisch bemerkte, warum hier ein so junger Mann eine solch' wichtige Stelle habe. 1948, nach dem Osterwochenende war der neue Bürgermeister plötzlich nicht mehr da. Auch im Oberamt wusste niemand, wo er ist oder sein könnte. Martin fand auf seinem Schreitisch einen Umschlag mit der Aufschrift – persönlich für den Amtsgehilfen Martin – gez. Bürgermeister Jäger. Er enthielt mit Datum vom Donnerstag und Unterschrift ein Arbeitszeugnis, mit dem er, durch die für einen Neunzehnjährigen bestätigten sachlichen Spitzenwerte, stets erstaunte Gesichter späterer Chefs erlebte. Auch lag ein Fünfzigmarkschein mit dem Vermerk dabei: „Danke, Martin, für die dreißig Packungen blauer Dunst; und euch allen alles Gute im zukünftigen Dollardunst." Die Militärverwaltung berief Altbürgermeister Johannes zur kommissarischen Übernahme der Verwaltung, veranlasste die Wahl zur Neubesetzung, und übernahm, wie man hörte, die Untersuchung des Falles. Ein Orts-Kommunist und Haupt-Wahlhelfer des vermissten Fachbürgermeisters sagte einmal am Wirtshaus-Stammtisch, nach einem Glas zuviel: „Jäger wird sich im sozialistischen Ostdeutschland ganz bestimmt wohler fühlen als in der von den Amis gesteuerten Money-Reichmacher, Konsum- und Abzockdemokratie." Eines Tages verschwand der Dorfkommunist ebenso spurlos. Nach einiger Zeit kam an seine Schwester eine Grußkarte aus der DDR mit der Abbildung der Plastik von Karl Marx. Ein Anlass zur Diskussion am örtlichen Biertisch. Martin hörte, wie ein Nachbar der Schwester zu der grandiosen Fotomimik von Karl Marx sagte: „Ein Schuldenmacher, Verschwender, Kapitalhasser, Fremdgänger." Ein Tischnachbarn dazu: „So etwas ist den Politikern und auch bedürftigen Menschen egal; Hauptsache es bringt was."

Einem drängenden Gefühl folgend sprach Martin über sein Fernweh mit Hütbauer Gustl, der sofort Schillers ‚Glocke' zitierte: „Der Mann muss hinaus ins feindliche Leben", und hängt Dichterfreund Goethe an: „Die beste

Bildung findet ein gescheiter Mensch auf Reisen. Geh vom Häuslichen aus und verbreite dich, so du kannst, über alle Welt." Zur Absicht Martins nach einem Berufsleben in der Arbeitswelt draußen, erzählt er vom Gespräch mit einem Süßwarengroßhändler, den Tanja vor kurzem bediente als du die Zeitung gelesen hast. Als ihr beide kurz weg wart, fragte er mich, wer ihr seid und was ihr macht. Ich informierte ihn. Eine Woche später erzählte er hier einem Freund, dass er einen Reisenden sucht. Gustl zitiert sein Büchlein mit Pascal: „Das Wichtigste im Leben ist die Wahl eines Berufes. Der Zufall entscheidet darüber." Er kennt die Firma als Nachbar von Vaters Werkstatt und sprach mit dem Vater über die Absicht seiner Veränderung in den Außendienst. Der Vater sagte aufmunternd, er habe vor kurzem dort ein Schloss angebracht und der freundliche Inhaber habe nach dir gefragt, und auch, ob dir die Arbeit auf dem Rathaus gefallen würde.

Martin sprach nun mit Tanja. Für einen Augenblick betrachtete sie ihn mit der zögernden Stille einer befremdlichen Ahnung; doch dann sagte sie aufrichtig: „Gehe hin. Ich bin immer bei dir." Er ist von der leisen Sorge ihrer Worte überrascht, denn an Gefahren in diesem Beruf hat er nicht gedacht. Er war und blieb der Überzeugung, dass Tanja – wenn es sein Wille wäre oder wenn es sein müsste – getreu ihres Wesens mit ihm gehen wird.

Allerdings wurde ihm aus ihrem Blick nun deutlich bewusst, dass seine Überlegungen in die Zukunft auch Tanja gehören. Es ist seine zweite persönliche Zukunfts-Entscheidung, nun mit der geliebten Frau. Sein gutgläubiger Alltagsoptimismus begleitet seine Überlegungen und formte diese ins Positive.

Er spricht mit Johannes über den Zeitpunkt der Kündigung, die innerhalb von zwei Tagen, zum 31. März, möglich ist. Er steckt das Zeugnis ein, geht nach Dienstschluss zum Metzgermeister, der ein Auto hat, und fragt ihn, ob er zufällig in die Stadt fährt? „Ja", sagte dieser, „zu deinem Vater an den Stammtisch".

Fünf Minuten später war er beim Inhaber des Großhandels, der nach den Kontakten zum Vater und dem netten

Wirt sein Kommen erwartet hat. Auch heute noch, wenn er am Schlagbaum der DDR an die damalige Begrüßung durch den Inhaber der Süßwarengroßhandlung denkt, muss er aufrichtig und dankbar lächeln. Er machte ihn mit seinem „Grüß Gott, Herr Ullrich" und dem Zusatz „bitte kommen Sie herein". Mit diesem SIE, das er zum ersten Mal im Leben auf sich bezogen erlebte, zu einem Mann. Als er ihn dann seiner Frau und den beiden Söhnen, die vom Gymnasium kamen, vorstellte, und ihm seine Frau und die heranwachsenden Jünglinge vornehm-freundlich die Hand reichten, empfand er sich wie in einer anderen, einer neuen Welt: der Geschäftwelt, die bestimmte Werte fürs Leben und sich selbst einbringt. Er begriff deutlich den Unterschied zum hauptamtlichen Rathaus, wo die Initiative zum Handeln von oben und draußen kommt und er reagieren muss. Während er hier, als ein sich selbst und Ware anbietender Partner initiativ wird; und damit Reaktionen auslöst.

Sein zukünftiger Chef, Martin bezweifelte damals nicht dass er's wird, fragte ihn als erstes nach dem möglichen Zeitpunkt seines Arbeitsbeginns, und akzeptierte den ersten April. Für den Führerschein wird er einen befreundeten Fahrlehrer um Unterricht bitten und den Kraftstoff besorgen, dessen Bezug auf dem Amt sachlich zu begründen ist. Ein Auto stehe bis zum Arbeitsbeginn bereit. Er kann es auch für die Hin- und Herfahrt von zu Hause benutzen. Das Gebiet für Kundenbesuche ist Hohenlohe, wo es bereits langjährige treue Kunden gibt, meist Bäckereien. Ja, und das Gehalt: Die ersten drei Monate 250 Mark brutto im Monat plus Spesenvergütung. Danach sehen wir weiter.

„Über praktische Einzelheiten wie Musterkoffer, Bezugsscheinwesen, Tourenplanung, Aufträge, Kundenwünsche usw. könnten wir an den Wochenenden bis zum 1. April reden." Den ersten Termin für die Fahrstunde hatte die Gattin nebenbei gleich gemacht: für morgen nach Dienstschluss am Rathaus. Ihr Mann fuhr Martin in einem ‚Maybach' nach Hause. Unterwegs erzählte er: „Das Auto hat mein Vater – Gott hab ihn selig – als Firmengründer schon vor dem Krieg gefahren. Es wurde dann im Krieg mit einer Plane und Heu bedeckt in der Scheuer eines befreundeten

Bauern untergebracht und wartete dort auf den Frieden." Martin erinnert sich deutlich, wie stolz er bei dieser Heimfahrt war.

Am andern Morgen informierte er Johannes über seine Entscheidung. Er kündigte zum 31. März des Jahres 1948. Johannes nahm die mündliche Kündigung als korrekt und mit guten Wünschen an und notierte diese für den Gemeinderat. Am Abend dann stand vor dem Rathaus ein VW mit Fahrlehrer, der ihm nach einer freundlichen Begrüßung den Schlüssel gab und ihn in die Handhabung der Geräte einwies. Die ersten gefahrenen Meter waren schrecklich, denn bei seinem Druck auf ein unsichtbares Fußpedal setzte sich etwas total Fremdes selbständig in Bewegung. An der ersten Kreuzung bremste der Lehrer schneller als er, ließ den von rechts kommenden PKW vorbeifahren, zeigte dazu – statt einer Rüge – ein aufrichtiges Lächeln und sagte: „Merken Sie sich für den Straßenverkehr den Grundsatz Nummer eins, Rechts vor Links. Weitere Einzelheiten nachher beim theoretischen Unterricht." Er absolvierte insgesamt sechs halbe Stunden. Nach der bestandenen Prüfung bezahlte er 70 Reichsmark für den auf grünen Filz geprägten Führerschein, der am 19. Juni 1948 nach dem Tod des alten und der Geburt des Neuen Geldes, benannt *Deutsche Mark*, noch ein Zehntel, 7 D-Mark, wert war.

Martin besprach bis zum 1. Juni an jeden freien Samstagnachmittag und Sonntag mit dem neuen Chef Einzelheiten für seine Verkaufsarbeit. Als Erstes wurde er über das Warenangebot informiert, vorwiegend bestehend aus Ersatzschokolade, Bonbon, Zwieback und Kekse. Die Originalwaren wie Bonbon und Zwieback gab es nur auf Bezugschein, den die Ortsbehörde des Kunden erteilte. Danach die Kundenkarten: auf der Vorderseite die gekauften Waren mit Lieferdatum, auf der Rückseite die Rechnungsstellung mit Zahlungsvermerk und Kontrolle der Bezugscheine, die Bestandteil des Auftrags und die Bedingung für den Warennachkauf sind. Sein Grundsatz für die Verkaufsvorbereitung: Die Kundenkartei ist unbedingter Wegbegleiter für eine vertrauensvolle Zusammenarbeit. Während der Begegnungen an den Wochenenden wurde auch der Musterkoffer mit dem längerfristig möglichen Warenangebot erstellt. Ein schönes Angebot waren Bonbons im naturfarbenen Beerenmuster, die in kleinen Glasröhren, Reagenzgläsern ähnlich, an den Samstagen nachgefüllt wurden, weil die Sehnsuchtsblicke der Kinder im Laden und die des Kunden damit befriedigt wurden. Die Bonbons sind in 3-Liter-Pfand-Blechdosen und versiegelt mit dem Herstellernamen. Beliebt sind die Attrappen der alten Schoko-Marken.

Martin dachte im Rückblick auf den letzten Sonntag vor Antritt seiner neuen Stelle an ein nachhaltiges Erlebnis. Tanja hatte an diesem Tag Frühdienst. Am Nachmittag kam sie mit der Frau des Chefs, die Tanja, am Firmenschild stehend, ansprach, ins Büro. „Gerhard, darf ich dir …"

„…Tanja vorstellen", ergänzte er. „Wir kennen uns vom „Schwabenwirt", wo sie mir ab und zu einen Schoppen serviert. „Grüß Gott, Tanja", begrüßte er sie und bat dann seine Frau „bitte mach' uns zur Feier des Tages eine Tasse Kaffee, auch für Rolf und Roland", die eben in der Tenniskleidung kamen und die Besucher herzlich begrüßten. Tanja empfand die vornehme Art dieser Familie schön; sie lächelte glücklich. Später führte diese Begegnung zu einem eigenen sportlichen Freizeit- und Bildungswert.

Am ersten Arbeitstag fuhr Martin am frühen Morgen zusammen mit Tanja in die Stadt. Sein Chef kam soeben, wie jeden Tag um diese Zeit, frisch rasiert vom Nachbar Friseur. Sein feiner Duft gab dem Büro jeden Morgen eine frohgemute Atmosphäre, wenngleich er nebenbei mit Genuss eine Zigarette rauchte. Er begrüßt Martin mit Handschlag und informiert ihn, sichtlich aufgeräumt, dass sie zu seiner Einführung nun gemeinsam einige gute alte Kunden besuchen werden. Kurz darauf fuhren sie – nach einem ehelichen Bussi – mit dem Chefauto hinaus in den sonnigen Frühlingstag in Richtung Hohenlohe, auf dem Rücksitz ein Musterkoffer mit Kundenkarten und zehn Karton ‚Extra's.

Ihr erster Kunde war eine Bäckerei mit Weinstube in Bühlertann. Sein Chef ging mit ihm in die Bäckerei, wo er von einer älteren, gebeugten Frau spontan umarmt wurde. „Wie schön, Gerhard, dich wieder einmal zu sehen. Wer ist denn der nette junge Mann? Doch nicht dein Nachfolger?"

„Nein", sagte er herzlich lachend. „Herr Ullrich ist nun mein Reisender, der dich jetzt regelmäßig besuchen wird."

„Herzlich willkommen, Herr Ullrich." Wieder das SIE, das er nun bei seinem ersten Kundenbesuch als Anerkennung begriff, was die Motivation seiner noch unsicheren Einstellung zum Außendienst positiv stärkte.

Sein Chef fragte nach dem Sohn. „Er ist momentan in der Backstube, wird aber gleich kommen, denn er hat einen Bestellzettel für dich, den er heute wegschicken wollte. Gibt's etwas Neues"?

„Ja, in zwei Wochen ist Ostern. Wir haben von einem Bonbon-Lieferanten Zuckerhäschen bekommen, die wir guten Kunden geben. Zwei Karton, 24 Stück haben wir für euch gleich mitgebracht; ohne eine Zuckerscheinpflicht. Das Stück kostet im Ankauf fünfzig Pfennig, ihr könnt die Rarität für eine Mark verkaufen. Der Sohn, der soeben in der Bäckerkleidung kam, umarmte den Chef so herzlich wie seine Mutter und fragte nach dieser Rarität.

„Stell dir vor", sagt die Mutter. „Gerhard gibt uns Osterhäschen aus Karamellzucker."

„Es geht offenbar aufwärts im Handwerk und Handel Deutschlands", meint der junge Bäckermeister und Kriegsteilnehmer. „Ich versuche seit Wochen aus Teig Osterlämmchen zu machen, was mir schon halbwegs gelungen ist. Wir werden die Lämmchen dann zu deinen Häschen stellen; sollen sie doch an Ostern Hochzeit feiern", worauf alle Anwesenden herzhaft lachten. Wie vorweg vereinbart holte Martin dann die Kartons und den Musterkoffer mit Auftragsbuch, in das er vom Bestellzettel des Sohnes seinen ersten Auftrag schrieb. Dann gingen Mutter und Sohn mit ihnen zum Auto und wünschten den Herren weiterhin viel Erfolg und eine gute Fahrt.

Er erinnerte sich deutlich – und liest in einer Notiz im Hütbuch – wie er bei der Fahrt zum nächsten Kunden einen Arbeitsvergleich mit dem Rathaus bedachte. Dort hat er in den zwei Jahren seiner Arbeit etwas so einfältig Positives und ein so befreites Lachen, wie eben in der Bäckerei, nicht erlebt, nur humorlosen Dienst nach amtlichen Gesetzen und Erlassen: „Ein auf der Stelle treten." Hier nun eine Aufgabe nach dem erlernten Kaufmannsprinzip Gebe und Erwerbe im Umfeld allseitiger Freundlichkeit, die zwangsläufig zu Glaubwürdigkeit und Erfolg führt. Wie er so am Nachdenken war, sagte sein Chef nebenbei gutgelaunt, als hätte er seine Gedanken erraten: „Sehen Sie, Martin, wie schön Verkaufen ist, mit Freundlichkeit und guter Ware." Dieser überzeugend einfache Satz von seinem ersten Außendienst-Vorbild am ersten Tag der Reisetätigkeit hat sich bei ihm verankert und stets draußen aufkommende sachliche Resignation neutralisiert.

Der nächste Kundenbesuch galt einer großen Bäckerei in Salzhall. Den Einkauf macht eine hübsche Frau, die Tochter der Inhaberfamilie. Sein Chef wurde von ihr mit einer auffallend herzlichen Umarmung begrüßt. Ihr Mann ist Bäckermeister und Konditor. Nach der erfreulichen Information über die Häschen holte Martin drei Karton davon und das Auftragsbuch, in dem er aus dem Zettel der Kundin den ersten Auftrag seiner neuen Arbeit unter Anleitung des Chefs notierte – anhand der Preisliste und einem Hinweis auf eine gut lesbaren Schrift für das Warenlager und die Buchhaltung. Als der kleine Sohn von der Schule heimkam, sagte die Mutter: „Schau, was uns Onkel Gerd mitgebracht hat". Sie gab ihm ein Häschen davon. Während der Weiterfahrt dann nach Frankenburg erzählte sein Chef gutgelaunt, warum ihn diese Kundin besonders lieb begrüßte. „Wir sind gleich alt und haben uns damals in Ihrem Alter ernsthaft ineinander verliebt. Dies erfuhr mein Vater bei einem Geschäftsbesuch ihrer Eltern, die ihn aufrichtig baten, mit dem Sohn ernsthaft darüber zu reden, dass ihre Tochter einen Bäckermeister heiraten muss, damit die Bäckerei in der Familie bleibt. Es hat sich so gefügt und die Liebe blieb platonisch", fügte er lächelnd an.

„Wir werden jetzt durch einige Dörfer fahren, wo Sie neue Kunden werben können. Ich zeige Ihnen die Geschäfte. Es sind auch zwei angesehene Kolonialwarenläden dabei." Martin machte sich während der Information Notizen des Ortes und des Geschäfts, was dem Chef sichtlich gefiel. In Frankenburg dann besuchten sie die Konditorei ‚Wibele' mit dem urbanen Café, wo sie vom Inhaber mit Handschlag begrüßt wurden. Auch gab es zur Mittagszeit ein Vesperbrot mit Hohenloher Apfelwein, dazu ein Bestellzettel, der ihm einen Karton Krokanthäschen bescherte, wofür sich der Meister der Wibele bedankte und nachdachte. Martin erinnerte sich an seine Nachdenklichkeit, weil er ihn damals, in Gedanken an Tanjas Lieblingsroman, fragte, ob man so etwas auch mit einem Reiher machen könnte. Der Meister sah ihn erstaunt an, nannte lächelnd den Titel des Buches, und sagte: „Lieber junger Freund, Reiher gibt es leider kaum noch. Doch Seelen in der Poesie wird es immer geben. Wenn die Zeit eines Tages normal ist, dann wird es, hier und hausgemacht, auch das edle Feingebäck ‚Seelchen' wieder geben.

Der nächste und letzte Besuch galt einem Kunden in der Stadt Frankenheim, der mit zwei Bäckereien der wichtigste in Martins Besuchsgebiet war. Die Frau des Chefs hatte dort den Sonderbesuch vorweg avisiert, damit die Bestellung und Anlieferung ordentlich eingeplant werden können. Der Chef erzählte auf der Hinfahrt, dass er vor dem Krieg bei der Hochzeit der Inhaber Trauzeuge war und mit der jüngeren Schwester Brautführer, die mit ihrem Mann, ebenfalls Bäckermeister, das zweite Geschäft im Nachbarort betreibt. Nach der herzlichen Begrüßung holte Martin, wie vorgesehen, die vier Karton Häschen, pro Geschäft zwei, aus dem Auto, als die Schwester mit dem Rad angefahren kam. Die große Schwester rief lachend ihren Mann: „Komm', Karl, der Osterhase ist da!" Worauf dieser erst den Trauzeugen umarmte, dann die Häschen ehrfürchtig bestaunte, und den Frauen die Empfehlung gab, mit dieser wunderschönen ‚Nachkriegsrarität' den Kunden in der Karwoche für eine Mark pro Stück und Kunde eine besondere Freude zu machen.

Nachdem Martin vom üblichen Handzettel – nun selbstständig – die Bestellung übernahm, bat das ehemalige Brautfräulein ihren einstigen Brautführer, doch die Osterhäschen in ihre Bäckerei zu bringen. Sie würde inzwischen vorausfahren, um uns für die Heimfahrt mit einem echten Bohnenkaffee zu stärken. So geschah es.

Als sie gegen Abend von der Reise im Geschäft ankamen, stand Martins Reiseauto, ein ‚Ford Köln', bereits vor der Tür. Im Büro umarmte der Chef seine Frau fröhlich und klopfte Martin anerkennend auf die Schulter: „Es war ein großartiger Tag. Erlauben Sie uns ab heute das SIE an Ihrem Vornamen. Für morgen bereite ich einen Reiseplan vor, den wir dann immer am Samstag für die neue Woche erstellen. Nun eine gute ‚Ford –Fahrt' nach Hause, freundliche Grüße daheim und ‚Glück Auf' für gutes Verkaufen!"

Er nahm ein neues Berufsvorbild mit und eine beglückende Zuversicht aus dieser freundlich vertrauten Atmosphäre aller – im geschäftlichen Umgang miteinander.

Bald einmal wird er auch Tanja bei seiner Tour Schloss Frankenburg, Burg Schweigen und die Reiherhalde zeigen, um ihr lebensnah die Träume aus ihrer Mädchenzeit zu schenken. Seine Fahrt ging zu allererst ins Elternhaus, um sein Auto und sich als Jung-Reisenden vorzustellen, dann zu Tanja, die in der ‚Schwabenstube' aushalf und sein Auto bestaunte. Sie fragte, was in dem Koffer auf dem Rücksitz ist.

„Lauter süße Sachen als Verkaufsmuster. Ich zeig' sie euch, schau, die appetitlichen Himbeeren in der Glasröhre."

„Kannst du diese auch verschenken?", fragt Tanja.

„Ja, an Kinder."

„Oh selig, wie selig, ein Kind noch zu sein", sagt Gustl, worauf Martin den Beiden eine Himbeere spendiert. Am anderen Morgen fahren Martin und Tanja mit dem Auto gemeinsam zur Arbeit. Sein Chef hatte bereits den Besuchsplan für die nächsten Tage, in Alt- und Neukunden, erstellt. Er hat ihm ins Auto zwei Karton Häschen als Verkaufsanreiz gepackt. Damit hat er bei den sechs Tagesbesuchen zwei neue Kunden geworben, dabei ein altbekanntes Gemischtwaren-Geschäft, das der Chef schon vorweg besonders ansprach. Auf der Rückfahrt mit den sechs gemachten Bestellungen erfasste ihn ein Bewusstsein, das für die Leistungsmotivation des Außendienstkaufmannes sehr wichtige ist: Ich komme an!, als ein glaubwürdig ehrlicher Vertreter des Angebots und als ein sympathischer Gesprächspartner.

Am Samstag, den 19. Juni 1948, gab es eine Währungsreform. Für die Reichsmark gab es Deutsche Mark. „Zweimal wurde den Deutschen schon ihr Geldvermögen entzogen, um verlorene Kriege zu bezahlen", hörte er an Gustls Bildungsstammtisch. „Nun musste eine solche zusätzlich für die Einführung der Marktwirtschaft sein", wurde auch gesagt.

Plötzlich gab es alles zu kaufen, was Herz und Mund begehren: Markenware wie einst zur Friedenszeit – zu bezahlen mit der ‚Deutschen Mark', die jeder Einwohner in den drei Westzonen als einen ‚Kopfbetrag' von 60 Deutsche Mark, im Tausch gegen 60 der Altwährung erhielt. Am dörflichen Stammtisch hörte man zu dem Warenwunder fragen, wo war denn die Masse echter Ware bisher, die nun, als Reichsmark gekauft und in „D-Mark" zum Einzelhandel fakturiert, einen satten Gewinn einfährt. Dazu meinte einer der Gäste am Stammtisch der Gebildeten aus der Stadt: „Hat Ähnlichkeit mit der Schwarzschlachtung."

Wie so oft erinnert er sich auch in diesem 1984-er DDR-Verlies an die ersten Jahre nach dem Krieg, als im Radio jeden Tag um Mitternacht die deutsche Nationalhymne erklang, danach eine Melodie von Johannes Brahms. Oft, wenn ihm nach etwas Seligkeit zumute war, blieb er noch wach, um diese schönen Melodien zu hören. Er empfand die Kaiser-Melodie wie eine mahnende Sehnsucht nach Heimat und Glück, die Symphonie von Brahms wie den Trost der Seele: „Alles wird gut: sorge dich nicht – lebe."

Es begann ein Wirtschaftswunder. Ein älterer Herr am Gebildetenstammtisch Gustls, den er den Insider nannte, orakelte: „Die profane Volksversorgung nach freundlich-seriöser Tante-Emma-Art stirbt; und mit ihr das Bonbon fürs Kind. Die Großhändler gründen Einzelhandelsketten. Die Großhandels-Inhaber besorgen den Wareneinkauf momentan noch selbst. Dann schaffen sie eigene Supermärkte, die den ‚Tante-Emma-Einzelhandel' ablösen. Später machen ‚Manager' im Großhandel den Einkauf. Mit ihnen wird das verbindliche Geben, Nehmen und Benehmen ein ‚Lieferanten-Ausnehmen'. Der Umgang im Zentraleinkauf und an den Marktkassen wird gleichgültig-anonym. Die Kassierer hören täglich tausendfach den ‚Kassenpipser' und müssen die Verärgerungen der Käufer verdrängen, weil die Waren auf dem Schnelllauftransportband ineinander geraten, denn nebenbei müssen sie auch Ware in die Regalen auffüllen, dann wieder schnell zur Kasse, wo schon wieder Einkaufswagen stehen. Sie erfassen das ‚Tun' eines Automaten – wie auch die Dienstleute von Banken, Bahn, Post, Ämter. All ihre Chefs werden reich, die einen durch ihre Einkaufsmanager mit Abzocken der Lieferanten von Boni, Rabatten, WRP (**W**erbe**R**egal**P**latzierungsgeld) oder der generellen Einsparung von Personal. Es geht allen nur noch um den ‚Geldbringwert' einer Sache. Der Computer, der Prospekt, das Etikett, die Werbung, verdrängen die Vernunft, das Fernsehen die Bildung. Der einstige Kunde wird Verwender, der durch diese ‚Ohne-uns-geht-nichts-dienstleister' systematisch in die Konsumgesellschaft mutiert." Der Gebildetenstammtisch trommelte auf den Tisch. Martin denkt an die Mutter, die einmal sagte, als sie den neuen Werbeturm, so hoch wie ein Kirchturm, sah: „Jede Menge herumliegender Prospekte, am Regal der Waren keine Auskunft, dafür Kinder, die wild schreiend durcheinander rennen." Eine Bemerkung der Mutter: „So was hat es in unserer Kindheit nicht gegeben." Die Kindesmutter leicht schnippisch: „Sie haben auch in der Diktatur gelebt, wir leben in einer Demokratie." Ab, mit dem Einkaufswagen, in die Kassenschlange mit bezahlter Papiertragetasche.

Alles ist nun ‚außen Hui und innen Pfui'.

„Das Geschrei der Werber und Banker verdrängt die Stille aus den Wohn- und Gotteshäusern. In Gustls Büchlein steht: ‚Wer alles nur um Geld tut, wird bald um Geld alles tun.' Seltsam, warum fällt Martin bei Geld immer die USA-Studienreise mit seinem Kollegen ein, der die Eindrücke dort so formulierte: „Kommt alles auch zu uns." Martin dachte unwillkürlich an den ‚Schlächter von Chicago'.

Er denkt im Rückblick auf seine Berufsentwicklung an die vielfältigen Änderungen seit dem Januar 1950. Hier traf er unterwegs den Verkaufsleiter einer bekannten Markenfirma. Der etwas ältere Verkaufsleiter und Martin empfanden gegenseitig Sympathie, die auch zu einer Unterhaltung über das Berufliche führte. Nebenbei erzählte er, dass er eine Offizierslaufbahn anstrebte, doch schon beim Erststeinsatz verletzt wurde und nach dem Krieg dann – wie viele Offiziere – eine Führungsaufgabe in der Industrie annahm. Er fragte ihn dann direkt, ob ihm seine jetzige Aufgabe genüge oder sich auch eine Außendiensttätigkeit mit dem Image eines Markenartikel-Reisenden vorstellen könne? Mit gutem Verdienst und einem VW als Reiseauto. Der Bezirk Ulm mit Oberschwaben, Bodensee und Allgäu wäre frei. Martin erinnerte sich an seine damalige Begeisterung über die Begriffe Markenartikel, Repräsentant, und besonders über das Wort ‚Image' als hohem Ansehenswert. Auch die positiv aufkommenden Zeichen für den Außendienst weckten bei ihm Ambitionen für den beruflichen Aufstieg. Der Verkaufsleiter deutete nebenbei noch an, dass sein bayerischer Kollege demnächst in Pension geht und das Reisegebiet dort vielleicht von ihm neu besetzt werden könnte.

Tanja hat ihre Ausbildung mit Berufs- und Leistungsdiplom abgeschlossen.

Er sprach mit ihr über die Chance seiner beruflichen Verbesserung. „Tu es, ich gehöre zu dir, bei allem, was du tust." Martin dachte an Gustls Büchlein, in dem ein Philosoph empfiehlt: ‚Lass mich die Treue lernen, die der Halt von allem Leben ist.'

Nachdem ein Sohn in seine jetzige Firma kam, nahm er nach acht Jahren guter Arbeit Abschied von der Süßwarenfamilie, zu der für immer ein freundschaftlicher Kontakt blieb. Martin trat vier Wochen später die neue Aufgabe für das Unternehmen in Steinhagen an, mit Besuch und Übernahme der Arbeitsunterlagen und einem VW. Danach fuhr er mit dem bereits bekannten Vorgesetzten zu Einführungsbesuchen nach Ulm. Es folgten über viele Jahre, Tag für Tag, Kundenbesuche im Bezirk Oberschwaben-Bodensee-Allgäu, wo er liebenswerte, gläubige und aufgeschlossene Menschen in einer schönen Landschaft erlebte. Im Süden gibt es ein großartiges Alpenpanorama, das er beim ersten Anblick wie eine einsame Majestät empfand. Er besuchte die grundseriöse Heimat- und Urlaubs-Gastronomie, die die Marken des Hauses noch von früher kannten. Lieblingskunde war der Gasthof Adler in Großholzleute unterm ‚Schwäbisch Allgäuer Hausberg Schwarzer Grat'. Später einmal werden seine Töchter im Zimmer der Kaiserin Maria Theresia schlafen, die auf dem Weg nach Versailles dort übernachtete. Auch waren Weinhandel, Küfer Drogerien als freundliche Kundenbediener nach ‚Tante-Emma-Art' treue Partner, auch ohne WKRZ (Werbe-Kosten-Platzierungs-Zuschuss).

Es klopfte an die Autoscheibe. 18:45 Uhr. Der VOPO war total neu. Seine Sterne deuteten auf einen hohen Rang. Er gab Martin das Telefon, einige Formulare und den Rat: „Sollten Sie wieder einmal die Deutsche Demokratische Republik befahren und nach dem Anruf aus der BRD vergessen, das Telefon zu sperren, dann werden sich Ihre alkoholischen Moneymaker-Termine um mehr als einen halben Tag verschieben. Und nun fahren Sie weiter in die BRD mit der im Westen mehr und mehr untergehenden Sonne."

Er klappte sein Erinnerungsbuch zu und fuhr glücklich in Richtung Hamburg, ins Hotel ‚Vier Jahreszeiten'. Es war 20:45 Uhr. Er war wieder daheim. „Guten Abend, Herr Ullrich, wir haben eine Nachricht für Sie." Darin stand: „Lieber Herr Ulrich, wir haben, wenn Sie noch rechtzeitig kommen, in ihrer Lieblings-Oper ‚Zauberflöte' einen Platz reserviert." Der Vertreter wunderte sich ab Mittag über seinen Verbleib. Auch vom Büro in München kam keine Information. Martin bezog sein Zimmer, ging dann ins Restaurant und bestellte sich eine Atlantik-Seezunge mit feinen Nudeln, dazu ein Glas ‚Blanc de Blancs' seines Hauses. Als ihn das Freiheitsempfinden wieder glückhaft berührte, rief er zuhause an. Seine Frau freute sich über den Anruf. Daheim ist alles in Ordnung. Der heutige Tag war kein Thema für sie, denn er wollte sie nicht ängstigen, da sie immer noch alles, was aus dem Osten kommt, als Sorge empfindet. Nachdem ihn das Abendessen, die kultivierte Atmosphäre des Hauses und seine Frau ins seelische Gleichgewicht brachten, ging er zur Hotelbar, wo er dann bei einem Glas ‚Grande Cuvèe' wieder über sein – so oft vielfältiges Alleinsein – nachdachte. Er musste sein Wohndomizil in den Verkaufsbezirk nach Ulm verlegen, mit Tanja und Klavier. Sie bekamen mit Unterstützung von Eva und Stefan trotz der noch massiven Bombenschäden eine Wohnung. Tanja übernahm in der Michelsberg-Klinik eine der dort freien Stellen als Krankenschwester. Auch Anne kam später nach, zu ihrem Rudi in eine ‚Studentenbude' im Neubaugebiet Eselsberg – und in Tanjas Klinik als Hebamme. In der alten Heimat waren Angehörige, Freunde und Arbeitskollegen etwas traurig, wie auch die ‚Fortgegangenen' im neuen Zuhause. Es war die Zeit absoluter Zusammengehörigkeit; Heimat bedeutet Existenz, die nun nach mehr als zehn Jahren friedloser Isolation in die friedlich gewordene Welt strebt. ‚Poet' Gustl zitierte im Kreis der Familie aus seinem Büchlein: „Aus den Traurigkeiten wächst keine Tat." Und fügte in heiterer Stimmung noch sein aufgestautes Wunschdenken an: „Wer von euch, lieber Rudi, liebe Anne, liebe Tanja, lieber Hütbub, wer von euch möchte sich heute der Familie als Brautpaar vorstellen? Anne und Tanja schauten spontan zu ihren Liebsten; diese spontan zurück. Und die Familie lachte amüsiert dazu. Anne ergriff die Hand Rudis: „Wir haben gerade beschlossen zu heiraten."

„Wir auch", rief Martin.

„Dann gibt's eine Doppelhochzeit", jubelten die Senioren. Wirtin Ida fragte: „Feiern wir mit dem ganzen Dorf oder nur in der Familie? Eventuell mit den einstigen Weggenossen Pierre und Evi als Trauzeugen? Und wo ist die Trauung"?

„In der Kapelle", bittet Tanja.

„Danke, Tanja, es ist dort Platz für alle", fügte Gustl an.

„Wo ist die Hochzeitsfeier?", fragte Anne und bestimmte gleich: „Nur in der Schwabenstube."

So geschah es dann – 1953 im Wonnemonat Mai. Am Abend davor, beim ‚Singständchen' der Freunde und dem alten Brauch des ‚Auffangens', gab jedes Brautpaar den Kindern einige Groschen für Bonbons. Diese schenkten ihnen dafür Schlüsselblumen fürs Glück. Sie selbst beschenkten sich mit dem Wertvollsten dieser Welt – Liebe.

Pierre und Beatrice aus Colmar, Evi mit Stefan aus Ulm

schliefen nach der Feier im Gasthof ‚Krone', in neuen Gästezimmern, unweit des ehemaligen Gefangenenquartiers.

Nach einem kräftigen Gratisfrühstück der freundlichen Familie des Gasthauses liefen sie gemeinsam über die wegen der überfliegenden Bomber noch ängstlich anmutenden Hütwiesen, entlang des ruhig dahinfliesenden Mühlbachs, wo sich Martins Mutter auf der kleinen Brücke bei ihm einhängte: „Erinnerst du dich an meinen Besuch vor zehn Jahren, als du noch ein halbes Kind warst, und nun ein Ehemann bist? Ehen", sagte sie, „werden im Himmel geschlossen, aber dass sie gut geraten, darauf wird dort nicht geachtet. Du weißt, was ich meine: Achte DU aufs Geraten." Auf dem weiteren Weg zur Kapelle dachte er über die Worte der Mutter nach – und an seine Kindheit. Er dachte an damals, als sie beide in der Grotte auf dem Weg zum Vater oft sehr traurig waren. Als würde die Mutter sein Denken an damals spüren, stimmte sie in der Kapelle bei der Mutter mit dem Kind so andächtig wie die Kinder ringsum ihr beliebtes Frühlingslied an: „Maria Maienkönigin, dich will der Mai nun grüßen." Alle stimmten mit ein: Pierre und Beatrice aus Frankreich, Eva aus Ungarn, Stefan, Anne, Rudi, Martin aus Schwaben und Tanja aus der Bukowina. Er nahm ihre Hand. Sie erwiderte seine Geste und blickte zur Votivtafel mit dem vergilbten Hochzeitsbild ihrer Eltern.

Beim Mittagessen überraschte Pierre die Ehepaare mit der Einladung zur christlichen Taufe ihrer Tochter Annelie im ehrwürdigen Dom zu Breisach: Eine Referenz familiärer Verbundenheit und ein Bürgersignal an die Regierenden. Für das JA sorgten Pierre, inzwischen Rektor an einem Gymnasium in Colmar, und Tante Helga, Initiatorin der ersten ‚Europastadt': Breisach. Nach der Taufe gehen wir dann mit Annelie zu einer kleinen Feier in die Ur-Elsässer *Auberge de L'ill – in Ribeauville*. Eine Einladung der Großeltern für uns alle – und für Opa Kreuzbauer. Selig, ein Dankeschön für die 1915er Briefmarke, die von den Eltern ein Geschenk zur unserer Hochzeit wurde, die auf ihren besonderen Wunsch in Metz stattfand. „Liebe Anne, lieber Rudi, lieber Hütbub Martin, und liebe Tanja. Nun noch ein herzliches Dankeschön für die Einladung zu eurer Vermählung. Es ist unsere Hochzeitsreise."

Breisach-Ribeauville wurde zum wunderschönen Erlebnis.

„Haben Sie ..., Nein... Ich bitte um Entschuldigung, Herr Ullrich, ich wollte nur fragen, ob Sie noch Lust haben auf ein Glas Champagner."

„Gerne, doch ich muss Sie für meine Reaktion um Entschuldigung bitten; ich war heute den ganzen Tag in einem Verlies."

Inzwischen kam ein neuer Gast an die Bar, der Martin immer wieder ansah. Nach einem kurzen Gespräch mit dem Barchef kam er zu ihm und stellte sich vor. Dann fragte er höflich, ob er vor einigen Jahren in New York mit einem Herrn im Hotel Edison in Manhattan war. Martin fand seine Neugier nicht anmaßend, dachte kurz nach und sagte: „Ja".

„Sie erinnern sich dann bestimmt an meine Worte im Aufzug zur Bemerkung Ihres Begleiters."

Martin nickte.

„Ich möchte Sie und ihren Begleiter aufrichtig um Verzeihung bitten."

„Das liegt doch lange zurück", sagte Martin, und meinte leicht beschwipst, „Sie haben ja – wie man am hiesigen Aufzug erkennt – so unrecht nicht gehabt."

Soeben kommt der Vertreter mit Frau auf einen Drink. Als sie Martin sehen, stimmt seine Frau – wie immer gut aufgelegt – die Arie des Tamino an: „Dies Bildnis ist bezaubernd schön." Ihr Mann küsst sie und singt: „Ein Mädchen oder Weibchen wünscht Papageno sich." Sie waren sehr glücklich. Der Herr aus Texas schaut zu Martin und spricht: „In diesen heiligen Hallen kennt man die Rache nicht ...", und wünscht „Eine Gute Nacht".

„Wer war denn der nette Herr?", fragte die Frau.

„Ein Amerikaner, den ich vor Jahren in New York traf."

Dann wieder die Frau: „In dieser Champagner-Stimmung kann man auch einen Geschäftsvorgang äußern. Herr Ullrich", sagte sie als Chefsekretärin, „freuen Sie sich schon mal für Morgen auf meine Schreibtischnotiz. Der Auftrag darauf wird Ihre „Prinzipals" in Reims bestimmt freuen".

Als sie sich dann nach einem herzlichen „Gute Nacht bis Morgen" trennten und Martin mit dem neuen Aufzug zum Zimmer fuhr, blickte er noch hinab zur Binnenalster und rüber zu seinem Kunden Alsterhaus (dem Dallmayer des Nordens, und KaDeWe im Westen) und freute sich auf Sylt. Die Insel der Genießer, die er morgen mit dem Vertreter besuchen wird. Er vergaß die DDR, New York – klappte das Hütbuch zu und schlief, nun wieder in der Freiheit, selig ein.

Es war Mitte der sechziger Jahre, als er beim Besuch eines Schloss-Restaurants am Bodensee dem Mitinhaber einer großen Sektkellerei und Importhauses vom Rheingau begegnete, der sich hier einige Tage aufhielt. Auch bei ihm kam die selbstverständlich beidseitige Sympathie auf, wie auch die Frage nach Martins Beruf, die er ehrlich positiv beantworten konnte. Zwischendurch kam der Inhaber des Hotel-Restaurants und begrüßte Martin. Sein Gesprächspartner war ihm nicht bekannt. Auch war auf der Getränkekarte keine Marke seiner Firma im Angebot. Er überreichte dem Inhaber und auch Martin die Visitenkarte. Sein Versuch eines Verkaufsgesprächs klang holprig: „Wie so oft bei Innendienstlern draußen", meinte ein Verkaufstrainer in einem Seminar, wo er gerne und oft das Führungs- und Erfolgsprinzip AAAA betonte: Anders Als Alle Anderen.

Es kam dann durch das Renommee Martins und der Reputation des Besuchers zum „Einführungsauftrag" und der wichtigen Zusage des Inhabers, die bestellten Marken auf der Getränkekarte zu ordern. Dazu wieder die Logik des Verkaufstrainers: „Wenn der Koch das Huhn nicht auf die Speisekarte setzt, dann bekommt er es nicht los." Bei der Verabschiedung bat der Besucher Martin um die Adresse. Tage danach kam eine Einladung zum Besuch der Rheingau-Kellerei und einer unverbindlichen Kurzbeschreibung der Position des Reisedirektors für das Gebiet Süd, mit München als Wohndomizil. Martin nahm die Einladung an, bei der es dann bei sachlichen und persönlichen Modalitäten zu einem vertraulichen Gespräch kam: A: Kundenbesuche mit derzeit zwölf freien Handelsvertretungen in

Baden-Württemberg und Bayern, mit Ergebnisbericht an die Geschäftsleitung. B: Soweit für die Zukunfts-Distribution im Lebensmittelhandel erforderlich, und für eine intensivere Betreuung der Gastronomie notwendig, zusätzliche Einstellung von Vertretern und C: Ihre Position ist ausgestattet mit Festgehalt und Umsatz-Beteiligung, Vertrauensspesen, PKW-DB und ein Extrabeitrag für die Miete. Martin erkannte: Die jetzige, durchaus befriedigende Tätigkeit ist Basiskleinarbeit. Die neue Position ist ein Beruf der Verantwortung für die Verkaufsunterstützung und Motivation selbständiger Handelsvertreter, die auch noch andere konkurrenzfreie Firmen vertreten. Für sie ist er ein Vorbild der sachlichen Leistung und seinem persönlichen Verhalten. Es ist zudem ein Leben aus dem Koffer.

Das Ehepaar Ullrich wuchs zur Familie heran. Als erstes Kind kam Tochter Vera, geboren während eines Heimatbesuchs in Mamas ehemaligem Heiligkreuzhospital. Den Namen hat sie von ihrer Ukraine-Großmutter. Dann kam Anna in Ulm bei Hebamme Anne. mit dem Namen der Schwaben-Oma. Später wurde Evelin geboren, geboren anlässlich eines Firmentreffens mit Ehefrau in München; ergo ein Münchner Kindl. Auch die Geschwister des Elternhauses wurden zu Familien – der Bruder, die Schwestern. Vor nicht allzu langer Zeit selbst noch Kinder, sind nun verheiratet und haben wohlgeratene Kinder.

Gustl und Ida luden zur Goldenen Hochzeit in die Schwabenstube ein. Und alle aus der großen Hütbauer- und Freundes-Familien kamen. Die ‚Ulmer Kinder' Erwin, Vera, Anna, Evi belächeln die Forellen im Bach. Tanja blättert in den Noten am Klavier und spielt die Kaiserhymne.

„Das Schicksal des Staates hängt vom Zustand der Familie ab", zitierte Rudi aus Papas Büchlein. Und sein Papa fügt bei diesem treudeutschen Fest noch an: „Und keiner von ihnen war jemals ein Nazi oder ein Mörder des Holocaust."

Die Jahre vergingen. Martins neue Berufsaufgabe als nunmehr Vierzigjähriger war für die Familie sowohl finanziell wie für das Ansehen in der Heimat, und auch draußen, ein Gewinn. Als er damals von diesem Einstellungsgespräch heim kam, standen Tanja und die beiden Drei- und Zweijährigen Mädchen mit Blümchen am Haus. Tanja, die Martins Überlegung kannte, umarmte ihn und sprach in ihrer aufrichtigen Art den alles entscheidenden Satz: „Schatz, wann ziehen wir um nach München?"

Martin sagte telefonisch im Rheingau zu. Dort wurden dann Termine für die Vorstellung bei den Agenturen vorbereitet. Er kündigte in Steinhagen. Der nun zum Kollegen gewordene Vorgesetzte zeigte Verständnis, gratulierte und wünschte ihm alles Gute für diese besondere Aufgabe. „Man sieht sich ja unterwegs immer wieder."

Der Tag des Neubeginns war ein Montag. Einige Tage zuvor rief ihn sein nun direkter Vorgesetzter an, mit der Bitte, bereits am Wochenende nach Ulm zu kommen, um alle Einzelheiten für die Agentur-Besuche zu besprechen. Er käme mit Martins zukünftigem Reisewagen und fahre nach dem letzten Besuch in Mannheim mit dem Zug zurück.

Tanja strahlte: „Martin, er möchte die Familie kennen lernen. Vielleicht sollten wir für ihn ein Zimmer in einem Hotel reservieren, das eine seiner Marken hat. Gerne würde ich ihm die Reservierung mitteilen." So geschah es. Zur Freude des am Samstag zur Kaffeezeit mit dem neuen Mercedes ankommenden Geschäftsführers.

Er wurde von den Mädchen mit einem freundlichem „Grüß Gott" empfangen. Nach der Erledigung der „Hausaufgaben" lud er die Eltern ins Hotel ein, zum Dinner. Es wurde verfeinert mit einem Importwein seiner neuen Firma: Jahrgang 1929 – Martins Geburtjahr.

Der erste Besuch als Reisedirektor mit dem neuen Chef galt dem Münchner Vertreter. Dieser war zuvor Offizier und ist Nachkomme eines italienischen Adels, der sich früher um die Stadt München verdient gemacht hat. Die beiden Herren und die Vertreterfrau begrüßten sich sehr freundschaftlich, wobei der Agenturinhaber Martin mit dem Uniformblick des Berufssoldaten musterte. Durch den angesehenen Münchner Bürger kam es für Martin zu einer Begegnung, die ihn zum Verhalten der Nachkriegsregierung oft nachdenklich machte, doch für die Erziehung seiner Kinder visionäre Bedeutung hatte.

Auch die nächsten Besuche verliefen harmonisch. Wobei ihm auffiel, dass bei allen Vertretungen auch die Ehefrau aktiv war – für ihn eine wohltuende Erkenntnis, die sich in der Zusammenarbeit als positiv erwies. Die Agenturen hatten Verkäufer unterschiedlichen Alters, die mit ihm – als dem Vorbild der Verkaufsbasis – gerne und erfolgreich die Gastronomie und den Handel besuchen. Martin war im Hinblick auf diese anstrengende, doch wichtige Kleinarbeit, bei den Agenturen immer willkommen.

Ein Besuch allerdings, erinnert er sich, hat seine nahezu ideale Einschätzung seines Berufs getrübt. Dies geschah in einem Lebensmittel-Großhandel, dessen Inhaber nach einem Studienaufenthalt in den USA anschließend mit seinem Familiennamen ein bedeutender Discounter wurde. Noch davor präsentierten Martin und sein Vertreter dem Einkaufsmanager die großartige Produktinnovation einer Getränkemarke. Der Einkäufer hörte zu und antwortete dann: „Herr Ullrich, Ihr Vortrag war glänzend. Doch meinetwegen können Sie in die Flasche, er hielt die Hand vor den Mund, reinpi…, es muss nur kräftig schäumen, schmecken und billig sein." Der Vertreter, örtlich bekannt mit dem Geschäftsinhaber, sagte danach: „Ich musste mich beherrschen. So etwas hätte der Inhaber, der mit einem Tante-Emma-Laden anfing, niemals gesagt." Martin dachte an die minderwertig gewordene Produktmoral durch die Umschichtung der Einkaufskompetenz vom Unternehmer zum Manager. Dieser Einkäufer kam später bei einer Nahrungsmittel-Messe zu ihm an den Firmenstand und entschuldigte sich für seine Entgleisung. „Ich habe es im Spaß gemeint. Inzwischen läuft ja diese Marke bei uns ausgezeichnet."

Der Umzug nach München erfolgte unkompliziert. Der Vertreter hatte in der Nähe eines Kindergartens, Geschäften, Schule, Kirche und der Straßenbahn eine Wohnung besorgt. Eines Tages, nach dem Besuch wichtiger Kunden, hat er

Martin für einen Karfreitagabend zu einem Herrenabend bei sich Zuhause eingeladen. Seine Frau ist in Zürich bei der Tochter, die dort studiert. Martin fährt erst am Samstag mit der Familie zum Osterfest in die alte Heimat. Sein Vertreter bat ihn, am Schloss Nymphenburg um 18:00 Uhr einen älteren Herrn mit Lodenmantel abzuholen. Er war pünktlich dort und wurde von dem Herrn im Lodenmantel mit einem ‚Grüß Gott' und dem Namen Schörner begrüßt.

Auf dem Weg zur Wohnung des Vertreters sprachen sie über den 1860-ger Verein, wo er, wie er sagte, in seiner Jugend schon aktiv war, auch über Martins Beruf und seiner Familie, die Mädchen und seine Frau aus Rumänien. Bei der Ankunft begrüßte ihn der Vertreter mit „Grüß Gott, Herr Feldmarschall", dann Martin, der keinen Minderen als den Generalfeldmarschall Ferdinand Schörner zu seinem Offiziersfreund chauffiert hat, wo sie dann zu Dritt mit einem Firmensekt den Abend genossen. Wenn von Adolf Hitler die Rede war, nannten sie ausschließlich das Wort „Führer".

Für Martin war die Thematik des Abends unwirklich, weil ohne Insiderwissen. Er wusste aus den Medien, dass Schörner ein unbequemer Offizier und Feldherr gewesen sein soll und in einem ‚Lex Schörner' Gesetzesverfahren – ohne Pension für ihn – verurteilt wurde. Den Lebensunterhalt würden Offiziersfreunde finanzieren, und die Tochter würde ihn betreuen. Martin hörte meist nur zu und fuhr Schörner dann wieder heim, zuvor noch zum Hauptbahnhof für eine Soldatenzeitung, die aus der DDR kommt. Beim Abschied am Gartentor sagte er sehr ernst: „Martin, erlauben Sie mir einen Rat: Sorgen Sie und Ihre Frau dafür, dass ihre Kinder eine gute Bildung bekommen. Denn wenn diese so alt sind wie Sie, ist Deutschland ein Tummelplatz der Kriminalität, inszeniert von den West/Ost-Siegern. Es sei denn, sie besiegen sich zuvor selbst. Doch auch das würde auf deutschem Boden geschehen."

NIEMANDSLAND

Es war ein heißer Frühlingstag Anfang der siebziger Jahre, als Martin aus München, nun nahe der Fünfzig, Verkaufsleiter für Baden-Württemberg und Bayern, und sein Kollege Herbert aus Frankfurt, sechzigjähriger Verkaufsleiter für Hessen-Rheinlandpfalz gegen Abend nach New York zurückkamen. Sie waren mit dem ‚Greyhound' auf Kolumbustour.

Als ersten Eindruck erlebten sie die Amish Glaubensbruderschaft, einen Volksstamm, dem Fortschritt, Telefon, Wasserleitung und Kriegshandwerk fremd sind. Die Vorfahren waren Einwanderer aus Deutschland und den Niederlanden.

Auf dem Weg zu den Niagarafalls war Halt zuerst in Gettysburg, einem gewaltigen Heldenfriedhof. Das Schlachtfeld des amerikanischen Bürgerkrieges ist bestückt mit Monumenten der militärischen Rangordnung der Toten. Martins Kollege, Jahrgang 1914, im Krieg Offizier, meinte leicht ironisch: „Wenn in Europa auf den ‚Feldern der Ehre' die kriegerischen Taten in dieser Art gewürdigt würden, dann wäre – allein schon durch den Dreißigjährigen und die Napoleonischen Kriege – halb Europa ‚verpflastert'." Auf einem Marmorblock las Martin: Sergeant Sam Rummer, darüber, groß eingemeißelt unter einem kleinen Kreuz, seine Orden und Ehrenzeichen. Martin dachte unwillkürlich an das Grab von Generalfeldmarschall Rommel, in dessen Geburtsort nahe Ulm ein hölzernes Deutsches Kreuz als Grabzeichen mit der Unterschrift: 41-Afrikakorps-43. Er besuchte es an seinem Todestag, dem 14. Oktober, mit Rudi, der ihm eine rote Rose aufs Grab legte.

Martin erinnert sich an die nette deutsche Fremdenführerin, von ihrem USA-Ehemann geschieden, die auf das Bauernhaus am Hügel zeigte, wo in der Wand eine Granate steckt. „Dieser Blindgänger und der Heldenfriedhof sind ein US-Anti-Kriegs-Mahnmal", sagte sie so anklagend als würde man diesen mahnenden Sinn nur in den USA begreifen.

„Für dieses Land", sagte sein Kollege Herbert bei einem anderen Anlass, „darf man keine ökologischen, moralischen oder philosophischen Vergleiche mit Deutschland oder Europa anstellen. Ihre Daseinsmotivation als selbst auserwähltes Volk ist Money. Die USA sind eine ‚Geldwelt', die mit ihrer offenen materiellen ‚Eigennutzideologie' ununterbrochen den Weltfrieden gefährdet."

Die Kolumbustour, eigentlich eine berufliche Studienreise, ging weiter zum Wohnsitz des Generals Eisenhower. „So groß wie ein Landkreis in Deutschland. Mit dem Fernglas von einem Aussichtsturm zu besichtigen", bemerkte die Reisebegleiterin mit Blick zu Martin, der bei einem Gespräch mit ihr dessen Flugblätter und die Proklamation Nr.1 an das Deutsche Volk zitierte: „Ich, General Dwight D. Eisenhower, gebe hiermit folgendes bekannt…!" Worauf Kollege Herbert gelassen fragte, ob dieser General die „befreiende Zerstörung" Deutschlands womöglich von diesem schönen Stückchen Erde aus befahl?

„Lieber Martin, für dich als dem jüngeren Zeitzeugen etwas zum Nachdenken: Der General hat noch nach Kriegsende Vergehen an deutschen Gefangenen sanktioniert, das, wie so viel Böses der alliierten Sieger, nicht der Genfer Konvention entspricht, und für die Deutschen als eine ‚verschweigende Fremdschuld' anhaftet. Vielleicht schon bald wird Adolf Hitler Befreiern moralpolitisch gleichstellt sein. Die Welt wird vom US-Gefangenenlager ‚Rheinauen' wissen, wo deutsche Soldaten im Kot verreckten und Frauen am Stacheldraht erschossen wurden, weil sie ihnen Essen zuschieben wollten, von grausam folternden Briten in Verhör KZ's, von den Russen, die Frauen brutal vergewaltigten. Die Medien werden die 10 Millionen Dollar, die Hitler 1929 als Wirtschaftshilfe – de facto für die Aufrüstung – von der US-Hochfinanz bekam, stimmig öffnen und die Erkenntnis des neutralen Schriftstellers Sven Hedin von 1942 wie gesagt verstehen: Dieser Krieg wird in die Geschichte eingehen als der Krieg des Mister Roosevelt. Auch haben sie die Feststellung von Mister Churchill zugeordnet, der 1936 sagte: ‚Wir werden Hitler zum Krieg zwingen, ob er will oder nicht; dabei geht es uns nicht um Hitler, sondern um die Kraft des deutschen Volkes, gleichgültig, ob sie in der Hand Hitlers oder eines Jesuitenpaters liegt.' Sie werden über die Worte von Pfarrer Martin Niemöller nachgedacht haben, der schon 1948 Pfarrer Forell nach New York schrieb: ... aber heute sind die Menschen davon überzeugt, dass auch die gesamte Propaganda für die Demokratie nur eine Illusion war, schlimmer noch als Hitlers Propaganda. Denn es wusste ja jedermann und lernte es bald kennen, dass Hitler persönlich keine Autorität über sich anerkannte. Aber die Westmächte haben Propaganda betrieben mit christlichen und menschlichen Grundsätzen und versichert, dass sie für die Gültigkeit dieser Grundsätze in den Krieg gegangen seien und kämpften. Dieser Glaube ist völlig erschüttert worden und, was noch schlimmer ist, zugleich mit diesem Glauben ist der Glaube an die Wahrhaftigkeit und Menschlichkeit zerbrochen worden. Das Ergebnis ist der Nihilismus, und die Menschen, die heute sterben müssen, sterben, indem sie Gott und den Menschen fluchen." Martin fügte noch eine – soeben gelesene – Reportage des USA-Schriftstellers John Dos Passos an, der 1945 bei einer Europa-Informationsreise für das Magazin LIFE mit einem Polen oder Südslaven sinngemäß diskutierte: „Wie können Sie das Massaker an den hilflosen Flüchtlingen in Dresden rechtfertigen? Erlauben Sie mir, uns einen Augenblick dem Verrat friedlicher Staaten zuzuwenden. Was haben die Nazis getan, was sich mit ihrer Auslieferung Polens, ihres eigenen Verbündeten, an eine der düstersten totalitären Tyranneien der Geschichte vergleichen lässt? Und muss ich Estland, Lettland, Litauen erwähnen? Waren Sie in Jugoslawien? Ist es nicht ein Verbrechen gegen die Menschlichkeit, zu gestatten, dass fünfzehn Millionen Leute aus ihrer Heimat vertrieben werden, unter der einzigen Anklage, dass sie Deutsche sind? Warum sind die Amerikaner so von Gedanken an Rache besessen? Bei den Russen, die entsetzlich bluten mussten, kann ich es noch verstehen, aber ihre US-Städte wurden nicht dem Erdboden gleichgemacht, Ihre Frauen und Kinder sind nicht verhungert oder umgebracht worden. Monsieur, bitte missverstehen Sie mich nicht; ich hasse die Verbrechen der Nazis, aber wovor ich mich fürchte, ist, dass Sie mit Ihrer plausibel klingenden Rhetorik Verbrechen mit dem Siegel der Respektabilität versehen, die denen, die jene Menschen begangen haben, in nichts nachstehen."

Nächste Station: Atomstadt Harrisburg. Übernachtung in einem Hotel, das seit Jahren von russischen Ingenieuren, die an einem Wolkenkratzer arbeiten, bewohnt wird – nach der Bemerkung einer in den USA geschiedenen Frau aus Nürnberg – und noch kein englisches Wort mit den Hotelangestellten sprachen.

„Was machen sie denn wirklich hier?", meinte eine andere deutsche Frau.

Dazu Herbert: „Kollegen waren schon während des Krieges hier."

Über Buffalo wurden dann auf der kanadischen Seite, dem saubersten Teil der Reise, die Niagarafälle erreicht. Die am nächsten Tag auf der USA-Seite geschlossen wurden. Der Fels musste abgestützt werden, da sich die unendlich alte Natur anschickte, dieses Vorzeigemonument USA zu glätten. Nach der Nacht im Hotel, mit Zimmerblick zu den bunten Wasserfällen, ging es am nächsten Morgen nach Albany, der Hauptstadt des US-Staates New York, wo wir bei einem Abendspaziergang Indianer in totaler Verkommenheit erlebten. Die Ur-Einwohner Amerikas mit ihrem traurigen Blick schlossen die Augen, als sie uns sahen. Bei sengender Hitze ging es vorbei an riesigen Maisfeldern, am Horizont mächtige Silos, Freilichtkinos und Raststätten im Wildweststil und Wohnwagendörfer, zur Besichtigung des Landsitzes von Roosevelt; mit Fotopflicht und Parkschau. Unweit davon der Vanderbild-Palast mit klimatisiertem Hauskino, in dem die Milliardäre, kostenlos animierend, dieser Welt ihren Reichtum zeigen.

Weiterfahrt nach Westpoint, der Fünfsterne-Kriegs-Akademie der USA, entlang am Hudson, der voll bestückt war mit gebrauchten Kriegsschiffen, wozu Kollege Herbert bemerkte: „Diese sind für den Verkauf an bedürftige Nationen bestimmt. Bleiben sie zu lange liegen, dann wird nach US-Art „diplomatisch" nachgeholfen."

Zurück ins Hotel Edison, 47-ste Straße, Ecke Broadway Time Square – N.Y. City. „27-ste bitte", sagte Martin zum Liftboy des 25. Stock hohen Hotels. „Oay, zum Mond Sir", erwiderte er trocken. Nebenbei bemerkte Kollege Herbert: „Der wacklige Aufzug müsste einmal erneuert werden." Die Antwort gab ein Mitfahrer, der sich in Deutsch als US-Bürger aus Texas vorstellte. „Dieser Aufzug stammt aus dem Jahr 1909. Einen solchen Aufzugsjahrgang gibt es wahrscheinlich in Germany nicht mehr, denn wir haben dafür gesorgt, dass dort neue Aufzüge in neue Häuser kamen."

Herbert erschrak sichtlich und versuchte zu antworten. Doch der Aufzug hielt, und junge Touristen drückten herein. Eine Etage höher stiegen wir aus. Herbert war blass. Er bat Martin, noch mit zu ihm zu kommen; er möchte nach dem Vorfall nicht allein sein.

Er nahm aus der Kühlbox zwei Whiskyfläschchen und Gläser und bat Martin, seltsam ernst, doch Platz zu nehmen. „Lieber Martin, meine Eltern und meine Schwester sind in unserem Haus in Frankfurt von Fliegerbomben der Amerikaner getötet worden. Ich mag dich als einen anständigen Menschen und vorbildlichen Kollegen. Ich darf dir etwas sagen. Wie du weißt, war ich aktiver Offizier. Nach einer Frontverletzung wurde ich in den Geheimdienst ‚Inspektion Ost' beordert, wo wir in ständiger enger Koordination mit der ‚Inspektion West' standen. Ich will jetzt nicht auf Spionagedetails eingehen, sondern auf ein Wissen, das uns und die Führung veranlasste, den Alliierten erbitterten Widerstand zu leisten. Höre dazu etwas aus der Erfahrung meiner Dienstzeit und denke dabei an die '68-er Bewegung und an die langfristige Konsequenz für Deutschland, die sich ergänzt mit Infos von Freunden, die sich weiterhin über besondere Kontakte mit der alliierten Psychobehandlung des ‚Deutschtums' befassen:

1943 diagnostizierte der US-Psychiater Brickner und 1945 der Schweizer Freudschüler C.G. Jung kollektive Geis-

tes- und Gemütskrankheit der Deutschen. ‚Reeducation' (Umerziehung), ein vom Emigranten Leopold Schwarzschild erstmals verwendeter Ausdruck für die Behandlung eines niedergeworfenen Deutschland, bedeutet gemäß ‚Webster's Dictionary': Erziehung einer behinderten, neurotischen oder geistig gestörten Person.

1943 setzte die US-Regierung ein ‚Joint Committe' zur Umerziehung der Deutschen ein (Federführung: Kurt Levin). 1944 bildete sich in New York das ‚Institut zur Umerziehung der Achsenvölker' (inspiriert vom Psychiater M. Levy). Auch an der New Yorker ‚New School for Sozial Resarch' (Markuse, Adorno, Horkheimer) wurden Umerziehungspläne ausgearbeitet. Das ‚Joint Committe' erläuterte: ‚Wir werden die gesamte Tradition, auf der die deutsche Nation errichtet ist, löschen. Kern der Umerziehung ist, den Deutschen ein kollektives Schuldgefühl einzuimpfen. Die Umerziehung führt häufig zum Hass auf das eigene Vaterland und zu Nationalmasochismus.' Die früheren Kollegen, wir ulkten uns intern ‚Schnüffler', kennen die langfristigen US-Vorhaben für die deutsche Zukunft:

Die Geburtsjahrgänge zwischen dem 1. und 2. Weltkrieg werden einer intelligenten psychologischen Vereinnahmung durch TV- und Presse-Medien ausgesetzt und dort bis zum Ableben als ‚Tätervolk' gebrandmarkt. Gleichzeitig werden ihre Nachkommen, die Jugend, mit psychologisch anreizenden Film- und TV-Thrillern zur Gewaltbereitschaft animiert. Die Neonazis, Symbolik deutscher Unbelehrbarkeit werden in der Öffentlichkeit moderat behandelt. Dienstleistung jeder Art wird mit Prospekten publiziert. Die deutsche Sprache wird nach der Hochsprache Englisch eine Zweitsprache. Der Lateiner bei uns im Amt nannte dies ‚verna', der Haussklave. Die klassische Musik deutscher Art und die deutsche Literatur sind – je nach mentalem Intellekt – mit stimmungsvoll beschwörend umworbener – Jazz und open air Comedy-, Sex- und Thrillerkunst abzulösen. Das Waffen-Gesetz für Jugendliche wird gelockert. Alle Maßnahmen sind Bestandteil einer langfristigen Umschulung. Schau auf die Namen; lauter hochintelligente Schmarotzer.

Martin dachte an den siebenarmigen Silberleuchter aus

seiner Lehrzeit; und wurde traurig.

Herbert weiter. „Sie sind zur Anwendung und Durchsetzung auf dreißig Jahre Wirkung im Sinne einer Generation angelegt. Man wird uns überschwemmen mit fremden Kulturen und Religionen, die Kriminalität und Krankheiten bringen. So wissen es alte Mitarbeiter. „Böses hat Zeit zum Gedeih", würde Gustl aus seinem Büchlein zitieren.

„Unsere Schnüffler, ähnlich denen der anderen Seite, wissen auch um folgende US-Statistik: Wenn amerikanische ‚Kids' ihr 18. Lebensjahr haben, haben sie schon mindestens 200.000 Gewalttaten auf dem Bildschirm verfolgen können, darunter 40.000 Morde. Für Kinder gibt's My first Rifle. Ein Kleinkalibergewehr für 139 Dollar frei zu kaufen." Herbert holte noch zwei Fläschchen Whisky. Er schaltet den Fernseher ein. Dort sah man in einem Film plötzlich wie eine Frau von Vögeln angegriffen wird, die dann verjagt werden von Cola-Flaschen, die wie Jabos anfliegen.

„Herbert, was ist das?"

„Werbung. Martin, bedenke immer für die USA: Es ist eine Etikettenkultur. Äußeres ist der Wert. Das Innere ist zweitrangig. Liebe ist Sex, mehr nicht. Kommt bei uns alles auch." Die Cola öffnen zum ‚Drink zur Beruhigung'. Sie flatterten wieder ab und der Film geht wieder weiter mit Revolverschüssen.

„Doch kehren wir zurück zum Sinn der Studienreise und fassen die Erkenntnisse für einen Bericht an die Geschäftsleitung zusammen. Martin, würdest du zuhause dann unsere Notizen in der Berichtsform vorlegen."

„Gerne."

Er zitiert: „Sehr geehrte Geschäftsleitung, vorweg herzlichen Dank für diese interessante Reise, liebe Kollegen, liebe Mitarbeiter. Der Akzent dieses Themas ist auf Erkenntnisse gesetzt. Diese sind relativ schnell und in kurzen Worten gesagt und werden am Schluss meiner Ausführungen vereinfacht skizziert. Den Erkenntnissen gehen Erfahrungen und Eindrücke aus dieser Reise voraus, die ich in zwei Teile fassen möchte:

a) Die Vermittlung sachlicher Erfahrungen, und einen

b) Eindruck von New York aus persönlichem Empfinden

Der fachliche Inhalt dieser Reise musste sich zwangsläufig auf New York beschränken, da sich die allgemeine Rundreise auf die ländlichen Eindrücke bezog. Ob der Raum N.Y. für die gesamte USA der Maßstab ist, muss selbstverständlich ausgeschlossen werden. Es wurde auf statistisches Material und sonstige publizistischen Hilfsmittel verzichtet.

Eines war sofort klar erkennbar: Die in Deutschland breit und in Koexistenz agierenden vielfältigen Vertriebsformen Handelsketten, Genossenschaften, Filialisten, Supermärkte, Kaufhäuser, Fachgeschäfte und C&C Großmärkte gibt es in dieser Form in New York nicht. Ich habe ein einziges, unseren A-Läden vergleichbares Feinkostgeschäft gesehen: In der 86zigsten Straße, dem deutschen Viertel. Falls es die bei uns bekannten A-B-C-Lebensmittelgeschäfte dort je gab, wurden sie abgelöst von Großvertriebsformen, also von Supermärkten und Einkaufscentern, denen die Versorgung mit Lebens- und Genussmitteln obliegt. Die Center befinden sich nahezu ausschließlich im Randgebiet von New York und in sich gruppiert. Die Betriebsgrößen sind auch in Deutschland vorhanden.

In den Supermärkten kommt das System bekannt vor; es unterscheidet sich im Aufbau des Warendisplay, in der Preisauszeichnung, in der selbstbedienungsgerechten Verpackung und in der Kassenabfertigung, nur durch das den dortigen Nahrungsgewohnheiten angepasstem Sortiment, gegenüber des hierzulande Üblichen. In einem allerdings unterscheidet es sich sehr wesentlich: Das Angebot an geistigen Getränken stellt nur einen Bruchteil des Gesamt-Sortiments, und ist mit der deutschen Angebotspräsenz nicht vergleichbar. Sekt z.B. ist kaum zu finden, Wein sehr wenig und Whisky nicht breiter als Hierzulande. MACY, das so genannte größte Kaufhaus der Welt an der Fifth Avenue, hat nur zwei Sorten Sekt im Angebot. Und wenn ich nicht irre, waren es ländliche Produkte aus Kalifornien. Die Kaufhäuser in der City von New York, also in Manhattan, stellen in der Gesamtversorgung eine gewaltige Absatzbedeutung dar, wobei das Non-Food-Angebot überwiegt. Das modische Angebot ist gehoben, der amerikanischen Frau wird ein weiter Spielraum angeboten. Das klassische deutsche Kaufhaus braucht keinen Vergleich zu scheuen. Im Gegenteil, die Kaufhaus-Lebensmittelabteilungen z.B. führen ein Schatten-Dasein und sind im Angebot geradezu einfältig gegenüber dem, was die deutschen Kaufhäuser anbieten. Dazu einige Details: Tragetaschen müssen vorweg am Automaten gezogen und bezahlt werden. Sie sind von schlechter Qualität, werden allerdings von den Kassiererinnen nach der Wertstellung der Ware per Hand wieder gefüllt, die Ware liegt nach hundert Metern auf der Avenue. Selten wird an einer Marktkasse bar bezahlt. Die amerikanische Frau, so haben wir beobachtet, hat viele Scheckkarten im Geldbeutel, von jedem Kaufhaus eine eigene."

Apropos Portemonnaie; ich wollte meiner Frau eine ‚Monybox' als USA-Erinnerung mitbringen. Bis ich eine gefunden hatte, schien Kollege Herbert am Verzweifeln und ich um die Erfahrung reicher, dass diese und andere Artikel vorwiegend als ‚Made in Germany' angeboten werden.

„Neben den Einkaufscentern und Kaufhäuser gibt es Shops, Discounter, Fachgeschäfte.

Die Shops verkaufen Andenken und allerlei im x-beliebigen Durcheinander. Im Fenster stehen Heiligenbilder; an der Kasse dann wird unter vorgehaltener Hand Pornographie angeboten. Eine Ecke weiter liegen diese delikaten Dinge in Schüttkörben.

Die Discounter bieten aus dem Nonfood-Kleinbereich und der Kosmetik vielfältiges an. Die gesamte Warenpräsentation wirkt hier undiszipliniert.

Sie werden nun zurecht fragen, wo die Amerikaner ihre alkoholischen Sachen kaufen? Ja, nun gibt es in New York noch – oder wieder – das gute alte Fachgeschäft, meist jüdisch. Hier gibt es all' die koscheren Sachen wie Whisky, Weine, Schaumweine. Auch ist das Sortenangebot insgesamt von einer breiten Fülle. Als deutschen Beitrag haben wir die Sektmarke ‚Deinhard' entdeckt. Sonderangebote gibt es auch. Die Form des Angebots ist interessant. Besondere Angebote, wie sie in Deutschland massiv über die Tagespresse und Schaufensterplakate, Lautsprecherwerbung im Markt, Preisausschreiben u.a.m. publiziert werden, sind uns dort nicht aufgefallen. Der Preiswettbewerb, so scheint es, ist dort deutlich vernünftiger. Er entbehrt der im deutschen Handel fast ‚ideologisch' anmutenden Bewerbungsart. Die Endpreisgestaltung der Produkte scheint wesentlich – und ohne Preisbindung – vom Hersteller bestimmt zu sein. Wir sahen bei einem Discounter eine Körperspraydose Marke BAC, die am Markennamen einen gedruckten Verkaufspreis trug, und den ebenfalls aufgedruckten Hinweis „Bei zwei Stück > 10 Cent billiger". Dieser Preis wird auch ohne weiteres verlangt und vom Käufer akzeptiert. Von der Herstellerseite bekamen wir nur einen Eindruck, bei Pepsi Cola in Queens. Neben der üblichen Automation dieser Branche, die hier veraltert anmutete, wichen wir vorwiegend Schmutz und Abfall von beschädigter Ware aus.

In New York sind die studierten Handelsformen und das Angebot übersichtlich, die Größe imposant, doch nicht überwältigend. Das Schwergewicht der Dienstleistung liegt nicht im Service der Angestellten, sondern bei Automaten und Warendarbietung. Die Großmarktversorger und Meinungsbildner bieten ein straffes Sortiment. Der Wettbewerb mutet sportlich an. Der deutsche Handel hat bereits einiges übernommen. Doch das Angebot im deutschen Markt ist sichtlich breiter. Die Art des Abatzmarketings wirkt in New York weniger anmaßend zum Käufer oder Preisaggressiv zum Mitbewerber. Der Vergleich hinkt etwas, da wir dort keine relevanten Zentralgespräche einfügen konnten.

Nun mein persönliches Empfinden zur Weltstadt New York (im Hütbuch notiert): Ich möchte hier nicht auf die imposanten Merkmale dieser Stadt eingehen. Es geht mir im zweiten um zwischenmenschliche Eindrücke. In der Erzählung ‚Erinnerungen an ein Lächeln'.

Während ich im 22-sten Stock des 1000-Zimmer-Hotels über die vergangenen Tage nachdachte, zeigt der Temperaturmesser gegenüber am Wolkenkratzerturm der Bank of New York 58 Fahrenheit. Der Zeitmesser daneben zeigte 7:30 Uhr. Vom Broadway stieg ein ständiges Rauschen herauf und mit ihm markerschütternde Sirenentöne unzähliger Polizeifahrzeuge. Diese Geräusche und das unruhige

Geflimmer der Werbeschriften am Timesquare sollten die nächsten Tage um mich sein. Ich bekam brennendes Heimweh und wusste sofort warum: Es war in dieser Stadt noch zu keiner herzlichen Begegnung gekommen. Ich hatte hier noch bei niemand das feine Lächeln empfunden, das Menschen an sich haben, die glücklich sind – in verträumten Gassen, wo am Sonntag die Glocken läuten, dort, wo Wein wächst und wo auch fern vom Bett liebend gelebt wird.

Ich beschloss, dieses Lächeln in New York zu suchen. Morgen ist Memorial-Day, ein Feiertag. Manhattan wimmelt von Touristen. Die Hitze umfasste mich wie eine Klammer. Am Broadway war ein einziges Brodeln. Im Paramount-Eröffnungstheater lief der Film „Che" an. Rundum demonstrierten Kinder und Jugendliche aller Rassen. Sie zogen in einem mit spanischen Reitern begrenzten Quadrat schreiend ihre Kreise. Bewaffnete Polizisten sprengten auf Pferden den Broadway herab. Massenhaft Autos hupten. Aus den zahllosen Musikläden plärrten Schlager und aus irgendeiner Ecke immer wieder die ekelhafte Polizeisirene. Über den Menschenmassen schlugen die Lichter im benebelten Abendsonnenschein zu einem Inferno von Verrücktem zusammen. Hier sah ich nicht das Geringste von dem, was ich suchte. In diesem Zustand freut man sich über jedes bisschen Heimat, das ich in der Ecke 50-ste Straße empfand: Eine „Wienerwald"-Gaststätte. Nach einem guten deutschen Bier empfindet sich manches leichter. Und ein deutsches Wort mit der Bedienung aus Stuttgart oder Rosenheim tat gut.

Ich hatte ein respektables Verhältnis zum Dollar. Es wurden einige „Dollarbiere" für einen Dollar das Stück. Beim nächsten Geldtausch kam die Ernüchterung: Ein Dollar kostete Viermarkzwanzig und war für D-Mark nur schwer zu haben. Ich dachte an die Worte eines Deutsch-Amerikaners, der feststellte: „Wo der Mensch ein Herz hat, da hat der Amerikaner einen Dollar." Das Gespräch mit den geschiedenen, ehemaligen Landsfrauen kam zwangsläufig auf die alte Heimat. Bei diesem Thema erwartete ich die gesuchte Regung. Doch nein, diese Mädchen, wie später die Deutschen in der 86-sten Straße im ‚Hindenburg',

,Hofbräuhaus', ,Alt-Heidelberg' redeten über Deutschland wie von einer längst gestorbenen Tante, bei der man die Verwandtschaft nicht mehr zusammenbringt. Mit einem Schwips trug ich diese Enttäuschung den Broadway hinab, vorbei an den immer noch Demonstrierenden, deren Masse sich inzwischen vergrößerte. Dabei war es gleich Mitternacht, 78 Fahrenheit = 30 Grad. Es schien, als könnte jeden Moment etwas explodieren. Nichts wie weg von hier. In der vornehmen Hotelbar noch ein Bier für einen Dollar, eisgekühlt und ohne Schaum. Am Tanzplatz spielte ein schwarzer Pianist andächtig Evergreens. Sein Blick zeigte das beseelte Lächeln; doch abwesend – und voller Trauer. Ich fuhr hoch zum Zimmer, wo es immer nach Mottenpulver roch wie in einem Kaufhaus im DDR-Berlin. Leise summte ein Kühlaggregat, die wie Taubenschläge an den Fenstern der Wolkenkratzer hängen. In den Zimmern nebenan junge Touristen die halbnackt auf den Gängen herumrennen. Vom Broadway herauf ein unaufhörliches Geschrei, an den Zimmerwänden, die nie erlöschenden Lichtreflexe der Reklame. Der Schlaf lässt den Tag vergessen; morgen sieht die Welt wieder anders aus.

Hovard Thonsons Frühstücksrestaurant war voll von allerlei Touristen, denen man einen Schuss Wein ins Blut gegönnt hätte, bleichgesichtig und von Zigarettenqualm umnebelt.Sie schienen Verschwendung und Unordnung gewöhnt zu sein. Es sah aus, als hätten Vandalen gehaust. Ein mürrischer schwarzer *Waiter* schob uns Eiswasser zu. Was empfindet man in Amerika-Harrisburg-Niagara-Albany an diesem Früh-Aperitiv besonderes?

Heute ist also Feiertag, Memorial Day. Da Erinnerungen glückliche Gedanken geben und ein junger frischer Morgen tolerant und unternehmenswillig stimmt, nahm ich frohen Mutes die Suche nach dem ,gewissen' Lächeln wieder auf. Am Timesquare vergnügten sich in dieser Stunde mehr Tauben als Menschen. Ein kleiner farbiger Junge hatte den Schuhputzstand bereits eröffnet. Er sah aus wie die Negerlein, die für ein Scherflein als Bild für die afrikanische Mission zu haben waren, süß. Während des Putzens hatte ich Gelegenheit, die Umgebung zu betrachten. Eine überdimensionale Coca-Cola-Scala kreiste unaufhörlich, darüber Canadian-Club-Whisky-Werbung. Eine turmhohe Spraydose sprüht alle fünf Minuten Parfüm auf den Platz. Ein Glühbirnenmännlein rannte, als ginge es um sein Leben, ständig die Augen auf die Armbanduhr gerichtet. Auf den Bänken der Ruheinsel lagen verlumpte Männer, leere Flaschen darunter deuten auf einen tiefen Schlaf.

Meine Schuhe waren inzwischen blank gerieben. Ich beschloss, die erste Gefühlsprobe mit Geld zu machen. Die Taxe war 25 Cent. Ich gab dem Jungen einen Dollar und dachte, nun freut er sich. Er steckte den Dollar ohne Danke oder Rührung gelassen ein und bat den Nächsten Platz zu nehmen. Ich fühlte plötzlich ‚Art of Amerika': Wenn ich ihm zehn Dollar geschenkt hätte, dann hätte er diese in gleicher Weise eingesteckt – und mich insgeheim wahrscheinlich für blöd gehalten. Sei's drum. Mit geputzten Schuhen lässt sich auch Manhattan leichtfüßig bewandern. An einem Feiertagmorgen musste die Fifth Avenue besonders beschaulich sein. Hier gab es sogar eine Kirche, die St. Patriks Kathedrale. Ich war von Haus aus und durch die Reisetätigkeit gewohnt, dass Kirchen durch ihre Größe den Mittelpunkt eines Ortes darstellen. Dieses Gotteshaus duckte sich geradezu ängstlich zwischen den Geschäfts- und Geld-Palästen. Ob es Glocken hat? Erst der Innenraum zeigte den Sinn; düster wie viele Gotteshäuser. Mehr knipsende als betende Hände. Keine Spur von dem, was ich suchte. Selbst die steinernen Heiligen scheinen nur in der Ewigkeit zu lächeln.

Weiter Richtung Central Park, vorbei am Steuben-Building, einem Wolkenkratzer aus Glas, wie auch das Verwaltungs-Center der General Motors, wo links der Centralpark beginnt. Hier wachsen die Bäume noch naturgerecht, an den Avenues in Töpfen. Auf einer Ruhebank lag ein Schwarzer, vor ihm auf der Erde das Abendessen oder Frühstück. Gegenüber könnte das Appartement von Frau Onassis sein, davor ein majestätisch livrierter Wächter. Vorbei am Tiffany, dessen winzige Fenster nur farbige Steine zeigten. Zurück zum Zentralahnhof, dem größten Bahnhof der Welt, daneben das Pan-Am Building.

Auf der Prachtstraße dorthin waren nur wenige Menschen. Weiter zum Empire-State-Building und hinauf mit neunzig Kilometern pro Stunde. Wie mussten die Ami-Menschen ob des grandiosen Ausblicks über New York strahlen, dachte ich. Sie schauten und knipsten. Strahlen sah man nur die Sonne auf eine Wolke aus Qualm. Ein Chinese blickte verträumt. Chinesen geben dem Kontakt ein Lächeln vor, also China Town. Der Taxifahrer war ein schlecht gelaunter Wiener. Im Chinesenviertel – für uns eine neue Welt – waren die Geschäfte offen. Doch alles spielte sich auf der Straße ab, von wo man auf Feuerleitern bis zur Dachspitze Kinder turnen sah. Aus den Kellern roch es seltsam kühl. In den Läden wurden an den Fenstern imposante Fische abgeschuppt. Auf nackten Enten taten sich Mücken gütlich. Dabei fiel mir ein, wie der Zöllner bei der Ankunft am Kenedy-Airport mein Gepäck umständlich und gründlich auf Fleisch untersuchte.

Greenwich-Village war nicht weit. Wo Künstler sind, öffnet eine Muse Seligkeit. Hinter einem Triumpfbogen, der an Schwabing erinnert, dient nun der Platz einer ehemaligen Hinrichtungsstätte dem Künstlervolk als Treff. Im Brunnen ein halbnackter langhaariger Jüngling, der allerlei Laute ausstößt, begleitet von einem ebenso Langhaarigen mit der Gitarre. Drumherum viel Jungvolk, das mich an meine HJ-Jungvolkzeit erinnerte, und die Musikavantgardisten begeistert beklatschte. Einige lagen im Gras, eng umschlungen, oder einfach „nur so". Hier habe ich sorgfältig in die Gesichter geschaut; keine Anmutung seliger Hingabe. Nicht weit davon steht die City-Hall, das alte Regierungsgebäude von New York. In seiner Nähe mussten die Augen der Amerikaner ob ihrer Macht und Größe doch leuchten. Eine Menge Leute waren da. Sie haben heute ohne das alltägliche Chaos Zeit und betrachten unter den Augen berittener Polizei die Ansammlung schreiender und Vietnam-Transparente schwingender Schulkinder. Ein mutiges Volk, dachte ich, das Kindern schon eine Demonstration gegen ihre ferne Welt-Politik zumutet. Zu lachen hatten diese an diesem Tag nichts. Wohin nun? Wallstreet: Der US-Religions-Tempel zur ‚Vergötterung von Geld'. Gegenüber, auf dem Gehweg, lag ein Mann mit einem ausgestreckten Arm. Ein anderer mit Aktenkoffer schob den Arm im Vorübergehen zur Seite. Unserer Reiseleiterin, die geschiedene Frau des US-Offiziers, war diese Szene sichtlich peinlich. Sie begleitete uns hinein zu einem reservierten Sichtplatz und ging dann.

Unter uns rannten die ‚Geldmacher' hin und her, wie von Sinnen. Darüber auf einem beständig ‚Geldwerte' notierenden Lichtband kam plötzlich der Text: *welcome mister herbert, welcome mister martin.* Als die charmante Begleiterin wiederkam, lächelte sie uns über ihren Geck, ein Lob erwartend, an. Draußen war auch der Ohnmächtige weg. Nach diesem Eindruck von Elend, PR und Geldgier dachte ich auf dem Weg zur Fifth Avenue an den armen Lazarus und an die Mantelgabe meines Namensbruders Martin, der besorgten Empfindung aus der Kindheit, ähnlich des ‚Schlächters von Chicago'. Beim Mittagessen in einer ‚Pizzeria', wozu wir unsere Begleiterin einluden, erzählte sie uns, dass es ihr gut gehe. Ihr geschiedener Mann ist wohlhabend und versorge sie und die gemeinsame, studierende Tochter, die bei ihr wohnt, sehr gut. Bei ihr sah ich für einen Augenblick das feine Lächeln, das ich suchte; der schwäbisch-fränkische Weinort Heilbronn war ihre deutsche Heimat. Auf der Fifth Avenue war für den Nachmittag eine Erinnerungsparade vorgesehen, also ein frohes Ereignis. Hier wurde dann tatsächlich gelacht; nach links, nach rechts, im Gleichschritt, im Reigen, im Wiegen, auf Autos, auf Pferden; amerikanisches Lächeln. Eine Kapelle spielte ein altes deutsches Heimatlied. Alle sangen, neben mir auch eine ältere Dame mit Lockenwicklern und Haarnetz. Ihre Augen zeigten Rührung. Nun passiert es, dachte ich, und sang herzhaft mit. Die alte Dame erschrak und ging. Eine ferne Sehnsucht ihres Herzens erlosch. Hinter uns hatte sich eine lange Schlange wartender Menschen gebildet, die geduldig in Richtung Radio-City-Hall, dem größten Kino der Welt, anstanden. Ich warf einen Blick darauf und dachte, wie geduldig die Menschen sind, wenn sie etwas nicht anders lösen können oder wenn sie sich, wie nach dem Krieg daheim, mit zwei ‚GI Befreiern' erlebt, friedlich fühlen. Und dann geschah es: Eine hübsche, intelligent wirkende junge Dame schaute zu ihrem Begleiter. Ihre Augen lachten innig, verliebt. Ich war gerade dabei, mich mit New York und allem Vorangegangenen zu versöhnen. Da hörte ich von ihr: „Freust du dich auch", auf Deutsch. Sie war Angestellte der deutschen Botschaft und mit ihrem Verlobten, beide aus dem Rheingau, auf einem Feiertags-Bummel in New York. Ich empfinde nach der USA-Reise unsere Nationalhymne als ein Stück Heimat. Die Kaiserhymne von Josef Haydn empfand ich schon als Kind als eine der schönsten Melodien.

Kollege Herbert und Martin besprachen nochmals den Sachbericht. Wobei Herbert da und dort anmerkte, dass ‚dies und das' auch von uns übernommen, bzw. von den in den USA motivierten Managern psychologisch gesteuert wird. „Die deutschen Uralt-Marken und Produkte werden durch internationale 08-15-Ware mit hochwertigen Etiketten und sogenannten Eigenmarken aus den Regalen verdrängt. Dort wird es in Zukunft keine Bedienung und keinen Rat mehr geben. Das mental gleichgültige Discountwesen wird dem normalen Verwender die Lust am Einkauf mit Tiefstpreisangeboten – die meist vom Hersteller subventioniert sind – schmackhaft machen. Für die Konsum-Oberschicht werden ‚geile' Werbeauftritte für ein standesgemäßes Einkaufsalibi sorgen.

An einem warmen Nachmittag spazierten Martin und Herbert zum Hudson River. Vor ihnen nahm ein Zivilist die Jacke ab und ein Revolvergurt kam zum Vorschein. Martin schaute Herbert fragend an: „Die Amis strotzen vor Waffen. Seit sie Millionen von Ur-Einwohner – und sich selbst – gegenseitig umbrachten, gehen sie in Länder, wo sie Böses ahnen, und schießen die Ahnung zur eigenen Sicherheit mit Weltkriegen aus der Welt."

„Das Schießeisen gehört zu ihnen wie Aquavit zu Dänemark und Bier zu Bayern."

Beim Besuch eines Filmes in der Radio-City-Hall erlebten sie einen Mann, der seine Frau mit seinem Freund im Bett antraf, und ihn dafür KO schlug, worauf dreitausend Zuschauer, den nicht anwesenden Schläger stürmisch beklatschten. Kollege Herbert dazu: „Amis bewundern die Äußerlichkeit, die sie mental besser begreifen als den tieferen Sinn hochwertiger Kunst. Ein Etikett sagt ihnen mehr als der Inhalt: Das Wolkenkratzer-Syndrom."

Ob sie allerdings mit den beiden Türmen, die wir im Modell bei unserer Werbeagentur als ‚World-Trade-Center' sahen, nicht doch zu weit gehen? Ob sie damit von der Macht ihrer Art und den religiösen Menschen akzeptiert oder verstanden werden? Es wird sich zeigen, wenn sie einmal stehen. Von Bernhard Shaw habe ich gelesen: ‚Ein 100-%iger Amerikaner ist ein 99-%iger Idiot, der Dümmste, aber auch arroganteste Chauvinist der auf dieser Erde sein Unwesen treibt'. Und ein Landsmann, Sir Peter Ustinov, mit seinem feinen Humor: ‚Die Völker der Vereinigten Staaten gleichen den Getränken an einer amerikanischen Bar. Der Inhalt der Rassenflaschen wird in den Cocktailshaker gekippt, dann wird eine schreiend bunte, überraschende Mischung produziert. Das Ergebnis pflanzt sich, die Hand auf dem Herzen, fest unterm Sternenbanner auf, und redet von diesem unserem großen Land'.

Der Aufenthalt in Manhattan nähert sich dem Ende. Die beiden letzen Abende verbrachten sie im ‚Wienerwald' bei Hähnchen und Bier. Die an sich gemütliche Atmosphäre, in der das Herz schon zuhause ist, führte die Gedanken in allgemeine Dinge. Martin fragte Herbert, ob sie im Osten auch mit Generalfeldmarschall Schörner zutun hatten.

„Nicht persönlich, doch es bestand über zivile Kontakte Verbindung zu ihm. Eine solche endete tragisch für unseren ungarischen Reservehauptmann Horvath, privat Russischlehrer in Budapest. Er hatte in Zivil in einem Prager Hotel einen Geheimauftrag zu erledigen, der auch Schörner betraf. Nachdem er zum vereinbarten Zeitpunkt nicht zurückkam, war ich beauftragt festzustellen warum. Im Hotel sagte mir der Portier, dass er vor einigen Tagen nach dem Frühstück wegging und nicht wieder kam. Ich informierte unsere Zentrale, die den Prager Vertrauensmann, dort deutscher Lehrer am Gymnasium, beauftragte, die Frau in Budapest über das Vermistsein ihres Mannes – anonym, doch in offizieller Form – zu informieren. Kurz vor unserem Rückzug aus der Tschechei erhielten wir einen anonymen Anruf, dass der Hauptmann Horvath wahrscheinlich auf dem Prager Friedhof liegt. Seine Frau konnten wir nicht erreichen. Wir haben dann das DRK informiert. Sein ‚Deutsches Kreuz in Gold' habe ich von der Uniform genommen und aufbewahrt."

„Ich kann dir helfen", sagte Martin spontan und erzählte ihm von Evas Schicksal. Auch von der Vision Schörners und dessen Rat für die Erziehung unserer Mädchen. Herbert sagte, dass er mit seiner Vision sicher Recht hat, siehe letztes Jahr der Anschlag während der Olympiade in München. Vielleicht wussten die US-Schnüffler vorweg davon. Ich habe hohe Achtung für Schörner, wie übrigens auch für Konjew, der noch kurz vor seinem Tod schrieb: ‚Er hat Millionen deutscher Menschen viel Leid erspart und unsere Armee daran gehindert bis nach Bayern und zum Rhein zu marschieren'. Herbert, im Gewissen immer noch Offizier: „Ich stehe, wie viele Ex-Kameraden, ideell und materiell zu Ferdinand Schörner. Wir waren über die Absichten des Ostens immer gut informiert. 1930 bereits verlautbarte der polnische Staatspräsident Pilsudski: Wir sind uns bewusst, dass Krieg mit Deutschland nicht zu vermeiden ist'.

Bei einer Parade im Mai 1939 lautete die Parole: ‚Auf nach Berlin, auf nach Danzig'. Doch auch anderes wurde am 6. Juli 1939 von Staatssekretär Graf Szembeck über die Eindrücke des aus Washington zurückgekehrten Botschafters Potocki in Warschau notiert: ‚Im Westen gibt es allerlei Elemente, die zum Krieg treiben, die Kapitalisten, die Juden, die Rüstungsfabrikanten. Im August 1939 ein Aufruf: ‚Schlagt die Deutschen nieder, wo ihr sie trefft'. Stalin sagte im August 1939 in einer Geheimsitzung des Politbüros: ‚Es ist wichtig, dass dieser Krieg kommt. Wir müssen die kommunistische Arbeit verstärken. Denkt an Lenin: Ist Deutschland sowjetisch, dann ist die kommunistische Weltordnung gewonnen'.

Am 1. September 1939 marschierte Hitler in Polen ein. Am 2. September 1939 erklärten England und Frankreich Deutschland den Krieg.

HEIMATLAND

Die beiden Verkaufsleiter landeten am Samstag gegen Abend in Frankfurt. Herberts Frau begrüßte ihren Mann mit einem fränkisch stürmischen Kuss und Martin mit einem ‚Bussi'. Sie fuhren zur Wohnung, wo Martins Firmenwagen stand. Er telefonierte dort als erstes mit Daheim, wo ihn seine Frau und die beiden Mädchen willkommen hießen, und mit der Selbstverständlichkeit, als wären sie im Nebenzimmer, feststellten, dass alles in Ordnung ist. Die Frage von Vera „Papa, wann kommst du heim?" musste er mit Zusage aufs Wochenende verschieben. Nach einem Glas ‚Äppelwoi' für den Hausherrn, auf das sich Herbert schon im ‚Wienerwald' in Manhattan freute, und einer Tasse Kaffee für ihn fuhr er los in Richtung Wiesbaden, wo für Montagfrüh eine Tagung geplant ist. Er durfte sich am Wochenende an seiner Berufsheimat Rheingau erfreuen. Sein Domizil war das Hotel ‚Schloss Kronberg'. Er liebte dieses Haus durch die Anmutung alter Gemälde, wie wahrscheinlich einst auch die Kaiserliche Familie. Nach einem deutschen Abendbrot mit einem Glas ‚Rheingau-Sylvaner' ging er noch etwas im Schlosspark spazieren. Er setzte sich auf eine Kronbergbank und schaut der in Richtung Amerika untergehenden Sonne nach, wobei im einfiel, dass er in Manhattan nie die Abend- oder Morgensonne sah, weil sie von Wolkenkratzern verdeckt oder beschattet war. „Je greller der Schein, umso böser sein Schatten", sagte die Mutter, als es blitzte, und schloss die Fensterläden.

Er dachte an die Frage Veras: „Papa, wann kommst du heim?", die nicht wie eine höfliche Neugier klang; es schwang Sehnsucht mit. Er dachte zurück an die Zeit, als die beiden Mädchen noch klein waren. An den Blick von Vera, die bei der kleinsten Ermahnung so erstaunt schaut wie ihre Mutter, als wollte sie sagen, bitte nicht schimpfen, bitte helfen. Die Anna dagegen zeigte in einem solchen Moment im Blick den Hintergedanken: Ich werde es schon überstehen.

Als Martin damals vom Karfreitag-Gespräch der beiden Offiziere nach Hause kam, war Tanja noch wach. Obwohl er von dem ‚Gespräch unter sechs Augen' wenig begriff, empfand er die Standpunkte auch für das ‚Soldatenkind' Tanja als interessant. Marschall Schörners deutlicher Rat beim Abschied am Gartentor in Nymphenburg gab – und gibt ihm heute noch – zu denken. Er erzählte ihn seiner Frau. Sie hörte geduldig zu und schaute ihn dann ungewohnt ernst an: „Martin, wir wissen nicht, was in dreißig Jahren in Deutschland sein wird, doch wir sollten uns bemühen, da gebe ich Herrn Schörner recht, den Kindern eine allgemein gültige höhere Bildung zu ermöglichen, allein schon deshalb, weil sie es dann im Leben leichter haben. Oft denke ich an Chernowitz, wo der Oberst und Familie angesehene Bürger waren. Auch mein Vater profitierte in seiner Uniform. In Zivil war er so angesehen wie alle einfachen Bürger. Lieber Martin, ich möchte dir etwas beichten: Während unserer Zeit in Ulm war die Lissi bei mir. Sie lebt in Augsburg mit einem Apotheker zusammen und zeigte sich befremdet, dass ich mit einem „Vertreter" verheiratet bin, der nie zuhause ist. Sie spricht auch jetzt noch von „ihren Kreisen", das ich schon daheim sehr oft von ihr hörte."

„Tanja, wer weiß, was noch auf sie zukommt."

Im Park begann es zu dämmern. Er ging zurück ins Hotel und dort für den traditionellen Schluck eines Absackers in die Hotelbar. Seine Gedanken blieben ernst. Immer wieder empfindet er eine Sehnsucht, die er nicht zuordnen kann: unterbewusste Fragezeichen aus Kindheit und Jugend, gerichtet an die Eltern, die Lehrer, den Pfarrer, die Gründung der Familie, höhere Berufsaufgaben. Diese wachsende Verantwortung hat als Stellvertretung des Gewissens und der Seelennähe zu seiner Mutter von ihr immer wieder den fernen Rat erhalten, versehen mit einem Ausrufezeichen! „Die Eindrücke und Gefahren in deinem Außendienstberuf sind vielfältig. Manche von unwiderstehlich verführerischem Reiz. Achte darauf, dass die edlen Produkte der Firma für dich kein ‚alkoholisches Bedürfnis' werden. Sei den anvertrauten Mitarbeitern und Vertretungen Vorbild. Versuche nicht, die feinen Reize einer Frau als eine ‚Fremdgeh-Gelegenheit' zu nutzen, denn sie könnte sich in dich verlieben. Und die Umgehung der Mahnungen deiner Mutter würde dir Kummer bereiten. Nochmals, nimm keine Freundin neben deiner Frau. Du wirst dich zwischen beiden entscheiden müssen, und das, mein lieber Martin, wird dir Sorgen machen. Begreife die Zuneigung einer anderen Frau als ein Zeichen von Sympathie. Gebe diese zurück, mit einer Geste der Verehrung."

Das „Papa, wann kommst du heim?" nahm er mit hinüber in den Schlaf. In der Früh dann ging er, nach einem freundlich servierten Sonntags-Frühstück, in die Hauskapelle.

Die Heiligen schauen auch hier in gläubiger Demut zur Erde oder in gläubiger Hoffnung nach oben. Einmal, es war in Südtirol, hat ihn die Jungfrau Maria in einer Bergkapelle direkt und lächelnd angeschaut. Er empfand dies übersinnlich und war versucht, mit ihr zu reden. Hier nun möchte er beten. Wie immer führte ihn der Wille zurück ins Standard-Gebet der Kindheit, dem bittenden „Vater unser…" Die Andacht verfängt sich in die Fragezeichen Pflicht, Bitte, Dank, Reue. Er schämte sich im Angesicht des Kreuzes für diese Einfalt, bei der er sich auf der inneren Suche nach dem richtigen Gebet immer auf die Kindheit berufen muss. Sein Alter geht auf die Fünfzig zu. Die beiden Töchter besuchen bereits die Oberschule. Tanja wirkt manchmal nachdenklich, aber nicht traurig.

Nach einem Morgenspaziergang im Park, die kleine Glocke auf der Kapelle schlug Zehn: Zwei Schwäne im Parkteich betrachteten ihn neugierig und brachten ihn auf eine Idee. Er rief zuhause an. Die Mädchen waren wie immer am Sonntag in der Kirche und die Mutter wie oft am Wochenende am Bügeln. Martin machte ihr nach dem Guten-Morgen-Gruß einen Vorschlag: „Tanja, nächstes Wochenende ist Pfingsten. Die Kinder haben bereits Ferien. Ich komme am Mittwoch. Wie wär's, wenn wir von Donnerstag bis Montag eine Pfingstreise machen würden.

Beginnend in Frankenburg, Übernachtung im Schloss Schweigen, dann nach Kirchdorf, dann nach Ulm, wo ich Evi eine besondere Neuigkeit von Amerika mitbringe, und dann heim nach München."

„Klasse, wir freuen uns."

„Klasse" ist das neue Kinder-Okay. WIR ersetzt bei ihr das ICH, seit sie Mutter ist. Sie musste ihre Liebe erweitern und ist dabei eine reife Frau geworden, die im Verhalten seiner, Martins, Mutter immer ähnlicher wird.

Am Montag, um neun Uhr in der Frühe trafen sich die Verkaufsleiter vom Außendienst, die leitenden Innendienstmitarbeiter und die Geschäftsleitung am Konferenztisch. Der in der Firma beliebte Geschäftsführer begrüßte Herbert und Martin mit der Charakteristik des früheren Offiziers, bedankte sich für die Vorweggrüße aus den USA, schaute zu Herbert als dem Älteren und fragte ihn: „Wer erstattet den Reisebericht?"

„Wenn Sie erlauben, mein junger Kollege Martin, der den Studien-Aufenthalt in zwei Teile gefasst hat. Den ersten, sachlichen Teil mit mir, und den zweiten, alleine mit dem teils rührenden, teils kritischen Titel: Erinnerungen an ein Lächeln."

Nach dem Vortrag des ersten Teils gab es rundum anerkennenden Beifall. Nach der Erzählung des zweiten Reiseberichts stand der Geschäftsführer auf, ging zu Martin, nahm ihn in die Arme und sagte kein Wort. Martin hatte das Gefühl, dass sein Chef mit den Gedanken weit weg beim verlorenen Krieg war. Alle Anwesenden klatschen. Martin dachte an den Cityhall-Besuch in Manhattan und an die Worte von Herbert auf dem Rückflug. „Wenn es einem deutschen Menschen in der Heimat nicht mehr gefällt, dann möge er für zwei Wochen mit wenig Geld, wenig Sprachkenntnissen und viel Zeit nach New York gehen. Sollte er kein Heimweh bekommen – dann passt er dort hin."

Zu seiner Erzählung wurde ihm rundum empfohlen, diese Heimwehstory, wie Herbert sie nannte, zu veröffentlichen. Doch wie? Er gab sie bei Gelegenheit dem Bekannten eines Zeitungsverlags: Und siehe da, sie erschien im Wochenend-Magazin des Verlags, und brachte ihm noch ein Honorar von 30 Mark ein; und Komplimente von der Familie.

Am Dienstag, auf dem Weg nach München, waren in Heilbronn noch zwei Besuche bei Großkunden zu machen, die mit einem WKPZ (Werbe Kosten Platzierung Zuschuss) von einigen tausend Mark eine Verkaufsaktion anbieten, wobei der finanzielle Zuschuss der Firma von den ‚Handelsriesen' für die werbliche Auslobung des Produktes als eine von ihnen erbrachte Preisleistung dargestellt wird.

Beide Händler sind ein Beispiel für die Entwicklung nach dem US-Vorbild. Viele uralte grundseriöse familiäre Großhandlungen werden durch die finanziellen Ansprüche der rücksichtslosen und immer größer werdenden Groß- gleich Einzelhandels-Multis ihre Existenz aufgeben. Das Sortiment wird sich, wie in New York beobachtet, zu Lasten der urban gewachsenen Qualitäten verändern. Martin hat den dortigen Eindruck nach einer Absprache mit Kollege Herbert im geschäftlichen Bericht nicht erwähnt, um die Vision des zukünftigen deutschen Marktes nicht zum Besorgnis zu assoziieren. Das Thema wird akut, wenn der Multigroßhandel ein nicht bezuschusstes Produkt aus seinem Angebot nimmt.

Martin übernachtete am Dienstag bei den Eltern in Kirchdorf, die von Tanja über seinen Besuch am Pfingstsamstag informiert wurden. Dem Vater geht es gesundheitlich nicht gut. Er erzählte Martin auch vom Abriss und der Umwandlung der Silberwarenfabrik in ein Einkaufs- und Vergnügungs-Center, das bei den Einheimischen nicht ankommt. Der Besitzer ist inzwischen gestorben. Sein Leichnam wurde auf Wunsch im alten Friedhof der Geburtsstadt beerdigt. Sein Sohn und Nachfolger nannte bei diesem Anlass die City-Investition als ein ‚german fiscal office gift'. Die Mutter vertraute Martin noch die Sorgen Tonis mit seiner Werkstatt an.

Martin fuhr Mittwochfrüh auf dem Weg nach München entlang der ‚Hütwiesen'. Mit dem Besuch seiner Lieblingskirche Marienkapelle, deren Altar, wie immer schon, eine zeitlos andächtige Spitzendecke ziert. Auch das Votiv-Bildchen von Tanjas Eltern war am alten Platz. Das natürliche Umfeld mit dem nach wie vor leise gluckernden Mühlbach ist, wie es immer war. Nichts hat sich an diesem Stückchen Heimat nach über dreißig Jahren seit seinem Hütdienst geändert. Er bekam Heimweh nach der Kindheit und Jugend: Weitab von den Bomberpulks, der Eisenhower-Feldpost, den Radar-Silberstreifen und des unbenutzt gebliebenen ‚Baumbehangs' aus der abgestürzten ‚fliegenden Festung'.

Während der Weiterfahrt kamen ihm so mancherlei Gedanken: Nach diesem Besuch in den USA sieht er deren äußerliche Macht- und Geldgier und ihren inneren ‚Schlächter von Chicago' deutlicher. Vielleicht wird ihn das immer wieder verlautbarte Wissen seines Kollegen Herbert zur Einstellung der USA für die Zukunft der Welt innerlich bald noch mehr berühren: Wie alle älteren Menschen, in der durch amerikanische Umerziehung zu ‚Geldgier ohne Macht' verformten Heimat, noch nicht begriffen von den Nachkommen.

Am Autobahnkreuz Ulm entschloss sich Martin, Evi und Stefan in Wiblingen zu besuchen. Ihre Kinder sind bereits voll im Beruf: Die Tochter ist Lehrerin, wie Mama, und Mutter von zwei Mädchen. Ihr Sohn, noch ledig und Architekt im Büro von Stefan, wie er den neuen Papa nennt. Was Martin zu berichten hat, wird der Familie gut tun.

Als er dann bei Evi im Kloster vor der Haustüre stand, nahm sie ihn, nun als Oma, wie einst in die Arme und küsste ihn so herzlich wie einst. Martin stellte die Information zurück, denn Stefan kommt erst später und auch die Kinder hätte er gerne bei dieser sensiblen Nachricht mit dabei. Nach einer kräftigen Suppe fragte er sie, ob er am Pfingstsonntag mit der Familie zu Besuch kommen und im Kloster übernachten könnte. „Selbstverständlich, und am Abend gibt es im Haus ein Konzert. Martin", sagte sie fraulich amüsiert, „stell dir vor, die Bamberger Symphoniker beehren uns. Ihr seid als Ehrengäste zum Konzert eingeladen. Anne, Rudi und Sohn Bernd, inzwischen ein Regierungsrat am Ulmer Landratsamt, kommen auch."

Bei der Weiterfahrt auf der Autobahn nach München kommt er, wie meistens im Auto, in Ruhe zum Nachdenken. Wie mag wohl Tanja, die ja glaubt, dass er die „Sache" mit

Paul nicht weiß, auf das Wiedersehen mit ihm reagieren – bitte, bitte nicht traurig, dachte er besorgt. Was würde Gustl wohl sagen? Vielleicht: „Die Welt der Liebe ist klein – sie wird mit dem Älterwerden nicht größer – doch selbstverständlicher."

Zuhause am Wohnungseingang hing ein bayrischer Kranz mit ‚Herzlich Willkommen'. Tanja hatte den Tisch mit heimischen Süßigkeiten gedeckt. Vera, Anna und Evi blickten auf seinen Koffer, aus dem der Vater dann zwei erwachsene und für die dreijährige Evi einen kindlichen Teddybären zauberte: gedacht als Wächter und Schmuser fürs Bett, für die Mama eine Geldbörse „Made in Germany" mit einem Silberdollar, den er bei einer USA-Bank erwarb. Tanja hatte ihrem Mann und dem Vater viel zu erzählen. „Papa", sagte sie, „wir freuen uns auf den Pfingstausflug. Doch die Mädchen sind erst ab Freitag frei. Vera hat ja am Donnerstag Klavierunterricht und Anna will Tennis lernen. Sie hat morgen ihre erste Trainerstunde."
„Und ich fahre sie hin", sagt Martin.
"Und ich fahre mit", sagt Evi.
Tanja hatte für den Abend eine Flasche von Martins Lieblingssekt kalt gestellt, um ihren Martin nach vier Wochen ohne ‚Gute-Nacht-Kuss' für den verdienten Beischlaf zärtlich zu erwärmen. Am nächsten Tag entfiel die Schulpflicht, die er nur als Hausaufgaben der Kinder kennt und von der Mutter gewissenhaft betreut mit guten Noten bestätigt wird. Frühstück. Evi bleibt im Bett. Anna fährt zu den Tennisplätzen mit dem Papa, dem die dortige Atmosphäre sofort gefällt. Nette Menschen jeden Alters, und sehr gepflegt. Das wäre doch auch was für mich, überlegt er. Sympathische Lehrer. Im Sommer Tennis, im Winter Skilauf. Anna kommt dann mit der Tram zurück. Posteingang, Mittagessen, Klavierstunde, Familienunterhaltung, Abendbrot, Schlafen.

Die Familie fuhr in der Früh dann mit den bereits fertig gepackten Utensilien los. Sie kamen bei strahlendem Schönwetter in Frankenburg an. Über dem mächtigen Portal des majestätisch anmutenden Schlosses zeigt die Sonnenuhr auf

Halb-Neun. Im Innenhof dann fiel Vera auf, dass oben die neuzeitliche Uhr auf Halb-Zehn deutet, demnach vorgeht. Nach einem kleinen Rundgang bemerkt Vera, dass die Uhr immer noch die gleiche Zeit hat, worauf der Aufseher mit dem englischen Wappen auf der Brust, erzählt, dass hier vor einigen Tagen ein Blitz einschlug; und die Uhr stehenblieb.

Auf dem Rückweg über die Brücke des Wassergrabens schaute Evi immer wieder zurück zur Sonnenuhr und fragte Vera dann gutgläubig: „Woher weiß die Sonne, wie viel Uhr es ist"?

Tanja und Martin vereinbarten, bei jeder Reise oder Ausflug ein Andenken zu erwerben. Hier sind es die feinen Wibele in einer romantisch bemalten Dose mit dem Schloss, die eine schöne Erinnerung weckt und solche auch aufbewahrt. In der Burg Schweigen über einem romantischen Flusstal, in diesem fürstlichen Monument aus dem Mittelalter, Tanjas Märchenschloss, wurden sie herzlich begrüßt. Martin kannte inzwischen durch seinen Beruf dieses Hotel. Sie bezogen den großen historischen Raum hoch oben, von wo der Blick weit hinüber zu den Hügeln des Tales geht. Tanja stand an einem der als Rosetten geformten Fenster und sprach verträumt ‚die Reiherhalde'. Martin, der ihr Lieblingsbuch längst gelesen hat, stand hinter ihr und sagte lächelnd: „Ich sehe keine Reiher", und fügte an: „Schatz, bleib du in Michael verliebt und ich ins Seelchen; einverstanden?" Sie küssten sich. Was würde wohl Gustl dazu einfallen? Es ist die Erinnerung, die der Gegenwart den Zauber nimmt oder aber erst gibt.

Sie machten am frühen Abend einen Spazierganges um die Burg, beginnend an der Kapelle. ‚1436' steht eingeschnitzt in die schwere Holztür und *„Der Herr behüt' deinen Eingang und Ausgang vor und nach bis in Ewigkeit, Amen.*

Sie gingen im Park noch ein Stück des Wegs, bis zu einem kleinen Erker, in dem eine Figur steht, die aussieht wie ein Engel, doch ein kleiner Gnom ist, der mit dem Finger auf dem Mund zu einer über ihm sitzenden Nachtigall blickt, bei der Evi zur Mama bemerkt: „Schau, Mama, das Zwerglein macht ‚psst' zu dem Vögelein."

„Weißt du, Evi", sagt die Mama, „es könnte auch so sein, dass der kleine Zwerg uns zeigen will, dass wir leise sein sollen, um das Vögelein beim Singen nicht zu stören." Vera kam, und machte mit ihrem Geburtstagsgeschenk, der neuartigen Polaroidkamera, ein Erinnerungsbild von der Mama, der Evi, vom Gnom des Schweigens und der bei Tag flüsternden Nachtigall.

Am Pfingstsamstag, früh am Morgen, zeigte Martin seinen neugierigen vier Damen die Tannenburg, in der ‚Rosa von Tannenburg' ein hilfsbereit frommes Leben führte, dann, hoch oben über dem Hohenloher Land die Feste Waldenburg, von der ihm sein Kollege Herbert erzählte, dass er dort in der Zeit beim Geheimdienst NS-Schulungen besuchte.

Um die Mittagszeit waren sie in Kirchdorf. Wo Oma Anna bereits Martins Leibspeise – Hefeknöpfle mit Kohlrabigemüse – gekocht hatte. Die Enkel nannten zu ihrer Überraschung die Knöpfle nun Knödel. Der Opa stand vom Bett auf, um sie zu begrüßen; und zog sich gleich wieder zurück. Martin empfand bei der Mutter, die vor einem Jahr in der Familie ihren Siebzigsten feierte, eine besorgte Nachdenklichkeit. Er fragte sie nach dem Grund. „Dem Papa geht es nicht gut. Der Arzt hat ernste Bedenken. Und, was er, Gott sei Dank, nicht weiß: Toni hat mit der Schlosserei Probleme. Er kommt am Abend mit Vroni von einem Geburtstag aus dem Allgäu zurück. Ihre Kinder Michaela und Klaus bleiben noch einige Ferientage dort. Ihr übernachtet bei Vroni und Toni, der sicher mit dir über sein Problem reden wird. Vera, Anna und Evi schlafen hier. Morgen essen wir alle bei uns mit Oma und Opa zu Mittag."

Während am Abend Tanja und Tonis Frau Veronika, die er als ‚Vroni' im Allgäu gefreit hat, in der Küche eine bayrische Brotzeit zubereiten und die Männer in der guten Stube ein Gläschen Württemberger Rotwein genießen, spricht Toni sein Problem an. „Martin", sagte er bekümmert, „ich werde vielleicht den Betrieb aufgeben müssen. Seit Kurzem sucht ein Hersteller und Zuliefer-Konzern von Auto-Lenkungen und Zubehör am Standort Remsheim tausende von Arbeitskräften. Das wäre nicht schlimm, es fördert ja die

Infrastruktur der Stadt. Doch das Großunternehmen reizt mit Löhnen, die weit über dem hiesigen Lohnniveau liegen. Die seit Generationen gepflegte Gold- und Silberbranche, die in der kultivierten Welt das Ansehen unserer Stadt mit trägt, wird auf Grund höherer Lohnansprüche der Mitarbeiter ihr Dasein einschränken oder sogar aufgeben müssen. Auch ihre Fachkräfte verfallen dem Lohnreiz von Schichtarbeit am Automaten. Das urbane Handwerks- und edle Kunstwesen der Heimatstadt vegetiert und wird nach und nach proletarisiert."

Martin fiel die Stammtisch-Nachkriegs-Vision des deutschen USA-Auswanderer-Millionärs ein. Sollte er Recht haben mit der ‚Konsumideologie'?

Toni weiter: „Die Ursache für das Finanzproblem liegt in unserer Entscheidung die Löhne anzupassen, damit wir eine termingerechte Auftragsarbeit, trotz der Kündigung von zehn der vierzig Mitarbeiter, durchführen können. Dies ist nun nicht mehr möglich, nachdem ein Lieferant, mit dem wir Millionenumsätze tätigten, doch der jetzige Inhaber mich nicht mag, die von einer Bank verweigerte Scheckeinlösung dazu benutzte, einen Zahlungsbefehl zu erwirken, der eine einstweilige Verfügung auslöste. Der Gerichtsvollzieher ging bei uns aus und ein. Aufträge wurden storniert. Weitere Mitarbeiter kündigten. Wir sind damit unfähig, eine korrekte Arbeit zu leisten. Martin", sagte Toni traurig, „du erinnerst dich doch an 1972, an die Münchner Olympiade, wo wir beide beim Besuch im Schwimm-Stadion an einer Sitzreihe das kleine Schild sahen 'Metallbau Ullrich + Remsheim'. Dies ist eine Referenz des Bauherrn für unsere gute Arbeit." Er schaute, wie der Vater früher, schweigend zum Kruzifix. Seine Frau und leitende Buchhalterin, die soeben ins Zimmer kommt, kennt diesen Blick: „Bitte, Toni, werde nicht mutlos. Das passt nicht zu dir. Wir werden diese Angelegenheit nun anpacken und erledigen. Wir haben ja in den letzten Tagen schon mehrmals davon gesprochen, wie wir die Sache in den Griff bekommen. Denke an die Bergwanderung auf dem Heilbronner Weg, geführt von meinem Bruder, der die kleine Gruppe von acht Teilnehmern, dabei auch ein jungvermähltes Ehepaar, bei strahlendem Wetter mit den Gipfeln bekannt machte. Hier habe ich dir – sie lächelt ihm zu – nebenbei gesagt, dass ich von meiner Familie im Vorgriff auf mein Erbe durch den Verkauf eines von der Stadt gewünschten Baulandes einen stattlichen Betrag erhalte, der für ein rasches „Vergessen" unseres Finanzproblems sorgen wird und dazu für die Zukunft noch etwas Positives, das sich am Abend beim gemütlichen Wanderabschluss bei der formellen Vorstellung der Teilnehmer, die ja unter Wanderfreunden beim Vornahmen bleibt, ergab: Dieses nette junge Ehepaar zog vor Kurzem nach Remsheim, wo der Mann, Diplom-Ingenieur Karl Schöller, in diesem Konzern der Geschäftsleitung angehört. Als du dich dann als Bau- und Kunstschlossermeister Anton Ullrich vorgestellt und über unseren Handwerksbetrieb informiert hast, hat dich der sympathische Wandergeselle um einen Besuch gebeten, mit der Andeutung für eine längerfristige handwerkliche Zusammenarbeit. So, und nun werden wir als erstes", sagte Vroni zuversichtlich, „die Schulden begutachten lassen, diese abbauen und dann nach dem Gespräch und einem Rat des Wanderfreundes unseren Handwerksbetrieb verkleinern und gesund neu aufbauen – mit langfristigem Schwerpunkt auf den Wohnungsbau." Toni nickt zuversichtlich und Martin lobt sie brüderlich: „Vroni, du bist nicht nur seine geliebte Frau, sondern auch seine aufrichtige Unternehmensberaterin."

Für Pfingsten ist wie jeder Sonntag der Besuch des Gottesdienstes selbstverständlich – in der Heimat, im großartigen ‚Heilig Kreuz Münster'. Doch die Mädchen wollten ihrer Oma beim Kochen helfen. Tanja ging zu dem einst denkmalgeschützten, nun fehlendem Zwangsbetrieb, der durch einen kalten Bau mit leer stehenden Geschäftsräumen ersetzt wurde. Martin ging in die Hauptmesse, die heute mit einem Orchesterchor zur Ehre Gottes und Erbauung der Gläubigen besonders feierlich gestaltet ist. Dann, nach dem letzten Ton der Musik, geschah etwas, das ihn schockte. Die Menschen im Gotteshaus klatschten wie im Kino in New York. Warum nur fällt ihm in solchen Momenten immer unwillkürlich der ‚Schlächter von Chikago' ein? Als dann wieder Stille eintrat, fragte sich Martin: Wem gilt dieser überhebliche Applaus? Gott, dem Schöpfer und Herrn der Welt?

Haben wir Erdgeborene ein Recht, unseren Schöpfer zu beklatschen? Oder gilt dieser kalte Applaus im Gotteshaus den Priestern, Ministranten, Organisten, dem Chor, die dort eine kirchliche Pflicht erfüllen? Oder ist es ein ‚Sichselbstbeklatschen', wie in New York erlebt? Beachten die Menschen das Kreuz der Demut nicht (mehr) und die Heiligen, die kniend beten? Kniende Andacht klatscht nicht. Es ist ein Hochmut der Vergöttlichung von Wohlstand, vor der das Gewissen in der Sorge um eine seelische Verarmung warnt.

Nach der Messe traf er einen Bekannten, der in der Kindheit sein Nachbar und ein sportliches Vorbild war. Lange schon ist der Hochschullehrer literarisch mit Gott vertraut. Sie spürten beide eine friedliche Stimmung und sprachen wenig, um die Empfindung aus der Pfingstbotschaft zu verinnerlichen. „Schweigen ist oft ein Applaus des Herzens und in der Mystik ein JA der Seele", meinte er nebenbei. In die Stille kam von ihm die Bemerkung: „Das ist eine Sauerei." Martin erschrak über die Worte des Philosophen. Er folgte seinem Blick und sah, wie Uniformierte der Stadt an einer Nebenstraße Zettel an die Autos heften. Die Szene wirkte im Gefühl verbliebener Andacht, als ginge man in der Wallfahrt durch eine Treibjagd. Die Andacht wurde zur Trauer; und sie schämten sich für die betroffenen Kirchenbesucher aus nah und fern. Gewiss, die Autos standen im Parkverbot. Doch es gibt hier an Sonn- und Feiertagen keinen vernünftigen Grund für ein Parkverbot, denn an den Wochenenden ruht der Straßenverkehr. Wozu also das Parkverbot? Ist dies auch an Feiertagen eine bequeme städtische Einnahmequelle, die beim Parkwechsel zur Früh-, Haupt- und Spätmesse dreifach sprudelt? Martin stellt sich bekümmert die Frage, was das für Menschen sind, die an Pfingsten um eine Kirche streichen, um Kirchgänger mit Strafen zur Ordnung zu rufen. Mitmenschen, die in gläubiger Einfalt ein sinnloses Halteverbot ignorieren, um etwas einfacher zum Gottesdienst zu kommen. Er dachte an Ulm oder Eichstätt, wo es im Umfeld ehrwürdiger Kirchen oder historischer Gotteshäuser viele Parkplätze mit Automaten gibt, deren Werktagsgebühr an Wochenenden und Feiertagen entfällt. Er sprach auch mit dem Oberbürgermeister eines bekannten Wallfahrtsorts, der betonte, dass bei ihnen an Sonn- und Fest-Tagen die Anordnung besteht, das Parkverbot im Umfeld der dortigen Basilika aufzuheben.

Als er auf dem Weg zurück ins Elternhaus an der früheren NS-Hochburg die protzige äußere Aufwertung zum ‚Kulturzentrum' und davor seltsam fremdartige ‚Kunstfiguren' sah, wurde er durch diese Veränderungen in seiner Heimatstadt, die er in seiner Lehrzeit von oben zwar ängstlich oft, doch innig verehrend, betrachtete, wegen des derzeitigen Gebarens nachdenklich. Gustl, einfacher Land- und Gastwirt würde sein Büchlein befragen und dann sagen: „Der Vergleich ist seit alters her das Wertmaß aller Dinge." Bruder Toni erzählte Martin vor dem in der Familie traditionellen festlichen Pfingstessen noch etwas Unschönes: „Seit Neuestem ist ein Gesang, der von einer hiesigen Zeitung zur ‚Stadthymne' erhoben wurde, groß im Kommen. Bei ihr singt man in der dritten Strophe siebenmal den schwäbischen L-M-A-Gruß; eigentlich passend für Betrunkene und den Pöbel. Neuerdings stehen bei besonderen Anlässen Bürger und Honoratioren der Stadt am Turm der Johanniskirche, dem ‚Finderlohn' der Staufer, und singen das sentimental vertonte L-M-A krähenden Gemüts hinauf zum Hahn auf dem Kreuz. Martin erinnert sich, wie schwer es ihm fiel, seine Empfindung dazu heimatgetreu im Tagebuch zu umschreiben.

Vroni hat zum Mittagessen aus ihrem Garten für die Oma Pfingstrosen mitgebracht und Tanja, als die Krankenschwester der Familie, für den Opa ein Büchlein, das sie während ihrer Ausbildung von einer Ordensschwester erhielt. Nach dem Essen in einer familiär herzlichen Stimmung sagten die ‚Münchner' Adieu. Beim Abschied erwähnte die Mutter, dass Nachbar Johannes vor kurzem starb. Opa Gregor neben ihr lächelte still. Martin sah bei der Mutter Tränen; und er wurde so kindlich traurig wie einst in der Grotte.

Mit Eva hat Martin die Ankunft auf vier Uhr vereinbart. Im Klosterhof stand ein Bus mit Bamberger Kennzeichen, ohne Werbeschrift. Nach der rundum herzlichen Begrüßung führte Eva die Gäste mit Gepäck entlang des Klosterkorridors zum Übernachtungsraum, der mit den Skulpturen an das Bamberger Rathaus erinnerte. „Heute sind wohl sehr viele Besucher da", bemerkt Tanja, während sie den Mädchen die Skulpturen beschrieb, wobei Töchterchen Evi vor lauter Staunen den Mund nicht mehr zubrachte. Eva sagte Martin noch, ehe sie zurückging, dass sie seinen Besuch mit Tanja und den Kindern bereits beim Dirigenten ansprach, was dessen Ruf zum Pianisten Paul und bei beiden dann eine große Freude auslöste.

Nun musste Martin das Geheimnis lüften. Er informierte Tanja. „Auch die Bamberger Symphoniker sind da, wie mir Eva gerade berichtete. Sie geben heute Abend ein Konzert, zu dem wir herzlich eingeladen sind." Tanja reagierte zunächst irritiert, doch dann mit den Worten. „Ich freue mich auf das Wiedersehen." Martin reagierte nicht. Da nun beide von der heutigen Begegnung wissen, spürte er, dass diese nach dreißig Jahren eine familiäre Bedeutung, einstmals Liebe suchender Verlorenheit in einer Zeit schrecklicher Einsamkeit, bekommt. Martin hat Eva den eigentlichen Grund seines Besuches noch nicht gesagt. Es bot sich ihm dafür die Gelegenheit mit ihrer Einladung zum Pfingstmontag-Mittagessen, bei dem neben Stefan auch die Kinder dabei sind. Nun erzählte er ihr von seinem Berufskollegen und dessen ehemaliger Nähe zu Hauptmann Horvath, der als sein Offizierskollege und Freund noch Schönes von ihm hat. „Bitte, Martin, sage es morgen auch den Kindern und Stefan und rufe dann den Kollegen an. Am Abend trafen sich Tanja, Eva und Familien mit Dirigent Peter und Pianist Paul im Foyer des intimen Theaters. Bei der aufrichtig herzlichen Begrüßung beobachtete Martin Tanja und Paul. Peter umarmte Tanja zuerst, danach, etwas länger, Paul. Doch wie von Martin erwartet, kam es bei der Vorstellung der Familien einerseits und von Peter und Paul andererseits nur zu aktuellen Betrachtungen, zumal nun auch Anne mit Rudi kam. Die Ulmer und Münchner Kinder schlossen sofort Freundschaft, wie üblich wenn Kinder sich gefallen. Sie mögen sie sich sofort, ohne wenn und aber. Nach der

Aufführung treffen sich alle zu einem freundschaftlichen Plausch bei Eva.

Inzwischen ist der historische Konzertsaal mit festlich gestimmten Menschen besetzt. Das Programm bot zwei Kompositionen von Wolfgang Amadeus Mozart: als Erstes das C-Dur-Konzert KV 467, entstanden 1785 in Wien, danach ‚Eine kleine Nachtmusik'.

Während der Darbietung saß Klein-Evi zwischen Vater und Mutter. Tanja hielt die ganze Zeit die Hand Martins, die sie bei den schwierigen Klavierparts von Mozarts C-Dur-Konzert instinktiv drückt. Was würde dazu in Gustls Büchlein stehen? Vielleicht das: „Für die erste Hingabe in der Liebe erlaubt die Seele ein lebenslanges Erinnern." Nach der ‚kleinen Nachtmusik' und dem einsetzenden Applaus klopfte Peter kurz auf die Partitur, und wandte sich zum Publikum: „Sehr verehrte Freunde der Musik. Wir haben heute Abend Gäste bei uns, die vor dreißig Jahren Flüchtlinge waren: die Hausherrin Eva und ihre beiden Kinder aus Ungarn, begleitet vom jetzigen Mann Stefan und ihrem Sohn; Pianist Paul aus Eger, der in Prag studierte und mein Kriegskamerad war; unsere verehrte Tanja aus der Bukowina, die nach dem Verlust der Eltern bei uns in Bamberg war, auf dem Weg zu Martin, den sie zuvor als russische Zwangsarbeiterin in seiner Heimat Schwaben lieb gewann und nicht weit von hier am 17. Dezember 1944 den Bombenangriff auf Ulm erlebte. Tanja lernte von Paul Klavierspielen. Sie war bei uns sehr beliebt. Bitte erlauben Sie nun für alle ehemaligen Neubürger eine Zugabe mit Ludwig von Beethovens ‚Notenblatt für Elise', was Tanja gerne spielte. Bitte, Klaus, nun für sie und für uns. Herzlichen Dank und eine gute Nacht."

Tanja ging in der Erinnerung lächelnd weit zurück. Evi lag selig schlummernd auf ihrem Schoß. Und der Papa dachte zurück an seine Zeit mit dem ‚Notenblatt für Elise'.

Nach dem stehenden ‚Gute-Nacht-Applaus' der Besucher gingen Peter und Paul und die Freunde zu Evas Wohnung. Während das Orchester als Wegzehrung einen kräftigen Kaffee bekam, spendiert vom Kloster. Bei Eva gab es ein Glas Wein, das in Anwesenheit der Kinder die erinnerungsnahe Unterhaltung und die frohe Gegenwart harmonisch locker hielt. Auch Termine für das Wiedersehen wurden geplant. Es war ein Abend der Freude. Von Goethe steht in Gustls Büchlein: „Die Freude bringt alles in Bewegung, was im Menschen ist." Als der Busfahrer kam, sagte man sich Adieu. Martin gab Peter und Paul eine Flasche Sekt mit. Er genierte sich dabei ein wenig für das bescheidene Geschenk, im Vergleich mit deren großartiger Leistung. Doch Peter, bekannt als Freund des Frankenweins, bedankte sich mit einem musischen Kompliment: „Ja, DER Wein und DIE Musik sind ein verliebtes Paar."

Am Pfingstmontag in der Früh gingen Evas Angehörige mit Tanja und den Kindern in die Klosterkirche und den prunkvollen Bibliothekssaal. Martin telefonierte inzwischen mit Herbert und avisierte ihm für 14:00 Uhr einen Anruf von Frau Horvath. Eva hat ihren Mann über den Kontakt informiert. Stefan dachte kurz nach und deutete dann an, dass er Ende des Monats einen beruflichen Termin in Offenbach wahrnehmen muss und dort oder in Frankfurt mit Martins Kollegen eine Begegnung möglich wäre.

Nach einem typisch ungarischen Essen, das ihre Familie so sehr mag, klopfte Eva leise an ihr Glas und erzählte den Kindern, dass ein Kollege von Onkel Martin deren Papa kannte, und sie mit ihm nachher telefonieren wird. Ihr dürft mithören. Pünktlich, wie vereinbart, begrüßte zunächst Martin seinen Kollegen und übergab dann den Hörer Eva, die das Gerät auf laut stellte. „Guten Morgen, liebe Frau Horvath, darf ich Sie mit dem Familiennamen ihres verstorbenen Mannes begrüßen und Ihnen nach dreißig Jahren noch mein aufrichtiges Beileid bekunden. Ihr Gatte Stephan, verehrte Frau Horvath, war ein großartiger Offizier und guter Kamerad. Oft haben wir über unser Zuhause gesprochen, von Ihnen und den Kindern, von Budapest und Frankfurt. Leider musste ich in dieser bösen Zeit in Prag seinen Tod feststellen. Ich habe noch seine Auszeichnung und eine Karte von Prag mit Heimweh nach der Mama, Sophia und Stefan. Gerne würde ich Ihnen diese Andenken überreichen."

Eva und ihre Familie trafen sich mit Herbert später in Offenbach.

„Gell Kinder, wir haben schöne Pfingsttage erlebt", sagte die Mutter auf der Heimfahrt nach München.

„Ja", meinte Vera, „und ich möchte einmal so Klavier spielen können wie Paul, gell Mama."

„Ja, mein Schatz."

„Und ich möchte einmal so dirigieren könnte wie Peter", meinte mit der Hand fuchtelnd Klein-Eva.

„Du hast ja die ganze Zeit geschlafen", meinte Anna. „Wenn ich mal kein Kind mehr bin", sinniert Eva, „dann werde ich bei der Musik mitsingen, statt schlafen, gell Mama."

„Ja, mein Schatz."

Der Vater dachte, oh selig, wie selig ein Kind noch zu sein. Er fragte sich: Würden sie ihre Seligkeit bewahren, wenn sie um die Liebe von Mama mit Paul und Papa mit Tante Eva wüssten? Oder würden sie in ihrer unschuldigen Einfalt Paul und Tante Eva, Mama und Papa in ihre Seligkeit übernehmen? Oder empfinden sie schon die Fremdgehbeschuldigung, wonach Liebessehnsucht und Liebeshingabe zum anderen moralisch verwerflich sind?

Zuhause im Briefkasten staute sich die Firmenpost. Darunter sind auch Unterlagen, die bei der Arbeitstagung der Verkaufsleiter für den Besuch des Lebensmittel-Einzelhandels (LEH) durch Mitarbeiter des Hauses vorbereitet wurden. Sondereinsätze dieser Art sind neu. Sie werden vom Verkaufsleiter und Bezirks-Handelsvertreter beim Großhandel und der Übergabe einer LEH-Kundenliste festgemacht. Priorität für den Einsatz hat die Einführung oder Umsatzforcierung von Produkten. Die in der Firma neue Position des Jungreisenden und dessen Aufgabe gilt den Überweisungsaufträgen für den Großhandel. Ist das Produkt regional verfügbar, dann wird es in der örtlichen Tageszeitung beworben.

Für die nächsten zwei Wochen ist im Bezirk Oberbayern ein Verkaufseinsatz für eine bedeutende Genossenschafts-

Großhandlung, mit mehr als 200 Einzelhandelskunden, fest geplant. Besucht werden die Geschäfte von vier neu eingestellten Jungreisenden aus Bayern und Baden Württemberg. Es ist für sie der zweite Einzelhandels-Durchgang. Der erste war in der Pfalz – und sehr gut, wie Kollege Herbert als zuständiger Verkaufsleiter berichtete.

Bei der Verkaufsarbeit werden sie von einem Reiseinspektor, der ebenfalls neu ist, beim Kundenbesuch als ihr Vorgesetzter pflichtgetreu geführt und unterstützt. Er hat auch auf der Kundenliste des Großhändlers den Anteil für jeden Mitarbeiter geographisch so zugeordnet, dass er die Möglichkeit hat, in der Nacht zuhause zu sein. Die Einsatzbesprechung für die Truppe wurde von Martin bei seiner Anwesenheit für Dienstagfrüh 10:00 Uhr beim zuständigen Generalvertreter in Rosenheim terminiert. Alle waren pünktlich da. Martin begrüßte die Jungs zwischen zwanzig und fünfundzwanzig Jahren, mit ihnen einen neuen Inspektor. Er besprach mit ihm die Besuchspläne im Einzelnen, wozu nichts zusätzlich anzumerken war. Dann kam für die Truppe eine Überraschung, die mit der Geschäftsleitung abgesprochen und finanziell genehmigt war.

Martin ist ein Freund des Berchtesgadener Landes, von Salzburg und dem Obersalzberg – nicht wegen der Nähe der ehemaligen ‚Residenz des Führers', sondern wegen des schön gelegenen Hotels BALKON, bekannt seit der ‚Türkenzeit', wo er bei seiner Arbeit in Oberbayern gerne absteigt. Von hier geht der Blick in eine natürliche Bergmajestät hinüber ins musische Österreich. Jeder Mitarbeiter hat vorweg einen Prospekt des Hotels und dem Umfeld erhalten. Martin informierte: „In diesem Hotel ist am Freitag um 12:00 Uhr, nach dem Mittagessen, die Ergebniskonferenz. Bitte unbedingt den Pass oder Personalausweis mitbringen!"

Am Freitag dann begrüßte Martin an der Rezeption jeden Mitarbeiter mit einem aufrichtig bayrischen ‚Grüß Gott' und ab jetzt für dreißig Stunden unserem Außendienst ein fröhliches und besinnliches Wochenende.

„Euer Verkaufsleiter hat nach der zweiwöchigen Arbeit bis zur Heimreise am Sonntag ein Programm ausgesucht, das euch bestimmt gefällt. Wer die Einladung annimmt, Hand hoch." Alle Hände gehen hoch – freudiger als einst die seine bei der HJ, dachte er und meinte noch lachend: „... ohne von daheim ein Okay erbeten zu müssen." Nun lachten die Jungreisenden und gehen mit dem Verkaufskonzept und ihrem Inspektor sichtlich motiviert an die Verkaufsarbeit ins schöne Oberbayern. Der 59-jährige Handelsvertreter ruft ihnen im Befehlston nach: „Reißt euch zusammen, damit mein Einkäufer zufrieden ist." Martin stutzte. Warum diesen militanten ‚Kaschierton' des Berufssoldaten? Er war Hauptmann bei der Feldgendarmerie. Seine Arbeit mit ihm ist von Respekt bestimmt. Für Martin als sein Quasivorgesetzter ist es nicht immer einfach, seine beim Kunden betont fordernde Art in verbindliche Form zu bringen. Für die nächsten Tage sind mit ihm im beliebten Touristengebiet Garmisch-Partenkirchen beim Großhandel und der Gastronomie Besuche vorgesehen. Unterwegs sprachen sie vom sachlichen Wert dieser Einzelhandelsarbeit. Der Vertreter gab zu bedenken, dass die Bestellungen der Ware unabhängig eines Vorverkaufs im Einzelhandel, von seinem Großhändler in seinem Bezirk durch seine Verbindungen und seiner Initiative erbracht würden und der Globalauftrag nach der Einzelhandelsarbeit als „seine" Vorleistung zu werten sei. Martin beruhigte ihn mit dem Hinweis auf den Vertrag, wonach es auch für die von der Firma geleistete Vorarbeit volle Provision für einen Auftrag gibt. Martin musste bei seiner Antwort an die Prognose des Insiders am Stammtisch von Gustl denken und an den Vermerk auf Seite 75 im Hütbuch, in dem er seit über dreißig Jahren sein Erleben festhält, manches mit Bedacht, manches spontan. Die freundlichen Tante-Emma-Versorger auf dem Land werden immer weniger. Die bundesweit noch zirka 180.000 bestehenden Familien-Geschäfte werden laut Marktforschung aktuell auf ein Viertel schrumpfen. Damit sind die Menschen im ländlichen Raum unterversorgt. Sie müssen zum Einkaufen in die Stadt oder in Großmärkte, die von Marktforschern nach Kaufkraft der Bevölkerung, und somit nach deren Umsatz- und Einkommenswert platziert sind – ohne Rücksicht auf Kranke, Ältere, Berufstätige, Kinder und Arme. Im Stammtischjargon mit Blick nach den USA: ein ‚humaner Geldkrieg' ersetzt den unpopulär gewordenen Weltkrieg. Macher sind die Moneymakerideologen der USA und ihre weltweit agierenden Manager.

Mit der ‚Tante Emma' wird auch der vertraute Außendienstkaufmann überflüssig. Der Wareneinkauf des Großhandels erfolgt über Spitzengespräche zwischen Hersteller und Handel. Die neuen Großmarkt- und Discountläden sind Eigentum der verbliebenen oder neu gekommenen Handelsmultis. Die Versorgung mit Ware bestimmt nun die EDV, die Platzierung Marktleiter, anfänglich kompetente Gesprächspartner, inzwischen Palettenschieber und Personal-Schikaneure. Merchandising und Logistik bestimmen Preis- und Absatzpolitik für Lebensmittel, Drogerieartikel, Nikotin, Alkoholika und für Obst aus aller Herren Länder, während in der Heimat die Früchte am Baum verfaulen. In der Kindheit war ein Apfel vom Bauern ein Geschenk für die Erinnerung, wie auch das Bonbon von der Tante Emma – auch die Art, wie sie es gaben. Jüngst erlebte er, wie eine Discount-Kassiererin einem Kind ein vom Marktleiter erlaubtes Wickelbonbon einfach so hinwarf, was ihn an den Stil der USA-GI-Boys erinnerte, die nach dem „Endsieg" uns Jungs Zigarettenstummel und den Mädchen Kaugummi oder aufblasbare Ballonpäckchen hinwarfen. Seitdem gibt es kein Geben mehr aus der Hand. Man wirft die Dinge einfach zu wie einem persönlich gleichgültigen Tier.

Martin musste an all dies denken, als er am Donnerstag auf dem Obersalzberg im Hotel Balkon auf seinem Lieblingsplatz saß. Sein Reiseinspektor hat schon vieles organisiert. Martin schätzte ihn. Er arbeitet pflichtbewusst zuverlässig und ist loyal. Der Berufsbegriff ‚Inspektor' passt nicht zu ihm. Auch Martin wird mit diesem Wort an den Kuchberg und den Schulhof erinnert. Sein humorig-kritischer Freund Herbert meinte bei einem gemütlichen Abenddiskurs unter Kollegen: „Inspektor bedeutet Schnüffler und passt mehr zu Un- oder Hochgebildeten ‚Souveräns' wie Feldwebel, Zöllner, Politiker, Finanzbeamter, Gerichtsvollzieher, Fernsehmacher, Autohändler, Parkwächter, Guillaumer; auch einer am Tisch „Banker, die mit dem Geld Anderer jonglieren", und Herbert fuhr lachend fort, „natürlich auch zu Geheimdienstlern. Doch nun ernster: Weltmacht USA. Sie redet ständig von Freundschaft. Doch wollen sie wirklich Freunde, die man ständig betreuen muss? Die Ami brauchen fürs *business* Kumpel, die man zu Komplizen macht, und dann auf die Money-, Gesinnungs- und Weltkriegerische Verwendbarkeit beschnüffelt.

Wir haben den russischen Armeebefehl zum sofortigen Vormarsch auf Dresden gehört. Dann von Eisenhower und Churchill sofort die Anweisung, diese Stadt als IHR finales *snookerbeed umgehend und vollständig* in den Untergrund zu bombardieren.

Auch wir sind nicht ihre Freunde, nur die Verbündeten. Den ‚Feind hört mit' fürs Volk gibt's auch nicht mehr." Bei diesen Gedanken notierte er zum Obersalzberg: Das Hotel Balkon nutze ich gerne für Tagungen.

Sieglinde, die nette bayrische Wirtin erzählte ihm einmal, dass Hitler während des Aufbaus seines Berghofs oft da war, immer im ‚Sonntagsgwand' mit Eisernem Kreuz und Hut, den er nie abnahm und sich immer auf den Platz setzte, auf dem er auch gerne sitze. „Oft stand er wie gelangweilt am Fenster und notierte etwas. Vielleicht Gedanken für sein Geschrei? Am Haus standen SS-Soldaten, nette Jungs. Wenn sie zum Führer und späteren Holocaustmörder (sie bekreuzigte sich) kamen, schlugen sie die Füße zusammen und streckten die rechte Hand nach oben. Er hob die seine nur bis zur Schulter. Einmal sagte er mir, dass dieser Platz sein ‚Balkon im Balkon' sei. Als ich noch ein kleines Mädchen war, nahm er einmal meine Hand und sagte: ‚Sieglinde heißt glückliche Heimat', und solche Sachen. Von meinen Vater hörte ich die Frage an die Mutter: ‚Ist der vielleicht vom anderen Ufer?', was ich nicht begriff. Später kam öfters eine fröhliche junge Frau mit dem Namen Eva zu ihm. Jetzt machte sich Vater selig den Spaß mit ‚Adolf und Eva'. Wir mussten dann ins Tal umziehen. Ohne unser Wissen wurde ein Tunnel bis zum Hotel angelegt. Nach dem ‚Endsieg' der Amis konnten wir wieder zurück. Den nutzlosen Tunnel im Haus zeigten wir für ein Eintrittsgeld den massenhaft ankommenden Schaulustigen. Manche Besucher wirkten nervös wie Sünder, andere andächtig wie Wallfahrer. Dann entzog uns das Land Bayern die Erlaubnis für Tunnelbesuche und mauerte ihn zu." Martin fiel bei ihrer Erzählung die Nazi Züchtigung auf dem Schulhof ein. Dem HJ-Führer, nun wieder Volksschullehrer, ist für besonders gute Jugendarbeit das Bundesverdienstkreuz verliehen worden. Sein Kindheitsfreund Josef hatte mit seiner Aussage „aus Saulus wird Paulus" Recht. Und aus dem damals von der Hitler Jugend geweihten Baum wurde ohne Entnazifizierung eine prächtige deutsche Eiche. Nie hätte es Martin für möglich gehalten, einmal auf einem Lieblingsplatz von Hitler zu sitzen. Sein durch die Züchtigung entstandenes Nazi-Feindbild ist vergilbt. Bei einem weltweiten Firmenkongress in Paris dagegen wurde er das Feindbild eines Fotografen, der ihn an einem Sonntag bei der Kathedrale Sacré-Cœur fotografieren wollte. Martin sagte: nein. Was zur Folge hatte, dass er ihn, langsam rückwärtsgehend, mit ‚Hitler-Hitler-Hitler' titulierte. Alle Menschen ringsum schauten Martin befremdet an. Er schämte sich wie ein Kind, das bei Bösem gerügt wird. Ein älteres Ehepaar beobachtete die Szene. Die Frau ging zum Fotografen und wies ihn zurecht. Sie kam dann mit ihrem Mann zu Martin, und sie stellten sich als pensionierte Sprachlehrer aus Madrid vor. Die Frau bat Martin um Nachsicht: „Er ist ein dummer Mensch." Einige Tage später kam es in Ulm zur Begegnung mit einem fremdartigen Burschen, der im Vorbeigehen mit erhobener Faust zu ihm deutete und ‚Peres-Peres-Peres' rief. Martins Vertreter lachte. Sie haben Ähnlichkeit mit dem Oberhaupt Israels. Im Hütbuch steht: Warum darf die Jugend anderer Ländern die Deutschen offen beleidigen? Nun, pro domo Martin/Peres, wie lange noch müssen wir ein ‚Tätervolk' bleiben? Die Antwort gab ihm das Gewissen: *Stell dir vor, die Mädchen werden bitter weinend von Uniformierten abgeholt; und sie würden nie wiederkommen.*

Die aufkommende Erinnerung an den siebenarmigen Leuchter machte ihn nachdenklich. Er vernahm nur flüchtig die Erzählung des Vertreters von der Tochter, die als Englisch-Lehrerin in London mit ihrer 84'er Abiturklasse als ‚Nazis' beschimpft wurden. „Dumme Menschen", habe sie gesagt. Plötzlich fielen ihm die Worte von Marschall Schörner und der ‚Chikago Schlächter' ein und er war wieder in der Realität deutscher Bedenklichkeit.

Am Freitag markierte er das Programm fürs Wochenende: zuerst das Salzbergwerk, wo für Samstagfrüh der ersten Besuch reserviert war; danach über das Sudelfeld nach Salzburg, Martins Lieblingsstadt; mit einem Lift hoch zum Mönchsberg, von wo ein einmalig schöner Blick über Salzburg geht, der schon Alexander von Humboldt zu der Feststellung inspirierte: Diese Stadt ist eine der sieben schönsten der Welt; Mittagessen im Hotel Mönchsberg; und ein „Grüß Gott" in der Hauskapelle für das JA zum Glück; danach Bummel ins Geburtshaus von Wolfgang Amadeus Mozart; Kaffeepause im Tomaselli; über die Salzach dann durch den Mirabellgarten zum Marionettentheater, mit Prüfung des Termins für die ‚Zauberflöte', dem traurig-schönen Liebesmärchen, schwebend musizierend dargebracht von der Augsburger Puppenkiste; zurück ins Hotel.

Der OR (Oberreisende) und die Mitarbeiter waren bereits da. Er hatte das Arbeitsergebnis von fast 500 Karten schon geordnet. Martin vereinbarte mit dem Vertreter einen Termin für die Abholung des Auftrages. Inzwischen erfrischten sich die Jungs auf ihren Zimmern. Nach dem Abendessen geht es, ohne Krawatte, in die häusliche Kegelbahn, wo es dann beim ‚Alle Neune' lustig wurde, auch mit Sieglinde, der Tochter mit dem Namen der Mutter, die von der Hotelfachschule Bad Reichenhall heimkam. Als sie von der Mutter hörte, wer da ist, kam sie zur Kegelbahn, um ihren gewesenen Fachschulmitschüler Florian herzlich zu begrüßen. Im Laufe des Abends wird dieser junge Mann Martin erzählen, dass seine Eltern am Chiemsee einen Gasthof haben. Er selbst will auch in die Gastronomie, doch er möchte draußen noch etwas von der Geschäftswelt aufnehmen und dabei lernen. VKL Martin entzog sich dem Alle-Neune-Stress, indem er am Ende der Bahn die gefallenen Kegel aufstellte. Es war ein Abend von offener Begegnung, der sich am Samstagabend nochmals vertiefte. Solcherart harmonische Tage – gute Arbeit, besinnliche Muße – sind auch für Martin ein Geschenk aus der Überzeugung, dass diese bei produktiv tätigen jungen Menschen bei der Charakter- und Herzensbildung lebenslang wirken.

Nach dem Frühstück ging's zum Echo im Königssee, wo sich in der dortigen Kapelle ein Sonntags-Gebetsgruß anbot; danach Mittagessen in Floris elterlichem Gasthof, wo die beiden anderen Dienstautos standen. Sieglinde schenkt Martin als Dankeschön für das schöne Beisammensein eine alte Bild-Postkarte vom Hotel Balkon, wie diese früher an der Rezeption auflagen. Auf ihr hat sich Adolf Hitler für einen Geburtstagsglückwunsch ihrer Eltern mit einem ‚Sieg Heil' bedankt. Martin bittet den Oberreisenden in seinem Bericht an die Geschäftsleitung auch das Dankeschön der Mitarbeiter für diese Tage zu übermitteln. Sieglindes ‚Hitlerdokument' wird Martin Kummer bereiten.

Zuhause ist wie immer alles in Ordnung. Tanja hat zum Nachmittagskaffee einen Sonntagskuchen gebacken. Martin durchsieht die Post und hört einen Anruf von Gerd aus Ulm ab, ein früherer Mitschüler der Handelsschule und nun Geschäftsführer eines C&C Großmarktes, der mit Martin und Familie in ihrer Ulmer Zeit einen freundlichen Kontakt pflegte. Er bittet ihn um einen Besuch. Der Besitzer dieses in Oberschwaben führenden Großanbieters hat die Idee der Selbstbedienung für Gastronomie und Großverbraucher in den USA studiert und hier mit Erfolg etabliert.

Am Montag holte Martin seinen wöchentlichen Reisebericht nach, dem er für den Mitinhaber und Geschäftsführer Vertrieb, der bekanntlich im ‚Dritten Reich' der NSDAP nahe stand, in einem extra Umschlag die Fotokopie der Adolf-Hitler-Dankkarte beifügte. Für Dienstag wurde mit dem Bezirksvertreter der Besuch des Großhandels zur Abholung des Auftrags aus der Einzelhandelsarbeit terminiert. Danach ist der Besuch bei seinem Ulmer Freund geplant. Beim heimischen Nachmittagskaffee verkündet Tanja sichtlich vergnügt: „Die Anna spielt heute bei den Tennisjuniorinnen im Turnier mit. Und Vera hat in Englisch eine Zwei."

„Und ich", bemerkte Evi forsch, „mache einmal eine Eins und geh' dann nach Amerika, gell Mama."

„Ja mein Schatz, doch gehe erst zur Schule."

Der Papa fuhr zum Tennisclub, um Anna abzuholen, die bei seiner Ankunft soeben im Doppel den Matchball verwandelt und von ihrer Partnerin für das damit gewonnene Turnier stürmisch umarmt wurde. Ein Herr am Platzrand klatschte auffallend. Martin schaute sich den Herrn an und erlebt eine Überraschung. Es war Wilhelm, der ‚Napola-Aspirant' aus der Lehrzeit und der Vater von Annas Partnerin - nun Dr. med. mit Praxis in Grünwald. Das Wiedersehen führte zum sofortigen Eintritt Martins in den Club, das der sympathische Tennislehrer Maximilian, genannt ‚der Max', sofort registrierte, ihn für den Samstagmorgen zur Trainerstunde einschrieb und ihn gleich mit der Tennisausrüstung versorgte. Bald war Martin im Clubleben wie daheim und spielte mit Wilhelm, im Club ‚Willidoc' genannt, bei den Senioren mit, wo es immer was vom Weltraum, Welthandel, Weltpolitik und der Fußballwelt zu diskutieren gibt – gleich von Max zu Annas Talent und der scheinheiligen Handreichung des Gegners nach einem verlorenen Spiel. Martin fiel dabei ein Spruch aus Gustls Büchlein ein: „Jedes Talent hat zwei Feinde: die Bewunderung und den Neid." Johannes hätte noch bemerkt: „Weil's halt menschelt in dieser Welt." Martin hört oft die Bemerkung „so ist's halt" und fragt sich, bei welcher Art von Mensch das Menscheln beginnt? Beim Reichen/Armen, Advokat/Betrüger, Arzt/Patient, Banker/Sparer, Pfarrer/Sünder, Christ/Muslim, Nonne/Hure, Politiker/Bürger, Professor/ Student, Oder/oder … Wer werfe den ersten Stein oder lebt nach Gottes/Geboten allein?

Sein Schulfreund im Ulmer C&C-Großmarkt begrüßte ihn kameradschaftlich wie immer. Er bat dann die Sekretärin um einen kräftigen Kaffee und um Telefonstille.

„Lieber Martin, wie geht's in München, vermisst du nicht manchmal die Heimatnähe und Ulm. Hier deine Freunde, dort deine Familie"?

„Eigentlich nicht, lieber Gerd, denn ich bin inzwischen viel unterwegs, wodurch ich einen Spruch zu Herzen nehme, den ich kürzlich las: Meine Heimat ist nicht da, wo ich wohne, sondern dort, wo mein Herz ist."

Gerd lächelnd: „Typisch Martin, doch nun für den Verstand etwas, das dich bestimmt interessiert. Mein Chef war vor kurzem wieder bei seinen Freunden in den USA, mit denen er ständig Kontakt hat. Sie erzählten ihm, dass eine USA-Israelische Holding über einen „Bankendeal" bei deiner Firma zur Mehrheitsbeteiligung kam. Dies wird einem der Inhaber nicht gefallen."

Martin verstand, um was es ging, und fragte ihn, warum er es ihm erzähle. Gerd bat ihn um Vertraulichkeit und fuhr fort: „Euer hiesiger Vertreter hat mir nebenbei einmal erzählt, dass du deine Tagungen mit dem Außendienst gerne auf dem Obersalzberg machst. Dies kann für dich zu einem Problem werden."

Martin erschrak: „Ja, aber dort doch nicht wegen Hitler, sondern wegen der Natur und der Ruhe."

„Das begreifen die neuen Herren nicht."

„Mein Chef meint: „Für die USA-Machthaber wird selbst ein uralt Gewesenes zur bösartigen Assoziation. Sie könnten dir Neonazismus unterstellen. Mein Rat für dich: Denke darüber nach. Es wäre schade um deinen bekannt guten Berufs-, Familien- und Glaubensstandpunkt, der dich als Kaufmannslehrling zum Vorbild macht."

Die Sekretärin brachte Kaffee und als Gebäck ‚Original Ulmer Seelen'.

Martin dachte beim Anblick der ‚essbaren Seelen' über das Verhalten seines Schulfreundes nach. Warum zeigt er sich ihm gegenüber als leitender Geschäftemacher in einer so informativen Offenheit, die er nicht haben muss und daraus auch keinen Nutzen erwarten kann; obwohl eine größere Aktion ansteht. Ist es sein Charakter und damit ein persönlicher Beweis dafür, dass sich beim Geschäft auch ‚Seelisches' zeigen darf? Ist es ein Freundschaftsdienst, statt einer Forderung von Rabatten und WKZ? Martin hat bei diesen Gedanken lange überlegt, wie er dies im Tagebuch formulieren soll. Seltsamerweise, so erinnert er sich, dachte er spontan an ‚Beethovens Neunte'. Ein Martinstag-Geschenk Tanjas, mit der Bamberger Philharmonie und Schillers ‚Ode an die Freude', die im Innersten weit weg ist von seinem Beruf, doch ihm in ihrer wundersamen Andacht das Gefühl gab ‚Eines Freundes Freund zu sein'; vertieft mit der Vision ‚alle Menschen werden Brüder'. Inspiriert umgewandelt von ihm in: ‚Alle Seelen sind schon Brüder.' Gerd holte ihn zurück in seinen ‚Brotberuf': „Martin, dein Vertreter soll für einen größeren Aktionsauftrag vorbeikommen."

Martin gab ihm für Daheim noch einige Flaschen Gutes.

„Danke und komme bald mit Tanja und deinen ‚Ulmer Sprösslingen' wieder. Wo geht's denn heute noch hin?"

„Nach Freiburg."

„Dann eine gute Fahrt durch den Schwarzwald."

Als er im Höllental unterm Hirsch, dem einsamen Schwarzwaldhof und dem Viadukt, ohne Ballons, entlangfuhr, blieb die Erinnerung an den Nachtmarsch nach Hinterzarten neutral. Allerdings grübelte er, ausgelöst durch den Bürokontakt mit Gerd, wieder einmal darüber nach, wie standhaft gelassen die Natur blieb, während er seit damals äußerlich ruhig, doch innerlich nachdenklich die oft einsame Außendienstarbeit bewältigt. Er fuhr zum nächsten Parkplatz und rief mit dem neuartigen Autotelefon seinen Freiburger Vertreter an, den er vor kurzem für den Bezirk Freiburg-Südbaden engagiert hat. Er ist ein stets gut aufgelegter und erfolgbestrebter Verkäufer von der Art der alemannischen Einfalt, der an den Stammtischen rund um die Weinberge lachend seine schwäbischen Nachbarn und herkömmlichen Stiefbrüder wohlwollend veralbert: „Über Baden lacht die Sonne, über Schwaben die ganze Welt." Martin als ‚Wahlmünchner' lacht mit.

„Guten Abend, Herr Ullrich, herzlich willkommen im Schwarzwald. Ihr Ruhekissen für die Nacht liegt wie immer im ‚Bären'."

„Danke, ich bin gleich da und freue mich auf unser gemeinsames Abendessen und auf den Schoppen, oder zwei, vom heimischen ‚Gutedel'.

„Meine Heimat ist nicht da wo ich wohne, sondern dort wo mein Herz ist", wiederholte er für sich selbst. „Also, diskutierte er im Hotelzimmer vor dem Spiegel, mach dir keine Sorgen um den Arbeitsplatz in der Fremde. Auch er wird zur Heimat, wenn du dort willkommen und anerkannt bist. Erkenne für das Leben aus dem Koffer die Selbstverständlichkeit, dich nie ‚gehen zu lassen'. Dein Tun und Lassen wird immer begutachtet – und neu zugeordnet. Schaue um dich und bleibe mit dem Herzen daheim: Und alle fremden Anfechtungen verschwinden von selbst. Er sinniert weiter: Wenn du jetzt ins Restaurant kommst, werden dein Vertreter Heinz und seine Frau Irene vom Tisch aufstehen und dich wie einen Freund begrüßen. Vor einem Jahr, beim ersten Kontakt in Breisach, kamen sie mit den beiden Töchtern, das dir, wie du im Tagebuch beschrieben hast, ein Gefühl heimatlicher Geborgenheit gab. Beim Essen dann war zunächst Familiäres ein allgemeines Thema, wobei Frau Irene darum bat, etwas früher gehen zu dürfen, um beim Geburtstag einer ihrer Töchter noch ein bisschen mitfeiern zu können. Vertreter Heinz hatte, wie es generell vorgegeben ist, für die gemeinsame Bearbeitung der wichtigen Kunden drei Tage in Freiburg und dem Markgräfler Weinland im Dreiländereck eingeplant. Sie haben gute Arbeit geleistet. Die ihnen an einem Nachmittag den Besuch des Soldatenfriedhofs in Bergheim im Elsass erlaubte, um dort beim Bruder von Heinz – Jahrgang 1929 wie Martin – gefallen als ‚Werwolf' Ende 1944 im Gebet zu verweilen. Dann ging es zurück nach Breisach, wo Martin oben am Dom in einem neuen Hotel als Referenz seiner Firma ein Zimmer mit der Aussicht weit hinüber in die Vogesen bezog. Er liebt Fernsicht. Sie vermittelt ihm eine leise Sehnsucht nach dem ‚Ist' hinterm Horizont. Eigentlich wollte er in Colmar Pierre mit dem Besuch überraschen, doch die Zeit war zu knapp. Er fuhr Heinz, sein einziger ‚Duzvertreter', nach Freiburg heim, sagte ihm und seiner Frau Adieu und ging danach zum Grab von Tante Helga, inzwischen Ehrenbürgerin der Stadt, die auf dem Grabkreuz den Abschied vom Leben mit einem Gedanken Joseph von Eichendorffs hinterlässt:

Und meine Seele spannte weit ihre Flügel aus,
flog durch die stillen Lande, als flöge sie nach Haus.

Beim Sonnenuntergang über den Vogesen las er einen Brief seines Schanzerkollegen Edmund, aufbewahrt Seite 16 im Tagebuch. Er ist schon lange Missionar in Afrika:

„Lieber Martin, ich danke Dir und auch Deiner lieben Frau vielmals für Eure Güte und sage Euch dankbaren Herzens vielmals vergelt's Gott. Ihr habt mir mit Eurer Spende viel Freude bereitet. Möge der Herrgott Euch Eure Güte tausendmal vergelten. Dies ist nicht nur ein frommer Wunsch, vielmehr der Inhalt meines Gebetes für Euch.

Der Sternenhimmel ist hier wunderschön und oft, wenn ich die Milchstraße bestaune, ist mir unsere Zeit bei Familie Küfer in Ihringen in den Sinn gekommen. Da haben wir zusammen auch hinauf geschaut und dann hast Du gesagt: ‚Wenn wir wieder daheim sind und die Milchstraße sehen, denken wir an unsere Zeit hier.' Jetzt ist die Heimat weit weg. Vor mir liegt Dein Weihnachtsgruß. Es war Dein erster Gruß mit einem Stückchen Christbaum aus den Wäldern der Kindheit. Diesen Gruß von Dir habe ich bis jetzt bewahrt, weil er mir viel bedeutet. Ich sende Dir, lieber Martin, und Deiner lieben Familie herzliche Grüße und auch meinen priesterlichen Segen. Behüt Euch Gott."

Karasburg, S.W. Afrika. Dein dankbarer Edmund. (Text vom Originalbrief mit Datum)

Am nächsten Morgen fuhr er nach Ihringen. Vorbei am Winklerberg und dem von der Natur inzwischen unter Kirschbäumen begrabenen Westwallbunker, dann zum Haus der Familie Küfer, das er seit damals nicht mehr wieder sah. Er hörte allerdings vom Geschäftsführer der Winzergenossenschaft bei einer Fachmesse vom Tod des Ehepaars Küfer und der Verheiratung der Töchter. Das Haus unweit der Kellerei sah noch genauso aus wie vor dreißig Jahren. Er parkte auf der Straße und ging durchs offenstehende Hoftor. Von der Treppe zur Wohnung kam ein Herr, der einen traurigen Eindruck machte. Martin erzählte ihm von seiner Schanzerzeit und dem Aufenthalt hier im Haus. Der Mann lächelte und fragte Martin ob er aus Schwaben komme? Martin nickte. „Dann sind Sie der Jüngling, der zusammen mit dem katholischen Freund im Mädchenbett meiner Frau schlief. Die mir manchmal sagte, dass der nette ‚Schwabenjunge' die erste Liebe ihres Herzens war. Sie ist gestorben. Sagen Sie ihr doch ‚Grüß Gott' auf dem Friedhof, gleich am Eingang rechts." Es klang wie eine Bitte. Er ging zum Grab und sprach ein Gebet. Danach erwarb er im Winzerkeller noch einige Flaschen vom ‚Winklerberg Ruländer'. Dort traf er den Geschäftsführer. Er erzählte ihm nach dem üblichen Branchentalk vom Besuch auf dem Friedhof. Der Geschäftsführer blickte zur Wand mit dem Erinnerungsbild von Kellermeister Küfer: „Seine Tochter Gabi war eine beliebte, doch später eine schwermütige Frau."

Auf dem Weg nach München durch das jungfräuliche Tal der Donau dachte er, wie so oft bei der Heimfahrt vom Außendienst, über die Arbeitstage nach. Gabi war auch für sein junges Herz seine erste Liebe, die sich bei Martins Gehen offenbarte; als sie weinte.

Er fuhr später noch einmal mit Visum und der Bahn in die französische Besatzungszone nach Ihringen: Gabi hatte sich mit dem nun traurigen Lebenspartner glücklich verlobt.

In der Nähe von Ulm denkt er an die warnenden Worte von Gerd. Er wird den Kollegen Herbert darauf ansprechen, der einmal beiläufig von der Verwandtschaft zum Firmeninhaber sprach und als ‚Geheimdienstler' sicher in der Familienfirma neugierig blieb.

Bei der Heimkehr begrüßte Tanja ihn wie immer herzlich mit ihrem besorgten Blick. Kommt ihr Martin von ‚draußen', der anderen Welt' wieder so zurück, wie er ging?

Sein Weg geht zuerst mit dem Koffer zum Schlafzimmer, dann zum Schreibtisch mit der Post, die er auf das Besondere überfliegt. Ist es nur Werbekram, der neuerdings immer mehr wird, oder Post der Firma. Er ging in die Küche zum bayrischen Abendbrot, wo die Töchter zum Grüß Gott und Familienrapport kommen und ihn fragen: „Papa, woher kommst du?" Die Neugier befriedigt er immer ernsthaft mit den Namen der besuchten Städte und deren Eigenarten. Mutter Tanja interessierte sich mehr für die gewesene Zusammenarbeit mit den Vertretungen: Sie hat inzwischen erkannt, dass diese mit ihrer persönlichen Nähe für Martin von besonderer beruflicher Bedeutung sind.

Wenn dann die Kinder gute Nacht sagen und in den Räumen Stille einkehrt, begeben sich Tanja und Martin –

wie immer nach der Heimkehr – in die Badewanne, um danach an Leib und Seele erfrischt für Leib und Seele zärtlich in sich zu gehen.

Zu Martins erster Trainerstunde begleitete ihn Anna zu ihrem Training. Trainer Max mit einem Eimer voller Tennisbälle, dazwischen gesteckt der Schläger, beorderte Martin mit seinem Schläger Marke ‚*Masters*' hinters Netz in die Mitte seiner Platzhälfte. „Ich werfe dir mal den Ball zu, schlage ihn mit der Vorhand zurück. Dazu sein Kommentar: Rechtshänder, schon recht ordentlich. Den nächsten Ball nach links auf die Rückhand, wie beim Tischtennis, fürs erste auch nicht schlecht. Das Ganze machen wir jetzt fünfzigfach."

Wenn dann der Eimer leer war, sammelten Max und Martin gemeinsam die rundum verstreuten Bälle ein: Max mit Schläger und Fuß, Martin ‚von Hand'. So ging es bis ans Ende der ersten Stunde, wo am Platzrand dann Anna applaudierte; und der Vater richtig glücklich war. Auf dem Weg nach Hause kam die Überlegung, wie er das Lernen beschleunigen könnte? Er müsste unter der Woche öfters zuhause sein, also mehr Zusammenarbeit mit der Münchner Vertretung. Kein Problem; dieser Bezirk ist sowieso der wichtigste in seiner Verantwortung. Er änderte seinen Reiseplan.

Der Samstagabend ist lange schon ein gemütlicher Treff zum ‚Schafkopf' mit dem Ehepaar der Nachbarwohnung, mal hier, mal dort. Heute dort. Es geht stets um Pfennige. Hausherr Wolfgang ist ein Verehrer von Mozart. Er legt zwischendurch seine Musik auf. Es herrscht immer eine feine Stimmung. Verinnerlicht auch durch die Begegnung der beiden Ostflüchtlinge Tanja und Wolfgang, der aus Prag kam. Sie verstanden sich ohne viele Worte. Diese Reaktion empfand Martin auch früher schon im Rathaus, als sich die Flüchtlinge – ohne wenn und aber ihrer Herkunft – lautlos solidarisierten. Wolfgang ist Lateinlehrer am Gymnasium. Seine Frau Franziska ist eine liebenswerte Münchnerin, von Beruf Krankenschwester. Von ihr erfuhr Berufskollegin Tanja bei einem Gespräch unter Frauen, wie sie ihren

Mann kennen lernte: Im Krankenhaus, wo er aus einem Flüchtlingstransport von der Tschechei verletzt eingeliefert wurde. Er war in Prag als Deutscher Lehrer am Gymnasium. Seine erste Frau, die er sehr liebte, war Ärztin. Sie wurde beim Einsatz in einem Feldlazarett tödlich verletzt. Er nahm dann das Angebot des deutschen Geheimdienstes an, in Prag im Rang eines Hauptmanns informativ zur Verfügung zu stehen. Mein erster Mann, den ich aufrichtig liebte, ist schon im Polenkrieg gefallen. Wir sind heute mit unseren beiden Töchtern trotz allem wieder glücklich. Wie immer vor Mitternacht nach der ‚Bilanzierung' von Gewinn und Verlust, wurde beim letzten Schluck Wein noch über Allgemeines geplaudert. Eines Spätabends war es Tanja, die mit Blick auf ein Wandfoto mit Wolfgang als Offizier Martin beiläufig auf Prag ansprach: „Dein Kollege Herbert hat doch dort seinen Amtskollegen gesucht und nicht gefunden." Martin nickte. Nachbar Wolfgang lehnte sich aufmerksam zurück. Stand dann auf und holte aus dem Schrank ein Album mit Fotos.

Er schlug es auf und zeigte ihnen eine Fotografie, auf der zwei vergnügte Paare am Brandenburger Tor stehen. Tanja und Martin entfuhr es spontan: „Die Frau hier ist Eva!" Dazu Wolfgang: „Und der Mann neben ihr ist Hauptmann Horvath." Er greift zur Hand seiner Frau: „Und daneben bin ich mit Barbara. Das Bild ist aus einer Konferenz zum Kriegsbeginn mit Russland, wo Stephan und ich mit Ehefrau anwesend waren. Woher kennen Sie Frau Horvath?"

„Sie kam als Ungarflüchtling mit den Kindern in meinen Heimatort", sagt Martin. Sie wurden in unser Haus einquartiert. Das Deutsche Rote Kreuz hat später den Tod ihres Mannes bezeugt."

„Die Information über seinen Tod", erwähnte Wolfgang, „bekam unsere Zentrale von mir und gab sie dann ans Rote Kreuz weiter. Stephan war auf dem Weg zu mir und wurde vor der Schule ohnmächtig. Im Krankenhaus stellte man eine Vergiftung fest. Wir erreichten in Budapest niemand. Ein treuer Amtskollege sagte mir kurze Zeit danach, dass er Frau Horvath über den Code erreichte und über das Vermistsein ihres Mannes anonym informierte und sie aufgefordert habe, Ungarn umgehend zu verlassen. Die Ansichtskarte unterm Foto, ohne Adresse, mit Grüßen hat er aus Stefans Jacke genommen und mir zugeschickt. Einmal schrieb er mir noch, dass er einen Hinweis aufs Grab bekam. Inzwischen", sagte Wolfgang, „kann seine Frau jederzeit dort hingehen. Ich helfe ihr gerne dabei. Vielleicht, liebe Fransiska, können wir damit einen Besuch deines Mannes auf dem Soldatenfriedhof in der DDR verbinden."

Tanja bemerkt: „Eva ist seit Jahren wieder glücklich verheiratet. Sie wohnt mit ihrer Familie in Wiblingen bei Ulm. Wir waren vor einigen Tagen bei ihr. Demnächst habe ich Geburtstag. Dazu lade ich Eva mit ihrem Mann ein und Sie jetzt. Wir können dann über alles reden."

Nachbar Wolfgang erhob sein Glas, berührte als erstes das seiner Frau, dann das von Tanja und Martin und bot ihnen das vertraute DU an. Im Bett ergriff Tanja die Hand Martins: „Ist es nicht schön, dass alles immer wieder gut wird?" Er schlüpft zu ihr. Drüben im Schlafzimmer hörte Fransiska ein Seufzen ihres Mannes und schlüpft zu ihm.

Am Montag sind in Martins Reiseplan Besuche im Bezirk Würzburg-Spessart vorgesehen. Es wäre also möglich, Kollege Herbert abends in Aschaffenburg zu treffen. Er rief ihn an. Herbert sagte zu, da er an diesem Tag sowieso in Franfurt ist. Sie trafen sich dann in Aschaffenburg im ‚Hotel zur Post', Martins beliebte Unterkunft im Spessart und zudem ein guter Champagnerkunde, was bei diesem Besuch unter anderem Bedeutung bekommen wird. Die Kollegen gönnten sich in diesem Romantik-Hotel zum Abendbrot etwas Gutes. Danach kam gut aufgelegt von Herbert die Frage: „Nun, was gibt es Neues im Rheingau?" Und dann unvermittelt ernst werdend: „Ich werde diese Frage, die ja eigentlich die deine ist, selbst beantworten. Und ich bitte dich um Diskretion für das, was du jetzt vernimmst. Bitte versprche es mir, denn ich möchte nicht erleben, dass die Geldkumpanen (Jargon der Familie) so kurz vor der Pension noch meine Vergangenheit abklopft. Wie es derzeit mein Onkel, dein Gönner vom Bodensee, in der U-Haft erlebt. Obwohl seine Nazivergangenheit längst durchleuchtet ist. Wie du weißt, ist der Firmeninhaber als Bruder meiner Mutter mein

Onkel." Martin hat in den USA erlebt, was es bedeutet, wenn Herbert ernst wird. Dann wird auch das Thema ein Ernstes. Er fuhr fort: „Der vor einem Monat aus einem US-Foodkonzern gekommene Vertriebverantwortliche ist ein ‚Markedingstudiosus' ohne eine Verkaufspraxis. Er lässt derzeit alle Mitarbeiter auf ihre Nazivergangenheit, die er jedem Deutschen unterstellt, überprüfen. Martin, in deiner Personalakte ist eine Kopie der Dankeskarte von Hitler und ein Vermerk über deine Vorliebe für den Obersalzberg als Ort für Tagungen. Was für ihn als ein Sympathiebeweis für Nazismus ausgelegt wird. Du musst damit rechnen in deiner Position rückgestuft oder drangsaliert zu werden. Das ‚Strategiepapier' der Neuen sieht vor, einige Firmentöchter und Mitbewerber, die sie aufkaufen, sterben zu lassen, womit viele der seit Generationen bewährten Produkte vom Markt verschwinden. Im gesamten *food Segment* wollen sie den Wettbewerb bestimmen und kontrollieren. Mit Absatzforcierung einer adjektivischen Werbung. Das Warenangebot wird schreiend, der Inhalt egal; eine Etikettenphilosophie der ‚US-Moneymakerstrategen'. Wie wir es ja vor Jahren drüben bemerkten. Dazu ein Aphorismus von Seneca: *‚Alle Übertreibung geht in der Absicht zu weit, damit man durch Unwahrheit zur Wahrheit gelange.'* Und noch was vom internen Konzept der Neuen: Der Außendienst wird ‚diszipliniert'. Die Bezirke werden kleiner, die Basisarbeit strenger, die Kontrollen enger. Die Aktivität Gastronomie Österreich ist ein erster Europa-Test. Und nun lass uns, in der Hoffnung auf unser altdeutsches ‚Dichter und Denker Regulativ', den Abend beim Wein noch etwas genießen."

Martin absolvierte in den Tagen danach mit dem Würzburger Vertreter die von ihm geplanten Kundenbesuche und fuhr dann am Freitag wie üblich nach Hause. Er erzählte Tanja nichts von den kritischen Bedenken seines Kollegen. Bei der Post ist bereits die Anordnung der Firma für eine zweiwöchige Arbeit im Salzkammergut und Tirol mit den beiden bayrischen Reisenden, Beginn Montag neun Uhr. Mit den Reisenden ist Kontakt aufzunehmen, auch mit dem Verkaufsleiter der Vertretung Österreich in Salzburg. Ein Plan der zu besuchenden Gastronomiebetriebe war beigelegt und logistisch bereits vorgegeben. Die Arbeitsunterlagen sind mit dem gestrigen Donnerstag datiert. Warum so spät? Sein Autotelefon funktioniert, das der Vertretung und auch das daheim, wie er beim üblichen Mittwochkontakt mit Tanja feststellte. Erstmals in seinem Beruf empfand er Frust. Der konziliante Umgang im Unternehmen hat sich in den nicht berechenbaren Stil der Angeberei verwandelt: Doch Martin bleibt selbstverständlich bei einer Pflichterfüllung des Untergebenen. Also rief er am Freitagabend im Hotel Balkon an und bestellte für Sonntag-Nachmittag fünf Uhr den Konferenzraum, ein Zimmer für sich und zwei als Reserve für die Mitarbeiter. Tochter Sieglinde sagte ihm am Telefon, dass der Florian sowieso da sei, weil er hier an den Wochenenden Kochen lernt.

Er rief Mitarbeiter Franz im Allgäu an und beorderte ihn für Sonntag-Nachmittag auf den Obersalzberg. Er legte ihm nahe die ‚Zahnbürste', wie Außendienstler ihren Reisekoffer bezeichnen, mitzubringen, falls es zur Übernachtung kommt. Auch hätte er gerne den Kollegen aus Österreich, dort Inspektor genannt, mit dabei. Er rief bei ihm an und lud ihn für den Sonntagabend zur Besprechung ein, damit es am Montag um 9:00 Uhr zügig an die ‚Verkaufsfront' – der bisher gelassene Jargon in der Firma – geht. Als dieser Obersalzberg hörte, bekam er einen Lachkrampf. Er fragte Martin lakonisch ob er dort Befehle des ‚Führers', eine neue ‚Heimsuchung', Verzeihung ‚Heimholung' vermittelt bekommt. „Nicht sehr witzig", dachte Martin und erinnert sich an Gustls Buch, wo von des Inspektors Landsmann Arthur Schnitzler steht: ‚Wer Humor hat, der hat beinahe schon Genie. Wer nur Witz hat, der hat meistens nicht einmal den.'

„So oder so, ich komme selbstverständlich und bringe auch gleich Karteikarten von Kunden aus der jetzigen ‚Nordmark' des toten ‚Beutegroßdeutschland' mit; alsdann, Servus bis Sonntag."

Im Hütbuch steht die Notiz: Ein Österreichischer Inspektor mit Humor; seltsam. Später einmal verwies dieser darauf, dass er damals mit seiner Gattin einen Hochzeitstag genoss.

Während Martin den Reisebericht der Woche und eine Vorinformation Österreich in die Schreibmaschine tippt, spricht Tanja von ihrer seit Tagen akuten Erkältung. Sie bemerkt nebenbei, dass sich die Familie bisher noch um keinen Arzt bemühen musste. „Martin wie wär's mit deinem Tennisfreund, den du aus der Lehrzeit kennst?"

„Eine gute Idee. Ich werde Willi morgen zu unserem Hausarzt machen."

Auf dem Weg zum Tennis holte er im Speditionslager einige Karton Pikkolo und Werbemittel, wie Kellnerblocks, Reserviert-Schilder, Korkenzieher, Klappmesser, genannt ‚Handschmeichler' als eine Verkaufshilfe.

Danach sprach er seinen Freund Willi auf Tanjas Problem an und auf ihren Vorschlag seines ärztlichen Beistands. Doktor Willi beendet seine Körperpflege in der Dusche, Martin seine Trainerstunde auf dem Platz; und sie fahren gemeinsam zu ihr, wo sich Tanja, die kein Tennis spielt, und Dr. Willi herzlich begrüßen. Die Untersuchung aus dem ärztlichen Ambulanzkoffer diagnostizierte Bronchitis. Tanja bietet dem Doktor einen Platz in der Küche an, wo er aus seiner Reiseapotheke eine Arznei holt und für die Einnahme kennzeichnet. Inzwischen kommt Eva und begrüßt den Herrn Doktor vom Tennisplatz mit einem Knicks, inspiziert dann den Herd und ruft fröhlich: „Prima, Mama, heute gibt's ‚Schwäbische Hefeknöpfle' mit ‚Bayrisch' Kraut'.

„Oh Gott", sagt der Ur-Schwabe Wilhelm, „das hab' ich ewig nicht gegessen. Es war früher meine Leibspeise."

„Herr Doktor", fragt Tanja, „gehen Sie zum Essen nach Hause?"

„Nein, meine Frau hat Dienst im Klinikum, ich esse etwas im Club".

„Auf keinen Fall", bestimmt Martin, worauf Tanja an Doktors Platz ein Gedeck auflegt, und Martin aus dem Schrank eine Flasche ‚Remstaler Trollinger' holt. Während des Essens reden sie über Willis Beliebtheit und Aktivitäten im Club. Beim schmackhaften Genuss der ‚Knöpfle mit Kraut' ist auch die Rückbesinnung der beiden inzwischen alten Lehrlinge ein Thema. Zuhörend erinnert sich Tanja an ihren heutigen Gast, dem sie in der Fabrik beim Kontrollgang mit Martin zur Toilette begegnet ist – in Uniform, die sie an den Oberst und an Lissi erinnerte. Sie war damals sehr traurig und fragte sich, wo sie jetzt wohl sind? Sie sah Wilhelm noch einmal, als die Zwangsarbeiter an der Bahnschranke standen. Dort war auch Wilhelm in Uniform. Bei ihm noch ein Uniformierter, der, sie abschätzend betrachtend, zu Wilhelm sagte: „Schau, dort die Kleine mit dem tollen Busen, schau die lacht sogar. Das wäre doch was zum Vernaschen." Tanjas Lachen erlosch. Wilhelm sagt sehr ernst: „Schlag' dir solche Dinge aus dem Kopf. Auch für eine Feindesfrau sind diese Gedanken würdelos."

Tanja hatte alles verstanden. Ihr schüchternes Lächeln ging zu Wilhelm, der es schön fand und bei ihm nach so langer Zeit nun nachwirkte. Beim zweiten Glas ‚Trollinger' auf das Wohl des Hausarztes und seinem Danke für den köstlichen Erinnerungsgenuss an die alte Heimat erlaubte er sich die Frage an Tanja: „Liebe Frau Ullrich, kann es sein, dass wir uns schon mal begegnet sind?" Tanja errötete wie ein Kind und Martin übernimmt die Antwort: „Lieber Willi, Tanja war in der bösen deutschen Zeit mit primitiver Zwangsarbeit, wenn ich es so nennen darf, deine Betriebskollegin."

„Oh Gott", seine Reaktion, „die Silberwarenfabrik in der Heimatstadt." Er dachte an die Bahnschranke und die Begegnung mit Tanjas feinem Lächeln, auf das er gerade eingehen wollte, als die großen Töchter kamen. Anna grüßte Dr. Willi vertraut sportlich, und Vera pädagogisch respektvoll. Für die bereits verspeisten Hefeknöpfle mit Bayrischkraut gab es für sie Maultaschen, die auf Wunsch des Vaters als Wochenendessen immer präsent sind. Martin, Tanja und Willi gehen mit dem Rest des Weins ins Wohnzimmer, wo Wilhelm in der harmonischen Familienstimmung die Gelegenheit wahrnimmt, Martin und Tanja zum ‚Sechzigsten', der demnächst fällig ist, zu sich nach Grünwald einzuladen. „Wir werden mit einigen Tennis-Kameraden fröhlich feiern", sagte er dann beim ‚Pfüdgott' und fuhr mit Martin zurück ins Clubheim, wo sie von den Tennis- und Skatfreunden mit Hallo begrüßt wurden. Martin ist im Club sehr beliebt: Sein ‚Mustersekt' sorgt bei fröhlichen

ER+SIE-Tischrunden immer für eine gute Stimmung – am Samstagabend dann wie immer eine lockere Pfennigpartie Schafkopf bei Wolfgang und Franziska.

Am Sonntag-Nachmittag auf dem Obersalzberg begegnete Martin Typen mit schwarz-weiß-roten Fahnen und wuchtigen Motorrädern. Er fragte Sieglinde, die die Gäste an der Rezeption erwartet, nach dem Grund dieses Auftritts. Eben kommt Florian mit einer Kochmütze und beantwortet die Frage. „Es sind Neonazis, die hier immer wieder den ‚Führer' (be)suchen. Man hat ständig Mühe, diese aus dem Haus zu halten. Wird den nie Schluss mit dieser Nazigeschichte", fragte Florian mit Blick zu Martin, dem Chef, der im gleichen Moment an den neuen Vertriebsmanager, einen neuen Chef in der Firma, dachte. Florian bot für die Konferenz, bei der er ja dabei ist, ein kleines Buffet an. Martin stimmte zu und bezog dann wie immer das Zimmer mit dem Blick nach Salzburg. Dann kam Mitarbeiter Franz aus Füssen, seiner Heimatstadt. Als Martin zur Rezeption zurückkam, sagte ihm Sieglinde, dass ein freundlicher Herr aus Salzburg, der nach ihm gefragt habe, im Restaurant ist. Als er durch die Tür ging, musste er spontan lachen: Der Inspektor aus Österreich saß mutterseelenallein auf dem einstigen Lieblingsplatz von Hitler. Er schaute Martin irritiert an und lachte dann ebenso. Als sich Martin vorstellte, stand er auf und sagte: „Wofür habe ich an diesem rückständig beflaggten Ort einen so undeutsch fröhlichen Gruß verdient? Guten Tag, Herr Ullrich. Mein Name ist Hoffmann. Ich bin der Reiseinspektor in meines Bruders Unternehmen ‚Gebrüder Feinkost GmbH'." Martin setzte sich zu dem etwa gleichaltrigen Kollegen und erklärte ihm den Grund des Lachens. Wonach der Inspektor von ‚drüben' meinte: „Dieser Mann hat es nie mehr so gut wie wir." Damit stimmte der Kontakt zwischen ihnen. Herr Hoffmann erwähnte seinen Diplomkaufmann und wurde nach der ‚Heimholung ins Reich' ein Leutnant der Reserve.

Sie gingen in den Konferenzraum und besprachen die von der Österreichvertretung mit Fotokopien für Martin gut vorbereiteten Unterlagen. Herr Hofmann fügte noch eine, wie er meinte, psychologisch wirksame Empfehlung an: „Bekanntlich empfinden wir Österreicher sehr emotional, soll heißen, dass wir unsere Sympathie für den Anderen – und insbesondere für die Verwandten von draußen – nach dem Prinzip gleich und gleich gesellt sich gern anbringen. Ich würde deshalb vorschlagen, dass Florian vom gemütlichen Bayern im musischen Salzkammergebiet arbeitet und Mitarbeiter Franz vom groben Allgäu im derben Tirol. Florian würde ich bei seiner Arbeit begleiten. Herr Ullrich, was schlagen Sie vor?"

„Ich als Schwabe das Derbe, der das ‚Italienisch Tirol' mit den lieben Menschen und gutem Wein lieb gewann." Wenngleich ein Händler aus Bozen die Firma mit einer größeren Sektlieferung nach Venedig in finanzielle Probleme brachte, die er schließlich vor Ort mithilfe eines Wiener Studenten von der Straße erledigen konnte.

Florians Buffetgestaltung, von Sieglinde schulmäßig serviert, begleitete die Konferenz, dessen Inhalt nun die Vorgesetzten mit dem Hinweis vorgaben, dass die Gastronomiebetriebe über den Besuch und die Preise bereits informiert sind. Und nun das Arbeitskonzept: 1. Vorstellung der Marke anhand eines Pikkolo, ggf. als Schmeckmuster nach Vorkühlung; 2. Einkaufspreis in Schilling. Die Preise in der Getränkekarte örtlich angepasst. In Orten mit viel schwäbischen Urlaubern möglichst so billig wie daheim; 3. Transparente Platzierung der Werbemittel; 4. Extraspesen für die Nacht- und die Erlebnisgastronomie; 5. Schließlich noch, wie wir es von der Handelsarbeit gewohnt sind, die korrekte Auftragsnotierung mit Kopie für den Kunden; hier die Übergabe an Herrn Hoffmann. „Ihr könnt im Umkreis von dreißig Kilometern Zuhause, das heißt für Florian", sagte sein Inspektor lächelnd, „hier übernachten." Wobei er empfahl, dies nach dem leider mitunter zwangsläufigen Alkoholgenuss nicht zu tun. Zudem würde sich die Gastronomie in der jetzigen Nachsaison über jede Übernachtung freuen.

Als dann die ‚Truppe', bestehend aus einem Soldaten und einem Führer, wie Inspektor Hoffmann zur Feier des Naziaufmarsches ulkig bemerkte, die Kundenlisten vom Salzkammergut und Tirol besprachen, gab es beidseits vergnügte Bemerkungen: „Schau, die Anne vom ‚Weißen Rössl' oder mein Freund Siggi vom ‚Goldenen Dachl. Zwei frühere Kollegen von der Hotelfachschule Reichenhall." Auch gibt es Betriebe, die sie von privaten Besuchen kennen, also dort bekannt sind. „Ein Positivum für Erfolg", sagte Inspektor Hoffmann und fügt gutgelaunt an: „Ein Philosoph meint; Erfolg macht bescheiden und ein anderer sagt; Erfolg ersetzt alle Argumente; also sei's drum."

Martin ist verblüfft: Welch eine Motivation für die Leistungsmoral der jungen Außendienstler im Vergleich zu der Befehlstonart des Ex-Offizier-Vertreters bei der Einzelhandelsbearbeitung.

Er informiert Herrn Hoffmann noch, dass für den Zweiwocheneinsatz je zwei Karton Pikkolo und Werbemittel zur Verfügung stehen, wobei er diese fürs Salzkammergut wegen des Zolls gleich mitnehmen könnte. „Kein Problem, wenn ich ankomme, geht die Schranke automatisch hoch." Er schlägt vor, morgen zum Frühstück zu kommen. „Unser Wiedersehen wird dann wohl am Freitag zum Mittagessen sein, wo wir bestimmt eine interessante und erfolgreiche ‚Manöverkritik' abhalten werden."

Nachdem drinnen alles klar ist und draußen die Nazis weg sind, zitiert Herr Hoffmann ein Genie von ‚draußen', Goethe, mit seinem Ernst zu den Dingen der Welt: „Es ist ihnen wohl ernst, aber sie wissen nicht, was sie mit dem Ernst machen sollen."

Die Gruppe ging nun zur Kegelbahn, wo Martin eine nobel perlende Wohltat anbot, bei der Florian und Sieglinde überraschend das Glas erheben und sich für den Ernst des Lebens als Verlobte offenbarten und alle Gläser ein klingender Glückwunsch wurden. Florian bemerkte zu Martin nach dem zweiten Gläschen Sekt: „Herr Ullrich, bald wird in meinem Beruf der Küchendunst die Werte der Frischluft des Außendienstes inhalieren."

„Aber mein Stammplatz, lieber Florian, bleibt reserviert für mich."

So steht's, wie ihm sein Freund Herbert berichten wird in seiner Personalakte. Die Vorgesetzten sprachen auch über die demnächst beginnenden Festspiele. Die heuer, anlässlich eines Jahrtages des Sohnes der Stadt, insbesondere seiner Zauberflöte gehören. „Meine Lieblingsoper", sagt Martin leise. Worauf Herr Hoffmann ihn für einen Moment betrachtet und ihm dann zwei Karten für eine Orchesterprobe anbietet. „Sie sind von meinem Sohn, der in Salzburg studiert. Er bekommt diese, wie auch andere Studenten, als Anerkennung für mancherlei Hilfen in der Festspielzeit. Die begehrten Billets landen meist als Geschenk oder einem steuerfreien Schilling-Obolus bei Freunden und guten Bekannten." Die Unternehmen kamen auch zur Sprache. Beide Firmen haben zu den Eigenmarken – die Sektkellerei im Rheingau, der Weinbau in der Wachau – eine Import-Tochter für den Vertrieb internationaler Marken. Die sich beim Champagner im Markt als Konkurrenten begegnen. Im deutschen Vertrieb ist es die Marke POESIE aus Epernav; in Österreich KLUG aus Reims; die sieben Jahre und mehr in Kreidekellern gelagert gepflegt wird, und zudem hierzulande in der feinen frankophilen Anmut besonders geschätzt ist. Gourmet und die Fachwelt nennen KLUG den ‚Rolls-Royce unter den Champagnern'. Herr Hoffmann sagte nebenbei, dass die Familie Klug für Deutschland einen Importeur sucht, weil der jetzige seine Importfirma aufgibt. In zwei Wochen kommt *Patron* Remy Klug, der seine Produkte ‚*Champagner WEINE*' nennt, und wird dem besten Sommelier Österreichs den von ihm gestifteten Ehrenpreis persönlich überreichen. Herr Ullrich, wenn Sie Lust haben, kommen Sie doch mit Ihrer Gattin; mehr Einzelheiten dazu am Freitag.

Nachdem Sieglinde mit dem letzten Schub und einem „Alle Neune" das Feld abräumte, und Kegeljunge Florian vom geräumten Feld angerannt kam, um ihr zu dieser ‚Mannes-Leistung' mit einem herzhaften Kuss zu gratulieren, und die anderen mit dem Rest des perlenden Weins ein „Gut Holz" anbrachten, wünschten sich die ‚Verkäufer im Sonntags-Dienst' eine Gute Nacht. Martin ging im Zimmer noch ans Fenster und blickte Herrn Hoffmann nach, der eben auf der schmalen Straße hinunter nach Berchtesgaden fährt. Zu ‚Führers-Zeiten' und lange danach war diese unheimlich anmutende, mit hohen Bäumen getarnte Waldstraße links und rechts mit Wachhäuschen bestückt. Seltsamerweise wird er durch sie bei der Auffahrt zum Hotel immer an die vierzehn Gebetstationen zur Wallfahrtskirche ‚Schönen Berg' und an seine Heimwehflucht aus den Exerzitien erinnert. Wenngleich – oder obwohl – sich Gut zu Böse und Böse zu Gut mit aller Deutlichkeit offenbart. Der Schlaf erlöste ihn von solchen einfältig widersprüchlichen Gedanken.

Am Montagmorgen um Acht kommt Herr Hoffmann zum gemeinsamen Frühstück, das Sieglinde ohne Eile freundlich serviert, da in der Gastronomie im Allgemeinen vor Zehn Uhr keine Aufträge erteilt werden. Danach fuhren sie, jeder mit seinem Auto, in Richtung Salzburg und Innsbruck. Franz und Chef Martin haben dort als Treffpunkt das ‚Goldene Dachl' vereinbart. Sie kamen gleichzeitig an. Und Martin erlebte, wie aufrichtig erfreut der Oberkellner Siggi den Schulfreund Flori umarmte. Ihm wurde wieder einmal bewusst, wie selbstverständlich und echt die Freundschaft im Beruf des Bedienens ist – oder war, wie er es später erlebte, als die bedienenden Kräfte in ihrem sozialen Ansehen durch eine mangelhafte Ausbildung, mangelnde Motivation, mangelhafte Entlohnung und einer Abfertigung nach dem *MAC-self-service* bewertet wurden; während in den Ländern feinerer Lebensart wie Frankreich, Schweiz, Italien, Österreich, Dänemark mehrsprachig gebildete Bediener – im Berufsbild Gastgeber – vom Staat gefördert und mit ihrer Leistung gesellschaftlich angesehen sind. Hierzulande wird die zweitgrößte Arbeitnehmergruppe nach der Metallbranche von einem ‚Steuerinkasso- und Lebensart-Mangelstaat' gleichgültig, ebenso von den Burgern, eingestuft, was zur Folge hatte, und hat, dass sich das Küchen- und Restaurantpersonal diesem Zustand gefällig zeigt und nur noch lieblos ihrer Pflicht nachgeht. Die soziale Kraft volkstümlicher Kommunikation löst sich auf. Dem Gaststättengewerbe fehlen gebildete Fachkräfte. Selbst elitäre Familienbetriebe mit einer hohen urbanen Gastronomietradition geben auf, weil den Nachkommen der ideelle Sinn und damit die Motivation für eine ‚Bedien-Leistung' nicht standesgemäß und nachhaltig genug eingegeben wurde.

Nach einer Tasse Kaffee und einem Auftrag für mehrere Marken ging Martin zu seinem Auto, um Werbemittel für Siggi und Franz zu holen. Er schaute wie immer zum Telefon und sah das Anrufsignal blinken. Er nahm den Hörer ab und vernahm vom Band die traurige Stimme Tanjas. „Martin, die Mutter hat angerufen, der Papa ist gestorben. Seine Beerdigung, sie weinte leise, ist bereits am Mittwoch in der Früh." Er rief zurück: „Tanja, ich bin in zwei Stunden bei dir, wir fahren gleich morgen früh heim."

Er ging zu Florian und Franz zurück, die sich herzlich lachend mit Schulspäßen von früher vergnügten. Sie sprachen frohgemut über alte Schulkollegen, die nach Plan auch zu besuchen sind. Er informierte Franz über das Geschehen und wünschte ihm Erfolg bei seiner Alleinarbeit. Martin dachte bei allem an Siggis Landsmann Arthur Schnitzler: „Ein Dasein ohne Schmerz wäre wohl so armselig wie ein Dasein ohne Glück."

Auf dem Weg nach München sind seine Gedanken beim toten Vater. Er ist der erste in der Familie, der heimging – wie er zu ihm beim Tod seines Vaters sagte, damals, als Martin mit sieben Jahren den Großvater mit weißem Vollbart, einem Rosenkranz in den gefalteten Händen und geschlossenen Augen im Bett liegen sah – neben ihm auf dem Nachtkästchen eine brennende Kerze. Großmutter Genoveva saß am Bett und weinte. Was ihn bedrückte, denn sie gab ihm immer – auf der Betontreppe am Hauseingang sitzend – einen Pfennig oder fünf mit den Worten: „Martin, mein geliebter Bub, hol dir etwas Süßes von der Tante Anna." Manchmal aß sie eine vom Birnbaum am Brunnen gefallene Frucht, ungeschält und gesäubert mit dem Schurz. Später sah er einmal, wie sie versuchte, die Birne der Lampe auszublasen An ihren Tod erinnert er sich nicht, da er zu dieser Zeit auf dem Kuchberg war. Den Tod der Oma Katharina, die ihn schon als Säugling betreute, als die Mutter am frühen Morgen bei Wind und Wetter zur Arbeit ging, erlebte er im Spätherbst 1944, wo er nach ihrer Grablegung beim Spaziergang ein Ur-Erlebnis hatte, als das erste Düsenflugzeug der Welt einen feindlichen ‚Jabo' abschoss. Es war eine Messerschmitt-Neuentwicklung aus Augsburg, die den Gegner irrsinnig schnell anflog und direkt vor ihm mit einer einzigen Salve in Brand schoss. Beide Maschinen, die eine brennend und die andere wie ein Geist, verschwanden hinterm Kaiserberg Hohenstaufen. An Endsieg glaubende Nachbarn sprachen nach diesem ‚Spuk' von einer Geheimwaffe. Martin erinnerte dieser Vorgang an die Wochen zuvor, in der Schanzerzeit, als zwei RAF-Mustangs entlang der Vogesen eine ME 109 jagten, dessen Pilot schließlich keine Chance des Entkommens mehr hatte und einen der Feinde mit in den Tod riss, als er blitzschnell in Richtung Schwarzwald abbog, ihm damit in die Quere flog, mit ihm zusammenstieß; und beide brennend im Wald ihr Grab fanden.

Auf was kommt man alles in Gedanken, wenn man zum irdischen Abschied eines lieben Menschen geht... – nur noch auf seine Vergangenheit, ohne Zukunft. Oder ist des Vaters Zukunft nun endlose Ewigkeit? Er las in Gustl Büchlein von Christian Friedrich Hebbel: *„Der Tod eines heißgeliebten Menschen ist die eigentliche Welt für eine höhere Welt. Man muss auf Erden etwas verlieren, damit man in jenen Sphären etwas zu suchen habe."* Martin wollte mit diesen Gedanken die Mutter anrufen; doch im Hörer blieb es still.

Als er dann in München ankam, saßen Tanja und die Töchter, die die Mama zum ersten Mal sehr traurig erlebten, mit Nachbarin Franziska im Wohnzimmer. Vera begrüßte ihn mit „Papa, es tut uns leid, wir möchten gerne zur Beerdigung mitgehen." Nachbarin Franziska ergänzte, Wolfgang hat das mit der Schule bereits geregelt. Die Eltern können morgen nach Schulschluss fahren. Tanja rief Oma Anna an, die sich für ihr Beileid in der von ihr gewohnt einfachen Art bedankte: *„Tanja, man muss auf der Erde etwas verlieren, damit man im Himmel etwas findet."* Sie fügte noch an, dass der Tod den Opa von den langen Schmerzen seiner Krebskrankheit erlöste. „Ich habe den Opa sehr geliebt", sagte sie. „Und, bitte komm mit den Kindern. *Wen Erwachsene lieben, den lieben Kinder noch stärker."* Ich freue mich auf ihre Umarmung am Grab.

Martin informierte die Firma korrekt mit dem Hinweis, dass er am Dienstag bei der Münchner Vertretung ein Gespräche führen, oder/und Kunden besuchen wird, und dann am Dienstag mit der Familie zur Beerdigung seines Vaters fährt. Was nun, im Gegensatz zu bisher, als eine Privatfahrt gilt und zu bezahlen ist. Freund Herbert wird ihn unter anderem dazu anrufen. Es zeichnet sich für Martin eine gravierende Veränderung ab.

In der Heimat hatte die Mutter alles Praktische vorbereitet. Die Eltern schlafen bei ihr, die Kinder bei den Cousins von Vroni und Toni, die den väterlichen Betrieb mit der Wander-Eingebung ‚Heilbronner Weg' wieder in eine anerkannte Bedeutung hocharbeiteten.

Im heimatlichen Münster, dessen Glockentürmchen Martin an sein Kriegsverlies erinnert, war der Opa zur abendlichen Gebetsstunde aufgebart. Außer der Familie waren auch Bekannte da. Der Pfarrer gab eine Heilige Messe zum Abschied vom irdischen Dasein in die himmlische Ewigkeit. Die Atmosphäre war seltsam fremd. Der Tod berührte die Gläubigen mit seltsamem Heimweh, so auch Tanja, die mit dem Tod von Martins Vater auch bei den Eltern in ihrer Kindheitsheimat Rumänien ist.

Bei der Grablegung im altehrwürdigen Stadtfriedhof, wo noch Namen von städtischen ‚Ur-Gewächsen' aus den vierziger Jahren des letzten Jahrhunderts zu lesen sind, kamen Freunde mit der Fahne des ‚Gesangvereins Cäcilia', den Vater Ullrich mit gegründet hat. Und, fällt Martin ein, 1936 beim Vereinsjubiläum eine Tafel Waldbauer-Schokolade, die es nicht mehr gibt, zu ihm auf den Kuchberg brachte. Der Albberg ist nach dem Jugend-Wehrertüchtigungslager und Frauen-KZ nun ein Ort christlicher Begegnung. Am Grab sprach ein Abgeordneter des Handwerks dem Obermeister i. R. Gregor Ullrich Dank und hohe Meisterliche Anerkennung aus. Der gemischte Chor des Gesangvereins sang das Lied „Wohin soll ich mich wenden…." Die Oma stand mit ihren inzwischen neun Enkeln und gefalteten Händen am Grab, so als wäre sie in Gedanken weit weg. Nach dem Segen des Priesters, dem Weihwassergruß der Besucher mit Kreuzeszeichen ging sie mit den Kindern als

Letzte vom Grab, vielleicht im Gedenken an das einst am Altar der Liebe zugedachte und der Ewigkeit gehörende Gelübde ‚bis dass der Tod euch scheidet'. Daheim bei ihr gab es dann für die Familie Kaffee und Kuchen im ‚schönen Zimmer', wo noch Opas ruhender Schreibtisch und Hütbauers selten bespieltes Klavier stehen. Vera fragte Oma, ob sie etwas spielen darf. „Gerne, Vera, doch es liegen dort auf Opas Wunsch immer die Noten eines Weihnachtsliedes; bitte, Vera, spiel es". Sie schaute sich um, alle nickten, und vernahmen „Ihr Kinderlein kommet, oh kommet doch all…"

Als gegen Abend die Kinder mit den Eltern in die Familienquartiere aufbrachen, setzten sich Martin, Tanja und Oma in der Küche wie früher noch ein wenig zur Begutachtung des Gestern und Heute zusammen. Dabei kam von der Mutter auch das Gespräch auf Martins Hütbuch, von dem ihr Tanja einmal erzählt hat. „Martin, ich habe etwas für dich", ging zum Schrank ins schöne Zimmer, entnahm ihr Poesiealbum und reichte es Martin mit den Orten: „Vielleicht gibt's darin so manches, das dich mit meinen Auf- und Ab-, Hin- und Her-, Dies- und Das-Gedanken zum Sinnieren bringt."

„Ich danke dir, Mama."

Tanja und Martin legten sich im ehemaligen Kinderzimmer neben dem elterlichen Schlafzimmer zur Ruhe. Tanja bat Martin um einen Blick in Omas Poesiealbum, den er ihr – in Gedanken beim Vater – gerne erlaubte. Sie öffnete eine Seite und sagt spontan; „Martin, das ist ja die gleiche Schrift wie in der Familie des Obersts, wenn ein Brief von Österreich oder Deutschland kam, der dann in der gleichen Schrift von Lissy beantwortet wurde. Die jetzige deutsche Schrift habe ich durch einen Roman aus der Zeitung gelernt, die mir damals der freundliche deutsche Wachmann gab. Ist das nicht seltsam, dass deine Mama in Deutschland und die Oberstfamilie in Rumänien dieselbe Schrift geschrieben haben?"

„Es ist die deutsche Schrift", sagt Martin, „die ich vor dem Krieg auch noch lernte."

Nach einer stillen Pause der Überlegung griff Tanja nach

seiner Hand, und sie las: „Eines Tages werden die Kinder nach Hause kommen, und nichts ist mehr, wie es einmal war. Der Friedhof ist nun ihr inneres Zuhause, ein Ort des Gewissens. Das Denken und Wirken eines Menschen bleibt in seinem Geist erhalten, bis zum Tod, wo die Seele sein Gewissen fürs Jenseits übernimmt, um es seinem Schöpfer als der Ernte des Diesseits zu offenbaren. Martin, hör deine Mama: Für manche Menschen ist Sterben eine Erlösung, für manche ein Schrecken, für den einen ist es Heimkehr, für den anderen Verwesung. Wohl dem Menschen, der diesem Vergleich nicht anhängt. Die Seele bleibt ein Leben lang wie die des Kindes: Im Heute voller Unschuld, für Morgen in gläubiger Einfalt." Sie blättert weiter und liest: „Manchmal möchte man mit seinem Schutzengel telefonieren." Als Martin dies hörte, fielen ihm die Kindheit und die Bank an der Grotte ein, wo seine Mutter dieselben Worte zum Vater sagte.

Nach dem Frühstück besuchte die Familie wieder Opas letzte Ruhestätte. Nach einem stillen Gebet gingen die Heimischen zurück in den Alltag und die Münchner ebenfalls mit dem Abschiedswunsch auf ein baldiges und frohes Wiedersehen.

Unterwegs las Tanja mit Erlaubnis von Martin in Omas Poesiealbum. Einmal schüttelt sie bedächtig den Kopf und fragte, ob sie etwas vorlesen darf. „Selbstverständlich Schatz."

„Weint durch deine Schuld ein Kind, dann weint ein Engel mit ihm. Weint durch deine Schuld eine Mutter, dann weint der Himmel mit ihr. Weint durch deine Schuld die Seele, dann bleibt der Himmel still; du bist verloren und gehörst dem Bösen, bis du um deine Seele weinst. Deine Tränen führen dich zurück zum Guten und der Himmel nimmt dich wieder auf. – Martin, woher nimmt deine Mama solche Gedanken?"

„Es kann sein, dass diese aus der Zeit sind als sie in jungen Jahren beim Oberlehrer als Dienstmädchen war. Dort hat sie, wie sie gerne erzählte, viel in Büchern gelesen und dabei manches als ihr Verständnis ins Büchlein geschrieben. Und schau, keine Seite hat ein Datum."

Auf dem Rücksitz unterhielten sich Vera und Anna in Englisch, was Eva, die nichts davon verstand, ärgerte. „Ihr immer mit dem blöden Englisch." Die Mutter beendete den kleinen Zank, indem sie Papa bat, von seinem beruflichen Fremdsprachen-Erlebis in Venedig zu erzählen. „Eva, auf dem Heimweg von Wiblingen hast du gesagt, ich lerne englisch und gehe nach Amerika. Musst du nicht, lerne es und bleib hier." (Fast hätte er gesagt, lerne es und verwende es, wenn's sein muss, gegen die Ami). Also, erzählt der Papa: „Eine Firma in Venedig hat eine Lieferung von unserer Firma nicht bezahlt. Ich musste hin, um den Inhaber an die Bezahlung zu erinnern. Doch das Büro, direkt an der Brückeneinfahrt nach Venedig, war zu. Was ist zu tun? Gleich nach der Brücke am Parkplatz Roma war ein kleines Hotel, wo ich den Kellner fragte, ob er deutsch kann. ‚Ja, ich bin aus Bozen in Südtirol und heiße Georg. Heute und Morgen ist hier Feiertag', sagte er, ‚und der Chef von dort – oft Gast bei uns – kommt erst übermorgen oder später. Wenn Sie warten wollen, wir haben ein Zimmer frei.' Ich blieb, brachte den Koffer in ein kleines Zimmer mit der Aussicht zum Parkplatz und schaute mich dann in Venedig etwas um. Am Abend bei einem Glas Tiroler Rotwein erzählte Georg, dass er im Krieg deutscher Soldat war und das Eiserne Kreuz – das ist ein Orden – bekommen hat, wie der Opa; doch das soll euch die Mama erzählen."

„Georg wollte in Deutschland bleiben, doch seine Italienische Frau, die in Abano Therme in einem Hotel arbeitet, wollte in der Heimat bleiben. Der Papa beneidete den Kellner um seine Sprachkenntnis, die für ihn in der Fremde so wichtig gewesen wären. Papa hat Heimweh bekommen und ging schlafen. Am Morgen, in aller Früh, wurde er von lautem Geschrei geweckt. Auf dem Parkplatz sah er hunderte Kinder, alle in gleichen Kleidern, und viele Mönche mit flachen Hüten mit breitem Rand, die gemeinsam zu einer Wallfahrt gehen, bemerkte Georg beim Frühstück. Und etwas verschmitzt noch: Ist der Stern auf Ihrem Auto?"
„Warum nicht?", fragte Evi.
„Weil Italiener die Sterne mögen", antwortet die Mama.
„Der Papa rief seine Firma an und erklärte den Sachverhalt.

Georg fragte ihn, ob er heute vielleicht nach Abano möchte. ‚Kenne ich schon‘, sagte der Vater."

„Und ihr doch auch, seit wir in den Ferien zusammen dort waren und gemeinsam das Auto anschieben mussten, weil der Anlasser nicht ging. Evi, kannst du dich entsinnen wie wir beide zur Werkstatt gefahren sind, wo der Meister perfekt deutsch gesprochen hat, was er – wie er sagte – in Stuttgart bei der Mercedesfirma gelernt habe und den Mangel am Auto rasch und kostenlos behob. Sein Deutsch war wertvoll für uns. Ich fragte dann Georg, wo seine Frau in Abano arbeitet. „Im Hotel ‚Regina‘", die Antwort.

Und ‚der Rücksitz‘ lachte fröhlich zwischen Ulm und Günzburg.

„Heißt Ihre Frau zufällig Paula", fragte ihn der Vater. „Ja", sagt er.

„Wir fahren sofort hin", ruft Eva.

„Der Papa fuhr damals hin, der Stern war unversehrt. Er bestellte Paula deutsche Grüße von ihrem Mann und wurde von ihr mit einem herzlichen „mamamia" zum Mittagessen eingeladen, wofür er sich mit einer geschmuggelten Flasche Sekt bedankte."

Papa erzählte weiter: „Auf der Rückfahrt nach Venedig ging ich in Padua zum Antonius und seinen massenhaft Tauben auf dem Domplatz; und hab den Heiligen um seine Hilfe für den nächsten Tag gebeten. Ich dachte dabei auch an die Oma, die den Heiligen Antonius, wenn sie etwas Verlegtes suchte, mit den Worten anrief: ‚Heiliger Antonius, du guter Mann, führ mich an die zehn Pfennige hinan.‘

Wieder lachte zwischen Burgau und Augsburg ‚der Rücksitz‘.

Papa weiter: „Georg freute sich über die Grüße seiner Frau. Er hatte bereits für den Abend ein Fläschchen ‚Tiroler‘ bereitgestellt, bei dem wir dann über den morgigen Tag sprachen. Ich fragte Georg, ob der dortige Chef deutsch spricht. ‚Ja‘, ich rufe ihn morgen früh um zehn Uhr an.‘ ‚So spät?‘ ‚Davor ist hier kein Bürochef zu sprechen‘, sagt gutgelaunt Georg in der schönen deutschen Tirolersprache."

„Nun, liebe Evi, wird es interessant: Der Chef war noch nicht zurück, doch sein Buchalter ist da. Für den Vater eigentlich der wichtigste Mann. Er ging also hin, gab ihm die Visitenkarte und dazu in deutscher Sprache, eine andere konnte er ja nicht, den Grund für seinen Besuch und erlebte, dass der Buchhalter, nach seiner Visitenkarte in englisch ‚prokuration', also Prokurist, sein Deutsch absolut nicht verstand."

„Ich ging aus dem Büro, um Georg zu holen. Draußen auf der Brücke begegnete mir ein junger Mann, den ich auf Grund seiner sympathischen Art fragte, ob er englisch spricht. Seine Antwort: ‚Englisch, Italienisch und Wienerisch. Kann ich ihnen helfen?' ‚Ja', sagte ich und klärte ihn auf. Nach einer Minute hat er als Student der Betriebswirtschaft begriffen, um was es geht. Wir gingen ins Büro."

„Der Student aus Wien, jetzt ein ‚Verwandter' vom Papa" – der Rücksitz lachte nun zwischen Augsburg und Dachau – „gab dem Schuldner in Italienischer Sprache, wo auch das Wort Lucia vorkam, zu verstehen, dass die Warenschuld umgehend zu begleichen sei, was dann innerhalb einer Woche auch tatsächlich geschah."

„Meinem jungen Sprachgehilfen gab ich fünfzig Mark, die er einsteckte und lächelnd bemerkte: ‚in Vermögen für den Studenten. Und wenn Sie einmal nach Wien kommen, dann fragen Sie im Hotel ‚Sacher' nach Lucia, meiner Tante, nach Venedig, ihrer Geburts- und Heimatstadt, wo ich in ihrem Elternhaus derzeit meine Semesterferien verbringe'."

„Evi", sagt Mutter Tanja, „gefiel dir die Geschichte?"

„Ja, Mama."

„Hast du bemerkt, dass viele Menschen eine für sie fremde Sprache gesprochen haben? Der Tiroler Ober und seine italienische Frau, ein italienischer Automeister, ein Student aus Österreich, ein Prokurist in Venedig."

„Aber du kannst doch russisch und rumänisch."

„Hätte deiner Mama und dem Papa nicht geholfen. Ich lerne Englisch, Italienisch und Russisch, und natürlich Latein", sagt Anna zur Rechten.

„Und unbedingt noch Französisch", sagt Vera zur Linken; und sie küssen als baldige Abiturientinnen ihre geliebte Noch-Volksschülerin.

Martin dachte während dieses Dialogs an die ernsten

247

Worte Ferdinand Schörners am Karfreitag 1962 und er empfing in der Art von Offenheit der Töchter und der aufrichtig Schwäbisch-Bayrisch-Deutschen Mentalität keinen urban befremdenden Eindruck.

Zuhause dann wieder die Hausaufgaben: Mama, Küche, Kinder, Schulbuch, Vater, Schreibtisch, auf dem eine Einladung zum 60-sten Geburtstag vom Doktor Willi für übernächsten Samstag lag, zu feiern in seinem Garten in den Isar-Auen; dazu gleich noch am Abend – Donnerstag ist Kartenabend – ein Gespräch mit den Senior-Partnern.

Dr. Wilhelm möchte an diesem Tag eine Kutscherfahrt vom Clubheim zum Aue-Garten machen, um damit seinen Gästen eine besondere Überraschung zu bieten. Sein Vorschlag: Die Mannschaft trifft sich am Geburtstag-Mittag ohne Partnerin am Clubheim. Intime Begründung: Wir müssen zuvor noch für zirka zwei Stunden ein Turnier spielen. Die Damen erhalten einen Extra-Abhol-Termin. Einverstanden? JA! Während Willi aufs ‚Örtchen' ging, kam die Frage nach seinem Geschenk auf. „Martin", sagte sein Doppelpartner, „die Anna hat einmal erzählt, dass du als Hobby ein poetisches Buch schreibst. Du könntest doch die Laudatio machen."

„Mach ich gerne, damit kann ich beim profanen Geschäft auch ‚Dichterisches' bedenken; eigentlich mein liebstes Denken, wenngleich, um mit Herrn von Goethe zu denken: ‚Alles Gescheite ist schon gedacht worden, man muss nur versuchen, es noch einmal zu denken.' Doch meint ein Dichter Namens Engel: ‚Um ruhig zu sein, muss der Mensch nicht denken, sondern nur träumen'."

„Martin", klatscht die Mannschaft, „wir freuen uns auf deine geträumten Gedanken."

Als Wilhelm zurückkam, war auf der Gästeseite alles klar. Man griff zu den Skàt- oder Schafkopfkarten.

Am nächsten Morgen fuhr er zeitig zum Obersalzberg, um die Außendienstler zu erwarten. Unterwegs rief die Sekretärin seines neuen Chefs, die er mitbrachte, an und beorderte ihn für Montag zehn Uhr auf dessen Weg nach

München zu einem Gespräch in die Autobahnraststätte Stuttgart; kein Kunde, was Martin als Ort und Zeit irritierte.

Die Außendienstler Hoffmann, Franz und Florian kamen um 13.00 Uhr sichtlich vergnügt an. Florian ging in die Küche, um das Mittagessen von Sieglinde ‚abzuschmecken'. Herr Hoffmann schwang ein beachtliches Bündel von bereits zur Lieferung geordneten Aufträgen überm Kopf und nannte Zusammenarbeit und Ergebnis großartig. „Ich habe auch einen Tag mit Franz gearbeitet und dabei seinen Allgäuer ‚Sympathiebonus' bestaunen können. Wenn die nächste Woche genau so gut läuft, muss Ihr Haus wahrscheinlich eine ‚SS' – Verzeihung – Sekt-Sonderschicht einlegen." Martin dachte bei diesem deplazierten ‚Obersalzberg Scherz' an seinen suspekten ‚Nazibonus' bei der jetzigen Firmenleitung und an den Telefonanruf von heute früh. Herr Hoffmann spürte seine stille Reaktion und gab ihm zwei Studentenkarten für eine Orchesterprobe der Zauberflöte. Er nannte auch den Wunsch von Herrn Klug, ihn bei seinem Besuch morgen in drei Wochen, also an dem Samstag, kennen zu lernen. „Wir können gerne nachher noch darüber reden."

Zum Essen trug Florian in einer dampfenden Schüssel viermal zu dreien geschnürte bayrische Weißwürste auf, Sieglinde dazu den Spezialsenf und einen Korb mit heimischem Bauernbrot. Sieglindes Mutter stellte aus jeder Hand zwei bis oben hin gefüllte Maß – leider nicht wie auf der Wiesn – so Herr Hoffmann, Münchner Hofbräu dazu.

Martin schrieb für diesen Mittagstisch in sein Hütbuch: Erfolg führt zu Kameradschaft, zur Freundschaft; und macht in seiner Güte bescheiden.

Er bat Herrn Hoffman, ihn nächste Woche in Tirol zu vertreten, da er einen aktuellen Termin wahrnehmen muss. „Kein Problem". Als Franz die Heimfahrt antrat, Florian und Sieglinde in die Küche gingen, unterhielten sich die ‚Führungskräfte' noch über dies und das. Die Atmosphäre zwischen ihnen ist inzwischen offen, auch für Vertrauliches. Herr Hoffmann sprach die Veränderung im Rheingau in der Firmenleitung an, die in der Branche durch Auflösung alter

Europa-Unternehmen und der Konzentration auf die Geldmacht USA-Ostküste und Israel-Westküste umgestaltet wird. Auch die Umgangsart ändert sich. Europa wird für den Tagkonsum in die US-demokratische Etikettenkultur ‚Außen Hui – Innen Pfui eingebunden. Nicht das Innere, die Qualität, bestimmt den Preis, sondern das Äußere, die Anmache: Wolkenkratzer, Hollywood, Autos, Sex, Colt, Kriege, erster Millionenmord von Urbewohnern, erste Atombombentötung von Leben, erste Weltraum-Besitz-Anmaßung. Jedes Mittel ist für den Geldsack gerecht."

„Solches, Herr Hoffmann, hört man bei uns an jedem Stammtisch."

„Wie auch bei uns. Doch nun Vertrauliches: Klug hat mit Ihrer Firma kontaktiert. Doch die dort vertretene größte Champagnerkellerei sagt nein. Nach einer Auskunft des Bruders, Vorsitzender des MVC Salzburg (Markeding und Verkaufsleiter Club), in der Sie ja auch Mitglied sind, von der HVO (Handelsvertreter Organisation) haben Sie zu den deutschen Agenturen guten Kontakt – wie wär's?"

Sie trennten sich mit guten Wünschen für die nächste Woche und auf ein erfolgreiches frohes Wiedersehen am nächsten Freitagmittag; wieder auf dem Obersalzberg.

Zuhause dann empfing Martin alles wie immer in Harmonie. Am Abend sprach er mit seiner Frau über den Chef-Termin in Stuttgart, wozu Tanja bemerkte, dass im Reiseplan doch Österreich stehe; sie wunderte sich, warum der Chef ihn auf seinem Weg nach München in Stuttgart treffen will. „Er hätte das Gespräch doch auch bei uns in München führen können. Was meist du Martin?"

„Ich weiß nicht, was er will." Doch er ahnte: Der Obersalzberg wird sein praktischer ‚Tätervolk Schuldanteil' am großdeutschen Holocaust-Verbrechertum.

Er ruft seinen USA-Studienkollegen und Disziplinarvorbild Herbert an. „Martin", sagte er, „du wirst versetzt. Der Grund dafür ist bekannt. Doch es kommt in den nächsten Tagen am Mondsee in Österreich Bedeutendes aus Frankreich auf dich zu. Nimm es an. Ansonsten freue ich mich auf unser nächstes Altkollegentreffen in Rüdesheim. Liebe

Grüße auch an deine vier Frauen und, wenn du sie siehst, an Evelyn, die Witwe meines von mir in Treue verehrten Ungarischen Offizierskameraden Stephan Horvath."

Er fuhr am Montag bereits um acht Uhr auf den Parkplatz am Rasthaus Stuttgart, lief zufällig zum Frühstücksraum und sah unbemerkt den Chef und die Sekretärin beim Frühstück. Er ging zu seinem Fahrzeug und informierte Tanja über seine Ankunft, nicht über das soeben Gesehene. Denn jedes Symptom von Untreue in diesem moralisch anfälligen Beruf ängstigt sie seinetwegen. Kurz vor neun Uhr ging er ins Restaurant, wo sein Chef nun mit einem Herrn saß. Als er Martin kommen sah, winkte er ihn zu sich und stellte ihm sitzend den nun aufstehenden Herrn vor: „Herr Ullrich, das ist der Herr Süß, ihr zukünftiger Kollege für den Bezirk Bayern. Bitte nehmen Sie Platz. Wie Sie aus aktuellen Konferenzen wissen, nehmen wir eine Re-Organisation des Vertriebs vor. Ihr Bezirk, Herr Ullrich, ist nun nur Baden-Württemberg. Bereiten Sie bis zum nächsten Ersten Ihr neues Wohndomizil vor. Und nun meine Herrn auf Wiedersehen."

Martin erschrak zutiefst über die feindselige Art des von ihm stets mit Respekt anerkannten Vorgesetzten. Erstmals in seiner einfältigen Gutgläubigkeit um den Siebenarmigen Leuchter – für ihn ein Glaubenssymbol wie das Kreuz – wusste er nicht, ob er diesen als eine Enttäuschung löschen oder in Zuversicht beleuchten soll. Er schaut vor der Abfahrt im Auto in das stets begleitende Poesiealbum der Mutter und las in lateinischer Schrift den Eintrag: ‚Hoffnung ist die zweite Seele der Unglücklichen.' (Goethe). Wer ihr das wohl und warum hinein schrieb? In lateinischer Schrift. Ich werde sie nicht fragen. Sie würde mich wahrscheinlich lächelnd anschauen und leise den Kopf schütteln. Gab es in ihrem Leben außer dem Vater noch einen Mann, der sie liebte? War es vielleicht der Herr Pfarrer, der, wie er sich aus der Kindheit erinnert, gerne zur Mutter kam, wo sie meistens im Garten oder im ‚schönen Zimmer' miteinander sprachen.

Er grübelte nicht mehr, sondern dachte an Herberts Andeutung Österreich, die ihm mit Frankreich und dem edlen Weinbegriff Champagner eine elitäre Vision seines Berufs beschert, die auch sofort Wirkung zeigte, mit einigen korrekten Besuchen von Kunden in Stuttgart, Heilbronn, Karlsruhe und Freiburg. Der zusätzliche Sinn dieser Kontakte war, eine Information der Präsenz von Klug-Produkten zu bekommen. Nur eines der dort über zwanzig bedeutenden Wein- und Feinkosthäuser führte Champagner von Klug. Er erkannte sofort die Chance, diesen Zustand durch die Einführung der edlen Marken zugunsten des Handels und dem Haus Klug geschäftlich und fürs Image positiv zu gestalten. Doch plötzlich beschämte ihn im Rückblick auf die gute Zeit im Unternehmen die Vision. Seine Gedanken gingen zu Gustls Büchlein und dem Spruch von Christian Morgenstern: *„Wer sich selbst treu bleiben will, kann nicht immer anderen treu sein."*

Zuhause empfing ihn Tanja, wie immer mit Willkommenskuss und dem fragendem Blick, der ihr durch Martins Kuss auf die Stirn signalisierte, dass bei ihm etwas nicht stimmt. „Martin was ist?"

„Ich bin etwas müde nach der Fahrt von Freiburg. Über die Arbeit sprechen wir später. Wo sind die Kinder?"

„Jede hat, wie du weißt, ein Hobby: Klavier, Tennis, und stell' dir vor, die Eva lernt nun am Mittwoch mit einer Freundin Italienisch, und russisch lernt sie neben ihrem Schul-Englisch von mir. Dafür gab es von ihm einen ‚echten' Kuss. Zwei Minuten im Hausgang ließen ihn den bösen Eindruck vom Rasthof, der seinem jugendlich gebliebenen Glauben an das Gute Zweifel bescherte, vergessen. Doch sein Deutschsein wird ihn von dort zu einer beruflichen Veränderung zwingen. Er dachte nun ernsthaft über das hoch angesehene Champagnerhaus Klug nach.

Am Donnerstag auf dem Weg zum Obersalzberg besuchte er den Oberbayern-Vertreter. Dieser hatte von Herrn Hoffmann, seinem früherer Offizierskollegen, die Information erhalten, dass Herr Ullrich bei der neuen Geschäftsleitung wegen seiner Vorliebe für den ‚Nazi-Obersalzberg', die er offensichtlich dem jungen Außendienst des Unternehmens nahe bringen würde, in Ungnade gefallen sei. Martin fragte ihn, was er davon hält? „Nichts; wir werden so und so gemeinsam das Verbrechen Holocaust nicht loswerden. Es sei denn, Geschichte und Medien halten sich zukünftig zurück mit Hitlers Nazis und deuten auf Stalins, Churchills, Roosevelts und andere in der Art nachgekommenen Machtmörder."

In Bad Reichenhall dann trank er auf der Terrasse des noblen Hotels ‚Axelmannstein' mit Blick zum Park und dem Tennisplatz ein Gläschen Wein und schrieb inspiriert von einem unschuldigen Heimatgefühl gelassen ins Hütbuch: „Überlebende des Holocaust bestimmen derzeit die Schuld aller Deutschen für das Diesseits. Die Religionen bestimmen jederzeit die Seelenschuld der Gläubigen für das Jenseits. Doch für die Ewigkeit kennt nur Gott allein von jedem seiner Geschöpfe Schuld und Sühne." Martin versuchte, wie so oft, vom siebenarmigen Leuchter der Lehrzeit gedanklich eine Antwort zu erhalten.

Droben auf dem Obersalzberg freute man sich über sein Kommen. Florian war schon da. Er hat offenbar der Liebe für Sieglinde nun der zum Gastronomen das Ja-Wort gegeben. Er berichtete von einem ausgezeichneten Arbeitsergebnis der Woche, auch bei Karl, der einen Tag mit Herrn Hoffmann sogar in Vorarlberg gearbeitet habe. Die beiden kamen dann Freitagmittag. Wieder schüttelt Inspektor Hoffmann in liebenswerter k. & k. Manier ein Bündel Erfolg überm Kopf. Beide Ergebnisse waren Lieferbereit vorbereitet. „Bravo", sagte Martin und dachte an seine Hütbuchnotiz vom letzten Freitag: Ihr Sinnen wurde Freundschaft. Nach dem Genuss von Florians bayerischer Schlachtschüssel ging die Jugend in die Küche. Ernst Hoffmann gibt Martin mit dem Angebot des DU auch die offizielle Einladung von Remy Klug zur honorigen Übergabe des heurigen Sommelier-Ehrenpreises mit Gattin, nächste Woche am Samstagabend im ‚Hotel am Mondsee'.

Nun konnte morgen der Geburtstag von Dr. Willi, als neuntem Kind der Familie, unbeschwert gefeiert werden. Martin hat im ungefähren Wissen um den Ablauf dieser tennisfamiliären Feier schon etwas Ehrbezeugung gedichtet, mit dem Titel: „Eines Doktors Geburtstag und seine frohgemute Landpartie."

Er wird sie an seinem Senioren-Geburtstag wie einen Dreigroschenroman vorgetragen:

Oft sprach die Mutter: Schaut, Kinder, wenn ihr liegt krank in eurem Kissen, dann ist es gut, den Doktor in der Näh' zu wissen. Drum darf ich Glückwunsch bringen von den zarten kleinen Frauen, die jetzt Zuhause voll Ehrfurcht auf den Arzt des Hauses schauen. So bezeugt manch familiäre Konversation des lieben Doktors hohe Reputation.

Franz von Assisi kam in diese Welt als der Familie Siebter, *Abraham Lincoln als der* Achte, *unser Doktor war der* Neunte – wie's *wohl die Schöpfung mit den* Spätgeborenen *meinte. Sie wär'n nicht da, wenn ihre Eltern wie manch heutige gedacht. Doch eh sich die Moral entfacht, will ich das Säuglings-Dasein schon beenden. Wir werden hier und wohl auch in den Medien so manch Chronisten sichten, die des Geburtstagskindes Lebensweg gebührend noch belichten. Ich darf indes von einer frohgemuten Kutscherfahrt berichten: Es gibt da einen* Sport, *er ist ein Teil von Lebenskunst, wo Alltagspflicht und Spiel harmonisch sind verbunden, wo man in beidem sich und einen Partner hat gefunden. In dieser ‚tennis-goldnen' Zeit hat unser Jubilar manch freundschaftlich Turnier erdacht und hernach ein köstlich Fest gemacht.*

So stand an einem schönen Sommertage beim Clubheim eine Bernerkutsch, geziert mit lustiger Bagage, darauf ein Kutscher mit Zylinder, davor ein stattlich Ross, geziert nicht minder. Doktor Wilhelm rief zur Landpartie, und all die Senioren-Mannen kamen: Heinz, Berthold, Helmut, Sepp, der Martin und der Max – sieben reputierlich Honoratioren. Arzt, Banker, Architekt, zwei Fabrikanten und zwei Direktoren. Der Binder ward ersetzt durch ‚Sträflingsoutfit' und den ‚Chevalierzylinder' – Kinder, Kinder...

Das Rösslein wiehert und die Peitsche knallt, ab geht es in den Tannenwald. Das frohe Fuhrwerk ächzt bergan in Richtung Heide; manch träumend Vögelein und Hase sucht erstaunt das Weite.

Doch ach, bald stand das Rösslein still, die Last am steilen Hang ward ihm zuviel. Und alle riefen „Hott!" und „Hü!", versprachen Hafer – „Und nun zieh!" Vergeblich war der hohen Geister Müh; es stampfte nur, das gut Vieh.

Doch Doktor Willi, der tagtäglich umgeht mit der menschlich schwachen Kreatur, hier brauchte er kein Stethoskop, er stieg als erster ab – und schob, und flugs griff jeder in die Speichen, es war ein Bild zum Steinerweichen: Honorige Herren, die sonst das Sagen haben, haben quasi Kutscher, Ross und Wagen den steilen Berg hinaufgetragen. Und ihre Seufzer hallten weit – bis hin zurück zur frohen Kinderzeit ...

Vor fünfzig Jahren durften sieben Knaben in einem ähnlich Wagen zwei Säcke, gefüllt mit Ferkeln, zu eines Onkels Albhof hoch am Berge fahren. Auch hier mit einem Mal das Zugpferd nicht mehr wollte. Sie stiegen aus und schoben, derweil die Viecher brachen aus da oben, sie quietschten tobend wie bei einer wilden Hatz, das Ross erschrak und machte einen Satz. Weg waren Wagen, Ross und Schwein' und sieben Buben *hintendrein. Und ihre Rufe halten laut und weit – gewiss bis hin zur heut'gen Seufzerzeit.*

Wer also machen will von einst zu heute einen Reim, geh hin, im Buch der Bücher nachzulesen, wonach nur die mit kindlich Wesen hier auf Erden auch dort im Himmel freudig aufgenommen werden.

Nun trat die Heide strahlend hell hervor und präsentierte sich im Sommersonnenkleide. Vorbei der Lungen Hatz, die Herren Tennis-Senioren nahmen wieder Platz. Der hehre Schweiß verlangt nun seinen Preis, und wieder ist's der Doktor, der um des Durstes Nöte weiß. „Schaut", ruft er, „gleich hinter unsres Kutschers Rock steht eine Kiste heller Bock!"

Hoch sind die Flaschen und die grauen Häupter hin zum Firmament gereckt, als unser Doktor plötzlich prustet: „Ach du Schreck!" Da kommen Patienten – was werden die von ihrem Hausarzt denken? „Seht deren Sträflingswams – bei diesen Herren stimmt's nicht ganz! Seht an die Luftballone – wohl auch noch Werbung für Kondome? Nichts wie weg, hinunter in die Kutsche tiefster Wanne!" Schon ist versorgt das Kind im Manne.

So man die Kranken mit dem (heil'gen) Kassenscheine dort in der Ferne nicht mehr sieht, kommt unser Doktor strahlend wieder hoch und spricht: „Und nun ein Lied!"

Gleich singt der Wanderchor aus voller Kehl und frischer Brust von des Müllers Wanderlust, vom Hofbräu- und dem Elternhaus, von Rittersleut', von einem Schmied, der Töchter freit, vom goldnen Wein, vom schönen Wien nur du allein, von des Mägdleins Kämmerlein und wie könnt es bei den ‚alten Deutschen' anders sein, von der Wacht am Rhein: Lieb Vaterland magst ruhig sein.

(Die unweit friedlos lauernden US-Raketen zogen die Atomsprengköpfe ein…

Oh, dass dieser Augenblick nicht hält, es gäb' nur fröhlich Frieden auf der Welt).

Wo's Städtchen traut zu Ende geht, des Doktors Hazienda steht, bewacht von einem ‚Herkules', betreut von einer guten Fee. Der kleine Wächter sieht das Riesenross und flüchtet in der Herrin Schoß. Sie sieht den übermüt'gen Tross und stammelt leicht verwirrt: „Oh, mein geliebter Schatz, habt ihr euch wahrlich nicht verirrt?" Er sagt lachend: „Nein, mein Spatz", und gibt ihr einen lieben Schmatz. Da leuchten auf die schönen blauen Augen und zwinkern hin zum Garten hinterm Haus. Was man da sah, es war fürwahr ein Augenschmaus. Erst war'n die Herren still, doch dann ein stürmisch „Oh, la, la, all unsere Damen sind ja da, der Männerseelen Therapeutika, und für das fröhlich Herz, la Musika!" Und für den Magen man ‚gespante Ferkel' sah, für den Kutscher gab's ein Stamperl Alkoholika, und für das tapfre Rösslein war auch Hafer da. Ergo: rundum harmonica.

Der Frauen Antlitz trägt den Zauber aus dem Glück der ‚ersten Liebe', die kleine Amsel hoch am Dachfirst zwitschert nimmermüde, die Wiesenblumen neigen ihre Blühten hin zur schönen Konkurrenz, die Heckenröschen dort am Brunnen strömen süßen Duft in diese noble Konferenz,

und selbst die Sonne neigt sich tief als dieses schönen Tages
Referenz. Man lacht und scherzt im Kerzenschimmer und
spricht vergnügt der reich gedeckten Tafel zu, bis dann die
Sterne und manch eines Auges ‚Weingeflimmer' mahnt:
„Ihr lieben Leut', geht nun zu Ruh!" So zog denn jeder
seiner Heimat zu.

Der Tag klang nach bis hin ins manchmal ach so still
gewordene Schlafgemach. Der Doktor hat für diese Nacht
verordnet jedem Manne große Liebeslust, bis dass er ruhet
an der Mutter Brust. Die Gattin flüstert von so viel Zärtlichkeit betroffen: „Bleib, wie du bist, zeig deine Kinderseele
ruhig offen. So darfst du von mir immerfort und bis in alle
Ewigkeit Glückseligkeit erhoffen."

Der neue Tag beginnt, und damit endet mein Gedicht.
Geht nicht zu streng mit meiner ‚Poesie' ins Gericht! Sie
ward erdacht an einsam Reisetagen als Dankeschön für
eines Doktors gute Taten. Nun noch zum Schluss eine kleiner Tusch, geformt vom ewig jungen Wilhelm Busch:

„Eine der schönsten Gottesgaben ist doch der edle Wein
für alte Knaben.

Erhebt das Glas und trinkt es aus, bis dass es ‚gar' ist,
zum Wohle unsres edlen Doktor-Freundes und Tennis-
‚Primus inter Pares'!"

Pünktlich für 22:00 Uhr hat Doktor Willi vier Taxis
bestellt, die seine Gäste zu ihren Autos ans Clubheim brachten, das noch geöffnet war und einige der außer Haus fei-
ernden Geburtstagsgäste noch zu einem ‚Absacker' einlud,
das der Doktor in Abwesenheit den Gratulanten spendierte.
Martin und Tanja blieben nicht mehr. Martin hatte vor, in
dieser glücklichen Atmosphäre daheim mit Tanja über die
‚Raststätte' zu sprechen. Tanja fuhr nach Hause; sie hat
seit Kurzem den Führerschein. Die Kinder schliefen selig.
Eva hielt Papas Teddy aus Amerika in den Händen. Martin
gönnte sich noch einen kräftigen Schluck des Geburtstags
Champagners. Beim Klingeln der Gläser bedankte sich
Tanja für seine poetischen Gedanken im Garten an der Isar.
Sie fragte ihn in ihrer offenen Art, als kenne sie die Antwort
bereits: „Werden wir in München bleiben?"

Bei dieser klaren Frage gehen Martins Gedanken weg vom Rheingau in die Champagne, die er vor Jahren bei der größten Champagner-Kellerei, die seine Firma in Deutschland vertritt und die soeben die Übernahme von Klug abgelehnt hat, mit Geschäftspartnern im Kellerei-Privatjet, gesteuert von einem früheren Kampffliegerpilot, besuchte. Dort übernachtete er mit den Kunden in einem Schloss inmitten von Weinbergen mit Blick auf Erpernay und im Wohnumfeld einer wertvollen Bibliothek, wunderbarer Klassikmusik und vergoldeter Wasserhähne. Dann besuchte er unter anderem mit ihnen die Dom Perignon Kapelle in einem legendären Weinberg der Champagne und in Reims die Kathedrale, wo er, als der Fremdenführer von der Versöhnung und Adenauer sprach, an Opa Kreuzbauer und seine Krankenschwester erinnert wurde. Martin dachte angesichts der Großartigkeit dieses Gotteshauses an seine kleine Lieblingskapelle in der Heimat und fragte sich, ob bei ihr das Gebet um Gottes Segen oder eine Fürbitte die gleiche religiöse Bedeutung besitzt wie in dieser Kathedrale. Er schrieb damals in sein Hütbuch: Selbst die tiefste Glaubenswahrheit birgt Fragen, die für die ehrlichste Frömmigkeit nicht beantwortet sind. Ein Mensch, der demütig auf Gott zugeht, braucht viel Glaubenskraft, um mit ihr vor der Umwelt zu bestehen; er ging gedanklich wieder zu seiner Frau zurück.

„Geliebte Tanja, ich weiß es nicht. Es könnte sein, dass sich meine berufliche Stellung verändert. In den letzten Tagen hat sich diesbezüglich viel getan. Wir beide sind vom Inhaber eines weltweit angesehenen Champagnerhauses zu einer abendlichen Präsentation in der Nähe von Salzburg eingeladen. Es ist eine Begegnung von Weinliebhabern, bei der auch das Fernsehen dabei ist. Komme bitte mit." „Selbstverständlich, ich werde die Kinder bitten, das dortige Fernsehen einzuschalten, um Papa und Mama zu bewundern und dann brav schlafen zu gehen."

Und so geschah es: Herr Hoffmann hieß das Ehepaar Ullrich willkommen und stellte sie Monsieur Klug vor, der, ohne Smoking, Tanja mit der Geste des Handkusses begrüßte. Es war eine beglückende Begegnung mit gehobener Gastronomie, einigen Spitzenkräften und einer Hingabe uralter Weinkultur an Genuss. Tanja erlebte mit ihrem Mann erstmals das feine Ambiente seines Berufes. Remy Klug sprach am Abend immer wieder mit dem Ehepaar Ullrich; das ihm gefiel. Er lud sie für den nächsten Tag ins Hotel ‚Goldner Hirsch' in Salzburg, wo für sie ein Zimmer reserviert ist, zusammen mit Herrn Hoffmann zum Essen ein; vorweg mit „Klug Grande Cuvee" als Aperitif. Während des Essens erzählte er von der Herkunft ihrer Ur-Ur-Großeltern aus der Pfalz – daher der Familienname – und wie sie durch Erbansprüche die Firmentochter eines Konzerns geworden sind. Für die deutsche Vertretung suchen sie den Nachfolger, der bereit und in der Lage ist, im Sinne des Konzerns in der BRD eine Verkaufsorganisation aufzubauen. „Herr Ullrich, ich biete Ihnen die Position ‚Direktor Deutschland'. Sprechen Sie eine Fremdsprache?"

„Nein."

„Nicht schlimm. Ich bin heute in zwei Wochen für ein Kundengespräch in München. Wo treffen wir uns?"

„Bitte, Herr Klug, bei uns, es ist ja ein Sonntag."

„Gerne Frau Ullrich. Doch zuvor bin ich in der Mittagszeit im Hotel ‚Bayrischer Hof' mit dem Kunden zum Essen verabredet. Danach", mit einem freundlichem Blick für Martin und Tanja, „bin ich frei".

Martin bewundert seine einfache Art. Er gibt sich so überzeugend gelassen, als begleite ihn der feste Glaube an das Gute. Auch in seinen sachlichen Worten: „Unser Champagner geht nicht über das Discounterband. Er wird gereicht von des Winzers Arbeitshand und genossen von Menschen mit ehrlich herzlichem Genussverstand." Martin hat diesen Anspruch seines Hauses schon vorweg als eine Referenz bei persönlichen Gesprachen mit bedeutenden Feinkosthäusern und in Spitzenrestaurants bestätigt bekommen.

Auf der Heimfahrt holt Tanja aus dem Handschuhfach das Poesiealbum der Oma. Das dort mit dem Hütbuch Martins Reisen begleitet. Sie blättert darin, stutzt, und liest vor: „Mein Hütbub. Der Wein begleitet ihn ein Leben lang; doch meine Gebete für ihn auch." „Seltsam", sagt Martin und schweigt. Seine Frau lächelt. Sie empfindet diese

feine innere Zweisamkeit als eine Veranlagung für Treue.
„Martin, was wirst du tun"?
„Tanja, was soll ich tun?"
„Annehmen und in München bleiben."
Er rief gleich am Abend noch einen Tenniskameraden an, der als Diplomkaufmann ein Steuerberatungsbüro hat. Mit ihm hatte er nebenbei schon über seine mögliche Veränderung gesprochen. Worauf dieser bemerkte, dass er ihn gerne unterstützt. Nun gratulierte er ihm zu diesem, wie er sagte, hochwertigem Vertriebsangebot und verwies zunächst auf nationale Interna, die er mit Klug hier oder in Reims ordnen könnte. „Und Martin, ganz wichtig für ein Domizil München: Bei uns im Haus am Isartor wird ein Zweizimmer-Büro frei, das du als Sitz von Champagner KLUG DEUTSCHLAND anmieten könntest."

Noch steht Martin in der Pflicht bei seiner von ihm nach wie vor loyal geachteten Firma. Warum, fragte er sich, warum wird man von politisch motivierten Moneymakern kommentarlos in eine Veränderung gezwungen? Was der anerkannte und treue Mitarbeiter, selbst mit einem deutschen Blick weit zurück, nicht versteht. Für Martin bedeutet die neue Aufgabe eine von der Familie gestützte Position, ohne USA- oder Israeli-Manager. Seit dem Schloss Sahran und der Begegnung mit Monsieur Klug empfindet er für ihn und seine Produkte, und überhaupt für die Champagne, eine seltsam feine Zuneigung; ähnlich der für Kriegsfreund Pierre, trotz der immer wieder ‚aufpolitisierten Feindschaft' der Heimatländer – einer Epoche, in der Opa Kreutzbauer an Reims und seine Zuneigung für die einheimische Krankenschwester erinnerte, on der nach dem ersten Krieg eine Ansichtskarte mit dem Blick auf das Weingut clos du Mesnil kam.

Manchmal hat Martin Heimweh nach Damals, das ihm nach vierzig Jahren mit Pierres Übersetzung und der Stammtischbemerkung des Vaters zu seinem Kriegsorden für den Einsatz in der Champagne vielleicht demnächst berufsbedingt begegnen wird.

Herr Klug rief um 14:00 Uhr an und avisierte seinen Besuch. Tanja hat die Kaffeestunde bereits vorbereitet. Sie empfing ihn und seine Blumen mit einem herzlichen ‚Grüß Gott'. Martin und die Töchter begrüßten ihn im Wohnzimmer, wo jede von ihm – als besonderer Gruß von daheim – ein Präsent Reims-Pralines bekam. Beim Rückzug der Damen hörte Martin noch Evas Worte: „Ich werde nicht nur Italienisch, sondern auch Französisch lernen."

„Bravo", hörte er neben sich von Monsieur Klug. Die Herren nahmen Platz zum Kaffee mit Original Croissant. Herrn Klug gefiel diese kleine Geste; dafür ein Lächeln für die Gastgeberin. Er war sichtlich ‚guter Dinge' und erzählte gelassen selbstverständlich von seinem Gespräch mit dem Direktor eines international renommierten Golf-Clubs in Oberbayern, der als Kunde eine besondere Bitte vorbrachte: In Kürze feiert der Präsident des Clubs, ein bekannter Unternehmer, seinen fünfzigsten Geburtstag. Als besondere Referenz für die Gratulanten, alles Jahrgangsfreunde, möchte er jedem eine KLUG Vintage 1937 überreichen. Davon bräuchte er fünfzig Flaschen, die noch im Keller sind. Sein Jahrgang war ein großes Weinjahr. Der Preis ist hoch, doch er wird begriffen und anerkannt mit der seit Generationen bewahrten handwerklichen Qualitätsbegleitung. Martin dachte, diese wie zu sich selbst gesprochenen Worte würden einer seriösen Lebenshaltung mehr sagen als das grandiose Werbegeschrei samt Aktionspreise der heutigen Handelswelt. Er schrieb später ins Hütbuch: „Das Handwerk achtet stets auf die Werterhaltung der Arbeit. Die USA Neuzeit-Manager und ihre Banker interessiert nur der Geldeingang in die Tageskassen."

Martin hat Herrn Klug zugesagt und mit dem Lernen des konziliant erwarteten *Business*-englisch begonnen.

Als der Fünfjahresvertrag mit der Möglichkeit der deutschen Prokura kam, unterschrieb er, gab ihn zur Post und kündigte dem Rheingau Unternehmen in Gedanken an die bis vor kurzem noch gute Atmosphäre in der mehrjährigen erfolgreichen Zusammenarbeit. Dann lud er die Familie zum Besuch der ‚Zauberflöte' ein. Die Töchter waren zunächst sprachlos. Dann wurde bei ihnen das davon vom

Klavier- und Musikunterricht aufgenommene ein Spaß; die Jüngste sang „sag, ist es Liebe, was hier so brennt." „Bravo, Evi, ist aber aus der Hochzeit des Figaro", sagt Vera.

„Dann eben ‚Brüderlein klein, Brüderlein fein'."

„Ist aber aus Hänsel und Gretel", sagt Anna.

„Ihr wisst immer alles besser", sagt Eva, ohne ‚gell Mama'. Vera und Anna betrachten sie und singen „dies Bildnis ist bezaubernd schön." Und Mama fragt Papa, was er mag ‚in diesen heiligen Hallen' ...

Der Vater hat zwar nur zwei ‚Studentenbillets' für den Eintritt, doch sein Kollege und Freund Hoffmann wird für einige Schillinge noch drei besorgen, die dann nach einem Telefongespräch mit ihm, einer kollegialen Gratulation und dem Probe-Termin ankamen, in den Ferien, in zwei Wochen am Montagnachmittag. Für Vormittag hat er mit ihm ein Gespräch zur Gastronomiebearbeitung Vorarlberg durch die Reisenden vereinbart. Es sollte seine letzte Amtshandlung sein. Für seine Frau und die Kinder ergab sich durch die Ferien eine Gelegenheit mit Herrn Hoffmann und seiner Wiener Gattin erstmals die Salzburger Nockerl und Sachertorte zu genießen.

„Österreicher sind nette Menschen, gell Mama."

„Ja mein Schatz. Mein Tata, dein Rumänischer Opa, war auch Österreicher, als meine Heimat Bukowina noch zu Österreich gehörte. Dein Opa Gregor war immer ein Deutscher in Deutschland."

„Mama, warum heißt dein Papa Tata?"

„Das ist dort der Nama für Papa."

„Die Oma Anna hat mir erzählt, dass deine russische Mama und dein rumänischer Papa tot sind. Hast du ein Bild von Ihnen?"

„Ja, ein schönes von der Hochzeit. Es ist in Papas Heimat in einer Kapelle, bei der er im Krieg als Hütbub Kühe gehütet hat; weit weg von deiner Mama."

„Bitte, Mama, wann gehen wir in diese Kapelle?"

Der Vater schrieb in Gedanken an das Geschehene in Bukowina ins Hütbuch: „Der irdische Weg von Kommen und Gehen geliebter Menschen ist schwer zu erklären. Über allem steht die Erbschuld Adam und Eva, die uns so oder so nachdenklich erhält."

Er rief sein Lieblingshotel auf dem Obersalzberg an und avisierte für den Sonntag vor Salzburg den Besuch mit der Familie und Übernachtung. Einige Tage später kam ein Anruf vom Pensionär und Ex-Geheimdienstler Herbert, der auch ohne den verstorbenen Vater auf dem Laufenden blieb.
„Martin, du bist in letzter Zeit viel in Österreich. Liest du auch die Salzburger Zeitung?"
„Nein."
„Dann besorge dir die Wochenend-Ausgabe und lies im Wirtschaftsteil ‚neutral' deine Veränderung zum Unternehmen Champagner Klug. Nun Vertrauliches: Man wird deine vorliegende Kündigung akzeptieren und dich freistellen. Und noch was: Dieser Mann kennt alle deine Bewegungen. Der Besuch mit der Familie auf dem Obersalzberg veranlasste ihn, öffentlich zu sagen, dass du nun auch der Familie deine Nazi-Sympathie aufdrängst. Ein dummer Mensch. Ich gratulierte dir zu der neuen Position, die für dich eine große Aufbau-Aufgabe wird."
„Ich hole gerade das Business-englisch nach."
„Prima, Martin, du wirst es zwar kaum brauchen, doch in einem Konzern gehört fürs Image eines Direktors die Fremdsprache. Also, good luck!"

Seine Firma gab ihn zum nächsten Ersten frei und wies ihn an, die Geschäftsunterlagen und den PKW umgehend zu überbringen. Er wurde in den Büros freundlich empfangen und ebenso freundlich verabschiedet. Von der Geschäftsleitung kam nur die Sekretärin des Vertriebschefs zur Übernahme der Sachen. Beim Gehen wünschte sie alles Gute.

Herbert erwartete ihn mit dem PKW und fuhr mit ihm nach Frankfurt. Unterwegs erzählte er, dass dieser Chef im Vertragshotel der Firma ihn und andere Gäste ‚SS-Typen' genannt hat. Er scheint das Deutsche zu hassen. Und niemand weiß warum."
Herberts Frau bot Martin an, im Gästezimmer zu schla-

fen. Am Abend dann, bei einem Glas ‚Sylvaner' politisierten sie etwas. Der Ex-Offizier Herbert erinnert an die Gespräche in den USA und lächelt über die 68-er Zustände, wo Halbgebildete die Regierenden aufs Primitivste beleidigen können; und dann Außenminister werden. Da stimmt etwas nicht.

Während seine Frau die Betten vorbereitet, gehen die Männer auf den Balkon, wo Herbert wie zu sich selbst sagt: „Hätte die Atombombe nur die eine Macht jenseits des Ozeans getroffen, dann wäre die Menschheit wahrscheinlich um einiges kleiner. Dazu, ehe meine Frau kommt, eine Bemerkung: Ein naher Verwandter der Familie war leitender Physiker in der Atomwissenschaft. Er sagte noch kurz vor Kriegsende im häuslichen Kreis, dass die Atombombe einsatzbereit ist. Doch der ‚Führer', wie man von ‚ganz oben' hörte, will den Krieg ‚mit so etwas Verheerendem' nicht gewinnen. Dieser der Partei und dem Proletariat nahestehende Phantast ist ein Schützengräbler, ein ‚Frontkämpfer Mann gegen Mann', was ihm im Ersten Weltkrieg als dem einfachen ‚Gefreitersoldat' das ‚Eiserne Kreuz Erster Klasse' einbrachte, das er auf der linken Brustseite, auch in zivil, ständig zeigt. Er ist jedoch den hochintelligent raffinierten Geldmach(t)-Blendern politisch und theatralisch unterlegen."

Herbert vertiefte nachträglich noch den Stanpunkt seines Onkels: „Der ‚Atomonkel', wie ihn mein Vater, sein Bruder, am Familientisch manchmal nannte, hob bei diesem Wort- wie eine ernste Warnung den Zeigefinger. Die Amis holten ihn als Kriegsbeute in die USA, wo er sich nach dem verheerenden Geschehen Hiroschima das Leben nahm."

Herberts Frau, die an der Tür stand, sagte traurig: „Und die Atombombe, die jetzt viele Völker haben, sichert nun der Welt den Frieden; kommt wir gehen schlafen."

Am frühen Morgen beim Frühstück sprach Herbert eine Idee an: „Meine Frau und ich plauderten im Bett noch etwas und beschlossen, unter anderem, vor dem Einschlafen mit dir nach München zu fahren, um dort und in der Umgebung einen Kurzurlaub zu machen."

„Einverstanden, darf ich kurz meine Frau anrufen."

„Selbstverständlich."

Danach war für München und die Umgebung alles klar. Sie fuhren mit dem PKW und Urlaubsgepäck noch zum Familiengrab der Eltern und dann Richtung München. Dort ordnete Tanja inzwischen das durch die Landschulabwesenheit der Kinder freie Zimmer und bestellte für den nächsten Tag für eine Woche ein Doppelzimmer mit Blick nach Salzburg – auf dem endlich und vielleicht endgültig friedlich gewordenen Obersalzberg.

Nach der Ankunft der Besucher mit Martin hat Tanja frische Bayrische Weißwürste mit Brezeln serviert, dazu im Original Turmbierseidel das original bayrische Nationalgetränk Weißbier. Nach einem sonnigen unterhaltsamen Spaziergang zur naheliegenden Nymphenburg gab es am Abend als Brotzeit, statt Frankfurter Würstchen, einen Original warmen Leberkäse mit ‚Krommbierensalat'. Anschließend setzten sie sich in den herbstlichen Hausgarten und sprachen, wie unter älteren und älter werdenden Freunden üblich, bei einem Glas Rotwein über gemeinsames und allgemein Vergangenes. Die beiden Herren haben ja einiges gemeinsam erlebt. Herbert erinnerte an Martins Erzählung über New York, die damals in der Firma so gut ankam. Er fragte ihn, ob er seitdem weitere Erzählungen geschrieben hat.

„Ja und nein; eigentlich habe ich nur meine Gedanken auf der Reise und in den oft einsam empfundenen Hotels notiert. Seit einiger Zeit allerdings bemühe ich mich, aus diesen Erinnerungen Erlebtes und dessen Vermittlung zu einem Roman zu gestalten, was für mich als dem einfachen Kaufmann literarisch nicht einfach ist. Ich habe mir als kleine Hilfe ein Notizbuch zugelegt, benannt als ‚Hütbuch', denn ich war in meiner Kriegskindheit und Jugend bei einem Bauern ein Hütbub von Kühen. Darin hat sich nach und nach mancherlei ‚Poesie' angesammelt."

„Martin, darf ich etwas hinzufügen."

„Gerne, Herbert."

Martin las danach: *Ich glaube, man sollte überhaupt nur solche Bücher lesen, die einen beißen und stechen. Wenn das Buch, das wir lesen, uns nicht mit einem Faustschlag*

auf den Schädel weckt, wozu lesen wir dann das Buch?
Franz Kafka, Prag.

Montagfrüh während Vaters Geschäftsgespräch vor der Konzertprobe, besuchten Mutter und Töchter das Geburtshaus von Mozart. Danach genossen sie in einem Wirtsgarten zusammen mit Herrn und Frau Hoffmann die legendären Salzburger Nockerln, wo Frau Hoffmann und Tanja über die einst glückliche k. & k. Zeit für Wien und die Bukowina mit Fragezeichen diskutierten. Martin sprach Freund Hoffmann auf die Salzburger Zeitung an. Dieser lächelt nur verschmitzt und verwies auf den baldigen Beginn der Oper. Dort wurde Familie Ullrich von einem Herrn im Smoking zum Balkon ins Festspielhaus gebracht, denn nur von oben dürfen die Gäste der studentischen ‚Hilfsmitarbeiter' das Geschehen auf der Bühne miterleben. Die Künstler und das Orchester sind im Alltagsgewand, was Besucherneulinge irritierte. Doch dann übernahm, wie jede geniale Musik, schon die Ouvertüre zur Zauberflöte mit den ersten Tönen die Sinne und mit ihnen die Seele als leisen Souffleur für Andacht. Als Tamino das Bildnis bewundert, ergreift Eva lächelnd die Hand ihrer Schwestern.

Und der Vater denkt bei Zarathustras Absolution ‚kennt man die Rache nicht' darüber nach, wie lange deutsche Kinder, ihre Kinder und Vorfahren, von Anlass zu Anlass, für eine Holocaust-Unschuld als ‚Tätervolk' angeklagt und somit bestraft werden. Oft fragt er sich in seinem einfältigen Glaubenswissen und christlicher Demut, wie viele Gläubige seit zweitausend Jahren, nach der wahren Glaubensschuld Golgatha.

Zuhause lag bei der Post die Einladung zu Klug nach Reims, in zwei Wochen an einem Wochenende ab Freitagabend. Ankunft im Hotel ‚Campanile', bebildert im Prospekt mit weitem Blick über Reims. Ein höherer DM-Scheck zur freien Verfügung war beigelegt. Auch eine Umsatz-Kundenliste, die er wie ein Kreuzworträtsel durch ganz Deutschland vom ‚Grüßgott bis Guten Tag' offen legte und dabei feststellte, dass er fast alle Kunden, es sind vorwiegend Elitegastronomen, schon mit den alten Vertretern besucht hat und für seine neue Aufgabe nicht übernehmen kann, da sie an die Marke des Produktkonkurrenten in der alten Firma gebunden sind.

Er kann nun frei vor Ort mit den technischen Details beginnen. PKW, Büro, eine selbständig arbeitende Sekretärin mit der Fremdsprache französisch oder englisch. PKW kein Problem. Das Büro am Isartor auch nicht. Der Tennisfreund wird bei der Gestaltung mithelfen und die national differenzierten Lohn- und Gewerbe-Angelegenheiten regeln. Den Steuerberater hat ihm sein Hausbankdirektor besorgt. So findet sich im Club und überhaupt in München, bei honorigen Kontakten, so gut wie alles.

Er entwickelte aus seiner gründlichen Berufserfahrung ein der Zeit gerechtes Konzept, basierend auf der freundlichen ‚Tante Emma' bis zum mit Musik und Geschrei berieselten SB-Shop – von grundseriösen Gesprächen mit Inhabern im Büro bis zu raffinierten Abzockmanagern, von Animierkneipen bis zum gemütlichen Gasthof mit Stammtisch im weltweit angesehenen ‚Grand-Hotel'. Auch hat er in Seminaren für Menschenführung persönliche Verhaltensregeln nach dem Vier A-Prinzip – Anders Als Alle Andern- inhaliert und das Rauchen aufgegeben. Er gab das Konzept als Vorinformation nach Reims.

Wenn sich bei ihm nun ein gedanklicher Vergleich der seriösen Vertrautheit des Herrn Klug und der seltsamen Animosität des Vertriebschef nähert, dann drängt sich ihm die Politik auf: Sein Vaterland und Frankreich haben, gleich einem Ehepaar, oft gestritten. Nun sind sie, wie selbstverständlich von Mensch zu Mensch, gut zueinander. Welche Kriege hat Deutschland mit den USA bestritten? Und was haben deutsche Einwanderer beim Aufbau dieser Nation geleistet?! Frankreich vermittelt lebendige Kultur, auch beim Geschäft. Von ‚Drüben' kommt nur ‚geiles *business*', auch in der Kultur.

Als seine Mutter nach dem Krieg das damals ‚sensationelle' Nylonhemd wusch und nicht bügeln konnte, nannte sie das ‚Wegwerfhemd' außen hui und innen pfui. Herbert sprach bei der USA-Studienreise von einer ‚Etikettenkultur' und nannte diese hessisch ‚vorn fix – dahinter nix' als einfältiges Urteil zum vielfältigen Dilemma in US Amerika.

Zum Termin Klug reiste Martin mit seinem zukünftigen *RENAULT-Reiseauto* problemlos auf der Autobahn von München über Saarbrücken bis Reims. Im Hotelzimmer stand für ihn als erster Firmengruß eine im Eis gekühlte Kleinflache Grande Cuvee und der Hinweis, dass ihn morgen früh um zehn Uhr die Tochter Luise abholt. Er meldete nach daheim seine Ankunft. Tanja erwähnte, dass Lissi anrief und sehr traurig vom Tod ihres Vaters und von ihren Eheproblemen sprach, zuhause dann dazu mehr.

Nach einem aufmunternden Gläschen vom Champagnerwein verspürte er den Wunsch zum Besuch der Kathedrale, einem Ort voller Symbole, gleich denen der gesamten Christlichen Glaubenswelt. Warum, fragte er sich, wie bei jeder Begegnung mit den ernsten Mahnungen zum Frieden durch ernsthaftes Gebet. Warum beten die Menschen in der Heimat und überhaupt ringsum nicht mehr so viel und so andächtig, wie er dies in seiner Kindheit und auch in der Jugendzeit noch empfand.

Er blätterte, wie oft vor dem Einschlafen, noch im ‚Hütbuch' und las vom friedliebenden Vater, in altdeutscher Schrift geschrieben, den Spruch des Amerikaners Norman Mailer: *‚Eine friedliche und einträchtige Welt ist der geheime Alptraum der Militärs und Advokaten.'* Martin schrieb seine Erfahrung dazu: 45 Prozent Advokaten in der Welt praktizieren in den USA und ihre grandiose todbringende Militärmacht sah ich am Himmel. Das Kindheitssyndrom ‚Schlächter von Chicago' kam auf und mit ihm dazu ein Vorwurf, der ihn unfriedlich stimmte. Er schrieb als mahnende Einsicht die Worte eines Dichters dazu: *‚Bewahre du zuerst Frieden in dir selbst, dann kannst du auch anderen Frieden bringen.'*

Auf dem reservierten Frühstückstisch stand eine frische Lilie. Einem feinen Gebäck war auch eine Staude weißer Weintrauben beigelegt. Als er kurz vor zehn Uhr zur Rezeption ging, um auf Luise zu warten, grüßte ihn der Geschäftsführer mit „Guten Morgen, Herr Ullrich. Ich bin ein weitläufiger Verwandter Ihrer Gastgeber, die ja auch etwas deutsches Blut besitzen. Morgen Vormittag darf ich Ihnen vor der Heimreise eine Überraschung mit Weinberg vermitteln." Alles in Deutsch mit feinem Pfälzer Akzent, der in seiner schmeichelnden Art dem Französisch gleicht, wo jeder gesprochene Satz mit einem Ausrufe- oder Fragezeichen endet. Als Martin die ankommende Luise sah, wurde er überrascht, denn er kannte sie und ihr stets freundliches Lächeln: „Hallo, Herr Ullrich, Prinzip AAAA. Erinnern Sie sich an den Seminartag in Kronberg? Seien Sie herzlich willkommen."

Auf dem Weg zur Kellerei, sie fuhr die gleiche Automarke wie er, sprachen sie vom damaligen Seminar mit dem Schweizer Psychologen, der Martin vor allen Teilnehmern mit den Worten zurechtwies: „Hier ist man freundlich, Herr Ullrich, und nicht so abwesend ernst wie Sie." Martin dachte an die Umkehr des AAAA Prinzip und schaute so freundlich wie alle, auch zur netten Französin und ihrer Begleiterin, die ihm damals aufmunternd zunickten. „Und nun, Herr Ullrich, sind wir sozusagen Geschäftskollegen", sagte sie, und bog in den mit vielen leeren Fässern belagerten, überdachten Kellereihof ein. Luise ging mit ihm ins Büro, bestehend aus zwei offenen Räumen, zwei Schreibtischen, zwei Drehstühlen, einem Konferenztisch mit fünf gepolsterten Stühlen. An den Wänden Auszeichnungen für Champagner hoher Qualität, die alle garantiert sieben Jahre unten in den tiefen Kellern ‚auf der Flasche' – ein Qualitätsmerkmal – mit zartem Rütteln einer Winzerhand fein perlend reifen. Auch die hochwertigen Werbemittel sind zu sehen. Ihr praktischer Wert ist innen so echt wie das vergoldete Äußere; entsprechend dem hohen Anspruch der Produktqualität. Im deutschen Markt ist dies bei vielen Produkten selten geworden. „Wer steuert wohl diese morbide Entwicklung", hörte Martin kürzlich von dem Markenartikler alter Schule, einst Chef der Körpercreme mit einem Kosenamen auf der feinen, weiß-blauen Metalldose. Tanja hat einmal erzählt, dass schon ihre Mutter die Creme in den 1930-er Jahren in der einstigen Heimat Rumänien gerne benutzt hat.

Luises Vater Remy fragte schon bei der Begrüßung im Stehen wie es der Gattin Tanja und den Töchtern geht. „Sie haben mir für Sie viele Grüße mit gegeben", erwähnt Martin. Seltsam, dachte er. Bis jetzt war vom Geschäft nicht die Rede. Alles, was er in der Nähe oder im Umfeld der Familie Klug bisher empfand, war eine feine musische Sinnlichkeit, wie er sie auch schon bei seinem verehrten ‚Feind/Freund' Pierre spürte. Mann sollte die Menschen international beglückend mischen – wie Trauben zu edlem Wein.

Luise gab Martin die Geschäftsunterlagen, als erstes das Gehalt plus Umsatzbonus. Wir liefern die Ware, sie bezahlen diese und fakturieren nach der neuen Preisgestaltung für alle Marken an die Kunden. Die Betriebskosten und eine Umsatzvorstellung pro Jahr sind aufgezeigt. „Danke für die Vorinfo, wo wir nichts ändern. Alle aufgezeigten Vor-Ort-Vorgänge überlassen wir Ihnen. Sobald Sie aktiv sind, informieren wir die Kunden. Mein Vater, der Ihre Heimat und Österreich mag, wie auch ich, werden öfters bei Ihnen sein."

Sie gingen dann ins nahe Restaurant eines Kunden zum Mittagessen, wo Luise von ihrem einjährigen Lernaufenthalt in der Hotelfachschule Heidelberg erzählte. „Meine Nachbarin im Seminar in Kronberg, die Ihnen so nett zunickte, war auch dort. Sie ist die Tochter des bekannten Hotels ‚Goldene Traube' im Schwarzwald, ein guter Kunde. Wir besuchen uns oft gegenseitig. Der in der Branche angesehene Vater schätzt Sie sehr."

Vater Klug erzählte dann von der Begegnung seiner toten Frau und Mutter selig mit einem deutschen Soldaten im Lazarett, wo sie als Krankenschwester freiwillig arbeitete. Sie erzählte oft, wie sie mit ihm, dem Kreutzbauer, wie er sich nannte, an einem Feiertag in Kleidern meines Bruders zur Kathedrale ging, und ihn bat, dort nicht laut zu beten. Sie fragte ihn auch, warum er sich Kreutzbauer nennt. Er erzählte ihr, die Vorfahren hätten ein böses Gewitter und einen Blitz gehabt, der einer Eiche unweit vom Hof einen Ast abschlug, den sie dann für ein Haus- und Erntedankkreuz am Feldweg zur Wallfahrtskapelle anbrachten. Dann habe man den Hof im Ort ‚Kreuzbauerhof' genannt.

Er wollte auch unseren Weingarten sehen. Doch er sei abgeholt worden. Zuvor hätten sie ihre Adressen ausgetauscht. Nach dem Krieg hat ihm die Mama eine Ansichtskarte vom Clos de Mesnil geschickt. Von ihm kam vom Dankeskreuz und der Kapelle ein Bild, das ich der Mama ins Grab für die Ewigkeit mitgab."

Am Nachmittag wird im Empfangszimmer für Kunden der Besuch eines Arzt-Ehepaares erwartet, das in dieser Woche an einem Symposium in Paris teilnahm. Der Mann ist Chefarzt an einer Klinik in Lyon. Er hat sich bei Klug schon früher Vorkriegsjahrgänge für den Eigenbedarf reserviert, wovon er für den Eigenbedarf einige Karton abholen will. Bei diesem Besuch ist eine Jahrgangs-Degustation vorgesehen, eine besondere Ehre für die in der Gesellschaft bedeutenden Besucher. „In Frankreich", sagte der mit Klug verwandte Hoteldirektor, „besorgt sich die Oberschicht das Feine und elitär Vorzeigbare direkt beim Hersteller. In der Champagne oder in Bordeaux hat jede Kellerei Privatkunden, die von den Besitzern wie ihre Weinberge, deren Früchte und der Wein standesbewusst betreut werden."

„Das gab es im gebildeten Deutschland auch einmal", sagt Martin. „Doch es hat sich für den schäumenden Wein, Sekt genannt, total verändert. Wenn dort ein solventer Genießer in eine der noch im Privatbesitz existierenden Sektkellereien an die Rezeption geht, wird er von einer wie abwesend in den Computer starrenden Dame, wie von allen gelangweilt in einen *window* glotzenden Dienstleister, irgendwann unwirsch gefragt: „Was wünschen Sie?"

„Mein Name ist Hermann, Dr. Ernst Hermann. Ich möchte Wein und Sekt bei Ihnen kaufen."

Die Dame lacht, zwar nun anwesend, doch in der Sache wieder abwesend. „Wir verkaufen hier nichts. Sie müssen zu einem Supermarkt oder Discounter gehen, wo es unsere Sachen gibt."

Martin ging in Gedanken unwillkürlich fünfundzwanzig Jahre zurück in die Erfahrungen bei der USA-Studienreise.

„Die Weinkellereien im heimischen Weinland mit der traditionell bewährten Bindung an die Genossenschaft haben den Weinverkauf an Besucher gepflegt, ohne Degustation. Diese hat Martin ja im Krieg als Urerlebnis mit Probierschluck im Winzerkeller Ihringen am Kaiserstuhl mit seinem Schanzerfreund Edmund erlebt, der in Afrika ein Diener der Menschen und im Namen Gottes ein Missionar des Jesus Christus Glaubens wurde.

Zur Degustation kam als Überraschung von der ‚Schwarzwälder Traube' ihre Freundin Klara, die Martin mit dem AAAA-Gruß lächelnd nickend begrüßte. Dem Ehepaar aus Lyon wurde Martin vom Hausherrn in Französisch vorgestellt. Der sympathische Arzt zitierte dagegen mit einem Lächeln in Deutsch Landsmann Pascal: „Versuchen Sie die Franzosen schweigend lieb zu gewinnen. In der Liebe gilt Schweigen oft mehr als sprechen." Die Gattin fügt Pascal weiter an: „Es gibt eine Beredsamkeit des Schweigens, die tiefer eindringt, als es das Sprechen könnte." Diese Philosophie eines Dichters, nebenbei von hoch gebildeten Mitbürgern zitiert, zeigt offen das Wesen des Volkes. „Ich danke Ihnen für den Rat. Ich werde ihr Land, wie immer schon, im Herzen schweigend lieben; doch draußen für das berufliche Wohlbefinden gesprächiger." Nach einem Augenblick der Stille entkorkt Luise den Jahrgang 1965, der neu auf den Markt kommt. Sie entfernte die zum Flaschenhals gerüttelte Naturhefe, gab einen Schluck des wie befreit perlenden Weines in ein Champagnerglas und reichte es nach alter Zunfttradition dem Vater, der den nun perlenden Wein nach fünfzehn Jahren ungestörter Reife im Kreidekeller für Sekunden mit geschlossen Augen zur Nase führt und den Inhalt dann der Zunge anbietet. Luise hat zwei weitere Gläser mit einem Schluck gefüllt. Die sie, am Stil haltend, dem Arzt-Ehepaar reicht, dann der Freundin, dem Hoteldirektor, Martin und sich selbst. Vom Doktor hörte man nur das eine bewundernde Wort: „superb", und sah einen Handkuss für die Gattin. Luise und der Papa gingen mit dem Kunden ins Büro, um das Geschäftliche zu erledigen. Dann kamen sie zum Luxusauto auf dem Hof, wo Martin an seine Lehrzeit erinnert wurde und an die nach dem Krieg am Eingang der Lehrfirma stehende, ähnlich wuchtige USA-Marke eines treuen Schweizer Juwelier-Ehepaares aus Genf, das damals vergnügt zufrieden mit einem wertvollen Sterling-Silber-Kaffeeservice aus der Friedenszeit, eigens für sie aufbewahrt, nach Hause fuhren, wie nun auch die honorigen Genießer aus Lyon mit feinem Champagner eines friedlichen Vorkriegs- und ersten 1965-er Nachkriegsjahrganges. Martin schrieb ins Hütbuch: ‚*Nur das (Ver)mögen erfüllt solch fromme Wünsche*‘ und fügte Luise von Francoise an: ‚*Mögen die frommen Wünsche auch wenig frommen, d.h. wirken; dem der sie hegt, sind sie Wohltat und Ersatz. Ein Leben ohne Wünsche, ist das nicht ein halber Tod?*‘

Am Abend im Hotel saßen Luise, ihre Freundin, die über Nacht bleibt, und Martin noch gemütlich beisammen. Das Gesprächsthema war die deutsche Gastronomie, die nach Meinung der ‚Traube-Tochter‘ Klara der deutschen Lebensqualität Sorgen bereiten wird. „Der Nachwuchs im gesamten Gastronomiewesen ist spärlich und verunsichert. Warum? In Deutschland darbt ihr Ansehen immer schon und wird vom Staat nicht beachtet. Obwohl die Hotel-Gastronomie nach der Metallindustrie der zweitgrößte Arbeitgeber ist und dementsprechend Steuern zahlt – ein sozialer, emotionaler und intellektueller Nachteil, der die jungen Deutschen von dem an sich schönen Beruf der Dienstleistung abhält. Länder wie Österreich, Italien, Schweiz und Frankreich als klassische Genießerländer kennen das Problem nicht. Dort sind Beschäftigte des Gaststättengewerbes angesehen. Ihr Berufsbild ist überwiegend mehrsprachig und wird begründet mit einer gehobenen Fachschulbildung, die immer weniger in Anspruch genommen wird“, wie Klara als praktizierende Service-Lehrkraft an den Hotelfachschulen Heidelberg und Reichenhall feststellt. Die Damen und Hoteldirektor Klug sind für die deutsche ‚Manko-Situation‘ der Meinung, dass die Entwicklung, wie so viele der bequemen ‚Geldmachideen von Drüben‘ mit der aufgeblähten SB-Verkostung zu tun hat: Nehme – Zahle – Gehe.

„So einfach hält man damit ein Volk wie die Deutschen davon ab, über einen gehobenen Lebensstil und Weltmachtgelüste wieder auf kriegerische Gedanken zu kommen“, sagt ein Übernachtungsgast vom Nebentisch in gebrochenem Deutsch, stellte sich dann als ein USA-Bürger vor, und ging mit dem Hitler-Gruß die Treppe hoch.

Die Damen schütteln den Kopf. Direktor Klug erwähnte, dass sich dieser Gast als USA-Food-Manager eingetragen hat und fügte noch leise an. „Warum nimmt die deutsche Entwürdigung kein Ende?" Luise entfaltete nun Frohsinn mit der Einladung zum Besuch des Clos du Mesnil: dort nüchterne Ankunft zehn Uhr früh. Mein Onkel aus der Pfalz wird um neun Uhr mit einer Kutsche am Haus stehen und mit euch, liebe Klara und Herr Ullrich, eine Weinberg-Rundfahrt machen. Wenn ihr wollt, könnt ihr in der Dom-Perignon-Kapelle den Erfinder des schäumenden Weines mit einem Sonntagsgruß beehren.

Martin erinnert sich vor dem Einschlafen an ein Interview in einer weltweit angesehenen deutschen Tageszeitung, gegeben von Gore Vital, geboren 1925 in West Point, Enkel eines US-Senators und verwandt mit dem früheren USA-Vizepräsident Al Gore: *„Die amerikanische Bevölkerung will keine Kriege. Die Führung der vereinigten Staaten und die Eigentümer dieses Landes müssen jedoch Kriege führen, sonst bekommen sie nicht die nötigen Geldsummen, die dann an Boeing und Lockheed weitergereicht werden. Es ist also nötig, dass wir Feinde haben, deshalb schaffen wir immer wieder neue. Die amerikanische Bevölkerung weiß dagegen nicht einmal, wo die entsprechenden Länder auf der Landkarte liegen. Nur weil wir unsere Gegner dämonisieren, können wir all diese Kriege führen, seit 1945 sind es rund dreihundert. Und wir hatten immer eine Entschuldigung dafür parat ..."* Martin schrieb von *Platon* ins Hütbuch: ‚*Entstehen doch alle Kriege um des Geldes Besitz.*' Seltsam. Nun fielen ihm die Worte von Hütbauer Gustl kurz vor seinem Tod ein, der zum Vietnamkrieg sagte: „Liebe Welt, hüte dich vor Amerika."

Pünktlich um Neun Uhr saßen Klara, Martin und der Direktor in einer mit zwei Pferden bespannten Kutsche, gelenkt vom Hausmeister des Hotels, der auf Wunsch die Gäste in die Weinberge fährt. Pünktlich um zehn Uhr waren sie in Mesnil am Weingarten, der einst ein Friedhof war. Die dazu gehörige Kapelle mit Madonna, dem Gotteskind und einigen Sitzplätzen ist heil geblieben. Hundert Weinstöcke der besten Champagner-Traube werden pro Jahr für exakt Zehntausend Flaschen gelesen und pro Jahrgang für exklusive Kunden, meist viele Jahre dieselben, in der anliegenden Remise reserviert. Dort wird im Moment vom Küchenmeister des Hotels für die Gäste aus dem Schwabenland ein Zwiebelrostbraten mit Spätzchen und Soße gereicht, wozu Direktor Klug als Sommelier eine 1945er Friedenslese Clos du Mesnil serviert. Martin dachte bei der Harmonie des Augenblicks etwas beklommen an den Kriegsorden seines Vaters. Hier kann Vaters Spähtrupp wahrlich nicht gewesen sein. Damals war des Vaters Aussage zur Auszeichnung nicht für hier gemeint. Er schrieb Goethe ins Hütbuch: „Der Irrtum ist recht gut, solange wir jung sind, man muss ihn nur nicht mit ins Alter schleppen."

Beim freundschaftlichen Abschied in die Geschäftswelt sagten sich die Partner statt des ‚Import-by-by' oder einem doofen ‚Tschüs' das in der Heimat trotz manch bösem Zeitmoment immer noch vertraut anmutende ‚Adieu'. Martin fuhr über Straßburg nach Freiburg, um dort den ersten Klug-Vertreter zu engagieren, den er früher als Verkaufsleiter schon für die Dänische Firma gewann. Er rief ihn vom Auto an: „Hallo, Herr Brauer." Worauf er erwiderte: „Hallo, Herr Ullrich, ich freue mich schon auf die Zusammenarbeit."

Danach rief er Zuhause an. Alles ist dort Alltag, selbstverständlich und in Ordnung. Tanja und die Kinder sind in einer normalen Welt, ein Leben, das aus Alltagspflicht, Glauben, Hoffnung und der alles tragenden Liebe besteht. Wie so oft, sinnt er auf dem Weg zur Pflichterfüllung über die Jahre nach, die in letzter Zeit so schnell vergehen. Vera und Anna haben mit gutem Abitur das Gymnasium in Richtung Universität verlassen. Vera studiert in Tübingen Pädagogik, Anna Pharmakologie in Ulm. ‚Nesthäkchen' Eva geht noch ins Gymnasium. Mutter Tanja achtet durch die Erfahrung aus ihrer Jugend mit beständigem Kontakt auf ihre Lebenshaltung. In der Hoffnung, dass sie auch draußen ihrem humanitären Lebensstil treu bleiben. Tanja hat im nahen Krankenhaus eine Halbtagsarbeit angenommen. Dies und Martins Einkommen boten die Möglichkeit für ein Zweitauto, das ihr, für alle Fälle, die Bereitschaft zu beruflicher Verantwortung vermittelt.

In Breisach besuchte er das Grab von Pierres Tante Helga, auf deren Grabstein das Bundesverdienstkreuz eingraviert ist. Von Pierre hat Martin lange nichts gehört. Er wird morgen in Ulm seinen Geschäftsfreund, Eva und Anne besuchen, um Neuigkeiten aus der alten Heimat zu erfahren. Hier traf er sich im Hotel ‚Rheinblick' im Kaiserstuhl mit dem neuen/alten Vertreter, der von einem Freiburger Sternehotel einen Klug-Erstauftrag mitbrachte und so den, wahrscheinlich angeborenen, badischen Wein-Optimismus offenbarte. Martin veranlasste Reims telefonisch, das Auslieferungslager rasch mit Ware zu versorgen und die Altkunden nun über die veränderte Klug-Zuständigkeit zu informieren. Inzwischen ist sein Büro mit einer Halbtagssekretärin aus dem Club besetzt, die alle Kontakte für ihn zur Bearbeitung notiert, denn wenn die Geschäftsinitiative von draußen, vom Markt kommt, dann ist dies eine positive Aufforderung zum Handeln. In Ulm dann traf er seine Bekannten nicht an. Der Geschäftsfreund war bei einer Tagung, Eva und Anne nicht zuhause.

Auf dem Weg nach München kam ein Anruf von Luise aus Reims, die Martins Bitte bestätigte und die Bearbeitung einleitete. Er ging nicht ins Büro, sondern nach Hause, wo Tanja und Evi mit *home-work* am Lernen waren. Eva sprang auf und fragte wie immer: „Papa, woher kommst du?"
„Von Frankreich", seine Auskunft.
„Good evening", ihre Antwort.
Tanja schaute ihn wie immer bei der Ankunft lächelnd prüfend an und küsste ihn dann aufrichtig wie immer. Während sie Abendbrot machte, setzte sie den ‚Englischdialog' mit Eva fort. Martin ging zum Schreibtisch, um den Posteingang zu prüfen, der nur noch aus privaten Grüßen und Werbeprospekten bestand. Er fragte Tanja, ob er ‚geschwind'

ins Büro gehen kann. Ja, dass Abendbrot dauert noch etwas. Im Büro hatte seine Aushilfskraft einige Werbebriefe und Spendenbittschreiben auf seinen Schreibtisch gelegt. Vom Steuerberater kam eine telefonische Bitte um Rückruf. Das war's fürs Erste.

Das sollte sich ab dem nächsten Arbeitstag ändern. Neben den internen Sachfragen mit seinem Steuerberater werden als Erstes die Kundenbesuche festgelegt, analog dazu die Vertretungen auf ihre Firmen, auch kundenseitige Referenzen und die Bezirksarbeit begutachtet. Bereits vorbereitet sind Verträge nach Deutsch-Französischem-Recht vom CDH, dem Centralverband Deutscher Handelsvertreter, darin die Provision und vieles andere mehr.

Für Martin begann eine schwere Zeit. Er musste in seiner neuen Aufgabe nun auf viel Freizeit und familiäre Nähe verzichten, insbesondere wenn er im Norden der BRD tätig war, wo die Region Bremen, Hamburg und Berlin erst sehr spät mit einer geeigneten Vertretung besetzt werden konnte. Die Konsequenz seiner selbstlosen Alleinarbeit wurde ihm durch seinen geschäftlichen Erfolg und die schweigende Geduld seiner Frau lange nicht bewusst. Sein altersbedingt mühsam erlerntes Etikettenenglisch musste er nie anwenden. Bei den Kindern und Tanja wurde diese Sprache zur Selbstverständlichkeit. Auch befindet er sich nun in der Umgebung von Repräsentation, in der nur das Außergewöhnlichste gut genug ist. Der Unterschied der feinen Anmut einer Familie Klug und der frohgemuten Kunden zum kalten Hochmut ihrer Genießer wirkt auf Martin, als dem einstigen Hütbuben, bedrückend. Wie las er doch einmal in deutscher Schrift in Mutters Poesiealbum: „Reichtum macht ein Herz schneller hart als kochendes Wasser ein Ei." Worauf er damals Lust bekam auf das gekochte Ei. Heute weiß er: Wer es zur Lebensart Neureicher nicht schafft, ist in deren geistiger Etikettenwelt ein blöder Mensch, wenngleich es Kellermeister, Braumeister, Küchenmeister, Handwerksmeister, Service-Meister, Hotelmanager, *Schaumaster und Lustgirls* sind, die die ‚Egomanen' befriedigen.

Martin läuft Gefahr, sein ICH um des Erfolges willen und unbewusst des Geldes wegen seelisch zu verleugnen. Er näherte sich einem Übel, das ihn an den USA-Geldmachern stört, dem ‚Moneymaker'. Doch bald wird ihm klar gemacht, dass Geldmachen ohne ihn billiger zu machen ist. Martins Tun wird beobachtet, wie auch länger schon die Kellerei. Nach einem halben Jahr hat der Vertrieb Deutschland zwanzig Vertreter, die er in Reims bei einem Willkommbesuch vorstellte. In einem Jahr wurden 64 neue Kunden geworben und der Umsatz gegenüber dem früheren Dreijahresumsatzes nahezu verdoppelt.

Tanja bemerkte einmal beim etwas sporadisch gewordenen Samstag-Schafkopf, ob er München vielleicht öfter selbst betreuen möchte. Seine zuverlässige Sekretärin erinnerte ihn an den Tennisclub, wo er vermisst wurde. Ein Steuerberater, der aus der Nähe der gemeinsamen Heimat nach München kam und Martins volles Vertrauen samt Vollmacht hat, bemerkte einmal: „Ein Kompliment, Herr Ullrich, Ihre Spesenabrechnungen zeigen eine umfassende und intensive Basisarbeit. Reims verdient sehr gut dabei. Doch", fügte er im vertrauten Ton an, „dafür sind Sie seltener daheim in München."

Als wäre dies für seinen nun siebzig Jahre alten Freund Herbert ein Signal, sich dazu ihm gegenüber schriftlich bemerkbar zu machen. Es kam ein Brief von ihm, mit der Bitte, den Inhalt nach Kenntnisname zu vernichten. „Lieber Martin, manche Informationen von mir kamen nicht vom Vater, sondern von einem leitenden Angestellten des Bordeaux-Konzerns, dem ich im Krieg als jugendlichem Feindspion das Leben rettete und nach Südfrankreich abschob. Ich blieb mit ihm im Kontakt. Er hat Betriebswirtschaft studiert und wurde später Mitglied der Geschäftsleitung im Bordeaux US-Konzern, mit engem Kontakt zum Vertriebschef in der beteiligten Rheingaukellerei. Der Konzern hat nun auch bei Klug die Mehrheit gezeichnet. Deine Position und die Agentur in Österreich werden aufgelöst. Intern wird die Maßnahme ausdrücklich mit Deiner Erfolgsarbeit begründet. Die Klug Marken sollen ohne Dich (Obersalzberg?) ab sofort im Rheingauvertrieb mit der Standartmarke als die elitäre Zweitmarke im Markt angeboten werden. Man spart dabei Deine internen Kosten komplett ein; und die der Handelsvertreter ebenfalls.

Sei bitte im Abfindungsangebot für den Fünfjahres-Vertrag ohne Konkurrenzausschluss stur. Dem Vernehmen nach ist für Dich eine von der Familie Klug forcierte Gehaltsabfindung von einem Jahr plus dem Jahresbonus vorgesehen. Ich rate Dir, das Angebot anzunehmen. Einem Streit mit ihnen, verzeih, wärst Du bei Deiner Art nicht gewachsen ..."

Einige Tage später ruft Ernst aus Salzburg an: „Wir haben von Klug eine Kündigung bekommen. Macht nichts. Wir werden die rechtliche Abfindung fordern und sind bereits mit einer guten anderen Champagnerkellerei im positiven Gespräch. Martin, was ist mit dir und deiner, wie man hört, sehr guten Geschäfts-Entwicklung." Martin schweigt. „Aus deinen Worten entnehme ich, dass du auch mit einer Trennung rechnest. Ein Rat für dich von unserem Stefan Zweig ‚Erst im Unglück weiß man wahrhaft, wer man ist.' Lieber Martin, nehme gegebenenfalls diese Wahrhaftigkeit an."
Dies wurde tatsächlich zum Glücksfall.

Der aktuelle Reiseplan sah Kundebesuche in Berlin vor. Nachdem er von Reims offiziell keine Information hatte, verabschiedete er sich von zuhause an einem Montagfrüh im Oktober in Richtung Berlin, wobei ihm Tanja sagte, dass in den Frühnachrichten von Unruhen an der Deutsch-Deutschen Grenze die Rede war. Er prüfte die DDR-Telefon-Zulassung, den Reisepass und, für alle Fälle, den D-Mark Bargeldbestand. Im Radio verfolgte er die Unruhen, die sich in der deutschen Botschaft in der ČSFR abspielen. Am Übergang Hirschberg hinter Hof brannte kein Licht auf den Scheinwerfern. Als er sich nach der Grenzbrücke dem Wachhaus näherte, legte er die Telefonpapiere mit Pass zurecht. Zu seinem Erstaunen standen nur einige Männer rum, die alle Autos durchwinkten. Ein seltsames Gefühl beschlich ihn. Diese an sich widerwärtigen Volkspolizisten können doch nicht einfach verschwunden sein ... Warten sie vielleicht etwas weiter im Wald oder an den Autobahn-Ausfahrten ins DDR-Land? Als er dann weiter fuhr, sah er am Raststättenparkplatz einen Jüngling, der mit Zigarettenstangen winkte. Martin fuhr hin, wo ihm dieser die Stange ‚Camel' von 45-D-Mark-Steuerwert zum 15-D-Mark-Genusswert anbot. Der BRD-Kapitalismus hat den DDR-Sozialismus erreicht. Die Wallstreet zeigt bereits Flagge.

Die DDR-Sperre an der Einfahrt nach Westberlin war total frei. Auf dem Kurfürstendamm zu Martins Berliner Stammhotel Kempinski ging alles durcheinander. Manche der zahllosen Menschen, jung und alt und Geschlecht, trugen DDR- und BRD-Fahnen und waren nach Martins Empfinden von einer seltsam andächtigen Fröhlichkeit. Der freundliche Chefportier im Kempi informierte ihn dann darüber, dass sich seit heute Früh Deutsche aus Ost und West am Brandenburger Tor, auf der Mauer und bis hierher in die Arme fallen. Er fügte besinnlich an: „Das ‚Nazi-Tätervolk' von Ost und West, wie es oft noch von Fern-Ost und besonders von Fern-West benannt wird, ist seiner Art gemäß ‚friedlich auferstanden'."

Martin schrieb von Goethe ins Hütbuch: *„Je mehr ich die Welt sehe, desto weniger kann ich hoffen, dass die Menschheit je eine weise, kluge, glückliche Masse werden könne.'*

Trotz des großartigen Anlasses mied Martin diese Ansammlung, wie eigentlich alle bisherigen. Sie machen ihn nicht froh oder zornig, sondern traurig. Er bekommt, selbst wenn er diese nur sieht, ein seltsames Heimweh – nach Stille, nach seiner Hützeit, seinen damaligen Freunden, nach der Kapelle. Ist es die Züchtigung des HJ-Führers vor allen Freunden und den Eltern, die aus der Kindheit nachwirkt? Oder die USA-Bomber? Oder die Schanzarbeit, mit Blick zum Breisacher Dom und dem fremdartigen Feindesland dahinter? Oder das Werwolferlebnis? Das kriegerische Sterben vieler liebgewordener Nachbarn? Doch war es nicht auch begleitend eine wunderschöne, wohlbehütete Kindheits- und Jugendzeit, mit der beständigen Zuversicht, die aus der Heimat kommt, die Hoffnung aus der Lehre Gottes, die Macht der ersten Liebe zu einem Mädchen?

Als er vom Zimmer zur Hotelhalle ging, traf er den Geschäftsführer der dänischen Firma, seinen früheren Chef. Sie begrüßten sich ausgesprochen herzlich und tranken zusammen ein Bier, verfeinert mit einem nordischen Aquavit. „Martin, wie geht es Ihnen?" Diese stets aufrichtige Frage gebildeter Menschen war der Augenblick, der Martins Zukunft glücklich und endgültig bestimmte, auch weil er ihm eine ehrliche Antwort geben konnte. „Zurzeit kritisch, da das Vertrauensverhältnis zu Klug etwas getrübt ist. Irgendwas stimmt nicht." Dazu sein früherer Vorgesetzter, Charakter Vorbild und Vertrauensperson: „Freiweg, Herr Ullrich, kommen Sie als Verkaufsleiter Ost zu uns, und wir bauen den deutschen Osten als einen guten Absatzmarkt gemeinsam auf. Besuchen Sie uns doch geschwind. Die Mitarbeiter, die sich seit Ihrer Zeit kaum verändert haben, würden sich bestimmt freuen."

Nachdem er die Kundenbesuche in dieser aktuell guten Stimmungslage mit besonderem Erfolg durchgeführt hatte und im Aquavit-Friesenkeller mit den alten Freunden einen Dänenkaffee trank, begab er sich mit einem sehr feinen Glücksgefühl zurück zur unklar gewordene Münchner Berufs- und Familienheimat. Auf der stark befahrenen Autobahn dachte er wieder über sich selbst nach. Er empfing die Erkenntnis, dass er in der Berufs-Abhängigkeit für seine Zufriedenheit keinen seelisch heimatlosen Konzernmanager als Vorgesetzten akzeptieren kann. Ihm genügt für eine Erfolgsarbeit und die Zufriedenheit ein familiär verantwortetes Unternehmen, oder die loyale Aufrichtigkeit dieses Berliner Geschäftsführers. Doch er glaubt, dass diese Qualitäten, die von ‚drüben' kommenden *bankergesteuerten Moneymaker* plus digitaler Systematik verdrängen.

Zuhause dann war der erwartete Brief von Reims da. Er wurde ihm von Tanja mit ernster Mine gegeben. Es war ein persönliches Schreiben von Luise. Sie bedauert darin diese Entwicklung, deren Gründe sie ihm persönlich sagen wird. Sie würde gerne am nächsten Samstag oder einem anderen Tag nach München kommen, um Vertragsdinge zu besprechen und das Geschäftsauto zu übernehmen. Sie bittet um

Nachricht, ob dies möglich sei. Martin küsste Tanja auf die Stirn. „Bitte mache dir keine Sorgen und rede mit den Kindern nicht darüber. Deinem Mann begegnete in Berlin das Glück. Doch davon", mit einem zärtlichem Kuss auf den Mund", später mehr.

„Papa, woher kommst du?"

„Aus Berlin."

„Vom Hotel Kempinski, das jetzt zu Deutschland gehört?"

„Ja, mein Schatz, auch davon, denn es gehört immer schon zu Deutschland."

Evi schaute ihn als zehnjähriges deutsches Kind an, als wäre das etwas ganz Neues für sie.

Martin schrieb, in Gedanken bei Goethe, ins Hütbuch: *‚Es ist nichts schrecklicher als eine tätige Unwissenheit.*

Im Bett sprachen die Eltern dann über die neue Berufssituation des Vaters. Martin erinnerte Tanja an seine kurze harmonische Tätigkeit für das Berliner Unternehmen und an die Gratulationsfahrt zur Silberhochzeit. „Es waren schöne Tage", sagte er.

„Und im Kempi schöne Nächte", flüstert Tanja. Gehe wieder hin, mein Schatz; doch komme erst zu mir."

Am nächsten Morgen rief er vom Büro aus dann Reims an, wo sich Luise meldete und ihn mit freundlichem „Guten Morgen, Martin, es tut mir leid" begrüßte.

„Luise, Sie können am Samstag ins Büro kommen. Es sind alle geschäftlichen Unterlagen und das Auto bereitgestellt. Der Steuerberater wird auch da sein. Einige Dinge sind noch zu klären."

„Martin, ich treffe mich schon am Freitag mit Klara im ‚Bayrischen Hof', wo sie sich wie zuhause fühlt. Können wir uns im Büro schon um acht Uhr treffen? Dann reden wir unter vier Augen vertraulich über diese Kündigung."

„Bleiben Sie bis Sonntag hier?"

„Nein, ich fahre nach unserem Gespräch mit Klara Richtung Salzburg. Wir übernachten im Hotel ‚Obersalzberg', das Rheingau in den Geheimakten mit einem Ausrufezeichen und dem Wort ‚Nazihorst MU' versehen hat. Mit MU sind dem Vernehmen nach Sie gemeint. Mich interessiert nur privat, bitte vertraulich, was das bedeutet. Am Montag treffe ich mich mit unserer Österreich-Vertretung, die wir, wie Sie sicher wissen, leider auch kündigen mussten. Über den Grund dieser Kündigungen reden wir in München."

Diese geschah am Samstag früh zwischen acht und neun Uhr im Büro Klug Deutschland am Isartor. Luise kommt mit einem Sträußchen vom Viktualienmarkt. Martin empfindet diese vornehme Geste bei einer geschäftlichen Trennung als eine Wertschätzung.

„In unserer Familie, beginnt Luise, steht seit einiger Zeit ein Erbschaftsproblem an, das nun von Rechts wegen mit viel Geld geordnet werden muss. Wir hätten uns von Weinland trennen müssen, was die Familie und auch die Erben nicht wollten. Wir haben uns deshalb mit dem bei uns beteiligten Konzern in Verbindung gesetzt, der zu der benötigten Summe ‚ja' sagte und so bei uns Mehrheit bekam, die er ja bei der Firma Rheingau schon hat. Dort wurde die Auflösung Klug Deutschland beschlossen. Lieber Martin, Sie erhalten für Ihre großartige einjährige Leistung für uns und Ihre stets loyalen Haltung eine honorige Abfindung. Was werden Sie jetzt tun?"

„Für meine neue Aufgabe, die mit Wein nichts zu tun hat, fehlt nur mein Ja-Wort."

„Dann", antwortet Luise, wie befreit lächelnd, „ist es das Unternehmen vor uns mit dem feinen Lebenswasser. Ich darf Ihnen herzlich gratulieren."

Als der Steuerberater kam wurde die Administration, die von der Sekretärin bereits geordnet war, überprüft und dann, als einwandfrei begutachtet, von Luise übernommen. Das Auto wird am Nachmittag abgeholt. Luise sagte ihm noch, dass sie mit Klara fährt und sie in Bad Reichenhall die Hotelfachschule besuchen, wo sie ein Semester gemeinsam studiert haben. Beim Abschied sagten sie sich freundschaftlich Adieu und auf Wiedersehen. Luise bemerkte noch dass sie auf dem Obersalzberg übernachten werden. Am Abend kam ein Anruf von dort. Zunächst war Klara dran. Die in der ‚Schwipsstimmung' berichtet, dass sie sich unter alten Schulfreunden befinden und gut aufgelegt sind. Dann sprach Luise in der gleichen Stimmung in deutsch/französischen, die die Frage aufwirft: „Warum hasst man im

Rheingau Ihr Wohlbefinden hier? Ist doch prima hier." Und plötzlich wirft der auch angeheiterte Ernst vom Landsmann Schnitzler ein: *„Oft glauben wir, einen Menschen zu hassen und hassen doch nur die Idee, die sich in ihm verkörpert."*

„Danke, Ernst. Ich werde dazu dem oder den Außenseitern am Rhein gelegentlich die Nazizüchtigung in meiner Kindheit nahe bringen. Ich wünsche euch trotz allem einen weiter vergnügten ‚Adolfabend'."

Ernst ruft noch auf die Schnelle in den Hörer: „Martin, mit deiner neuen Firma möchten wir gerne über die Vertretung für Österreich reden, die es ja noch nicht gibt; Servus derweil."

Nun war es an der Zeit, auch mit Tanja über das Verhalten der Familie zu sprechen, die er ja in seiner neuen Position auch oft alleine lassen muss. Er hat in letzter Zeit auf der Reise und bei Fachmessen im Umfeld der Kollegen von vielen Ehescheidungen gehört. Meist war es die Frau, die die Ehe beendete – nicht bösartig, sondern aus der Einsamkeit, in der sie der Verführung durch andere Männer ausgesetzt sind oder mit der Hingabe die Frau des ‚Anderen' wurde. Zu diesem Thema wusste Tanja von Lissi zu berichten, dass sie die Scheidung einreichte, weil ihr Mann eine Apothekertochter, die ihm auf den Pharma-Reisen näher kam, heiraten will. „Bitte, Martin, lasse es mich aufrichtig wissen, wenn du dich irgendwo draußen nach einer Frau sehnst. Doch vergesse dabei nicht, wer deine Kinder sind."

Martin sieht in einer anderen Frau keine Gefahr für seine Ehe oder die Familie. Es ist Tanja, die der liebende Mittelpunkt der Familie ist und, so Gott es will, ein Leben lang bleiben möge. Er schreibt eine reale Meinung von Tolstoi ins Hütbuch: *‚Das Familienleben gleicht einer Kahnfahrt, welche nur dann amüsant ist und glücklich verlaufen kann, wenn einer mit fester Hand das Steuer regiert.'* Er fügte für sich den absoluten Standpunkt von Beethoven an: *‚Die Liebe fordert alles und das mit Recht.'*

Am Montag in der Früh wählt er aus der Erinnerung die Berliner Nummer und bittet die nach wie vor bayerisch freundliche Dame an der Zentrale um die Verbindung zum Chef. „Aber selbstverständlich, Grüß Gott Herr Ullrich."

„Guten Morgen, Herr Ullrich." Und dann nach strammer Preußenart: „In der Tiefgarage steht ein neuer Reisewagen für die friedliebende Besetzung des deutschen Ostens. Dürfen wir ihn für Sie zulassen?"

„Sobald's geht", erwiderte Martin im öfters ‚undeitschen Schwoba-Dialegt'. Beide Herren, die sich von Natur aus mögen, lachten offen und ehrlich darüber, etwas, das er lange nicht mehr erlebt hat. Er übernahm Thüringen/Sachsen mit zwei Handelsagenturen für eine intensiv mehrjährige Aufbauarbeit, dazu später Bayern mit acht Vertretungen zur gemeinsamen Bearbeitung alter und neuer Kunden, im Osten vorwiegend die Gastronomie als Absatz-Basis. ‚Frontarbeit' nannte es der Chef ehrlich anerkennend.

Mehrere Eindrücke beim Erstbesuch haben sich tief eingeprägt, einerseits die feudalen Hotels in Dresden und Leipzig mit Übernachtungspreisen nicht unter vierhundert Mark, gegenüber vom ‚Dresdner Hof' in Dresden lagern die nummerierten Trümmer der Frauenkirche, in Leipzig die Prager Straße mit ihrer totalen Verkommenheit, der überfallartige Auftritt der Banken, Versicherungen, Prostituierten, Handelsketten, Jugendlichen Straßenhändler mit USA-Zigaretten und UdSSR-Kaviar. Im Russischen Hauptcasino in Dresden erlebte er mit seinem russisch sprechenden Vertreter ein Unterm-Tisch-Angebot geladener Handwaffen. Er erlebt auch Eindrücke, die bis in die Kindheit und Jugend zurückwirken: Das JENAer Schoppen Glas, Karl Mai, Dresdner Stollen, eine unschuldige Jugendliebe aus Zeitz, das Völkerschlachtdenkmal, Weimar mit Goethe und Schiller, Johann Sebastian Bach, Martin Luther, die Wartburg. Eine personelle Überraschung der besonderen Art gab es bei der Dresdner Vertretung. Dort wurde ihm vom Chef ein älterer Mitarbeiter vorgestellt, der sich als der Verkehrsoffizier von Leipzig und Kassierer der ‚Nicht-angeschnallt-Strafe' von zehn Mark und Onkel des Agenturchefs herausstellte. Nun Freund statt Feind. Die Freude dieses Wiedersehens vom Vopo-Offizier zum Verkaufs-Kurier war tiefgehender als das ständige Parteiengeschwätz von Wiedervereinigung. Sie feierten dazu mit einem Original Jubiläums-Aquavit aus Dänemark, wozu die deutsche Außendienst-Mannschaft oft in Kopenhagen und Aalborg eingeladen war. „In Dänemark ist jeden Tag Sonntag", hörte er vom Vertreter des Ruhrgebiets.

Bei der Arbeit und dem heimatlichen Standpunkt seines Jahrgängers, ein bekennender gebildeter Deutscher, kam bei Martin die Frage auf: Blieben die DDR-Deutschen im Kommunismus dem Deutschtum treuer als die BRD-Menschen im Kapitalismus? Ein JA oder NEIN dazu wird es nie geben, meinte er. Auch das Wort DANKE, worauf Sie mich bei ihren relativ hohen Trinkgeldern zur ‚egal Reaktion' vieler Bedienungen hinwiesen, ist bis jetzt ein Fremdwort geblieben. Wofür und bei wem sollten wir uns denn vierzig Jahre lang bedanken? Alles war doch Volkseigentum, alles ‚unser'. Wir waren Wir, das Volk, wie wir nun alle wissen. Das hat manchem der ‚ozeanischen' Weltverbesserer nicht gefallen. Martin schrieb nach diesem Gespräch von Marie Ebner von Eschbach ins Hütbuch: ‚*Der Arme rechnet dem Reichen die Großmut niemals als Tugend an.*' Sie wird, orakelte sein Altersgenosse, an der USA-Ostküste zur Kapitalismusleistung ‚erhoben'.

„Warum hat die Westregierung das größte Sparaufkommen Europas – acht Jahre bereitgelegt für einen Trabi – ansonsten nutzlose Ostmark, in die starke Währung D-Mark eins zu eins getauscht? Es war doch zu erwarten, dass das ‚Wiedervereinigungsgeschenk' von uns dazu verwendet wird, Dinge zu tun, die uns nach Meinung der auf uns angesetzten westlichen TV-Werbung unruhig und anspruchsvoll macht: Autos aller Art und Qualität, von allen schnell erreichbare Weststandorte, Fernseher, Bananen, Teneriffa usw. Man hat das Geld nicht an Reparaturen, Aufbau, Handwerk und Bildung gebunden und dieses Geld dann nach Vorlage der Leistungs-Rechnung freigegeben; ganz nach dem System Kapitalismus. Ein Beispiel dazu: Vor ihrem Hotel steht täglich von morgens bis in die Nacht ein nagelneuer Rolls-Royce. Er gehört dem Freund von unserem Chef, der im Hotel ein großes Büro hat. Er hat, nach West-Makler-Art, mit dem ganzen Spargeld der Großfamilie einige hunderttausend Quadratmeter ‚preiswertes Bauernland' im Umfeld gekauft, ließ es dann drei

Jahre liegen und verkaufte es dann als teures Bauland. Es gibt in Dresden schon mehrere D-Mark-Millionäre. Martin notierte im Hotel, mit Blick auf das ‚Komplex-Angeber-Auto', Worte des österreichischen Dramatikers Nestroy in sein Hütbuch: ‚*Unter Geld verstehen wir wenigstens eine Million! Was wir brauchen, haben wir so. Aber wir brauchen mehr als wir brauchen.*'

Er konnte sich nach der sachlich erfolgreichen und persönlich interessanten sechs Jahre Aufbauzeit in der Ex-DDR wieder der Zusammenarbeit mit den Vertretern in Bayern zuwenden. Auch war am 27. Januar, einem Samstag, Tanjas 60-stes Lebensjahr zu feiern. Alle geladenen Gäste für diesen Tag haben ihr Kommen zugesagt, auch Oma Anna hat, wieder einmal, mit ihren inzwischen über 80 Jahren Münchner Boden betreten, doch nun mit einem ‚Schiebefahrzeug' aus Tonis noblem Sterne-Geschäftsauto. Besonders auf das Wiedersehen freuen sich die Wiblinger und die Hausnachbarn, die nach der sogenannten Wende mit der Vorbereitung durch das DRK, in Prag und Posen die Gräber ihrer im Krieg umgekommenen Ehepartner besuchten, und dort freundlich behandelt wurden. Tanja hat als ihren besonderen Wunsch im Schloss Nymphenburg den Salon 27, als den Alltag ihrer Geburt, reserviert und dort mit etwas Geld aus der Klug-Abfindung auch die Schlafsalons für die Gäste ermöglicht.

Als Aperitif gab es Grande Cuvee. Ein Geburtstaggruß von Luise. Nach der Suppe stand Hausarzt Wilhelm auf, entfaltete einen Zettel, und begann mit Blick zu Martin gut gelaunt: „Lieber Martin, ich habe lange überlegt, welche Art deiner Poesie an meinem Geburtstag, ich zum Ehrentag deiner Tanja ‚erfinden' könnte. Meine ‚Alters-Gedanken' sprangen bei ihrem Jahrgang und besonders beim Geburtstag, 27. Januar, immer wieder hin zu Kindheit, Jugend, Krieg und stießen dabei auf Merkwürdiges. Doch zuvor, geliebte Tanja, dürfen wir dir zu deinem heutigen ‚Wiegenfest' herzlich gratulieren und fürs neue Lebensjahr im Kreis der Familie alles Gute wünschen." Die Gäste erhoben ihr Glas und stießen auf ihr Wohl an. Nach einem traditionellen bayrischen ‚Mittagsdinner' wurde als Digestif auf Wunsch ein Stamperl vom dänischen ‚Lebenswasser' gereicht. Wilhelm dachte dann vor der Runde sitzend ernst und laut über den 27. Januar nach.

„Was ich nun sage, versteht bitte als gut gemeinte, doch nachdenkenswerte Prosa.

Ein Bundespräsident hat den 27. Januar für Deutschland zu einem Buß- und Zahltag bestimmt. Dies ist der Geburtstag eines Menschen, dessen Musik seit mehr als zweihundert Jahren Balsam ist für die Seele und eine Nahrung für die Wurzeln des deutschen Baumes im menschlichen Wald, den sie in Schönheit gedeihen lässt. Man hat mit den giftigen auch die guten Wurzeln des Baumes bedrängt. Doch der Baum erholt sich wieder und die Welt braucht weder die Blüte, noch den Schatten, noch die Früchte dieses Baumes zu befürchten, denn er bleibt durch seine Musik wundersam und unendlich schön, durch WOLFGANG AMADEUS MOZART. Er ist traurig in seiner Seelenheimat, denn alle seine Mensch gewordenen Geburtstage sollen nun ein Schandtag seiner Schöpfer-Berufung sein. Er sagt uns mit seiner Musik: Wenn ihr dort nicht vergessen und vergeben könnt, wenn ihr immer noch nicht begreift, dass hier keine Rache gilt, dann macht aus meinem Geburtstag einen ewigen Tag deutscher Schande, doch dann auch aus dem 13. Februar einen England-Tag, aus dem 6. August den USA-Tag, aus dem Karfreitag einen Judentag – und bleibt weiterhin weltweit verloren in der Beschwörung von Auschwitz, Dresden, Hiroshima, Golgatha. Doch besinnt euch auf die Ewigkeit.

Ich darf nun meine Ansprache mit einem Hinweis auf E.T.A Hoffmann beenden: *Wo die Sprache aufhört, fängt die Musik an.* Bitte, ihr Töchter Tanjas, spielt sie".

Vera, Anna und Eva gehen zum Klavier und spielen von Mozart die ‚Kleine Nachtmusik', jede von ihnen einen Part, den Vera und Anna an der Universität, Eva zuhause intensiv geübt haben. Sie erinnerten mit dieser Melodie die Mama auch an die Flucht und an Bamberg, wo die Musik für sie eine besondere Bedeutung bekam. Martin schrieb Beethovens demütige Bekenntnis ins Hütbuch: *‚Musik ist höhere*

Offenbarung als alle Weisheit und Philosophie.'
Oma Anna, Toni und Vroni blieben noch einige Tage in München, Oma in der Betreuung von Tanja, denn es ging ihr nicht gut. Tanja wusste darüber mehr; sagte Martin aber nichts. Sie fuhr mit den Beiden nach deren München-Tour, unter anderem mit Besuch der 1972er Olympia-Schwimmhalle, mit einer Sitzvisite – Metallbau Ullrich Remsheim – nach Hause.

Die Verkaufsarbeit mit den Vertretern für die hochfeine skandinavische Warenqualität ist grundseriös und macht Spaß. Auch durch die nach Berliner Art transparente Führung der Verwaltung. Ein Psychologe zitierte im Seminar für Führungskräfte Goethe: *„Alles, was uns imponieren soll, muss Charakter haben."* Der Geschäftsführer mit seinem Sachverstand und der Vermittlung zum Erfolg ist hierzu ein imponierendes Vorbild für Charakter. Jede Begegnung mit ihm ist ein dankenswerter Vertrauensgewinn für Beruf und Arbeit. Auch die familiären Kontakt-Anlässe werden von ihm freundlich gepflegt.

„Man weiß, wie man bei ihm ‚dran' ist", hörte Martin als Junge im Dorfwirtshaus der Heimat über Nachbar Johannes; den späteren Bürgermeister. Fünfzig Jahre liegt dies zurück. Doch immer noch begleiten ihn Eindrücke aus Kindheit und Jugend, die seine Ansichten beglaubigen und Motivation bewirken.

Nun ist er am Ende seiner Berufspflicht, die in den letzten zehn Jahren in der dänisch-deutschen Firma sachlich erfolgreich und menschlich aufrichtig war. Beim Abschied im historischen Friesenkeller des Hauses sagte sein verehrter ‚preußischer Chef' betont anerkennend eine ‚schwäbische Weisheit': *„Der wahre Beruf eines Menschen ist, zu sich selbst zu kommen."*
Im Zug zurück nach München fragte er sich, was meinte wohl Hermann Hesse mit dem ‚zu sich selbst kommen'. Martin ahnte Ähnliches aus Kindheit und Jugend, wo er noch glaubte, sein Herz gehöre der ganzen Welt und das der Welt gehöre ihm. Dabei war seine Welt klein, doch voller

Wunder durch die Unschuld des Glaubens und der Hoffnung auf viel Erlebnis und Wissen.

Zuhause dann sprach er mit Tanja darüber. Auch wenn sie bei Martins Problemen nicht dabei ist, denkt sie aus der Ferne mit und gibt dann eine Antwort der Vernunft: „Martin, du darfst nicht untätig sein. Vera und Anna sind inzwischen in Schwaben und Bayern in den studierten Berufen tätig, Eva im Abitur; und die Mutter arbeitet", fügte sie mit dem verschämten Lächeln aus der damaligen Zwangsfabrik noch an. Sie denkt dabei an die weihnachtliche Bombennacht von Ulm, wo sie als Zwangsarbeiterin das erste Gespräch mit ihrem geliebten Aufseher Martin führte. „Hier hat sich ja inzwischen vieles verändert. Die Nachbarn sind weg. Auch der Tenniskontakt lässt nach. Wie wäre es, wenn wir mit der Abfindung von Klug in Ulm eine Wohnung kaufen würden, oder in Remsheim, deiner Kindheits- und Jugendheimat?"

Martins Mutter wurde mit 88 Jahren in die Ewigkeit gerufen. Die Familie und viele Freunde besuchten am Abend vor der Beerdigung im Münster die Gebetsmesse, wo die tote Oma im offenen Sarg vor dem Altar lag. Jedermann konnte mit Weihwasser, einem letzten Blick und dem Kreuzeszeichen persönlich Abschied nehmen. Als Martin zu ihr ging, musste er an das Totenbett seiner lange schon gestorbenen Großmütter Katharina und Genoveva denken, die ebenso friedlich aussahen, wie jetzt die Mama, die ihm noch an Tanjas Geburtstag sagte, als er sie trösten wollte: „Lieber Bub, ich habe keine Angst vor dem Sterben. Du brauchst mich nicht zu trösten; der Papa wartet auf mich. Doch bete ab und zu für uns, damit wir immer in deiner Erinnerung bleiben."

In ihrem Poesiealbum, das er ihr mit einem Vaterunser mitgab, steht von Philosoph Kant: ‚*Den Tod fürchten die am wenigsten, deren Leben den meisten Wert hat.*'

Bei der Grablegung traf er einen Jugendfreund, dem er seine Umzugsabsicht andeutete. Dieser nannte spontan einen Hochhaus-Neubau in einem Stadtteil mit schönem Blick auf die Hügel der Schwäbischen Alb. Nach der üblichen Schlussverabschiedung in einer Gaststätte sahen sie sich das Hochhaus und das dortige Wohnumfeld an; es gefiel. Alles Weitere regelte Martin dann mit den zuständigen Verwaltungen. Ein rascher Umzug war kein Problem, da in München frei werdende Wohnungen sofort neu bezogen werden. Als sie in der alten, nun neuen, Heimat Remsheim in ihre Eigentumswohnung – vorweg mit den PKW – umzogen, war sie als Neubezug von der Baugesellschaft zur vollen Wohnfunktion bereitgemacht, ein Zeichen von Sach- und Ordnungsbewusstsein, das bei der Verwaltung bald ins Gegenteil umschlagen wird, wie so oft bei Bürokräften, die mehr auf einen PC starren, als in das Gesicht eines Ratsuchenden oder die Beschwerde des Bürgers anhören.

Doch zunächst ‚lebte' sich die dreiköpfige Familie – Vater, Mutter und Eva – ein, kein Problem für den Vater, mit Tennis, Lesen und ein wenig Schreiben. Die Mutter suchte Kontakt mit ihrem Lernspital, und Eva, die das Abitur noch in München machte, besucht nach der BW-Aufnahmeprüfung das Gymnasium. Auch die großen Töchter kamen oft.

Eines Tages empfand Martin in der Wohnung ein seltsames Brummen. Das ihn an die überfliegenden Bomberpulks in seiner Lehrzeit erinnerte. Doch sobald diese nicht mehr zu sehen waren hörte das Brummen auf. In der Wohnung dagegen brummte es – ohne erkennbare Ursache oder eine Vorwarnung – Tag und Nacht. Auch der nahe Wald dröhnte unnatürlich, das sich anhörte wie eine ernst zunehmende Warnung.

Martin veränderte sich, wurde zur Plage für die Familie. Er sprach über dieses Brummen auch am Heimat-Stammtisch mit dem Elektromeister, der ihn als Erstes fragte:
„Steht auf dem Wasserturm ein Mast?"
Seit kurzem zwei."
„Martin, du tust mir aufrichtig leid."

Danach sprach er mit seinem Bruder, der ihm empfahl, den Geschäftsführer der Stadtwerke, den er gut kenne, zu fragen, ob er die Verantwortlichen nicht bitten würde, den Funkbetrieb für eine Stunde abzustellen, damit du weißt, ob dieses Brummen vielleicht von dort kommt. Er tat dies schriftlich, worauf ihn zwei Ingenieure aus Stuttgart anriefen und sagten, man müsse beweisen, dass das angebliche Brummen von ihnen kommt. Nur dann würden sie der Bitte entsprechen und den Funkbetrieb eine Stunde stilllegen. Der Geschäftsführer bemerkte danach wörtlich: „Das war zu erwarten. Der Brummton wird Ihnen überall, wo sie Mobilfunkmasten sehen, das Leben schwer machen. Im Volksmund nennt man sie ‚Gehwegdavon'. Die ‚Multis' wollen, dass die ‚Kids' im tiefsten Keller mit dem Handy telefonieren!" Er ließ dann durch einen freien Ingenieur die Elektrofunkwerte prüfen, die knapp unter dem Gesetzeswert lagen. Ein parteiloser Bürgermeister aus der Nachbargemeinde bemerkte: „Herr Ullrich, ich kann Ihnen zu einer anderen Wohnung verhelfen. Die deutschen Funkwerte aber, die die höchsten der Welt sind, kann nur die Regierung durch ein Gesetz ändern."

„Doch dafür", sagte dann am Stammtisch wieder der Elektromeister, „sind diese Parteimacher für den einzelnen Betroffenen und somit gegenüber den ‚Multis' zu schwach. Lieber Martin, du wirst wohl wegziehen müssen!"

Dies geschah dann in Absprache mit der Familie und auf Rat eines befreundeten Arztes. Er zog auf eigenen Wunsch, ohne Tanja und Eva, in eine DRK-Seniorenwohnung, nicht allzu weit von daheim in einem lieblichen Ort in Hohenlohe, wo er weit und breit keinen Mobilfunkmasten sah. Alles schien in Ordnung zu sein, bis auf den Tag, als sich das Wetter von Tiefdruck in Hochdruck veränderte und schlagartig dasselbe Brummen wie in Remsheim einsetzte und hier zu einem grausamen Dröhnen wurde, was weder von privat, noch vom DRK, noch amtlicherseits verstanden oder zur Kenntnis genommen wurde. Einmal erlebte er, wie zwei DRK Azubis – ein Junge und ein Mädchen – morgens um halb Sieben vor dem Bett stehen, um zu prüfen, ob er da ist. Die Begründung, er habe vergessen, am Abend zuvor im Automaten seine Anwesenheit zu melden. Zuvor hatte das DRK um sechs Uhr seine Frau angerufen und sie gefragt, ob er zuhause sei.

Martin musste nun auch von hier weg, denn der ganze Wohnblock erwies sich bei sachkundiger Begutachtung als ein Elektroblock, in dem bei einem starken Gewitter ein krachender Blitz für Sekunden alle Lichter und den Fernseher ausblies. Martin erfasste Angst; er schrieb von Goethe in sein Hütbuch: ‚*Die Natur bekümmert sich nicht um irgendeinen Irrtum; sie selbst kann nicht anders als ewig recht handeln, unbekümmert, was daraus erfolgen möge.*‘ Dazu fiel ihm noch Albert Schweitzer ein: ‚*Der Mensch beherrscht die Natur, bevor er gelernt hat, sich selbst zu beherrschen.*‘

Die Töchter waren der Meinung, ein Umzug nach Augsburg wäre die Lösung – eine gut gemeinte, doch falsche Entscheidung. Dort dröhnte es schon beim Einzug. In der Nähe, auf einem Hochhaus, standen vier Mobilfunkmasten; jeder funkt in eine Himmelsrichtung. Hier erlebte er deutlich, was alte Menschen im Verständnis mancher Hausverwalter wert sind: Die Frau in der Wohnung über ihm warf einen Zettel in seinen Briefkasten. Darauf stand in schwer lesbarer Schrift der Hinweis, er soll aufhören, in seiner ‚Werkstatt' zu dröhnen. Sie hätte Angst, dass er von oben, wo nichts mehr war, über sie herfalle. Danach kam ein zweiter Zettel mit der Aufforderung, nicht immer im Haus herumzuspringen, hier leben Menschen und keine Tiere. Als er die Angestellte der Verwaltung auf die geistige Gestörtheit dieser Frau ansprach, lachte sie und bemerkte, dass diese Frau auch leere Wohnungen anschreiben würde, aber ihre Miete ordentlich bezahle. Nebenbei sprach er mit ihr auch vom Brummton, als eine ältere Dame hinzu kam und zu Martin sagte: „Herr Ullrich, was Sie eben sagten, empfinde ich auch." Und dann leise weinend: „Wenn das nicht aufhört, nehme ich mir das Leben." Worauf die Verwaltungsfrau lachend wegging. Martin bekam endlich einen Beweis, dass nicht nur er allein darunter leidet. Denn mit wem er darüber spricht, mit Ausnahme der Ärzte, wird er wie ein Aussätziger mit einer ansteckenden Krankheit betrachtet. Dabei kann jeder Mensch die Existenz eines hörbaren Brummens mit dem gleichen Ton des imaginären Brummtons feststellen: Er muss nur am Tiefkühlregal eines Supermarktes entlang gehen, um den dortigen Brummlaut zu hören. Er ist das gleiche Summen wie dieser – allgemein nicht empfundene – Brummton.

Wenn ein Mensch dann bedenkt, was sein Mitmensch durch ein mehrfach stärkeres, unheilbares Brummen, de facto legal, weil gesundheitsschädlich, Tag und Nacht ertragen muss; in der Nacht der Geist mit bösen Träumen durch die Medizin, am Tag der Körper, der im Schlaf müde wird. Dann sollte er sich vorsorglich umhören, denn diese de jure ‚Neinkrankheit' ist grausam.

Der Wohnungseigner in Augsburg drohte oft schriftlich und grundlos mit dem Rechtsanwalt. Bei der ersten Mietzahlung mahnte er per Post eine Nachzahlung von 75 Cent an, die die Bank übersah. Im Vertrag waren die Nebenkosten um hundert Euro erhöht. Sein Makler kassierte über Tausend Euro ‚bar auf die Hand'. Zuhause nannte man Kaufleute, die undurchsichtig reich waren, ‚die Fuggerer'.

Martin beschloss, nun auch Augsburg nach rundum mehreren Jahren Brumm- und Sozialterror zu verlassen, auch wenn sich ein junger Arzt vom Bezirkskrankenhaus viel Mühe gab, ihn über zwei Monate mit wöchentlichem Besuch zu helfen, wobei er beim ersten Besuch nach einem Reaktionstest nur für die Nacht Medikamente einsetzte, die Martin zwar schlafen ließen, doch begleitet von bösen Träumen. Einmal, nach einer größeren vorgeschriebenen Arzneimenge, stand nachts im Traum ein Mann mit einem Dolch und dem Gesicht des Besitzers am Bett. Am Ende der Behandlung fragte der sympathische Arzt: „Hören Sie das Brummen am Tag noch?"

„Ja."

„Dann können wir Ihnen nicht mehr helfen."

Martin bekam Heimweh. Er schrieb von Anette Kolb ins Hütbuch: *‚Alleinsein ist schön, wenn man allein sein will, nicht wenn man es muss.'*

Gerne wird sich Martin an seine Wohnnachbarin erinnern, eine charmante ‚Subseniorin', einen Monat jünger als er, seit zwanzig Jahren Witwe – nach vorne blickend dem ‚Hundertsten' näher als rückblickend zum ‚Siebzigsten'. Nach einigen Tagen der Nachbarschaft sagte sie im Aufzug unvermittelt: „Herr Ullrich, ich mag Sie." Eine feine Frau, mit einer ähnlichen Familienbiographie wie er: drei im Studium gebildete Kinder, die Älteste für Bayern im EU-Ausland, die Geschwister Lehrer im Gymnasium. Alle lieben die Oma. Martin notiert den Vergleich der Dame zum Besitzer und der Begegnungen in Altersheimen von Frau Ebner Eschenbach ins Hütbuch: ‚Das Alter verklärt oder versteinert.'

Tanja und Eva bereiteten für den Einzug des ‚Hausherren' alles vor. Sein Arbeitszimmer wurde vom Stammtisch-Elektromeister in Richtung Wasserturm und Mobilfunkmasten – wie einer Fachpresse entnommen – isoliert. Der Meister bemerkte später Martin gegenüber, dass dort ein weiterer ‚Multi' aus einem dieser ‚Gewegdavon' zusätzlich funkt.

Als Martin ankam, wurde er von Mutter und Kind herzlich empfangen und rücksichtslos gefangen vom Brummton. Er überhörte ihn, wie er es sich auf der Herfahrt vornahm. Eva ging ins Arbeitszimmer mit ihm und fragte: „Hörst du hier was?" Martin log und sagte: „Bis jetzt nichts." Nachdem er die Behördendinge erledigt hatte, ließ er als Rentner die Eingewöhnung auf sich zukommen. Beim Tennis ist er immer noch ein Gewinner, wie auch beim sportlichen Skat. Die Freunde lächeln bei seinen Klagen über das Brummen. Die Fremden reagieren dazu irritiert. Und den Gesundheitsbehörden ist sein Zustand und die Ursache dafür egal. Besorgt ist Tanja. Sie kennt die Wahrheit aus ihres Mannes Verhalten. So vergingen Jahre, die Martin durch den unaufhörlichen Brummton-Terror immer wieder an den Rand der Verzweiflung bringen und Jahrzehnte des harmonischen Lebens in Ehe und Familie durch eine gleichgültige Hilflosigkeit gefährden.

Eva studiert seit drei Jahren in ihrer Geburtsheimat München ihr Ideal: Schauspielkunst. Ihr Freund studiert Theaterwissenschaft. Sie heiraten und Eva bringt zur gegebenen Zeit Sohn Ferdinand zur Welt. Die nunmehrige Oma Tanja war immer schon gerne und oft bei ihnen in München. Sie hatte nach der Rückkunft immer Heimweh. Die Familie bespricht eine harmonische Lösung, wonach dann die Oma ins Kinderzimmer der jungen Eltern nach Schwabing zog, damit Ferdis Mama beruhigt weiter studieren konnte.

Martin blieb in der heimischen Wohnung. Er las viel, hörte Mozart, ging zum Tennis, fuhr nach München, nach Tübingen, nach Ulm. Er besuchte jeden Sonntag seine Hütbub-Kapelle an der Mühlwiese. Mehr und mehr drängte es ihn, über dies und anderes zu schreiben, was in der Nähe des grausamen Dröhnens unmöglich wurde. Entlang des Wohnumfelds von zehn Kilometern stehen vierzig Mobilfunkmasten, die meisten auf den hohen Wasserspeichern der Kommunen. Die Mieteinnahme soll pro Mast und Monat 500 Euro betragen.

Es gab eine Zeit, da war der Kirchturm ein weithin sichtbares, andächtiges Glaubens-Zeugnis. Heute ist in manchem ein Mobilfunksender installiert. Zu wessen Zeugnis?

Nach Rücksprache mit der Familie wurde die Wohnung verkauft und der Erlös zwischen Martin und Tanja geteilt. Martin zog in ein historisches Bauernhaus in einen Ort unweit von München, in dem es weit und breit keinen Funkmasten gibt. Es war ein Wunsch von Tanja, die in seiner Nähe bleiben und später wieder zu ihm ziehen möchte. Im Ort gibt es ein nettes kleines Wirtshaus zum ‚Wilden Mann'.

Es war zunächst ein Probeschlaf für einen Monat. Alles blieb die ganze Zeit über still, bis auf das Säuseln und Blitzen der göttlichen Natur. Er fühlte sich erlöst und fing an, seine Vorliebe fürs Schreiben ernst zu nehmen. Im ‚Wilden Mann' gibt es einen Stammtisch, der wie einst im ‚Deutschen Haus' von Arbeitern, Bauern und der Intelligenz genutzt wird, meist Senioren, die dort an einem bestimmten Tag der Woche über das Tor des Monats, den letzten Hagelschlag oder bei den Gebildeten über die Landes- und Weltpolitik und ihr Ämter diskutieren, wo auch, wie schon im ‚Deutschen Haus', aus Hütbauers Spruchbüchlein von Fontane zitiert wird: *‚Die meisten Ämter bestehen aus wichtigtuerischer Langeweile.'*

Der Stammtisch hat das demokratische Postulat eingeritzt: *‚An des Tisches Rund geht auf des Volkes Mund und tut des Volkes Denken kund.'* Sein Buch, wenn er es schafft, soll mit ‚Stammtisch' betitelt sein. Er fühlte sich in dieser

Umgebung ausgesprochen wohl. Am Montags-Stammtisch der Gebildeten ist er ständiger ‚Zaungast', was der Gruppe auffiel, die ihn dann als den Neubürger begrüßt. Die Herren geben für jeden Stammtischtag und Teilnehmer ein Thema vor. Dreißig Minuten Vortrag, bis Mitternacht Diskussion bei drei Gläsern Bier. Heute hat der Älteste das Thema „Der Mensch und die Partei-Politik". Martin möchte später dann mit dieser Premiere das Buch eröffnen.

Jeder ernsthaft arbeitende Mensch steht durch vielfältige Anforderungen in einer beruflichen Aufgabe und mit ihr in einer sozialen Verantwortung für sich und alle, die ihm anvertraut sind. Es bleibt ihm wenig Zeit für die Anhörung und Beschäftigung mit Politik und deren Bewertung. Auch der Politiker glaubt, in seinem Tun eine Aufgabe zu sehen, doch fehlt im dazu das soziale ‚Muss' des im alltäglichen Arbeitsleben stehenden Bürgers. Der Politiker forciert Gesetze, die ihn gegen den gesunden Menschenverstand, also der Vernunft des pflichtgetreu arbeitenden Menschen absichern und solche, die ihm möglichst unangreifbare lebenslange Vorteile verschaffen. Eine Partei, die die Interessen der schweigenden Mehrheit vertritt, müsste erst noch erfunden werden. Das, was alle denken und der gesunde Menschenverstand ausdrückt, wird mit der Dummdreisten Arroganz der Macht als ‚Stammtischgeschwätz' verteufelt. Man scheint sich selbst in brisanten Zeiten in unseren Parlamenten mehr für Diätenerhöhung zu interessieren als für das Schicksal von Millionen Arbeitsloser. Alle taktischen Manöver dienen vordringlich dem Machterhalt. Solange dies so ist, wird keine von Parteien regierte Gesellschaft friedlich leben können.

Jedes Volk, das Parteipolitiker zu ihren Regierenden macht, verurteilt sich zur minderwertigen Abhängigkeit. Parteipolitiker sind in ihrem subjektiven Charakter- und objektiven Moralverständnis alles: Falke + Taube, Hahn + Henne, Schuldner + Banker, Pfarrer + Sünder, Richter + Sträfling, Mozart + Schlagzeuger, Goethe + Scheibenwisch. Nach einem kräftigen Schluck: *„Wir werden selten einen Parteipolitiker erleben, der sich in der intimen Andacht in* *einem Gotteshaus aufhält. Seine Bibel ist das Parteibuch. Doch wenn an einem hohen Kirchentag viele Bürger zugegen sind, platziert er sich ganz vorn".*

Nun das Schlusswort:
Das verunsicherte Volk nascht, hört, glaubt – und schweigt. Und seine Welt bleibt von oben nach unten grausam und von unten nach oben einsam.

Am Nächsten Montag war das Thema „Eine Zukunft Vision" für den Humanisten in der Runde. *„Eines Tages wird Europa zusammen mit der zivilisierten Welt von Gibraltar bis zum Nordpol eine geistige Mauer aufbauen, um den Seelen tötenden Ungeist und diabolisch kriegerischen Moneymakerwahn des Amerikanismus von der endgültigen Vernichtung der Morgen- und Abendländische Kultur fern zu halten. Sollte es noch Kulturvölker geben, die die Werte ihrer Geschichte aus der Ur- und Mitbestimmung vor dem Bösem gläubig wahren und missionarisch bewahren wollen, dann wird der nächste und hoffentlich letzte Weltkrieg auf dem Kontinent der USA stattfinden. Dort wird sich das Überleben des Bösen nach unten begeben. Aus den wolkenkratzenden Monumenten des Größen-Wahns werden atomgesicherte Mauselöcher, in denen die US-Apokalypse feudal vegetiert*

Und dem Leben darüber wird bewusst, dass die Ursachen für den zerstörerischen Wahn auf diesem Planeten seit langer Zeit von Moneymakern der Macht USA ausgehen.

Gläubige, friedliebende und vernünftige Menschen der Gotteswelt bekennen traurig: Wir haben dies seit Langem erkannt und angemahnt, doch niemand wollte uns hören…! Die Masse der ‚Goldenkalbmenschen' werden ihren ‚Hallelujairrtum' bedauern und auf den nächsten Medien-Konsum-Money-Glori- und Kriegsverführer lauern, der sie wieder hinführt in die Lebensethik der 'american of western method': Wer zuerst zieht – siegt.

Und nun meine Freunde, noch ein Gruß für die Zukunft:
Auch wenn sich für die Alten unter uns manch böse Erfah-

rung zur Wahrheit verdichtet, so bleibt doch aus Kindheit und Jugend die Erinnerung an eine wunderbare Zeit, die Liebe von Vater und Mutter – die Heimat des deutschen Vaterlandes.

Als Martin anderntags, an einem sonnigen Herbsttag, an einer Wiese entlang ging, auf der ein Bub Kühe hütete, und am nahen Wald eine kleine Kapelle stand, und es ringsum still war, dachte er über die Meinungen dieser Stammtischrunde nach. Er fragte sich, ob er daraus einen Titel oder Text für sein „Stammtischbuch" ableiten kann. Er entschloss sich, dies außer Acht zu lassen.

Die wundersam erlösende Stille dieses Ortes und die Begegnung mit dem Hirtenknaben und der Kapelle erinnern ihn an die Kindheit und Jugend. Und lassen ihn im Heimatfrieden von damals das grauenhafte Dröhnen eines USA Moneymakergeschens in der Heimatstadt, und deren amtliche Gleichgültigkeit, vergessen. Vielleicht führt dieser „oberflächliche Fortschritt" ins Schicksal seiner Lehrfirma für Silberkultur.

Er sprach mit seiner Tanja darüber, die ihn beim Umzug zu Evi nach München inständig bat, eine Aufgabe zu übernehmen. Und jedes Wochenende zu ihm „heim" kommt. Wie er vordem in der Berufszeit zu ihr und den Kindern. Ihre Empfehlung: Geliebter Martin, schreibe dein Buch. Und nenne es – deinem jung gebliebenem Heimweh gerecht – schlicht: *„Mein Hütheft"*.

* * *